講説 親族法・相続法

【第2版】

木幡 文德　久々湊晴夫　落合 福司　髙橋　敏
椎名 規子　小野 憲昭　櫻井 弘晃　宗村 和広

不磨書房

〔執筆分担〕

木幡　文德（専修大学教授）　　　　　第1章
久々湊晴夫（北海学園大学教授）　　　第2章
落合　福司（新潟経営大学教授）　　　第3章
髙橋　　敏（国士舘大学教授）　　　　第4章
椎名　規子（茨城女子短期大学）　　　第5章
小野　憲昭（北九州市立大学教授）　　第6章
櫻井　弘晃（九州国際大学教授）　　　第7章
宗村　和広（信州大学教授）　　　　　第8章

（執筆順）

第2版の発刊にあたって

　この度「講説　親族法・相続法」が版を重ねることとなったのを受けて，この機会に内容の一層の充実を求めて，改訂版を発刊することとした。旧版にも増して，本書の利用者の期待に沿うことができることを念願すると共に，皆様からのご指導，ご鞭撻をお願いする次第である。

2007年8月

執筆者一同

はしがき

　この『講説 親族法・相続法』は，これまで，1999年に『講説 民法（親族法・相続法）』として出版され，改訂版，改訂第2版と経てきた学生向けの教科書である。今般これをさらに改訂し，同シリーズで先行してリニューアルした『講説 民法総則』・『講説 物権法』にならい装いも一変させて再出発するものである。この再出発を必要とさせた主な要因・事項としては，民法全体についていえば，改訂第2版以降，2004年には，「民法の一部を改正する法案」により，民法典前3編の現代語化の実現と民法規定全般にわたる主に言葉の面での整備，保証に関する規定の新設という大きな改革がなされたのと，家族法の分野では，2003年に人事訴訟の家庭裁判所への移管という決定がなされたことが挙げられよう。

　本書もまた『講説 民法（親族法・相続法）』と同じ執筆者によって，分担してその任にあたった。そのため，親族法・相続法の基本的視点について若干の

違いが見られるかもしれない。その点は，執筆者各自の考え方を尊重するということが本書の行き方でもあるので，ご理解をお願いする次第である。初版から相当の年月を経て，各執筆者のさらなる経験をふまえ，その成果が結実し，多少とも読者の評価を得ることができれば幸いである。そして，読者が親族法，相続法の理解を深め，これに関心をよせ，さらに本書が家事紛争などの解決の便に供されることとなれば望外の喜びとするところである。

　本書もまた不磨書房の稲葉文彦・文子御夫妻のご辛抱があって刊行の運びとなったものである。この場を借りて感謝したい。

　2005年5月

執筆者一同

目　次

第2版の発刊にあたって
はしがき

第1章　親族法・相続法とは …………………………………………… 1
第1節　親族法・相続法の意義 ………………………………………… 1
　　1　法関係──財産法関係と家族法関係── ………………………… 1
　　2　民法と親族法・相続法（家族法）………………………………… 2
　　3　親族法・相続法の法源 …………………………………………… 3
第2節　家族法の基本的性格 …………………………………………… 4
　　1　わが国の家族法の歴史的性格と現行家族法の原理 …………… 4
　　2　財産法と家族法 …………………………………………………… 9
　　3　家族の機能と家族法 ………………………………………………11
第3節　親族法・相続法の基礎概念 ……………………………………12
　　　　──親族・身分権・身分行為──
　　1　親　族 ………………………………………………………………12
　　2　身分権 ………………………………………………………………15
　　3　身分行為 ……………………………………………………………16
第4節　氏と戸籍 …………………………………………………………17
第5節　家事事件・紛争の解決手続 ……………………………………18
　　1　家庭裁判所と家事事件 ……………………………………………18
　　2　家事調停 ……………………………………………………………21
　　3　家事審判 ……………………………………………………………21
　　4　人事訴訟 ……………………………………………………………22

第2章　婚　姻 ……………………………………………………………23
第1節　婚姻の成立 ………………………………………………………23
　　1　婚姻の意義 …………………………………………………………23

　　　　2　婚姻の成立要件 ………………………………………………25
　　　　3　婚姻の要件（婚姻障害）………………………………………29
　　　　4　婚姻の無効・取消 ……………………………………………34
　第2節　婚姻の効果(1)　一般的効果 ……………………………………36
　　　　1　夫婦の氏 ………………………………………………………37
　　　　2　同居・協力・扶助義務 ………………………………………37
　　　　3　貞操の義務 ……………………………………………………38
　　　　4　婚姻による成年擬制 …………………………………………38
　　　　5　夫婦間の契約取消権 …………………………………………39
　第3節　婚姻の効果(2)　財産的効果 ……………………………………39
　　　　1　夫婦財産契約 …………………………………………………39
　　　　2　法定財産制 ……………………………………………………40
　　　　3　婚姻費用の分担 ………………………………………………41
　　　　4　日常家事債務の連帯責任 ……………………………………42
　第4節　婚約・内縁 …………………………………………………………44
　　　　1　婚　約 …………………………………………………………44
　　　　2　内　縁 …………………………………………………………46

第3章　離　婚
　第1節　婚姻の解消 …………………………………………………………49
　　　　1　意　義 …………………………………………………………49
　　　　2　死亡解消 ………………………………………………………51
　　　　3　離　婚 …………………………………………………………53
　　　　4　国際結婚の解消 ………………………………………………56
　第2節　協議離婚 ……………………………………………………………59
　　　　1　協議離婚の成立 ………………………………………………59
　　　　2　協議離婚の無効と取消し ……………………………………64
　　　　3　調停離婚 ………………………………………………………66
　　　　4　審判離婚 ………………………………………………………68
　第3節　裁判離婚 ……………………………………………………………69

　　　　1　破綻主義 ………………………………………………………69
　　　　2　離婚原因 ………………………………………………………71
　　　　3　離婚請求棄却事由 ……………………………………………75
　　　　4　有責配偶者の離婚請求 ………………………………………76
　　第4節　離婚の効果 …………………………………………………79
　　　　1　一般的効果 ……………………………………………………79
　　　　2　子の監護 ………………………………………………………81
　　　　3　面接交渉権 ……………………………………………………85
　　　　4　財産分与 ………………………………………………………87

第4章　親　　子 ………………………………………………………95
　　第1節　親子関係 ……………………………………………………95
　　　　1　親子法の意義と構成 …………………………………………95
　　　　2　親子法の理念と変遷 …………………………………………96
　　　　3　現代親子法の課題 ……………………………………………97
　　第2節　実　　子 ……………………………………………………102
　　　　1　序　説 …………………………………………………………102
　　　　2　嫡出子 …………………………………………………………103
　　　　3　嫡出でない子（非嫡出子）…………………………………111
　　第3節　養　　子 ……………………………………………………120
　　　　1　序　説──養子制度の意義とその変遷── ………………120
　　　　2　普通養子 ………………………………………………………122
　　　　3　特別養子 ………………………………………………………134

第5章　親権・後見・扶養 ……………………………………………141
　　第1節　親　　権 ……………………………………………………141
　　　　1　「子のため」の親権 …………………………………………141
　　　　2　親権の当事者 …………………………………………………142
　　　　3　親権の内容 ……………………………………………………145
　　　　4　親権の終了 ……………………………………………………150

第2節　後見・保佐・補助 …………………………………………152
1　後見制度とは …………………………………………………152
2　未成年後見制度 ………………………………………………155
3　成年後見制度 …………………………………………………158
4　保　佐 …………………………………………………………161
5　補　助 …………………………………………………………162

第3節　扶　養 ……………………………………………………163
1　現代の扶養の持つ意味 ………………………………………163
2　生活保持義務と生活扶助義務 ………………………………164
3　扶養の当事者（扶養義務者および扶養権利者）…………165
4　扶養義務の発生・変更・消滅 ………………………………166
5　扶養の順位・程度・方法 ……………………………………168

第4節　私的扶養と公的扶助制度の関係 ………………………173
1　総　論 …………………………………………………………173
2　わが国の公的扶助制度および私的扶養との関係 …………173

第6章　相　続 ……………………………………………………175

第1節　相続制度の意義および形態 ……………………………175
1　相続制度の意義 ………………………………………………175
2　相続制度の機能 ………………………………………………177
3　相続の形態——法定相続と遺言相続—— …………………179
4　法定相続権の根拠 ……………………………………………182
5　相続法の沿革 …………………………………………………183
6　相続の開始 ……………………………………………………186

第2節　相　続　人 ………………………………………………187
1　相続人の種類とその順位 ……………………………………187
2　相続権の付与——胎児—— …………………………………190
3　相続権の喪失（剥奪）…………………………………………192
4　代襲相続 ………………………………………………………199
5　相続人の二重資格 ……………………………………………201

　　　　6　相続人の不存在……………………………………………203
第3節　相　続　分………………………………………………………208
　　　　1　意　義……………………………………………………208
　　　　2　指定相続分………………………………………………210
　　　　3　法定相続分………………………………………………212
　　　　4　相続分の算定……………………………………………215
　　　　5　相続分の譲渡……………………………………………220
第4節　相続の承認と放棄………………………………………………221
　　　　1　総　説……………………………………………………221
　　　　2　単純承認…………………………………………………227
　　　　3　限定承認…………………………………………………228
　　　　4　相続の放棄………………………………………………231
　　　　5　事実上の相続放棄………………………………………234
第5節　相続回復請求……………………………………………………235
　　　　1　総　説……………………………………………………235
　　　　2　相続回復請求権の性質…………………………………236
　　　　3　相続回復請求権の行使…………………………………237
　　　　4　相続回復請求権の消滅…………………………………239
　　　　5　相続回復請求権の放棄…………………………………240

第7章　相続の効力…………………………………………………………241
　第1節　遺産の承継……………………………………………………241
　　　　1　遺産承継の原則…………………………………………241
　　　　2　遺産承継の例外…………………………………………242
　　　　3　遺産の範囲………………………………………………243
　第2節　遺産の共有……………………………………………………254
　　　　1　分割前の遺産の帰属……………………………………254
　　　　2　遺産の管理………………………………………………259
　第3節　遺産分割………………………………………………………262
　　　　1　遺産分割の意義…………………………………………262

x　目　次

　　　2　遺産分割の前提問題……………………………………………263
　　　3　遺産分割の方法………………………………………………269
　　　4　遺産分割の禁止………………………………………………271
　　　5　遺産分割の効力………………………………………………273
　第4節　財産分離の制度…………………………………………………274
　　　1　財産分離の意義………………………………………………274
　　　2　第1種の財産分離の手続……………………………………276
　　　3　第1種の財産分離の効果……………………………………277
　　　4　第2種の財産分離の手続……………………………………279
　　　5　第2種の財産分離の効果……………………………………279

第8章　遺　　言……………………………………………………………281
　第1節　遺言の意義と方式………………………………………………281
　　　1　遺言の意義と法的性質………………………………………281
　　　2　遺言の方式……………………………………………………282
　第2節　遺言の効力………………………………………………………287
　　　1　遺言の一般的効力……………………………………………287
　　　2　遺　贈…………………………………………………………289
　第3節　遺言の執行………………………………………………………294
　　　1　意　義…………………………………………………………294
　　　2　遺言書の検認…………………………………………………294
　　　3　遺言執行者……………………………………………………295
　第4節　遺留分……………………………………………………………297
　　　1　遺留分とその算定……………………………………………297
　　　2　遺留分減殺請求権とその実行………………………………299

事項索引……………………………………………………………………302
判例索引……………………………………………………………………312

【参考文献】

青山道夫・改訂家族法論Ⅰ（1971年　法律文化社）

青山道夫・改訂家族法論Ⅱ（1971年　法律文化社）

新井誠編・成年後見（2000年　有斐閣）

有地亨・家族法概論〔新版〕（2003年　法律文化社）

有地亨＝老川寛・離婚の比較社会史（1992年　三省堂）

有泉亨・新版　親族法・相続法補正版（1981年　弘文堂）

有泉亨・新家族法の判決・審判案内（1995年　弘文堂）

泉久雄＝久貴忠彦ほか・民法講義8 相続（有斐閣大学双書）（1978年　有斐閣）

泉久雄・離婚の法律紛争（1983年　有斐閣）

泉久雄・総合判例研究叢書民法㉖・相続人・相続財産（1965年　有斐閣）

泉久雄・演習親族・相続法〔新版〕（1989年　有斐閣）

泉久雄・家族法論集（1989年　有斐閣）

泉久雄・相続法論集（1991年　信山社）

泉久雄・判例で学ぶ家族法入門（1991年　有斐閣）

泉久雄＝阿部徹・民法講義ノート(7)親族・相続〔増補版〕（1992年　有斐閣）

泉久雄・野田愛子編・民法Ⅹ〔相続〕（注解法律学全集19）（1995年　青林書院）

泉久雄・家族法（1997年　有斐閣）

泉久雄・新版家族法（1998年　財団法人放送大学教育振興会）

泉久雄・家族法の研究（1999年　有斐閣）

泉久雄・家族法読本（2005年　有斐閣）

乾昭三＝二宮周平編・新民法講義5家族法（1993年　有斐閣）

内田貴・民法Ⅳ　親族・相続（2002年　東京大学出版会）

浦本寛雄・家族法（2000年　法律文化社）

遠藤浩＝川井健ほか編・民法(8)親族〔第4版〕（1997年　有斐閣）

遠藤浩＝川井健ほか編・民法(9)相続〔第4版〕（1997年　有斐閣）

大村敦志・家族法（1999年　有斐閣）

岡垣学＝野田愛子編・講座・実務家事審判法3 相続関係（1989年　日本評論社）

岡垣学＝野田愛子編・講座・実務家事審判法4 相続・人の能力・特別家事審判関係

（1989年　日本評論社）

小野幸二編・親族法・相続法〔基本民法シリーズ〕（1979年　八千代出版）

川井健＝鎌田薫編・親族法・相続法（1994年　青林書院）

川島武宜・民法(3)〔改訂増補〕（1955年　有斐閣）

北川善太郎・親族・相続民法講要Ｖ（1994年　有斐閣）

久貴忠彦＝米倉明編・別冊ジュリスト家族法判例百選〔第５版〕（1995年　有斐閣）

久貴忠彦・親族法（1984年　日本評論社）

小山昇ほか編・遺産分割の研究（1973年　判例タイムズ社）

斎藤秀夫＝菊池信男編・注解家事審判法〔改訂〕（1992年　青林書院）

佐藤義彦＝伊藤昌司＝右近健男・民法Ｖ親族・相続（Ｓシリーズ）（1987年　有斐閣）

佐藤隆夫・現代家族法（1992年　勁草書房）

佐藤隆夫・現代家族法Ⅱ―相続法―（1999年　勁草書房）

島津一郎編・判例コンメンタール７民法Ｖ〔増補版〕（1987年　三省堂）

島津一郎編・基本法コンメンタール親族〔第３版〕（1989年　日本評論社）

島津一郎編・基本法コンメンタール相続〔第３版〕（1989年　日本評論社）

新版注釈民法㉑親族(1)（1989年　有斐閣）

新版注釈民法㉒親族(2)（未完）

新版注釈民法㉓親族(3)（2004年　有斐閣）

新版注釈民法㉔親族(4)（1994年　有斐閣）

新版注釈民法㉕親族(5)（1994年　有斐閣）

新版注釈民法㉖相続(1)（1992年　有斐閣）

新版注釈民法㉗相続(2)（1989年　有斐閣）

新版注釈民法㉘相続(3)（1988年　有斐閣）

鈴木禄弥・相続法講義〔改訂版〕（1996年　創文社）

副田隆重＝棚村政行＝松倉耕作・新・民法学５家族法（1997年　一粒社）

田中道裕・家族法の歴史と課題（1993年　信山社）

道垣内弘人＝大村敦志・民法解釈ゼミナール⑤親族・相続（1999年　有斐閣）

利谷信義・家の法（1996年　有斐閣）

利谷信義編・現代家族法学（1999年　法律文化社）

中川淳・相続法逐条解説（上巻）（1985年　日本加除出版）

中川淳・相続法逐条解説（中巻）（1990年　日本加除出版）

中川善之助・新訂親族法（1960年　青林書院）

中川善之助・家族法研究の諸問題（1969年　勁草書房）

中川善之助＝泉久雄・相続法〔第3版〕（1988年　有斐閣）

中川善之助＝〔泉久雄補訂〕・最新版民法大要親族法・相続法（1992年　勁草書房）

中川善之助＝泉久雄編・相続法〔新版〕（1974年　有斐閣）

中川善之助先生追悼記念・現代家族法大系4（相続Ⅰ相続の基礎）（1985年　有斐閣）

中川善之助＝青山道夫＝玉城啓＝福島正夫＝兼子一＝川島武宜責任編集・家族問題と家族法Ⅵ相続（1961年　酒井書店）

中川高男・新版親族・相続法講義（1995年　ミネルヴァ書房）

中川高男ほか編・親族・相続要説（1994年　青林書院）

二宮周平＝榊原富士子編・離婚判例ガイド（1994年　有斐閣）

二宮周平＝榊原富士子・21世紀親子法へ（1996年　有斐閣）

二宮周平・家族法改正を考える（1993年　日本評論社）

二宮周平・家族法〔第2版〕（2005年　新世社）

日本家族（社会と法）学会　家族（社会と法）No.4（1988年　日本加除出版）

日本家族（社会と法）学会　家族（社会と法）No.12（1996年　日本加除出版）

野田愛子＝人見康子編・夫婦・親子215題（1991年　判例タイムズ社）

野田愛子＝泉久雄責任編集・遺産分割・遺言215題（1989年　判例タイムズ社）

野田愛子・現代家族法（1996年　日本評論社）

塙陽子・家族法（1989年　嵯峨野書院）

林良平＝大森政輔・注釈判例民法親族法相続法（1992年　青林書院）

林良平＝右近健男＝山口純夫・親族・相続法（1987年　青林書院）

深谷松男・現代家族法〔第3版〕（1997年　青林書院）

舟橋諄一・物権法（法律学全集）18（1960年　有斐閣）

星野英一編集代表・民法講座7親族・相続（1984年　有斐閣）

星野英一・家族法（1994年　財団法人放送大学教育振興会）

松倉耕作＝後藤昌弘・相続判例ガイド（1996年　有斐閣）

村重慶一編・家族法（1994年　青林書院）

山畠正男＝五十嵐清＝藪重夫先生古稀記念・民法学と比較法学の諸相ⅠⅡⅢ（1997年　信山社）

我妻栄＝唄孝一・判例コンメンタールⅧ相続法（1966年　日本評論社）

我妻栄＝有泉亨〔遠藤浩補訂〕・民法3親族法・相続法（1992年　一粒社）

我妻栄・親族法（1961年　有斐閣）

我妻栄＝立石芳枝・親族法・相続法（1953年　日本評論社）

我妻栄・民法研究同人会編・民法基本判例集〔第5版〕（1990年　一粒社）

講説　親族法・相続法

第1章　親族法・相続法とは

第1節　親族法・相続法の意義

1　法関係――財産法関係と家族法関係――

　われわれ人間は生きていく過程でさまざまな活動を繰り広げるが，その活動の多くは何らかのルール（規範）にしたがってなされねばならないとされる。そのルールとしては，常識・慣習・習俗・宗教なども重要であるが，人間が国家という組織をつくりその一員として位置づけられると，とりわけ法が重要な役割を果たすことになる。人間の全体活動を生活関係と呼ぶならば，そのうちの法で規律される法関係は特殊な関係と把握することができる。つまり，法関係は，これを権利・義務の関係としてとらえ，最終的には国家という強制力を持つ組織によって，権利の内容の実現，義務の内容の強制的実現がはかられるという特色を持つからである。ところで，この法関係には，国家の構成に参加し，これを維持し，直接的にその保護を受けるといった，そもそも国家そのものが存在しなければ，成り立たない関係もあるが，一方およそ人間が自分の生命を維持するために衣食住の確保のための活動すなわち財貨にかかわる経済活動と次世代の人間を用意するための種の保存にかかわる活動は，仮に国家が存在しなくとも人間がその存在を維持するためにその活動自体は行われるものである。ただ国家が存在することによりその活動から生ずる関係を権利義務の関係として把握し，その国家の強制力の下におくことによって，秩序維持とより円滑な社会生活の維持を意図するものとがある。前者の国家の存在を前提とするものが，公法関係と呼ばれるものであり，後の方に述べた必ずしも国家の存在を前提としないのが私法関係と呼ばれるものである。このように私法関係の基本的内容は，人間の本源的活動としての経済活動と保族活動であり，経済活動に関する活動が財産法関係と称され，保族活動は家族法（身分法）関係と称

される。

2　民法と親族法・相続法（家族法）

　私法関係を規律する一般法が民法であり，したがって民法は財産法と家族法からなっていると理解することができる。わが国の民法についていえば，第1編総則，第2編物権，第3編債権が財産法であり，第4編親族，第5編相続が家族法に該当する（ただし，民法全体に占める総則の性質については別段の検討を必要とする）。そこで，親族法，相続法がわが国の家族関係を規律する一般法であるとひとまず理解してよい。そこで，本書も，民法第4編親族と第5編相続を中心とするわが国の家族法について講説するものである。

　親族法は，法的に承認された男女の結合関係である夫婦と，その結合の結果生ずる子と親，そしてこれらを取り巻く親族について，その基本的地位（これを身分と呼ぶ）自体の発生・変更・消滅について定め，またその地位自体からあるいはその地位を基礎として発生する権利・義務について定めているのである。親族法の対象とする家族関係は，国家の秩序の最も基礎をなすものであるから，これらは制度であると把握され，広く国家の規制に服するものとされている。したがって，わが国の親族法もその多くは強行法規であり，財産法ことに債権法などとは異なった性格を有している。婚姻を例にとれば，婚姻関係に入るか否かは，もちろん当事者の自由意思にゆだねられるが，婚姻関係自体の内容は当事者が自由に定めるわけにはいかない。そこで，時間を限って，たとえば，3年間だけの婚姻とか，同居はしないといった婚姻，生活の負担はお互いに一切負わないといった婚姻は，当事者が仮に約束したとしても法的には有効なものとはなり得ないのである。

　上に述べたように親族法は，家族法関係の基礎法として理解することにはほぼ問題がなかろうが，相続法については若干異論があるかもしれない。相続法は，人が死亡するともはや権利義務の主体となる地位・権利能力が失われるので，生前にその者が有していた権利義務を何者かに引き継がせ，それによって財産的秩序を保つことを目的としている。つまり，相続は財産（権）の被相続人から相続人への移動について定めたものであるから，人の死亡という特殊な原因によるものではあるにしても財産権変動の一態様について定めたものということができ，むしろ財産法の一分野として理解することもできるからである。

このような理解の下に，相続法を財産取得法に位置づける法制もある（フランス法）。確かに，死後自己の財産を誰にどのように引き継がせるかは被相続人が生前に遺言により決定できる。しかし，そのような遺言がなされなかった時は，相続法の定める法定相続によることとなる。そして法定相続では，その相続人となるのは，一定の範囲の親族であるとするのが通例である。また，遺言による相続についても，その財産の承継は全く被相続人である者の意思にゆだねられるわけではなく，一定の親族には遺留分権が与えられ，遺言の自由に制約をかけているのである。このようなことを考慮すると，相続が被相続人から相続人への財産の移動であるという本質をもつものであることは承認しても，そこには家族関係が色濃く反映しているとみなければならない。そこで，親族法と相続法を統括して家族法とよび民法の一分野に位置づけることにも十分正当性は認められよう。

3　親族法・相続法の法源

親族法・相続法は家族関係を法関係と把握し，家族間の紛争を解決する際の規準として裁判規範としての性格を持つが，元来家族法関係がその社会の歴史・文化の影響を受けた倫理・道徳・宗教などを反映した関係でもあるので，行為規範としての性格も強いことに注意しなければならない。親族法・相続法がどこにどのような形式で定められているかは，親族法・相続法の法源の問題であるが，その問いに対しては，親族法・相続法の法源は，民法第4編親族，第5編相続であるということができる。そして，民法典の家族法関係規定は，これを大別すれば，「夫婦の法」（第4編第2章），「親子の法」（第4編第3章親子，第4章親権，第5章後見），「扶養の法」（第4編第6章），「相続の法」（第5編相続）ということになる。無論，これは形式的意義での親族法・相続法を示しているのであって実質的意義での親族法・相続法には特別法も含まれる。しかし，他の民法の分野とは異なり，民法親族編，相続編に定められた規定を修正するという意味での特別法はほとんど見られず，これを補充し，円滑化するという性格での特別法が大部分を占める。これらの特別法には，つぎのようなものがある。

　　国籍法，戸籍法，住民基本台帳法，年齢計算に関する法律，母体保護法，
　　少年法，少年院法，生活保護法，児童福祉法，児童福祉手当法，児童虐待

防止法，配偶者からの暴力の防止及び被害者の保護に関する法律（DV防止法），人身保護法，民事訴訟法，人事訴訟法，家事審判法，児童の権利条約，成年後見関連法（任意後見契約に関する法律，後見登記等に関する法律など）。

　実質的意義での家族法はこれらの諸法規の中の家族法関係に関連する規定を含むものである。本書においても必要に応じ，これらの規定にも触れることになる。

　家族法は，その本来的性格としては，制度を対象としているので，強行法規的性格が強い。この性格を強調すると，家族法においては，慣習，条理は法源としては認められないということになる。しかし一方，家族関係は，その社会の固有の歴史的・文化的要素を強く反映するものである。したがって，家族関係は，もともと，習俗，慣習，倫理，宗教といった法以外の規範の規律するところであることも承認しなければならない。家族法の規定にこれらすべてを考慮することは困難であり，また，家族法の対象とする家族関係は社会の展開と共に変化していくものであるから，成文法はそのすべてに対応することはできない。そこで，慣習・条理にもとづく内縁関係に関する判例法理の形成，婚姻の際の結納や祭祀承継における慣習への考慮などが必要とされ，さらには官公庁の通達，訓令，取扱例などが戸籍の事務処理，相続財産の取扱いなどの側面で，現実的には家族関係に重要な影響を及ぼしていることにも注意をすべきである。

第2節　家族法の基本的性格

　ここでは，現行家族法の基本的性格を明らかにするためにいくつかの視点から家族法を考察する。

1　わが国の家族法の歴史的性格と現行家族法の原理
（1）　わが国の家族法の歴史的性格

　わが国の家族法（親族法・相続法）は，きわめて歴史的性格の強いものである。わが国の家族法が，統一的な法典の形態をとるのは，明治時代からであり，「法典論争」後明治31年より施行された民法典の第4編，第5編からである。

法典論争の中心的論点の一つが家制度を民法典の中に明確に位置付けるか否かということにあったが，それを支持するいわゆる延期派が勝利したことから，この民法典の規定は，家という親族集団を基本に据え，その維持発展をその目的としていたといってよい。家は，家父長制によるものとされ，したがって，この家族法は全体として封建的色彩の強いものであった。その中心的制度の一つとして家督相続がある。すなわち相続については，家督相続が中心であり，家督すなわち戸主としての地位の相続については，原則として長子である男子が単独で相続し，その家の家産とされるものも家督を相続することによって自動的に相続するものとされていたのである。そして家の維持発展という観点から，家秩序の維持のために，家族員は戸主に従い，妻は夫に従い，子は親に従うべきであるという基本的倫理が必要とされる。具体的には，妻は単独で法律行為をすることができない行為無能力者とされ（旧民法14条～19条），親権は原則として父親にあり，母親が親権者となるのは例外とされ，その場合には親族会の監督を受けるものとされ（旧民法877条），相続については，男子が優先すると規定されていた。この家督相続における男子優先は徹底しており，女子だけの家族では，戸主たる夫が正妻以外の女性に男子をもうけ認知をしている時は，この男子が正式の婚姻関係から生まれた長女子より優先するものとされたのである（旧民法970条）。西欧において成立した近代民法もその初期においては，父と夫が子と妻に対して優先的地位を保障していたといわれ，その意味で家父長的性格を有していたといわれるが，民法を西欧から継受したわが国の場合には，家を中心に据えることによりその家父長的性格を一層強いものにしていたといえる。つまり，この家族法は家団体主義，男尊女卑の考え方が支配していた。そして，この家族法の基本的アイディアは，天皇制イデオロギーと深く結びついていたとの評価もなされるところである。

　1945年の第2次世界大戦での敗戦により，わが国は，その戦争へと導いたイデオロギーを一掃して，民主主義国家の建設へと向かうこととなった。まず憲法において，「個人の尊厳」と「両性の本質的平等」が規定され（憲法13条・14条・24条），これを受けて旧民法1条ノ2（現行民法2条）に，重ねて，家族法の解釈の基準として「個人の尊厳」と「両性の本質的平等」が規定され，この原理にもとづいて，旧来の民法第4編親族，第5編相続の改正がなされたので

ある。これは民法改正の形式をとるものの全く新しい家族法が制定されたといってよい。つまりこの時点でわが国の家族法は，家団体主義から個人主義へ，家団体主義を支えていた家父長制そして男尊女卑のイデオロギーから男女平等の理念へとその基本的原理を大転換したのであった。妻の無能力は廃止され，親権は父母平等の共同親権となり，相続については，家の制度が廃止されたのに伴い，家督相続は廃止され，遺産（財産）のみの相続となり，相続人も諸子均分相続となって，年齢の長幼，男女の別によって同順位の相続人間で差別がなされることはなくなったのである。さらには，被相続人に配偶者がある場合にはその配偶者は常に相続人となるものとされたのである（生存配偶者となるのは平均寿命からみて女性配偶者であることが多いので，これは事実上女性配偶者の相続権の確立の意味を持つ。この配偶者の相続権は昭和55年の改正により，一層強化されることとなった）。

　ところで，通常，家族法は，制度を対象とする部分が重要な要素となっているので，社会の現実の変化を受けてそれに対応する形で変化していくものと考えられており，法が現実の変化をうながすことはそれほど多い事例ではないのかもしれない。しかし，わが国の家族法は，家族法の変革によって現実の変化を促進していった面があることは否定できない。つまり，家族法はその意味で日本社会の民主化を最も根底の部分で推進する役割を担ってきたものといえよう。つまり，新家族法制定後の第一段階では，この家族法のもつ「個人の尊厳」と「両性の本質的平等」の法原則を民衆の間に啓蒙・浸透させていくことが重要な課題とされ，それによって日本社会の民主化を根底から浸透させ，同時に封建的・家父長的・前近代的意識を排除していくことが重要な課題とされたのである。そして，その成果は相当程度あったものと評価されよう。

（2）　現行家族法の基本原理

(a)　個人の尊厳　　明治民法の家団体主義の下では，たとえば，婚姻は，単に個人と個人の自由意志による結びつきとはとらえられず，少なからず夫と妻の属する「家」と「家」との結合とされ，したがって両家の戸主の同意を必要とするものとされていた。家族関係のありかたとして戸主は家族員を支配し，また夫婦，親子については夫が妻を，親は子を支配するものとされていた。つまり，家族関係は支配と服従の関係を基本としていたのである。また相続は戸

主という家の所属員を率いる地位の承継と家産の承継が合体した家督相続が，主要な位置を占めていた。家という団体の維持，永続性が至高のこととされ個人の幸福追求，個人の尊厳は犠牲にされることがあったとしてもやむを得ないとされていたのである。

　現行家族法は，この家制度を廃止し，個人を家から解放したものと評価される。婚姻は個人の自由意思にもとづいた結合であり，親子についても，親が子を支配するといったものではなく親が未成熟の子を監護・養育することが中心となる関係であるとされている。相続についても単に生前死者に属していた財産の移転のための制度（遺産相続）であるとされ，身分的地位の承継とはとられていない。家族法もまた財産法同様個人主義の原理が支配するところとなったのである。

　この原理が採用されて60年を超える現在では，この原理がいかなる程度に実現されているかが問題となる。現行法制定当初より祭祀財産承継（897条・769条）については，家制度的思想が残されているとの指摘がなされているし，氏の制度や普通養子制度には，家制度を温存するものが存在するとの批判もある。平成8年にはこれまでの幾度か行われた改正とは質の異なるその意味で大きな改正となる試案（法制審議会民法部会「民法の一部を改正する法律案要綱案」）が公表され，そこでは選択的夫婦別姓の導入，離婚原因における破綻主義の徹底化，嫡出子と非嫡出子の相続分の平等化が取り上げられている。これらも，一面においては個人の尊厳の原理の実現という側面から問題とされ，検討されるべきものである。

　(b)　男女の本質的平等　　家の制度は，家を率いる戸主は原則として男性であることを予定することをはじめとして男性優位の思想を含むものであった。たとえば，妻は無能力者であるとされ，貞操義務についても，妻は姦通の事実が証明されれば離婚原因とされるのに対し，夫は姦通罪という刑法上の罪によって処罰されなければ，離婚原因とはならないというふうに貞操義務にも軽重の差別がなされ，親子関係でも子に対する親権は父親が有するものとされていたのである。また戸主権の相続である家督相続では長男子が相続人であるとされ，また戸主の法律上の妻との間の女子よりも，戸主と妻以外の女性との間に生まれた男子の方が相続順位においては上位であるとされていたのである。

現行法はこの「男尊女卑」の思想を打破し，男女平等の理念を貫徹させ，婚姻は平等な男女の関係であるとされ，父親も母親も等しく親権者であり，相続でも，男女を差別することはない。

　今日男女の本質的平等の原理が問題とされるのは，この家族法の保障する形式的平等が現実の社会において，経済的・社会的に実質的に実現できているのかということである。つまり，一言でいえば，男女の形式的平等から実質的平等へという問題である。具体的には，それは婚姻時における氏の選択，財産分与における主婦婚形態での妻の寄与の財産的評価などの点で検証が迫られることとなろう。

　(c)　個人の尊厳と男女の本質的平等理念の現段階　　今日においても，家族法を検討する理念的基本視点は依然として「個人の尊厳と両性の本質的平等」であって，変わることがない。もちろん，今日における課題はより深化したものとはなっている。つまり，確かに家族法において法形式的には「個人の尊厳と両性の本質的平等」は実現されてはいるが，今日においてはそれが現実の社会の中で実質的に実現されているかどうかが検証されなければならないし，場合によっては，その実質的実現を図るために法改正を検討しなければならないという課題を負う段階にきているからである。

　すでに指摘したところであるが，その適例として，現在わが国で問題となっている「選択的夫婦別姓の導入の可否」問題を取り上げてみよう。

　この問題には，まず民法のもつ形式的平等性の問題が含まれている。現在の規定によれば夫婦は婚姻時に夫婦で協議していずれかの姓に統一するものとされており，夫婦のいずれかの姓を名乗ることを形式的には何ら規定してはいない。ところが，圧倒的多数の場合に夫の氏が選択されるという現実がある。そしていったん夫の氏が選択されれば民法は協議の上でその姓が選択されたものとしてその過程をも含めて支持していることとなる。しかし，そこには，その夫婦をして夫の姓を選択させる力，家団体的・家父長的思考そして社会的圧力が働いていないかどうかが検討されなければならない。また，そもそも，家族法の規定には，問題解決にあたっては，第一には当事者・関係者が協議によって決定すべきであり，協議が調わない時に初めて家庭裁判所が援助をするものとしている規定が多い（たとえば，財産分与──768条，協議離婚──763条，遺産

分割—907条など多数)。このことは，わが国の家族法に柔軟性を与え，問題解決における当事者の自主性を尊重し，具体的妥当性のある解決を与えるものと評価できる面もある。しかし一方で，その形式的平等性を通じて，現実的不平等がはいりこんで来てはいないかどうか検討されなければならない。そしてその現実的不平等は何によってもたらされるのかが問題となる（思想的文化的伝統か，社会的経済的構造か）。また，選択的夫婦別姓を導入することについては，「個人の尊厳」が個人主義を意味し，個人の意思が尊重されねばならないとしても，家族法という制度が基礎となっている領域において，どの程度個人の意思が反映されるべきなのかという大きな問題と対峙することとなる。

現在，わが国の家族法の課題でごくポピュラーなものだけを挙げれば，ここに挙げた夫婦別姓・財産分与の規準（離婚の際に夫婦の財産を2分の1とする推定規定を置くべきか，居住用財産について妻に優先権を認めるべきかなど）・破綻主義離婚法の徹底（一定期間の別居を離婚原因にすべきか）・非嫡出子の相続分などがあるが，これらのいずれについても，「個人の尊厳と両性の本質的平等」につき，いわば，現代的視点からの検討が必要なものと考えられる。

2 財産法と家族法

先に述べたように，わが国の家族法は，その多くは民法典第4編親族，第5編相続の規定を中心としており，第1編総則，第2編物権，第3編債権のいわゆる財産法の基礎的規定と共に民法典の中に規定されている。しかし，財産法と家族法は同じ民法典にありながらかなり異なった性格を有しており，その関係がこれまでも議論の対象とされてきた。

その第1は，家族法の財産法に対する特色を強調し，家族法の法理を財産法とは異なるものとして独自の展開が必要であるとするものである。すなわち，財産法関係は，特定の経済的目的を達成するために形成される目的的・打算的・形成的関係であり，利益社会的（ゲゼルシャフト的）結合関係である。これに対し家族法関係は，夫婦・親子に典型的に見られるように，人間としての保族本能にもとづく性情的・本能的・超打算的関係で共同社会的（ゲマインシャフト的）結合関係であるとされる。たとえば売買契約を通じて当事者は財産法関係を形成するがそこでは，売買による得失が十分考慮され，互いに利益があると判断されたがゆえに売買契約が成立し，そこに当事者の法関係が形成

されることになる。一方，婚姻をするに当たっては，当事者は何らかの打算も働かせるかも知れないが，好悪の感情など情緒的側面が働くのが通常であり，全くの打算をもってなされる婚姻は非難さえされることになろう。実親子に至っては，俗な言い方をすれば子は親を選択することすらできない。このように家族法関係と財産法関係は，異なった法関係であるから，家族法関係の法理と財産法関係の法理には異なるものがあり，そこから民法総則の規定は家族法ことに親族法にはそのまま適用にはならないとの見解も引き出されることになる。

　この見解は，旧家族法の時期から唱えられてきたものであり，家族法の独自性を強調し，わが国の家族法学という独自の領域の進展に寄与したものと評価される。

　第2には，第1の見解が，財産法関係と家族法関係の異質性を強調するのに対し，むしろその同質性を強調するものである。近代市民法においては，財産法も家族法も共に自由で主体的な個人対個人の権利義務関係として構成されることになっている点では共通している。したがって，家族法として民法に規定されるのは家族・親族間の財産的秩序関係であり，家族関係の特色をなす愛情や道義に関する規制は道徳・倫理に任されていると説くのである。この説は，第2次世界大戦後にわが国の家族法が大改正を受けた時期に説かれたものであり，従来の家族法の家父長的，家団体中心的性格を否定し，いわゆる家族法への財産法原理の浸透を説き，それによって家族法も財産法同様個人主義的性格を有することを強調し，家族法の民主化を説くものと評価されよう。

　第3は，まさに財産法関係と家族法関係の関係づけをし，これを民法の全体の体系に位置づけようとする見解である。この見解では，財産法は，独立・自由・平等な人が活動する社会を対象にしているが，家族法の中心的対象は，財産法の対象とする社会で活動するには不十分な人間つまり独立・自由・平等であるとしたのでは不利益を被る人間を保護し，財産法の対象とする社会で活動できるようにしてやるところにあるとするのである。親が子を監護養育し，成人として社会に出るまで保護し（親子法），経済的に独り立ちできないものが居れば，親族が扶養する（扶養法）といったことがこれに当たるとされるのである。いわば，家族法は財産法を補完する舞台裏の装置であると説くのである。

これらの見解は，それぞれに時代的背景を持って主張され，支持されてきたものである。これらのいずれか一つをもって，家族法，財産法を特徴づけ，関係づけることはできないが，それぞれに鋭い指摘であり，わが国の家族法学の進展に寄与するところが大きかったといえる。今日でも家族法の基本的性格，全体像を考える上で，常に参考とすべきものであろう。

3　家族の機能と家族法

従来家族の機能としては，①性的欲求・愛情の充足，②子の創造・養育，③消費生活の単位，④共同生活による感情融合，⑤老人・病者等弱者の保護，⑥教育・宗教・娯楽の場，⑦生産の単位などが挙げられてきた。これらのうち⑦については一部の家族を除き，いわゆる核家族化の進展と共に家族の機能としては失われてきており，他の機能についても①〜④はいまだ家族の機能としてその役割が期待されるが，⑤，⑥については相当程度いわゆる「社会化」が進行しているところでもある。つまり一般的にいえば，家族の機能は時代と共に縮小してきているといえよう。

たとえば教育を例にとれば，現在では，教育の多くは，学校にゆだねられ，家族内での教育は「しつけ」などの基本的部分にしか及ばない。しかし子の教育をする権利は基本的には親にあるとするならば，親は学校教育について積極的役割を担うべきであるともいい得るので，そこに家族ないしは家族法と学校教育という社会との接点が生じ，親権と公教育との軋轢・調整の問題が生ずることになるのである。また老人・病者等弱者の保護についても，今日の高齢化社会に伴う老人問題への対応に見られるように，家族の中では解決しきれない問題を含むようになってきており，どこまでが家族・家族法の役割とされ，何が国家ないし社会の負うべき役割なのかが問題とされ，いわば家族の機能の社会化の質・量の程度が問われる状況にある。

また，家族の機能の中核をなすと思われる②についても体外受精の出現により揺らぎもみられるところである。

このように家族ないし家族法の機能は，たえず社会との関連で変化しつづけていくものであり，このような観点から家族法を位置づけ，家族を取り巻く問題を考察することも重要である。

第3節　親族法・相続法の基礎概念
──親族・身分権・身分行為──

1　親　　族
（1）　親族の基本概念

　親族とは，血族と姻族によって構成される一つの集団である。血族は，血縁の連なるものであり，親子，兄弟姉妹，叔父叔母などは，血族である。自然の血縁のある者の他，養子縁組によるものも，法律上自然の血縁のあるものと同視されるので，これをも血族である。前者を自然血族，後者を法定血族と呼ぶ。他方，姻族は，婚姻を通じて生ずるものであり，一方配偶者と他方配偶者の血族との関係である。

　民法は，六親等内の血族，配偶者，三親等内の姻族を親族であるとしている（725条）。ここにいう親等は，親族関係の遠近をはかる尺度である。親等は，世代数を数えて決められる（726条1項）。ところで，血族，姻族には，直系と傍系の区別がなされる。直系とは縦に連なる関係であり，曾祖父母，祖父母，父母，子，孫との基点となる者＝自分との関係である。これに対し，叔父叔母，兄弟姉妹，従兄弟姉妹などは共通の祖先から枝別れしたものであるから，これを傍系血族と呼ぶ。親等は，直系血族については，世代数を数え，親子は一親等，祖父母は二親等，孫も二親等と容易に決定できるが，傍系については，自分と対象となる人との共通の祖先に至る直系の親等を合算して決定することになる（726条2項）。そこで，兄弟姉妹は二親等，伯叔父母（おじ・おば）・甥姪は三親等，従兄弟姉妹（いとこ）は四親等となる。親等の決定について，ここには血族の例を挙げたが，姻族については，自分の配偶者を基準にして世代数を数えれば良いので血族と同様である。

　実際に親族の範囲を考えてみたり，あるいは親族図などを目にしてみると，民法の定める親族の範囲はきわめて広範なものであることがわかるであろう。現実の生活では，およそ接する機会のない者も親族とされているのである。永続的に存在することを前提にした「家」意識を反映したものであるとして，家族法制定時から批判がなされてきたところである。民法が権利義務の関係に

第3節　親族法・相続法の基礎概念　13

親族・親等図

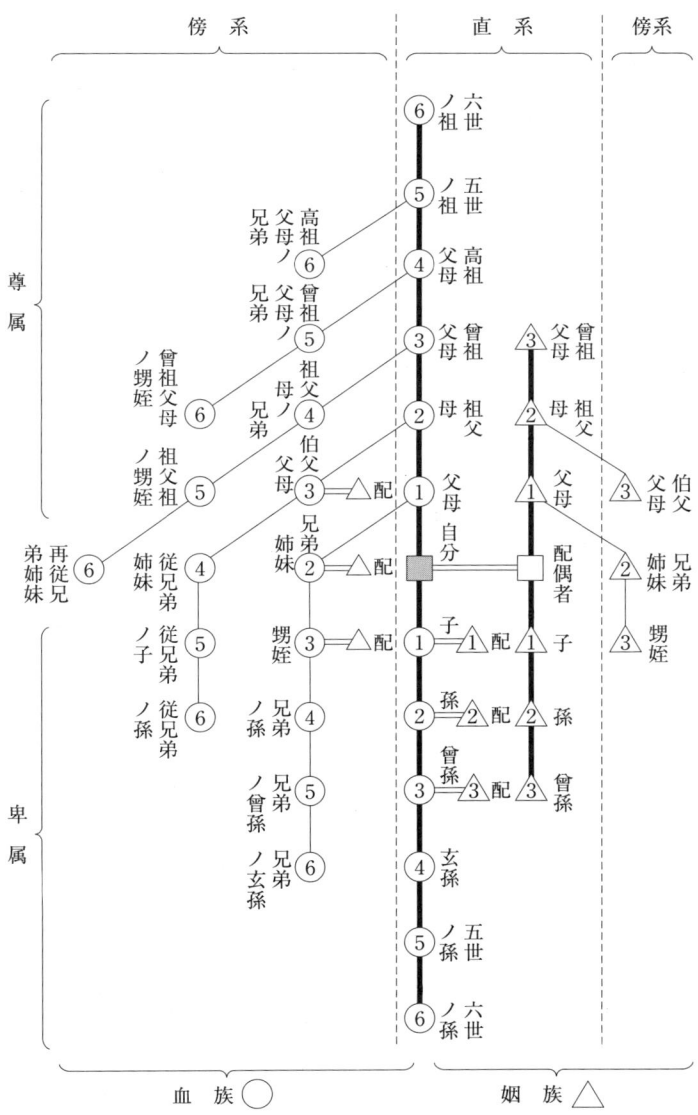

血族 ◯　　姻族 △

よって家族関係を規律するものであること，どのような親族関係にある者が権利義務の関係をもつかについては，事柄に応じて個別的に規定が設けられていることからしても，このように一般的な親族規定を置くことは無意味である。

(2) 親族関係の変動

(a) 出生および死亡　親族関係は，出生によって発生し，死亡によって終了する。出産という事実によって母子関係は発生するので，出生によって母子関係が発生せず母方の親族関係が発生しないことは稀であるが，父子関係の発生は母子関係とは別に扱われるので出生によって父子関係が発生せず，したがって，父方の親族関係は発生しない子は必ずしも少なくない。親子のところで述べる。

(b) 婚姻および離婚・配偶者の死亡　婚姻によって，配偶者関係と姻族関係が発生する。これらは離婚によって消滅する（728条1項）。婚姻は死亡によっても解消するが，この場合には配偶者関係は当然に修了するが，姻族関係は当然には修了するものではないとされていることに注意すべきである。姻族関係を修了させるには「姻族関係終了の意思表示」という一種の戸籍上の届出をしなければならないとされているのである（728条2項）。

(c) 養子縁組・離縁　養子縁組によって，養親と養子の間には婚姻によって出生した子と同じ嫡出親子関係が生じ，養子と養親の親族との間に親族関係及びこれに伴う姻族関係が発生する。養子縁組には，普通養子縁組と特別養子縁組があり，普通養子については，養子の養子縁組前の親族関係は縁組後も継続することになるが，特別養子については縁組前の親族関係とは断絶するものとされる。養子縁組は，離縁によって終了し，縁組によってあるいは縁組後にこれを基礎として成立した親族関係は，ことごとく終了することになる。

たとえば，養親Aと養子Bについて，Bが縁組後にCと婚姻しB・C間に子Dがあったとすると A，Bの離縁によってAとC，Dの親族関係（AとCは姻族一親等，AとDは血族二親等）も消滅することになる。

(3) 親族関係の効果

民法は，親族であることによって何らかの法律的利害関係に立つ場合でも，問題となる事項ごとに，その範囲を決めることにしているので，725条の定める親族であることによって一般的に権利義務の関係におかれることは少ない。

たとえば，扶養という問題では直系血族，兄弟姉妹は扶養の義務があるとされたり，また婚姻については三親等内の血族は婚姻することができないとされたりするのである。したがって，後述する項目ではそれぞれの事項ごとにこれについても考察する。ただ，730条は，直系血族及び同居の親族は互いに扶け合わなければならないとし，あたかも親族であるために扶け合う権利義務があるかのように規定しているが，これは倫理的な規定であり法的拘束力はないものと解されている。

2　身　分　権

夫であること，妻であること，一定の親族であることなど，人が家族的生活関係（身分関係ともいう）において有する地位のことを身分という。いわば家族関係における立場のことである。この身分を保持すること自体を基本的身分権という。そしてこの身分を有していることにもとづいて与えられる，具体的個別的な家族生活関係におけるさまざまな権利を派生的身分権というが，通常，身分権という時は，この派生的身分権をさす。

たとえば，夫であるという身分にあるものは，妻に対し同居協力扶助請求権（752条）を有し，親である身分にあるものは子に対して監護教育権（820条）を有し，一定の範囲の親族の身分にあるものは，一定範囲の親族に対し扶養請求権（877条），相続権（886条以下）があるということになるのである。

身分権は，その作用の面に着目して分類すると支配権的身分権（親の子に対する居所指定権―821条など），形成権的身分権（夫婦間の契約取消権―754条など），請求権的身分権（非嫡出子の父に対する認知請求権―779条・787条など）に分けられる。身分権は身分関係という全人格的結合関係にもとづくものであるから，財産権と比較すると一定の特質を有している。まず最初に身分権は一身専属的性格が強く原則として本人が自ら行使しなければならず，代理行使は許さないし，一般的には譲渡性も相続性も認められない。このことは配偶者間の同居請求権のように人の身上に係わるいわゆる純粋身分権については当然のことであるが，財産権的性格の強い財産的身分権についても同様であり，したがって婚姻費用の分担請求権（760条），扶養請求権（881条）は譲渡性・相続性がない。また身分権には権利とはいいながら義務的性格が強く放棄も許されないものがあることに注意しなければならない。親権（820条以下）がその典型

的なものである。さらには身分権の内容の実現は，相手方の自由意志によるのでなければ意味のない場合が少なくなく，強制的実現にはなじまないものが多い。

たとえば夫婦の同居請求については直接強制ができないのはもちろんのこと，間接強制によることにも疑問があるとされる。

3 身分行為
（1） 身分行為とその種類

身分行為とは，身分関係に関する権利・義務を発生・変更・消滅させるものであり，法律行為のうち身分関係に関するものを特に身分行為と呼ぶ。身分行為は通常次の3種類に分類される。この分類ではそれぞれの身分行為につき民法総則の通常の法律行為に関する規定が適用されるか否かが問題となる。

① 形成的身分行為　身分への行為といわれるものであり，直接的に身分の創設・廃止・変更を生じさせる行為である。最も基本的な身分行為であり，婚姻，離婚，縁組，離縁，認知などがこれにあたる。この形成的身分行為では，当事者の意思が何よりも尊重されねばならず，この身分行為はその身分行為の意味する所を理解する能力があれば足りるとされる。したがって，禁治産者であっても，婚姻，縁組については，婚姻，縁組が何を意味するか理解する能力・意思能力があれば足り，財産法上要求される行為能力は必要とされないとされている（738条・764条・799条・812条）。

② 支配的身分行為　身分からの行為といわれるものであり，特定の身分にもとづいて他人の身上に身分法的支配を及ぼす行為である。親権者の親権行使，後見人の後見がこれに当たる。この身分行為については他人に影響を与えることにつき合理的な判断能力を必要とする所から財産法上の行為能力が要求される。

③ 付随的身分行為　身分のための行為といわれ，身分の変動に付随してなされる行為であり，婚姻成立に伴いなされる夫婦財産契約（755以下），離婚の際の財産分与の合意（768条），婚姻の際の氏の決定（750条）などがこれに当たる。これらの行為については，財産法上の行為能力が必要と解されている。

（2） 身分行為の要式性

　身分関係は社会的秩序に直接的に影響し，第三者に対する影響も大きいので，通常一定の方式を踏むことが要求される。したがって身分行為は他の法律行為とは異なり，原則として要式行為とされている。そこでわが国においてはその要式は「届出」という方式をふむこととされているのである。しかし，身分行為特に形成的身分行為においては，その身分関係の事実状態が重要な意味を持つ。つまり届出という方式をふまずに実質的にその身分行為に即した生活事実（実体）が形成されることがあることも無視できないのである。これが内縁，事実上の養子，事実上の離婚・離縁などの問題となる。

（3） 身分行為における意思と要式（届出）および生活事実の関係

　これまで述べてきたところから知れるように，身分行為特に形成的身分行為は，「身分行為意思」，「届出」という要式そして「生活」事実という三つの要素から成り立っているものと解される。そこで身分行為におけるこれら三要素の関係が問題となる。このことは，身分行為意思とは届出をするという意思で足りるか（形式的意思説），生活事実の形成の意思も有していなければならないか（実質的意思説）の対立となって現れる。たとえば，仮装婚姻（婚姻という生活事実を形成する意思はないが，何らかの法的効果を得るために婚姻届をなした場合），仮装離婚（婚姻の実体を解消するつもりはないが，離婚による何らかの法的効果を得るために離婚届がなされた場合）につきその届出の有効性，つまり身分行為の有効性をめぐる対立となる。それぞれのところで検討する。

第4節　氏と戸籍

　夫婦・親子といった家族関係が存在するか否かは，当事者のみならず第三者にとっても重要な意味を持つ。このような家族関係を記録し，これを公証する制度が戸籍といわれるものである。戸籍制度を定める法律を戸籍法という。わが国に家族関係を公証する近代的戸籍制度が導入されたのは明治31年の戸籍法によってであるが，明治民法は，「家」を中心においていたので，戸籍も「家」の戸籍であり，戸主を中心に，「家」を同じくするものが同一の戸籍に編成さ

れることとなっていた。先に述べたように，現行民法は，「家」制度を廃止したから，これに伴い戸籍法も全面的に改正が行われたのである。現行戸籍法による戸籍は個人の出生，家族関係を公証するものである。わが国の現行戸籍は原則として夫婦親子を一つの単位と見てこれを一括記録する制度として位置づけられている（戸6条）。さらに人の出生，婚姻，離婚，親子関係の発生・存否，死亡といった重要な身分関係の変動が戸籍に反映することになっているので，一見してこれが明らかになる仕組みである。欧米諸国では，個人別・事項別（婚姻は婚姻，親子は親子というふうに）の身分登録制が一般的であるので，わが国の戸籍制度は身分関係を公証する制度としては，かなり優れたものであるというべきであろう。

　戸籍の編製については，戸籍法と長年にわたる実務上の慣例の膨大な積み重ねによっているのであるが，ここではごく基本的な規準をあげるに止める。

　①同氏同籍を原則とし，氏の異なる者が同籍となることはない。②夫婦は独立した一つの戸籍を有し，複数の夫婦が同じ戸籍となることはない。親と同籍の子が婚姻すれば子について新戸籍が編製される。③同籍となるのは夫婦と，その夫婦と親子関係にある者に限られる。したがって三代にわたる者が同一の戸籍に記載されることはない。祖父母と孫が同籍となることはないのである。子が婚姻をせずに同氏の子を持った時も，養子を持った時もその親子のために新戸籍が編成される（戸17条）。

　なお，戸籍の編製は，原則として届出によってなされる（戸15条）。

第5節　家事事件・紛争の解決手続

1　家庭裁判所と家事事件

　家族は社会の基本単位であり，国家の基礎をなすものであるから，国家は家族の維持・発展に関心を持たざるを得ない。そこで国家は，家族間の紛争（家事紛争）が生じた時にはこれを解決するのに援助すべきこととなる。これを，国家が後見的立場から家事紛争の解決に向けて干渉あるいは介入すると言ってもよいであろう。その際，「第2節—2財産法と家族法」でも述べたように家族法関係と財産法関係は異なった性格を有しており，従って家事紛争と財産法

上の紛争もその性格において異なっていることに配慮すべきこととなる。すなわち，家族関係は，本質的結合関係であり，情緒的結合関係であることから，家事紛争の解決に当たっては，個々の紛争の具体性・特殊性を考慮すべきであり，財産法上の紛争解決に見られるような抽象的権利義務によって画一的に判断・処理することは適切ではないからである。このことは，わが国の家族法の規定に見られるように，家事紛争が生じた時，画一的な解決を規定するのではなく，まず当事者が協議によって解決すべきであるとしているのも，家事事件・紛争の性格に着目した上でのことであると理解されよう。また家事事件・紛争についても，他の民事事件と同様，国家機関としては裁判所が関与することになるが，その場合，家族員のプライヴァシーの保護に配慮すべきであることから，公開の審理にはなじまないなどの点で，通常の民事訴訟手続とは異なった手続が必要とされるのである。

　わが国においては，以上のような家事事件・紛争の特殊性を配慮し，昭和23年家事審判法が制定され，家事審判所が発足し，昭和24年家事審判所と少年審判所が統合し家庭裁判所となり，以来，家庭裁判所が家事事件に関与してきた。ただ，この家庭裁判所は，家事事件に関していえば，家事調停と家事審判を行なう裁判所として創設されたのであって，訴訟を処理する裁判所ではなかったことに注意すべきである。つまり，婚姻関係・親子関係の存否に関する紛争は，利害関係が当事者のみならず社会一般に及ぶことから，客観的事実に基づいて対世的に（社会に対して明らかになるように社会一般に向けて）解決されるべきであるとして訴訟によるべきことが明定されているが，これについては家庭裁判所ではなく通常裁判所で扱われるべきであるとされてきたのである。その結果，例えば離婚についていえば，後述するように家事事件についての「調停前置主義」によりまずもって家庭裁判所における調停が行われるが，調停が不調となった場合には，審判が行われる場合もあるがいずれにせよ家庭裁判所で決着がつかなかった場合，その後の事件の処理は通常裁判所に移るものとされ，地方裁判所で改めて争われることとなっていたのである。もっとも，家事事件が訴訟事件として扱われるときもその特殊性に配慮し，通常の民事訴訟とは異なり，裁判所が自ら真実の発見に努める職権探知主義が採用されている人事訴訟手続法による手続が採用されてはいたのである。つまり家事事件につい

ては，家庭裁判所で事件への処理が開始はするが，人事訴訟として扱われる時は通常裁判所に移行しなければならないという一貫性という点では若干分かりにくい手続となっていたのである。ところで，平成11年に設置された司法制度改革審議会は，平成13年6月の最終的な意見書で，家庭裁判所の機能の充実を諮るべきであるとして，「離婚など家庭関係事件（人事訴訟等）を家庭裁判所の管轄へ移管し，離婚訴訟等への参与員制度の導入など体制を整備すべきである」との見解を示した。これを受けて法務省は法制審議会に諮問を行ない，法制審議会は平成15年5月人事訴訟法案要綱を決定し，平成15年156回国会に人事訴訟法案が上程・可決され，平成16年4月1日より施行されることとなった。これにより，従来通常裁判所の管轄であるとされてきた「人事訴訟」は，家庭裁判所へと「移管」されることとなったのである。これがいわゆる「人訴の家裁移管」と称される事象である。この「人訴の家裁移管」をもたらしたのは，何よりもわが国の家庭裁判所が家事事件の処理について長年にわたりその力量を十分に示してきたことが挙げられよう。なお，背景としては次のような事情が指摘できる。①前述したように，人事訴訟も調停前置主義が採られるが，家庭裁判所で終了しなかった事件は，地方裁判所に訴えを提起しなければならないとされており，一つの家事事件が家庭裁判所と地方裁判所に係属が分断されることとなり，さらに問題だったのは，家庭裁判所と地方裁判所の連携が図られる仕組みにはなっていなかったこと。②離婚の際の財産分与，子の監護者の決定・変更，養育費の負担，婚姻費用の分担などは，家庭裁判所の専権事項とされてはいるが，それらのうちの一部は離婚訴訟に付随している限りは，地方裁判所でも審理・裁判できるとされていて，管轄の配分が複雑で分かり難いこと。地方裁判所での離婚訴訟の最中に，婚姻費用の分担や未成年者の監護の問題が生じた時にどちらの裁判所で解決すべきか不明確であること。③地方裁判所に離婚事件が係属し，子の親権者・監護権者の決定の判断がなされるべき際に，地方裁判所には家裁調査官のような専門的機構がないために適切な措置が困難となること。

　以上述べたように，現在では，多くの家事事件の解決は，家事審判法9条1項甲類に列挙される事件を除き，調停をもって開始し，調停不成立の場合は審判をもって決着を付けられるかあるいは家裁における人事訴訟手続によること

2　家事調停

　家事調停は，原則として，1人の家事審判官と2人の家事調停委員から構成される調停委員会によって行われる（家審3条2項・3条1項但書）。調停委員会は，家事事件の特性を配慮し，当事者の諸事情を聞き，当事者が互譲の精神にのっとって紛争解決の合意に到達できるように援助するのが主たる役割となる。わが国の家族法が家事紛争の解決については，協議によるべきものとしているので，調停はその協議を促進させるという機能をもつべきものと理解すべきであろう。調停が行われるのは，家事審判法17条において，第1に人事に関する訴訟事件いわゆる人訴事件については明文で調停前置主義の採用が規定されており，第2にその他一般に家庭に関する事件（法律に明文のない，内縁に関する事件，離縁した養子から養親への財産分与請求事件など）であり（家審17条），第3に家事審判法9条1項乙類（当事者間に紛争性のある事件）についても，調停に付することができるとされているが，これも調停に付されるのが通常である。調停が成立しこれを調停調書に記載すると，確定判決または確定審判と同一の効力を持つこととなる。

　調停不成立の場合，第1の類型では，合意に代わる審判（家審24条）が行われることもあるが，それも異議申立てにより効力を失うと，家庭裁判所において人事訴訟法による裁判に付されることとなる。また第2の類型についても不調のときは審判が行われることもあるが，この審判の効力が異議申立てにより失われた時は，通常の裁判所で審理がなされることとなる。第三の類型については家裁の専権事項であるので，家裁の審判が最終判断となる。

3　家事審判

　家事審判は，家庭裁判所が，後見的立場から，事件の実体に即して具体的妥当性のある処理を行なうものである。家事審判は，家事審判官が原則として参与員を立ち会わせてまたその意見を聞いて決定する（家審3条1項）。家事審判が行われる事件は，家事審判法9条1項に定められている。紛争性がなく，家庭裁判所が身分的秩序を維持するという後見的立場から家庭裁判所が一定の措置を決定する甲類事件と当事者間に紛争性のある乙類事件に別れる。甲類事件については，調停に付することはないが，乙類事件は調停に付され調停が不調

のときは審判によって決定がなされ，これが一審の最終判断となるのである。なお，これらの他に調停との関係では次のような審判がなされることがある。

① 合意に相当する審判（23条審判）人事訴訟事件は調停前置主義が採用されており，当事者間で夫婦関係や親子関係などの身分関係の存否が問題となる，婚姻・離婚の無効，取消，養子縁組・離縁の無効，取消なども調停に付され結果として事実の認識に合意が得られることもある。しかしこの合意をもって最終解決とすることは，身分的秩序の維持の観点からすると当事者の自由意思に身分関係の処理を委ねる結果となり適当ではない。そこで，家庭裁判所が主体的立場から調査が必要であれば調査をした上で合意に添った決定を行なう。これを合意に相当する審判という。この審判については，2週間以内に異議の申立があると効力が失われるが，異議申立てがなされないと確定判決と同様の効果を持つ（家審25条）

② 合意に代わる審判（24条審判）先に述べたように乙類審判事項については，家庭裁判所は調停で当事者の合意が得られなくても審判を行なって最終決定をすることができるが，この場合以外にも家庭裁判所は，調停委員の意見を聞き，当事者の衡平に配慮し，一切の事情を考慮して当事者が裁判所に解決を求めてきた趣旨に反しない時に，相当と認められる場合には，裁判所独自の立場から当事者の合意に代わる審判を行なうことができると定められている。当事者が合理的理由もないのに合意しようとしない場合に，調停によって積み重ねられた努力が全く無に帰してしまうことなどを避ける趣旨であるといわれる。しかしこの審判がなされても2週間以内に異議の申立がなされると効果は失われてしまうので，その点問題がある。

4　人事訴訟

これまで述べてきたように，家事事件については，平成15年に旧来の人事訴訟手続法に代わり人事訴訟法が制定された。これにより，人事訴訟は家庭裁判所に移管され，人事訴訟と密接に関係する損害賠償訴訟も家庭裁判所で審理できることとなった。ここに家庭裁判所の権限及び機能はおおいに拡大することとなり，今後の家庭裁判所の役割も一層重要で期待されるものとなったのである。

第2章　婚　　姻

第1節　婚姻の成立

1　婚姻の意義

（1）「契約」としての婚姻

　婚姻は男女の「合意」によって成立する。したがって，婚姻は「契約」と同じ性質をもっている。すなわち，婚姻は「男女が性的な共同生活を行うための契約」である。哲学者のカントは，「生殖器の相互使用契約」だと定義した。その露骨な表現には驚かされるが，「一夫一婦制」や「夫婦の平等」という理念を正当化する上で，きめて重要な視点である。近代法のもとでは，婚姻は独立・平等な人格をもった男女の自由な「契約」によって成立するのである。

　契約である以上，婚姻の「無効」や「取消し」といった問題も発生する。さらには，「契約の解除」が「離婚」であり，「合意による解除」が「協議離婚」だと考えることもできよう。

　ところで，憲法は，「婚姻は両性の合意のみに基づいて成立」すると定めている（憲24条）。これは，「婚姻の自由」を宣言した規定である。

　中世のヨーロッパでは，長い間，婚姻は「神のあわせ給えるもの」として，教会の統制下におかれていた。また，封建的・家父長的な社会では，家族の婚姻については「家長」が決定権をもっていた。わが国の「明治民法」（民法旧規定）も，家族が婚姻をするには「戸主の同意」を要すると定めていた（旧750条）。

　「日本国憲法」（昭和21年）の制定にともなって，「民法の改正」が行われ（昭和22年），そのような「家」制度にもとづく規制は廃止されたが，それでも，たとえば，「重婚の禁止」（732条）や「近親婚の制限」（734条），さらには「夫婦同氏」（750条）や「夫婦財産制」（760条以下）など，婚姻に対する法的な規

制は現在でも多く存在する。
　(2) 「制度」としての婚姻
　上記のように，婚姻は当事者の「自由な契約」にもとづいて成立するが，全く自由ということではなく，さまざまな法的規制を受ける。その意味で，婚姻はひとつの「社会制度」だということもできる。
　① 一夫一婦制
　わが国では，複数の配偶者を持つことは法的に禁じられている（重婚の禁止732条）。キリスト教や近代法の理念からすれば当然のことだが，「一夫一婦制」は必ずしも「人類に普遍的な原理」とはいえない。たとえば，イスラム教圏では複数の妻を持つことは許されている。これだけでも分かるように，婚姻は，歴史的・社会的・文化的な社会制度である。
　② 法律婚制度
　民法は，「法律婚制度」（届出婚制度）を採用している。婚姻が法的に成立するためには，当事者の「意思」（合意）のほかに「届出」が必要とされているのである（742条）。すなわち，婚姻の事実を役所に届けさせ，それを「戸籍簿」に記載し，社会的に公示する制度を設けている。それによって，婚姻から生じる法律関係（身分関係および財産関係）を画一的に取り扱うことができる。たとえば，婚姻後に子が生まれた場合には，「認知」を要せずに，「父子関係」を確定することができる（嫡出推定制度772条）。また，夫が死亡すると，婚姻の届出をしている妻（法律上の配偶者）には相続権は発生するが，届出をしていない妻（事実上の配偶者）には相続権は発生しない。このように，婚姻は社会にとって重要な制度である。
　③ 同性婚
　近年，欧米諸国では，「同性との共同生活」にも婚姻と同様の法的効果を認める制度が設けられている（たとえば，フランス「PACS法（連帯の民事契約）」1999年，アメリカ「civil union（市民の連合）」2000年など）。後述するように，わが国の判例は，「事実上の婚姻」を「婚姻に準じる関係」（準婚）として法的に保護しており，さらに，年金法など社会法の場面では，「重婚的内縁」や「近親婚的内縁」にも法的効果を認めている。しかし，はたして，「同性」との関係まで保護すべきかどうか，「家族とは何か」という問題とともに，

今後，重要な検討課題となろう。

2　婚姻の成立要件

「婚姻の成立要件」は，「婚姻の意思」（実質的要件）と「婚姻の届出」（形式的要件）の2つである。

まず，婚姻は当事者に「婚姻の意思」がなければ成立しない（742条1号）。たとえば，誰かが勝手に婚姻の届出をしたとか（虚偽の婚姻届），外国人を日本で就労させるために届出をしたというような場合には（仮装の婚姻届），婚姻は無効になる。当事者に「婚姻の意思」がないからである。
つぎに，当事者に「婚姻の意思」があっても，「婚姻の届出」がなければ婚姻は成立しない（742条2号）。たとえ長年，夫婦としての実体があったとしても，「届出」をしなければ，法律上，「婚姻」としての効力は生じない。あくまでも，「事実上の婚姻」（内縁）として扱われるのである。

（1）婚姻の意思

「婚姻の意思」について，判例・学説は分かれている。

A　実質的意思説（通説・判例）

　　通説・判例は，婚姻の意思を，「真に社会観念上夫婦であると認められる関係の設定を欲する効果意思」と解している。つまり，本当に夫婦と認められるような関係を築こうとする意思である。これを，「実質的意思説」という。この説によれば，たとえば，子を嫡出子とするための婚姻などは，「婚姻の意思」を欠く婚姻として無効になる（最判昭和44年10月31日民集23巻10号1894頁）。

B　形式的意思説

　　婚姻を成立させる意思をもって届出をすれば，「婚姻の意思」があったと認められるとする説を「形式的意思説」という。この説では，たとえ，「仮装の婚姻」であっても，当事者に法律上の婚姻を成立させようという意思がある以上，婚姻は有効となる。

　　判例は，婚姻と異なり，離婚ついては，この「形式的意思説」を採っている（最判昭和38年11月28日民集17巻11号1469頁）。

C　法的効果意思説

　　婚姻の法的効果の発生を欲する意思をもって届出をすれば，「婚姻の意

思」があったとする説である。この「法的効果意思説」によれば、「仮装の婚姻」も「仮装の離婚」もともに有効となる。そのため、「仮装の身分行為」について、婚姻と離婚で理論構成が異なるという判例の矛盾を解消することができる。

D　多元的類型説

　　判例の態度を肯定し、身分行為の創設である婚姻と解消である離婚とでは、「身分行為の類型」が異なり、理論構成が異なってもよいとする説である。近年は、この「多元的類型説」も有力である。

(ケース) ①　勝手に出された婚姻届

　判例は、本人が知らない間に親が勝手に「婚姻届」を出したケースについて、当事者に「婚姻の意思」がなければ、婚姻は無効だとしている（最判平成8年3月8日家月48巻10号145頁）。

　また、婚約の証（あかし）として婚姻届書を相手方に交付しておいたところ、後に婚約を解消したにもかかわらず、相手方が勝手に届出をしたという事例について、無効とした判例もある（最判昭和43年5月24日判時523号42頁）。

(ケース) ②　仮装の婚姻

　大学生だったX男は、年上の女性Y女と関係ができたが、X男の親の反対で結婚することはできなかった。しかし、X男が大学を卒業してからも二人の関係は続き、やがて、Y女は子Aを出産した。ところが、その後、X男にB女との縁談がもちこまれ、X男はY女に別れてほしいと頼んだ。Y女は、「せめて、Aを嫡出子にしてほしい」と言い、こまったX男は、「いったん、婚姻届を出し、Aを嫡出子としてから、すぐに離婚届を出す」という約束をした。ところが、Y女は婚姻届は出したが、離婚届は出さなかった（そのため、X男はすでにB女と結婚式を挙げたのに、婚姻届を出すことができなかった）。

　そこでX男は、Y女との婚姻は、A子を嫡出子にするという目的でなされた「仮装の婚姻」であり、当時、二人には「婚姻の意思」がなかったとして、「婚姻無効確認の訴え」を提起した。

　最高裁は、以下のように判示して、この婚姻を無効とした。

　「当事者間に婚姻をする意思がないときとは、当事者間に真に社会観念上夫婦であると認められる関係の設定を欲する効果意思を有しない場合を指すもの

と解すべきであり，したがって，たとえ婚姻の届出自体について当事者間に意思の合致があり，ひいて当事者間に，一応，所論法律上の夫婦という身分関係を設定する意思はあったと認めうる場合であっても，それが，単に他の目的を達するための便法として仮託されたものに過ぎないものであって，前述のように真に夫婦関係の設定を欲する効果意思がなかった場合には，婚姻はその効力を生じないものと解すべきである」（最判昭和44年10月31日民集23巻10号1894頁）。

本件の場合は，「婚姻の実体」もあり，かつ，「届出の意思」もあったのだから，「婚姻の意思」（婚姻の法的効果を発生させる意思）を認め，婚姻を有効にしてもよかったのではないかと考えることもできる。そのうえで，離婚による解決を図るという方法もあった。もっとも，この頃の判例は，「有責配偶者からの離婚請求」に対してきわめて厳しい態度とっていたから，婚姻を有効にすると，紛争の解決が困難になるという事情もあった。

いずれにせよ，最高裁は，婚姻については，「実質的意思説」を採用しており，「形式的意思説」および「法的効果意思説」を明確に否定している。

（ケース）③　婚姻の無効と追認

Y女はX男と婚姻し，3人の子をもうけたが，X男の母親と性格が合わず，それが原因で離婚した。ところが，翌年，X男の母親が死亡したため，X男のもとに戻った。それから，3年後，Y女はX男に無断で，「婚姻届」を出した。

しかし，その後，X男に愛人ができ，X男はY女に離婚を申し出たが，Y女が拒否。そこで，X男は，Y女が出した「婚姻届」は，「虚偽の届出」であり無効だと訴えた。

最高裁は，夫が届出の存在を知りながらその後も婚姻生活を継続した事実をもとに，黙示の「追認」を認め，婚姻は届出の当初に溯って有効となるとした（最判昭和47年7月25日民集26巻6号1263頁）。

判決は，その理由として，以下の3点を挙げている。

(1)　追認により「届出の意思」の欠缺が補完されたこと，また，追認により婚姻の効力を認めても，第三者の利益を害するおそれがないこと。

(2)　民法には，無効な婚姻の追認に関する規定はないが，取消し事由のある婚姻につき追認を認める規定があること（745条2項，743条2項）。

(3)　さらに，他人の権利の処分につき，権利者がこれを追認した場合には民

法116条の類推適用を認めるのが判例（最判昭和37年8月10日民集16巻8号1700頁）であること。

民法119条は，「無効な行為は，追認によっても，その効力を生じない」としているが，財産行為と異なり，事実を尊重する身分行為では，無効行為も追認によって有効となるという，いわゆる「身分行為論」を採用した判例としても注目される。

（ケース）④　意思能力を欠く者の婚姻

A男とY女は，長年，性的関係を続けてきたが，同棲はしていなかった。

ある日，A男が病気で入院。A男はY女との婚姻の手続をしたいと考えた。そこで，A男の弟であるBに「婚姻届」の作成を依頼した。BはY女とともに「婚姻届」を作成し，翌日，午前9時ごろに届出を終えたが，A男は前日から昏睡状態に陥っており，届出を終えた約1時間半後の午前10時20分に死亡した。A男の母親であるXは，A男は届出当時すでに意思能力を失っており，A男とY女の婚姻は，「婚姻の意思」を欠き，無効だとして訴えた。

これに対し，最高裁は，次のように判示して，婚姻を有効だとした。

「本件婚姻届がA男の意思に基づいて作成され，同人がその作成当時婚姻意思を有していて，同人とY女との間に事実上の夫婦共同生活が存続していたとすれば，その届書が当該係官に受理されるまでの間に同人が完全に昏睡状態に陥り，意識を失ったとしても，届書受理以前に死亡した場合と異なり，届出書受理以前に翻意するなど婚姻の意思を失う特段の事情のないかぎり，右届書の受理によって，本件婚姻は，有効に成立したものと解すべきである」（最判昭和44年4月3日民集23巻4号709頁）。

かつて，最高裁は，届出当時にも意思能力を有するとしていたが，この判決により態度を改めたことになる。この後も，同様の事例につき，婚姻を有効としている（最判昭和45年4月21日判時596号43頁）。

（2）　婚姻の届出

当事者が「婚姻の届出」をしないとき，婚姻は成立しない（742条2号）。

通説・判例によれば，「届出」は，婚姻の「成立要件」であり，婚姻は届出によって成立する。したがって，婚姻の届出をしないときは，婚姻は成立せず，当然に無効だと解される（成立要件説）。

これに対し，少数説は，民法739条1項が「婚姻は，戸籍法の定めるところにより届け出ることによって，その効力を生じる」と定めているところから，「届出」は「効力発生要件」だと解する。すなわち，婚姻は合意により成立し，届出によって効力を生じると解するのである（効力要件説）。

少数説は，「事実婚主義」（内縁の保護）には適するが，「法律婚主義」のもとでは，判例・通説の「成立要件説」が妥当である。

ところで，民法739条2項は，「婚姻の届出は，当事者双方および成年の証人二人以上が署名した書面で，又はこれらの者から口頭で，しなければならない」と定めているが，他方，民法742条2号ただし書は，「届出が民法739条2項に定める方式を欠くだけであるときは，婚姻は，そのためにその効力を妨げられない」とする。すなわち，たとえば，当事者や証人の署名が代署であっても，受理されれば，効力を有するという意味である。戸籍係には，「書面審査権」があるだけで，「実質的審査権」はないから，「書面の形式」が整っていれば，受理されるのである。さらに，戸籍法によれば，婚姻の届出は当事者でなくてもよく（戸37条）。また，「郵送」でもよいとされている（戸47条）。

明治時代のように，婚姻届を出すのが，当事者が住んでいる土地の役場で，戸籍係の人もよく住民の事情を知っているという時代には，問題はあまり起きなかったかもしれない。しかし，今日のように，都市化した社会では，「虚偽の届出」や「仮装の届出」が受理される可能性はきわめて大きい。そのため，当事者の「意思」を確認する制度を設ける必要があろう。このことは，「離婚届」についても同様であり，とくに，「離婚届」については，「子の監護」という視点から，確認の制度が必要である。それを担当できるのは，「家庭裁判所」以外には考えられないが，そのためには，「協議離婚制度」のありかたをも含めて，大規模な法改正が必要になる。

なお，届出の場所は，当事者のいずれかの本籍地または所在地の市区町村の役場である（戸25条）。外国にいる日本人間の婚姻は，その国に駐在する日本の大使・公使または領事に届けてもよいとされている（741条）。

3　婚姻の要件（婚姻障害）

民法740条は，「婚姻の届出は，その婚姻が第731条から737条まで」の「規定に違反しないことを認めた後でなければ，受理することができない」と定めて

婚姻届

平成　年　月　日届出

　　　　　長　殿

受理	平成　年　月　日	発送	平成　年　月　日
第　　　　号			長印
送付	平成　年　月　日		
第　　　　号			

書類調査	戸籍記載	記載調査	調査票	附票	住民票	通知

		夫になる人	妻になる人
(1)	（よみかた） 氏　　名	氏　　　　　名	氏　　　　　名
	生年月日	年　　月　　日	年　　月　　日
(2)	住　　所 （住民登録をしている ところ） （よみかた）	番地 　　　　　番　　号	番地 　　　　　番　　号
		世帯主の氏名	世帯主の氏名
(3)	本　　籍 （外国人のときは国籍だけを書いてください）	番地 　　　　　番	番地 　　　　　番
		筆頭者の氏名	筆頭者の氏名
	父母の氏名 父母との続き柄 （他の養父母はその他の欄に書いてください）	父 母	続き柄 男	父 母	続き柄 女
(4)	婚姻後の夫婦の氏・新しい本籍	□夫の氏 □妻の氏	新本籍（左の□の氏の人がすでに戸籍の筆頭者となっているときは書かないでください） 　　　　　番地 　　　　　番
(5)	同居を始めたとき	年　　月	（結婚式をあげたとき、または、同居を始めたときのうち早いほうを書いてください）
(6)	初婚・再婚の別	夫 □初婚　□再婚　□死別　　年　月　日 　　　　　　　　　　□離別	妻 □初婚　□再婚　□死別　　年　月　日 　　　　　　　　　　□離別
(7)	同居を始める前の夫妻のそれぞれの世帯のおもな仕事と	夫　妻　1.農業だけまたは農業とその他の仕事を持っている世帯 夫　妻　2.自由業・商工業・サービス業等を個人で経営している世帯 夫　妻　3.企業・個人商店等（官公庁は除く）の常用勤労者世帯で勤め先の従業者数が1人から99人までの世帯（日々または1年未満の契約の雇用者5） 夫　妻　4.3にあてはまらない常用勤労者世帯及び会社団体の役員の世帯（日々または1年未満の契約の雇用者5） 夫　妻　5.1から4にあてはまらないその他の仕事をしている者のいる世帯 夫　妻　6.仕事をしている者のいない世帯
(8)	夫妻の職業	（国勢調査の年…平成　年―平成　年4月1日から翌年3月31日までに届出をするときだけ書いてください） 夫の職業	妻の職業
	その他		
	届出人署名押印	夫 　　　　　　　　　　印	妻 　　　　　　　　　　印
	事件簿番号		住所を定めた年月日 夫　　年　月　日 妻　　年　月　日	連絡先	電話（　　）　　番 自宅・勤務先・呼出　　方

記入の注意

鉛筆や消えやすいインキで書かないでください。
この届は、あらかじめ用意して、結婚式をあげる日または同居を始める日に出すようにしてください。その日が日曜日や祝日でも届けることができます。(この場合、宿直等で取扱うので、前日までに、戸籍担当係で下調べをしておいてください。)
届書は、1通でさしつかえありません。
この届書を本籍地でない役場に出すときは、戸籍抄本(謄本)が必要ですから、あらかじめ用意してください。

		証	人
署　　名 押　　印		印	印
生 年 月 日		年　　　月　　　日	年　　　月　　　日
住　　所		番地 番　号	番地 番　号
本　　籍		番地 番	番地 番

→　「筆頭者の氏名」には、戸籍のはじめに記載されている人の氏名を書いてください。

→　父母がいま婚姻しているときは、母の氏は書かないで、名だけを書いてください。
　　養父母についても同じように書いてください。

→　□には、あてはまるものに☑のようにしるしをつけてください。
　　外国人と婚姻する人が、まだ戸籍の筆頭者となっていない場合には、新しい戸籍がつくられますので、希望する本籍を書いてください。

→　再婚のときは、直前の婚姻について書いてください。
　　内縁のものはふくまれません。

◎署名は必ず本人が自署してください。
◎印は各自別々の印を押してください。
◎届出人の印をご持参ください。

いる。また，民法744条は，「第731条から第736条までの規定に違反した婚姻は，各当事者，その親族又は検察官から，その取り消しを家庭裁判所に請求することができる」と定めている。

つまり，民法731条以下の「婚姻の要件」は，「婚姻届の受理要件」および「婚姻の取消し要件」についての規定である。これを，「婚姻障害」ともいう。

（1）婚姻適齢

「男は，18歳に，女は，16歳にならなければ，婚姻をすることができない」（731条）。

精神的・肉体的に未熟な者の婚姻を禁止することによって，早婚から生じる弊害を防止することが目的である。近年，進学率の上昇や女性の社会進出などによって，「平均初婚年齢」は上昇している。そのため，「改正要綱」は，婚姻適齢を「男女とも18歳」に改めるとしている。「男女の平等」という点で，そのほうが妥当であろう。ただし，実際には，18歳未満の婚姻も少なくはないし，女性が妊娠している場合には，「子の福祉」という観点から，婚姻の成立を認める必要性もある。立法の際には，18歳未満でも妊娠している場合には婚姻の成立を認めるという例外措置を設けることも検討すべきであろう。

（2）重婚の禁止

配偶者のある者は，重ねて婚姻をすることができない（732条）。

これは，「一夫一婦制」を採ることを宣言した規定である。なお，ここにいう婚姻は，法律上の婚姻のことだから，婚姻のほかに，内縁関係があっても重婚ではない。したがって，重婚が生じるのは，①婚姻届が二重に受理された場合　②離婚後に再婚したが，その離婚が無効または取消となった場合などである。

なお，失踪宣告の後に配偶者が再婚し，その後で宣告が取り消された場合，前婚が復活し，重婚になるが，離婚の訴えを起こすことができる。なお，「改正要綱」は，前婚は復活しないとしている。

（3）再婚禁止期間

①　女は，前婚の解消または取消の日から6ヶ月を経過した後でなければ，再婚をすることができない（733条1項）。

②　女が前婚の解消または取消の前から懐胎していた場合には，その出産の

日から，前項の規定を適用しない（733条2項）。

女性がすぐに再婚すると，生まれる子の父を「推定」することが困難になる。つまり，「父性推定」（772条）の重複を避けるのが立法の目的とされている。しかし，そうだとすれば，禁止する期間は「100日」で足りる。また，再婚を禁止しても，婚姻の届出を禁止するだけで，夫婦として生活することまで禁止することはできないから，現実には，あまり意味はない。したがって，この規定は，女性だけに制限を加える差別的な規定だとして廃止を求める意見も強い。

なお，この規定が「法の下の平等」（憲14条）や「女性差別撤廃条約」に反する不合理な差別であり，国会が同規定を改廃しないことが違法だとして，「国家賠償」を求めた事件がある。最高裁は，「合理的な根拠に基づいて各人の法的取り扱いに区別を設けることは憲法14条1項に違反するものではなく，民法733条の元来の立法趣旨が，父性の推定の重複を回避し，父子関係をめぐる紛争の発生を未然に防ぐことにある」として，請求を退けている（最判平成7年12月5日判時1563号81頁）。

（4）　近親婚の制限

近親婚は，「優生学的な理由」と「道徳的な理由」から制限されている。

①　優生学的な理由

(a)　直系血族間の婚姻禁止　　直系血族（父と娘，母と息子など）の間では婚姻できない（734条1項）。

(b)　三親等内の傍系血族間の婚姻禁止　　三親等内の傍系血族（きょうだい，叔父と姪，叔母と甥など）の間では婚姻できない。ただし，養子と養方の傍系血族（養子と養親の実子やきょうだいなど）の間では婚姻できる。

なお，特別養子の場合は，実方との親族関係が終了するが，その場合でも，近親婚の制限は残る（734条2項）。

②　道徳的な理由

(a)　直系姻族間の婚姻禁止　　直系姻族（夫と妻の母，妻と夫の父，夫と妻の連れ子，妻と夫の連れ子など）の間では婚姻できない。離婚や配偶者の死亡によって姻族関係が終了した後でも婚姻できない（735条）。

なお，禁止されるのは直系姻族だから，傍系姻族である夫の兄弟や妻の姉妹と婚姻することは禁じられていない。

(b) 養親子関係者間の婚姻禁止　養子，その配偶者，直系卑属またはその配偶者と養親またはその直系尊属との間では，離縁によって親族関係が終了した後でも，婚姻できない（736条）。

(5) 未成年者の婚姻

未成年者が婚姻をするには，「父母の同意」を得なければならない。父母の一方が同意しないときは，他の一方の同意だけで足りる。父母の一方が知れないとき，死亡したとき，またはその意思を表示できないときも同様である（737条）。

未成年者の保護が目的であれば，「父母」ではなくて，「法定代理人」の同意とすべきであろう。父母がともにいないとき同意は不要というのは問題である。なお，同意のない届出が受理されたときは，取り消せない（744条には737条は含まれていない）。かりに，「父母の同意」のない婚姻は取消すことができるとした場合，憲法24条の「婚姻の自由」の規定に違反するおそれがあるため，立法の際に「妥協」が図られたのであろう。

(6) 成年被後見人の婚姻

成年被後見人が婚姻をするには，その後見人の同意を要しない（738条）。しかし，未成年者の婚姻に対する「父母の同意」を「保護同意」だと解すれば，「成年被後見人の婚姻」に対しても，「保護同意」が必要なのではないかとも考えられる。「婚姻の自由」（本人の意思の尊重）か，それとも「弱者の保護」か，という現代法の課題がここにも存在する。

なお，戸籍法では，成年被後見人である本人が，届け出なければならないとされている（戸32条）。

4　婚姻の無効・取消

(1) 婚姻の無効

婚姻無効の訴えは，当事者だけでなく，利害関係者であれば誰からでも訴えることができる（最判昭和34年7月3日民集13巻7号905頁）。また，いつでも訴えることができ，当事者が死亡した後であっても訴えることができる。さらに，通説・判例によれば，婚姻の無効を前提とする他の訴訟（たとえば，相続回復請求）でも無効を主張することができる。

婚姻無効の訴え（婚姻無効確認の訴え）を提起する者は，まず，家庭裁判所

に調停の申立をしなければならない（調停前置主義）。調停で当事者間に合意が成立した場合は，家庭裁判所は合意に相当する審判をすることができる（家審23条）。合意が成立しない場合には訴訟になる。かつては，人事に関する訴訟の管轄は，地方裁判所だったが，現在は，家庭裁判所に改められた（人訴4条）。

　婚姻の無効が確定した場合，婚姻の効果は一切生じない。したがって，たとえ，その間に子供が生まれたとしても嫡出子とはならない。

(2)　婚姻の取消

　婚姻は，「不適法婚の取消」（744条）および「詐欺・強迫による婚姻の取消」（747条）によらなければ，これを取り消すことができない（743条）。

①　不適法婚の取消

　婚姻適齢，重婚の禁止，再婚禁止期間，近親婚の制限に違反した婚姻は，各当事者，その親族または検察官から，その取消を家庭裁判所に請求することができる。ただし，検察官は，当事者の一方が死亡した後は，これを請求することができない（744条）。

　なお，次の場合は取り消せない。

(a)　婚姻適齢に違反した婚姻は取り消すことができるが，不適齢者が適齢に達したときは本人を除いて取消を請求できない（745条1項）。本人も適齢に達した後3か月間は取消を請求できるが，適齢後に追認をしたときは取り消せない（745条2項）。

(b)　再婚禁止期間に違反した婚姻は，前婚の解消もしくは取消の日から6か月を経過し，または女性が再婚後に懐胎したときは，取消を請求することができない（746条）。

(c)　未成年者が父母の同意を得ないで婚姻届をした場合でも，届書が受理されれば取消せない（744条の取消原因には，737条が含まれていないことに注意）。

②　詐欺・強迫による婚姻の取消

　詐欺または強迫によって婚姻をした者は，取消を請求することができる。不適法婚の取消しと違って，取消せるのは「当事者」だけである。また，当事者が詐欺を発見し，もしくは強迫を免れた後3か月を経過し，または追認をした

ときは取消せない（747条）。

 ③ 取消しの効果

(a) 婚姻の取消は，その効力を既往に及ぼさない（748条1項）。すなわち，取消の審判または判決があったときから将来に向かって効力を失い，財産法のようにさかのぼって効力を失うことはない。たとえば，その婚姻によって生まれた子は嫡出子となるし，婚姻中に認知された子も準正により嫡出子となる。

(b) 婚姻の当時その取消の原因があることを知らなかった当事者が，婚姻によって財産を得たときは，現に利益を受ける限度において，その返還をしなければならない（748条2項）。

(c) 婚姻の当時その取消の原因があることを知っていた当事者は，婚姻によって得た利益の全部を返還しなければならない。この場合において，相手方が善意であったときは，これに対して損害を賠償する責任を負う（748条3項）。

(d) 婚姻の取消しについては，「離婚の規定」が準用される（749）。

 たとえば，父母は協議で子の監護者や監護の方法を決定しなければならない（766）。また，婚姻により氏を改めた者は復氏する（767），さらに財産分与の請求もできる（768）。

(d) 裁判所は，「婚姻の取消し請求」を認容する場合，「子の監護者の指定その他子の監護に関する処分または財産の分与についての裁判をしなければならない（人訴32条1項）。

 この場合，裁判所は，当事者に対し，子の引渡しまたは金銭の支払その他の財産上の給付その他の給付を命じることができる（人訴32条2項）。

第2節　婚姻の効果(1)　一般的効果

 婚姻が成立すると，夫婦は同じ氏を名乗ることになるし，同居・協力・扶助義務なども発生する。また，婚姻生活に必要な費用（婚姻費用という）の分担義務や日常の家事債務の連帯責任など，夫婦に特有の財産関係も発生する。これらを，婚姻の効果という。

婚姻の効果は,「一般的効果」(750条以下) と「財産的効果」(760条以下) に分けられる。まず,「一般的効果」からみていこう。

1 夫婦の氏

夫婦は, 婚姻の際に定めるところに従い, 夫または妻の氏を称する (750条)。つまり, 夫婦は, 必ず同じ氏を名乗らなければならない (夫婦同氏の原則)。

昔のように, 夫の氏 (正確には, 夫の「家」の氏) を強制されるわけではなく, 婚姻の届出をする際に, 夫か妻かどちらかの氏を自由に選択できるわけだから, 制度としては, いちおう平等につくられている。ところが, 実際にはほとんどの夫婦が「夫の氏」を選択しており, 結果として, 不平等になっている。

このような不平等は「夫婦同氏」を原則としていることから生じている。したがって, 婚姻によって氏を改めなくてもよい制度, すなわち「夫婦別氏」制度を導入すれば, 不平等は解消される。「個人の尊厳」を基本とした「男女平等社会」を実現するという意味から,「夫婦別氏」制度の導入を求める意見は強い。

他方,「夫婦別氏」では「家族の一体感」がなくなるとして, 反対する意見も強い。とくに, 問題になるのは「子の氏」である。せっかく「夫婦別氏」を導入しても,「子の氏」が「父の氏」になるようでは, 依然として男女の不平等は残ることになる。さらに,「子の氏」を決める時期 (婚姻届の際か, それとも出生届の際か) や戸籍の編纂方法など,「夫婦別氏」制度の導入については, なお考えなければならない問題も多い。

「家族」を単位とする「戸籍」制度を「個人」を単位とする「身分登録」制度に改めることも含めて, 抜本的に検討する必要があろう。

2 同居・協力・扶助義務

夫婦は同居し, 互いに協力し扶助しなければならない (752条)。

夫婦の一方が理由なく同居を拒む場合, 相手方は家庭裁判所に同居の調停・審判を請求することができる (家審9条乙類1)。家庭裁判所は, 同居を強制することはできないが, 同居の審判に応じない場合は, 夫婦としての義務が免除されるばかりでなく,「悪意の遺棄」として, 離婚原因 (770条1項2号) になる。もっとも, 同居の拒否がすべて違法ではなく, たとえば, 暴行虐待から逃れるためなど,「正当な理由」がある場合は同居義務を免れる (大阪高決昭和49

年6月28日家月27巻4号56頁)。

　夫婦の一方が協力・扶助をしない場合も同様に家庭裁判所に調停・審判を請求することができる（家審9条乙類1）。実務的には，後で述べる「婚姻費用の分担」(760条) を請求することになる。

　ところで，民法の扶養義務者には配偶者が含まれていない（877条）。このことから，学説は，夫婦と親子の扶助義務を「生活保持義務」（家族の共同生活を維持するために助け合う義務）とし，その他の親族の扶養義務を「生活扶助義務」（自分の生活に余裕がある場合に相手の生活を助ける）として，その性質を区別している。

3　貞操の義務

　守操の義務（夫婦が貞操を守る義務）について，民法は何も規定していない。しかし，一夫一婦制を採る婚姻法のもとでは，婚姻の本質から生まれる当然の義務と解されている。たとえば，配偶者の「不貞行為」が離婚原因として掲げられているのもそのためである（770条1項1号）。

　なお，判例によれば，夫が妻以外の女性と肉体関係をもった場合，妻はその女性に対して，不法行為責任にもとづき損害賠償を請求することができる（最判昭和54年3月30日民集33巻2号303頁）。つまり，妻はその女性によって婚姻生活を妨害され，法律上の妻としての権利を侵害されたというわけである。しかし，夫とその女性との関係が，夫からの積極的な誘いや自然の愛情にもとづいて発生したような場合，夫の行為は「貞操義務違反」にあたるとしても，相手の女性の行為がはたして「違法な権利侵害」にあたるのかどうか，さらに検討が必要であろう。

　近時の判例は，「婚姻関係がその当時既に破綻していたときは，特段の事情がない限り，相手の女性は妻に対して不法行為責任を負わない」としている（最判平成8年3月26日民集50巻4号993頁）。

4　婚姻による成年擬制

　未成年者が婚姻をしたときは，それによって成年に達したものとみなされる（753条）。

　婚姻をした者に，親権や後見が働くことは不要であるばかりか，「夫婦同権」という観点からは，かえって障害になる。そのため，民法は婚姻をした者に成

年と同じ行為能力を与えることにしたのである。なお，一度婚姻により成年とみなされた者は，その後に婚姻が解消しても未成年者には戻らないと解するのが通説である。

なお，民法4条は「20歳をもって，成年とする」と定めているが，これを「18歳」と改め，さらに，婚姻の適齢も男女とも「18歳」と改めれば，本条は必要がなくなる。

5　夫婦間の契約取消権

夫婦間で契約をしたときは，その契約は，婚姻中，いつでも夫婦の一方から取り消すことができる。ただし，第三者の権利を害することはできない（754条）。

たとえば，夫が妻に不動産を贈与すると書面で契約しても，夫はいつでもそれを取り消すことができる。もっとも，妻がその不動産を第三者に転売したような場合には，夫は契約を取り消すことはできない。夫婦間の紛争を訴訟に持ち込むことを防止しようということが目的だとされているが，この規定は，むしろ弊害のほうが多く，「改正要綱」も削除を提案している。

なお判例は，婚姻が事実上破綻している場合は，「婚姻中」に該当せず，取り消せないとしている（最判昭和33年3月6日民集12巻3号414頁。最判昭和42年2月2日民集21巻1号88頁）。

第3節　婚姻の効果(2)　財産的効果

女性の社会進出にともなって，財産をもつ女性が増えている。さらに，結婚してからも共に働く女性も多くなってきている。そのため，夫婦が婚姻前から所有する財産や婚姻後に取得した財産の帰属および管理をどのようにするかということが法的に問題になる。また，夫婦として生活をする場合に必要な費用（住居費や食費，子の教育費などの生活費）をどのように分担するかという問題も生じる。さらには，夫婦の一方が締結した契約に他方も連帯して責任を負うのかといった問題もある。

1　夫婦財産契約

夫婦は契約で，夫婦間の財産関係を自由に定めることができる（755条）。し

かし、「夫婦財産契約」は、ほとんど利用されていない。以下のように形式があまりにも厳格なためである。

夫婦財産契約は、婚姻の成立前にしなければ効力がない（755条）。

① 夫婦財産契約をしたときは、婚姻の届出までにその登記をしなければ、これを夫婦の承継人および第三者に対抗することができない（756条）。
　＊婚姻後だと、婚姻中いつでも取消すことができるからである（754条）
② 夫婦財産関係は、婚姻届出の後は、これを変更することができない（758条）。
③ 夫婦財産関係は、婚姻届出の後は、これを変更することができない(758条)。

「夫婦財産契約」を活用するためには、もっと利用しやすい制度に改めることが必要であろう。なお、「夫婦同権」や「公序良俗」に違反する契約が無効であることはいうまでもない。

2　法定財産制

「夫婦財産契約」が締結されなかったときは、民法が定める「法定財産制」にしたがう（755条）。

現在は、この「法定財産制」が「夫婦財産制」の中心となっている。

つぎのように、「法定財産制」は、「夫婦別産制」を基本としている。

（1）特有財産

夫婦の一方が「婚姻前から有する財産」および「婚姻中自己の名で得た財産」は、夫婦それぞれの特有財産（単独所有）とみなされる（762条1項）。

たとえば、婚姻前から有する預貯金や婚姻中に相続や贈与などで取得した財産は各自の特有財産とみなされる。

この制度では、夫の給料は夫のものということになる。夫婦がともに収入を得て、家事を分担しているという場合には、それで、とくに問題はないであろう（共働き婚）。しかし、「専業主婦」や「低収入の主婦」（主婦婚）にとっては、「別産制」は夫にとってのみ有利な制度になるおそれがある。

なお、「民法762条1項は、婚姻中の夫の所得が妻の協力によってえられた夫婦の所得であるという事実を無視するものであり、憲法24条に違反する」と争われた事件がある。これにつき、判例は、「民法には財産分与請求権、相続権

ないし扶養請求権などの権利が規定されており，夫婦相互の協力，寄与に対しては，これらの権利を行使することにより，結局において夫婦間に実質上の不平等が生じないように立法上の配慮がなされている」としている（最判昭和36年9月6日民集15巻8号2047頁）。

（2） 共 有 財 産

「夫婦のどちらに属するか不明の財産」は，共有に属するものと推定される（762条2項）。

たとえば，家具や日用品など，婚姻中に共同で購入した財産は，「共有」と推定されるのである。

なお，婚姻中に取得した不動産が「単独名義」になっているような場合について，判例は，単独名義にしただけでは，特有財産にはならないとしている（最判昭和34年7月14日民集13巻7号1023頁）。また，婚姻中に夫名義で預けられた預金や積立金なども共有財産とみなされる（東京高決平成7年4月27日家月48巻4号24頁）。

ところで，婚姻中に共同で取得した不動産（夫の単独名義になている）を夫が「第三者」に譲渡した場合。妻は「共働きで購入した」ことを理由に自己の「所有権」（共有持分権）を主張できるだろうか。対外的には，名義者である夫の「単独所有」に属するものとして扱われるから，妻が「所有権」を主張するには，「登記」（共有の登記）が必要である。ただし，対内的には，財産分与の際に，自己の「持分」（潜在的持分）を主張できるのは当然である。

3　婚姻費用の分担

夫婦は，その資産，収入，その他一切の事情を考慮して，「婚姻から生じる費用」を分担する（760条）。

（1） 婚姻費用とは

婚姻から生じる費用とは，たとえば，食費や住居費（家賃や住宅ローンの支払）子の養育費や教育費・入院費などをいう。これらの費用を夫婦がどのように分担するかは，夫婦のプライベートな問題であり，裁判所が介入すべき問題ではない。ただし，夫婦が別居し，協議が困難という場合には，家庭裁判所に調停や審判の申立てをすることができる（家審9条1項乙類3号）。

（2） 分担額の決定

家庭裁判所は,「一切の事情」を考慮して分担額を決定するが, 別居していても夫婦であることには変わりがないから,「生活保持義務」が基本となる（通説）。もっとも, 夫はまず社会人としての通常程度の生活費を確保できるという見解や妻が請求できるのは最低限度の生活を維持するために必要な額に限られるという見解もある。いずれにせよ, 双方の資産や収入および未成熟子の有無, さらには別居にいたる事情などすべてを総合的に判断して決定されることになる。

近年の実務では,「子の養育費」の算定と同じように, 家庭裁判所が作成した「算定表」が使用されるようになっている。

（3） 有責配偶者の婚姻費用分担請求

たとえば, 妻が理由なく同居に応じないとか, あるいは妻の不倫が原因で別居したとか, 別居の原因がもっぱら妻の方にあるという場合に, 妻からの婚姻費用分担請求はみとめられるだろうか。判例には,「権利の濫用」にあたるとして, 請求を認めないものもあるが（東京高決昭和58年12月16日家月37巻3号69頁）, 離婚していない以上, 婚姻の効果は継続しており, 婚姻費用分担請求は認められるという判例もある。なお, 有責性の有無は分担額を決定する際に斟酌すれば足りるとするもの（東京高決昭和54年2月9日判時926号66頁）, あるいは, 請求者が生活に困窮している場合には認められるとするものなどがある（札幌高決平成3年2月25日家月43巻12号65頁）。

（4） 過去の婚姻費用分担請求

婚姻費用の分担請求は過去の分まで請求できるか。判例は,「家庭裁判所が婚姻費用分担額を決定するに当たり, 過去に溯って, その額を形成決定することが許されない理由はない」として, 過去の婚姻費用分担請求を認めている（最決昭和40年6月30日民集19巻4号1114頁）。

4 日常家事債務の連帯責任

夫婦の一方が日常の家事に関して第三者と法律行為をしたときは, 他の一方は, これによって生じた債務について, 連帯してその責に任じる。ただし, 第三者に対し責に任じない旨を予告した場合は, この限りでない（761条）。

たとえば, 電気・ガスの供給契約や新聞の購入契約など, 夫婦が共同生活を

営むためには第三者と契約をしなければならないことが多い。この場合，妻が夫の名で契約することも多いが，あとで夫からそのような契約は無効（無権代理）だと主張されては「取引の安全」が確保できない。そのため民法は，「日常の家事債務」については，夫婦が連帯して責任を負うとしているのである。

ところで，夫婦が連帯責任を負うのは「日常の家事」に関する債務にかぎられるが，この規定をもとに，民法110条の「表見代理」が成立するかどうかが問題になる。

事例をもとに考えてみよう。

X女の夫Aは商店を経営していたが，経営が悪化して倒産。そこで，債権者であるYは，AからX女名義の不動産を譲り受け，所有権移転登記もすませた。ところが，その後AとX女が離婚。X女は，AとYとのあいだで結ばれた契約の無効を主張し，移転登記の抹消を求めて訴えを提起した。

X女は，この不動産はX女が婚姻前に取得した特有財産であり，AとYとのあいだの契約はX女のまったく知らない間に行なわれたものであるから無効であると主張する。また，契約や登記の際に用いられた委任状や印鑑証明はAが勝手に印鑑を持ち出して作成したものだから，「無権代理」（113条）により無効であるというものであった。これに対しYは，かりにAに代理権がなかったとしても，契約当時AとY女は夫婦だったから，民法761条にもとづいて，「表見代理」（110条）が成立すると主張した。

最高裁は，「夫婦は相互に日常の家事に関する法律行為につき他方を代理する権限を有する」としたうえで，「夫婦の一方が右のような日常の家事に関する代理権の範囲を越えて第三者と法律行為をした場合においては，その代理権の存在を基礎として広く一般的に民法110条所定の表見代理の成立を肯定することは，夫婦の財産的独立をそこなうおそれがあって，相当でないから，夫婦の一方が他の一方に対しその他の何らかの代理権を授与していない以上，当該越権行為の相手方である第三者においてその行為が当該夫婦の日常の家事に関する法律行為の範囲内に属すると信ずるにつき正当の理由のある時にかぎり，民法110条の趣旨を類推適用して，その第三者の保護をはかれば足りる」とした（最判昭和44年12月18日民集23巻12号2476頁）。

第4節　婚約・内縁

1　婚　　約

（1）　婚約の成立

　婚約は，将来夫婦になるという当事者の意思の合致によって成立する。特別の形式は要しない。判例は，「真実夫婦として共同生活を営む意思」があれば成立するとしている（最判昭和38年9月5日民集17巻8号942頁）。ただし，合意の存在を裏付けるための何らかの外形的な事実は必要であろう。裁判になれば，婚約意思の表示や長期間にわたる肉体関係の継続などをもとに，婚約の成否が判断されることになる（最判昭和38年12月20日民集17巻12号1708頁）。もとより，婚約指輪や結納の授受などがあった場合は，婚約が成立していたことの重要な証拠となる。

（2）　婚約の無効・取消

　婚約の際，婚姻適齢（731条）や再婚禁止期間（733条）などの「婚姻障害」は，将来的に障害が解消されるものであれば問題にはならないが，「近親婚」（734条以下）に当たる場合は，無効と解される。また，配偶者がある者との婚約は，「公序良俗」（90条）に反し無効と解される。なお，詐欺・強迫による婚約は取り消すことができる。

（3）　婚約の効果

　婚約の当事者は，たがいに婚姻が成立するように努める義務を負うが，この義務に違反したからといって，相手方は，婚姻の成立を強制することはできない。なぜなら，すでに婚姻の意思を失っている者に婚姻を強制しても意味がないからである。ただし，「正当な理由」がなく義務に違反した場合は，次に述べるように，損害賠償を請求することができる。

（4）　婚約の解消

　婚約は当事者の合意によって解消できる。また，婚約の解消につき「正当事由」がある場合は，一方からでも解消できる。ただし，「正当事由」がない一方的な解消に対しては，「婚約の不当破棄」として，損害賠償を請求することができる。

婚約解消の「正当事由」に当たる事例として，挙式直前の行方不明（大阪地判昭和41年1月18日判時462号40頁）や相手による虐待・暴行・侮辱などがある（東京高判昭和48年4月26日判時706号29頁）。このほかに，性格の不一致などもあげられよう。ただし，民族差別（大阪地判昭和58年3月8日判タ494号167頁）や部落差別（大阪地判昭和58年3月28日判時1048号99頁）を理由とする婚約の解消は，不合理な差別として，「正当事由」には当たらない。

　婚約破棄に対する損害賠償責任については，「債務不履行責任」説（415条）と「不法行為責任」説（709条）とがあるが，いずれの説も「違法性」の有無を重視するため，時効期間の違いを除けば，それほど大きな差異はない。

　損害賠償の範囲は，①「実損」（式場や新婚旅行のキャンセル料など，現実に発生した損害）②「逸失利益」（結婚のために退職したなど，婚約により失った利益）③「慰謝料」（精神的な損害に対する賠償）である（東京地判平成6年1月28日判タ873号180頁）。

　ところで，親や兄弟などの不当な干渉で婚約解消に至った場合に，婚約の当事者と不当な干渉をした第三者とのあいだに「共同不法行為」（719条）が成立するかが問題となる。判例は，「共同不法行為」の成立を肯定するもの（徳島地判昭和57年6月21日判タ478号112頁）と否定するものに分かれる（東京地判平成5年3月31日判タ857号248頁）。

（5）結　　納

　結納の法的性質について，判例は，「婚約の成立を確証し，あわせて，婚姻が成立した場合に当事者ないし当事者両家間の情誼を厚くする目的で授受される一種の贈与である」としている（最判昭和39年9月4日民集18巻7号1394頁）。したがって，婚姻が成立した場合には，すでに目的が達せられており，結納を返還する義務はないが，婚姻までに至らなかった場合やきわめて短期間に終わった場合には，不当利得として，結納の返還義務が生じることになる（703条）。なお，「有責当事者からの結納金返還請求」については，「信義誠実の原則」ないし「権利濫用の法理」（1条）から，返還請求を認めないというのが判例である（東京高判昭和57年4月27日判時1047号84頁）。

2 内　　縁

(1) 内縁の意義

　内縁とは，実際には夫婦として生活しているにもかかわらず，婚姻の届出をしていないために，法律上の夫婦とは扱われない男女の関係である。

　かつては，このような関係に法的な保護を与えるべきかどうかが，婚姻法の重大な課題であった。すなわち，民法は「法律婚主義」（届出婚主義）を採用したが，当初はなかなか定着しなかった。そのため，社会的事実としての婚姻と法律上の婚姻との間に大きなギャップが生まれた。また，いわゆる「足入れ婚」（挙式してもすぐには届出をせず，しばらく経過をみてから届出をする習慣）や，戸主や父母の「同意」が得られないために届出ができないなど，内縁が発生する社会的・制度的な要因も存在した。

　大正4年の大審院連合部判決（大判大正4年1月26日民録21輯49頁）は，内縁を「婚姻の予約」ととらえ，その不当破棄については，債務不履行を理由とする損害賠償責任を追求できるとした（婚姻予約有効判決）。この判決を契機として，判例は内縁に法的保護を与えるようになった。さらに学説は，内縁を婚姻に準じた関係ととらえ，婚姻に準じた法的効果を認めることを主張した（準婚説）。やがて判例もそれを肯定した。

　最高裁は，「内縁は，婚姻の届出を欠くがゆえに，法律上の婚姻ということはできないが，男女が相協力して夫婦としての生活を営む結合であるという点においては，婚姻関係と異なるものではなく，これを婚姻に準ずる関係というを妨げない」とした（最判昭和33年4月11日民集12巻5号789頁）。

　今日では，婚姻の「届出」についての国民の意識も高まり，また，「戸主の同意」など，婚姻に対する制度的な障害もなくなった。そのため，内縁そのものが減少している。したがって，内縁保護の問題は以前ほど重要性をもたなくなっているといってよい。もっとも，近年は，「夫婦同氏」（750条）による改氏を避けるため，あえて届出をしないなど新しい現象も生まれている。また，「同棲」や「不倫」，さらには「重婚的内縁」や「同性婚」など，婚姻外の関係も多様化しつつある。それらの婚姻外の関係にどのような法的保護をあたえるべきか，これからの婚姻法の重要な課題である。

（2） 内縁の成立

内縁は，当事者間に内縁関係を成立させようとする意思があり，かつ，その客観的な事実があるときに成立する。

「重婚的内縁」については，学説は分かれている。すなわち，一方で婚姻関係が継続していながら，他方で内縁関係が存在するという場合に，その内縁に法的効果を認めるべきかどうかという問題であるが，原則的には，「公序良俗」に反するということになろう。しかし，すべて一律に否定する必要はない。判例にも，「重婚的内縁」の解消にあたり，財産分与の請求を肯定したものがある（東京高決昭和54年4月24日家月32巻2号81頁）。また，最高裁は，「遺族年金」について，「重婚的内縁配偶者」への帰属を肯定している（最判昭和58年4月14日民集37巻3号270頁）。さらに，「近親婚的内縁の配偶者」が「遺族年金」の受給者になれるかが争われた事件でも，最高裁は，これを肯定している（最高裁平成19年3月8日判タ1238号177頁）。

（3） 内縁の効果

内縁は，事実上の婚姻だから，法律上の婚姻と同一の効果は発生しない。すなわち，夫婦の氏（750条）や婚姻による成年擬制（753条）などの効果は発生しない。しかし，同居協力扶助義務（752条），婚姻費用分担義務（760条），日常家事債務の連帯責任（761条）などの規定は，内縁にも類推適用される。

判例には，婚姻費用の分担を認めたもの（最判昭和33年4月11日民集12巻5号789頁），日常家事債務の連帯責任を認めたもの（東京地判昭和46年5月31日判時643号68頁）などがある。

（4） 内縁の解消

内縁の解消には，つぎのような3つの場合がある。それらの場合に，離婚の際の財産分与の規定（768条）が類推適用されるかどうかが問題となる。

① 死亡による解消

内縁は当事者の死亡によって終了するが，内縁配偶者に「相続権」が認められないことについては判例・学説とも異論はない。

死亡により内縁が解消した場合に，財産分与の規定が類推適用されるかどうかについては，学説および下級審は分かれていた。しかし近年，最高裁はこれを明確に否定した（最判平成12年3月10日民集54巻3号1040頁）。内縁保護法理

(準婚理論）の転換とも受け取れるようなきわめて重要な判決である。

② 合意による解消

内縁は当事者の合意によって解消できる。その際，財産分与の規定が類推適用されることについては，多くの下級審も認めている（東京家審昭和31年7月25日家月9巻10号38頁，広島高決昭和38年6月19日高民集16巻4号265頁，東京家審昭和40年9月27日家月18巻2号92頁，岐阜家審昭和57年9月14日家月36巻4号78頁など）。

③ 一方的な解消

内縁は一方的な意思表示や行為（たとえば，家出や他の相手との同棲など）によっても解消する。この場合も，同様に，財産分与や慰謝料の請求をすることができる。最高裁も，いわゆる「準婚理論」に基づき，慰謝料の請求を容認している（最判昭和33年4月11日民集12巻5号789頁）。なお，内縁を破綻に導いた第三者の責任についても，最高裁は，「内縁の当事者でない者であっても，内縁関係に不当な干渉をしてこれを破綻させた者は，不法行為者として損害賠償の責任を負う」としている（最判昭和38年2月1日民集17巻1号160頁）。

第3章 離　　婚

第1節　婚姻の解消

1　意　　義
(1)　婚姻解消の意味

　婚姻解消とは，法律上の婚姻が将来に向って終了することである。婚姻解消によって婚姻の効果は消滅し，当事者は再婚の自由を手にする。婚姻解消事由は，配偶者の死亡および離婚である。

　婚姻は夫婦の終生にわたる共同体であるから，一方配偶者の死亡によって終了することは自明であり，法は事後処理をするだけである。これに対して，当事者双方が生前に婚姻を終了させる離婚は，なぜ認められるのであろうか。婚姻は性的機能・生殖機能・夫婦親子の人格形成とその安定化機能を果たすことによって社会の基盤を形成しているから，婚姻関係が実体を失ってそれらの機能を喪失したとき，もはやその婚姻に社会的価値はないばかりか，婚姻外の性関係や婚姻外の子の出生など社会的弊害すらある（婚姻の社会的目的不達成）。また，婚姻は終生にわたって夫婦共同生活を営むという継続的契約の一種であるから，離婚は合意解約または正当事由による解約である（婚姻契約の解約）。そして，婚姻は当事者双方の自由意思に基づいて個人の幸福を追求する関係であるから，婚姻継続の意思を失った当事者に国家が婚姻を強制することは人権問題である（婚姻における幸福追求権の尊重）。ここに，婚姻関係の実質がない婚姻を解消し，当事者を解放する離婚が正当化される。法律は，婚姻が破綻したときに離婚を認容し，離婚直後における両当事者の自立を支援し，子の福祉を確保することが主要な任務である。

(2)　事実上の離婚

(a)　一般的効果　　事実上の離婚とは，形式的には離婚の届出をしていない

が，実質的に離婚の実体があることである。内縁に準じて，外縁ともいう。たとえば，夫婦が離婚の合意をして別居が継続している場合や，夫婦の一方が離婚の意思をもって別居が長期間に及ぶ場合などである。

　事実上の離婚状態にあるとき，婚姻共同生活に密着する婚姻の効果は制限される。

　たとえば，①同居義務（752条）について，夫が10年前から妻以外の女性と同棲し，その間に4人の子をもうけ，現在では強く離婚を希望して全く妻との同居意思がない事案において「同居を命じてみても，到底円満な共同生活を期待できない状況にあるときは，夫婦のいずれもこれを理由として同居を拒絶することができる」と判示する（大阪高決昭和49年6月28日家月27巻4号56頁）。また，②守操義務に関連して，夫が家庭裁判所に夫婦関係調整の調停を申し立て，妻以外の女性と9年近く同棲して子をもうけている事案において「他女と夫が肉体関係を持った当時，夫と妻との婚姻関係が既に破綻しており，他女が妻の権利を違法に侵害したとはいえない」として，妻の他女に対する損害賠償請求を認めない（最判平成8年3月26日民集50巻4号993頁）。③契約取消権（754条，最判昭和42年2月2日民集21巻1号88頁），④婚姻費用分担（760条，札幌高決平成3年2月25日家月43巻12号65頁），⑤日常家事債務の連帯責任（761条，大判昭和11年12月26日新聞4100号12頁）についても同様である。そして，⑥嫡出推定（772条）について，妻が子を懐胎した当時夫と別居していた事案において「離婚の届出に先だち約2年半以前から事実上の離婚をして以来夫婦の実体は全く失われ，たんに離婚の届出がおくれていたにとどまるというのであるから，子は実質的には民法772条の推定を受けない嫡出子というべく」と判示されている（最判昭和44年5月29日民集23巻6号1064頁）。

　これに対して，法律上は離婚していないのであるから，対外的な婚姻の効果には変更がない。たとえば，氏や戸籍はそのままである。また，配偶者相続権（890条）も存続する。そして，子の監護教育義務を果たすために，親としての共同親権（813条3項）は維持され，父母の一方を監護者に定めることはできない（高松高決平成4年8月7日判タ807号235頁）。

　(b)　遺族給付の判例　　農協連合会に勤務するA夫は，X妻と愛情の破綻による別居および夫婦という戸籍上の地位を維持する旨の協約書をかわして別居

した。その後夫婦は一時的に同居したこともあったが，A夫がB女と同棲してから11年余り，X妻とは別居を継続している。A夫の勤務先の健康保険や税法上の扶養親族では，B女が妻として取り扱われている。そこで，A夫が死亡し，X妻がY農林漁業団体職員共済組合に対して，遺族給付の支給を請求した事案において「遺族に属する配偶者についても，組合員との関係において，互いに協力して社会通念上夫婦としての共同生活を現実に営んでいた者をいうものと解するのが相当であり，戸籍上届出のある配偶者であっても，その婚姻関係が実体を失って形骸化し，かつ，その状態が固定化して近い将来解消される見込のないとき，すなわち，事実上の離婚状態にある場合には，もはや右遺族給付を受けるべき配偶者に該当しない」と判示する（最判昭和58年4月14日民集37巻3号270頁）。

これは，民法ではなく社会法の分野における事例であるが，事実上の離婚によって，法律上の配偶者の遺族給付受給権を制限したものである。民法は，婚姻の効果と離婚の効果という二本建ての構造を有するが，婚姻関係が円満同居から破綻別居を経て離婚に至り，離婚後の措置によって終了するという過程であると把握すると，婚姻関係の実体に対応した法的効果を設定することが考えられる。事実上の離婚概念はもちろん，それを広げて破綻状態にある別居に一定の効果，すなわち婚姻効果の縮減と離婚効果の準用を認める立法ないし解釈論が必要であろう。

2 死亡解消

(1) 効 果

(a) 一般的効果　婚姻は配偶者一方の死亡によって解消する。明文の規定はないが，当然のこととされる。死亡は，通常死亡診断書または死体検案書（戸86条）により，水難・火災などの事故死（戸89条）や刑死・獄死（戸90条）などの特別な場合は官公署の死亡報告書による。また，家庭裁判所による失踪宣告（30条）があったときも，死亡したとみなされる（31条）。

配偶者の死亡によって，夫婦関係を前提とする婚姻の効果は消滅する。同居・協力・扶助義務（752条），婚姻費用分担義務（760条），日常家事債務の連帯責任（761条）などである。これに対して，親子関係において，生存配偶者は子に関する親権を当然に単独で行使でき（818条3項ただし書），また配偶者

相続権もある (890条)。

(b) 姻族関係と氏　　生存配偶者と死亡配偶者の姻族との関係は，当然には消滅しない。生存配偶者が姻族関係の終了を望む場合，姻族関係終了届（戸96条）によって終了の意思表示をしなければならない（728条2項）。一度姻族関係を終了させると，後で復活することはできない。ただ，姻族関係を終了させても，直系姻族間の近親婚の禁止（735条）は維持される。つぎに，生存配偶者が婚姻によって氏（姓）を改めた者であっても，当然には婚姻前の氏に復氏しない。旧姓に戻ることを望む場合，復氏届（戸95条）を出して，婚姻前の氏に復すことができる（751条1項）。

姻族関係の終了と復氏は連動するわけではなく，個々別々のものである。

たとえば，A女が農業を営むB男と婚姻し，B夫が死亡した後も家業である農業を手伝っていた場合，A女（未亡人）は，姻族関係を終了して復氏もすること，姻族関係を終了しないで復氏もしないことができるのはもちろん，姻族関係は終了するが復氏はしないことや，姻族関係は終了しないが復氏はすることが，A女の自由意思によってできる。

(2) 離婚との差異

死亡と離婚とは，同じく婚姻解消事由であっても，その効果には差異がある。これを，共通事項とともに図示すると，つぎの通りである。

事項＼種別	死亡解消	離婚
姻族関係	消滅しない 姻族関係終了の意思表示によって消滅する（728条2項）	当然消滅（728条1項）
氏	復氏しない 復氏届によって復氏することができる（751条1項）	復氏（767条1項） 婚姻氏続称は3カ月以内に届出が必要（767条2項）
親権者	生存配偶者（818条）	親権者・監護者の決定（819条・766条）
財産権	相続権（890条）	財産分与請求権（768条）
共通の効果	婚姻効果の消滅 再婚の自由 祭祀供用物の承継者決定（751条2項・769条）	

3 離　　婚

(1) 歴史的推移

(a) ヨーロッパ　　西欧諸国の離婚制度に大きく影響を与えたのは，キリスト教の婚姻非解消主義である。婚姻を秘蹟（Sacrament）の儀式に加え，「神の合せ給える者，人これを離すべからず」（マタイ伝19章6節）として，教会裁判所が婚姻事件に関する専属管轄権を掌握した。教会法（Canon Law）は婚姻事件について一時世界私法を実現したのであった。しかし，中世カトリック教会の権威といえども，婚姻関係の破綻という事実の発生を阻止することはできず，世俗的妥協策として婚姻無効の拡大・別居制度の是認・未完成婚の適用を教会自身が実施していった。

その後，宗教改革・自然法思想の台頭・資本主義の勃興とともに，相手方に姦通などの有責行為があるとき，無責の者は離婚請求ができるとする有責主義離婚が成立し，婚姻事件の裁判管轄権も世俗の裁判所へ移管された。有責主義離婚法は，有責行為をした配偶者への制裁と，無責な配偶者の救済を基本理念とする。しかし，たとえば相手方が精神病にかかって婚姻共同生活ができない場合のように，婚姻関係の破綻は有責行為のみによって生ずるわけではない。また，有責主義にもとづく裁判では，一方の離婚請求に対して相手方が争わないという無防御事件（馴合訴訟，実質的合意離婚）が多数を占めるようになり，有責主義離婚法の形骸化が進行していった。

そこで，婚姻関係が客観的に破綻しているとき，夫婦のいずれからでも離婚請求ができるとする破綻主義が採用され，今日に至っている。婚姻破綻の有無は，何らかの形式で裁判所が判断するのであるから，離婚方法は基本的に裁判離婚である。このようにして，ヨーロッパでは，婚姻非解消主義から有責主義を経て，破綻主義離婚に至ったのであり，いわば離婚を容易にするコースを歩んだといえる。

(b) 日本　　わが国では唐の律令制が継受され，夫が妻を離婚する棄妻が制度として存在した（戸令28条）。いわゆる「七出三不去」である。棄妻できる事由として，無子（子がいないこと），淫佚（夫以外との性関係），不事舅姑（しゅうとやしゅうとめに仕えないこと），口舌（おしゃべり），窃盗（盗みぐせ），妬忌（しっと深いこと），悪疾（悪い病気）の7カ条があり，棄妻できな

い事由として，経持舅姑之喪（妻がしゅうとやしゅうとめの喪をつとめたこと），娶時賤後貴（婚姻時低かった身分が高くなったこと），所有受所帰（妻に帰るべき実家がないこと）の3カ条がある。

その後，武家法では，正式には夫婦両家の当主から，双方熟談の上離縁（離婚）する旨の届出を幕府または主君に差し出し，受理されて離婚が成立する「熟談離婚」であった。庶民法では，形式上は夫が一方的に離縁できる「夫専権離婚」である。離婚の際に離縁状（三くだり半）を渡さなければならず，離縁状は離婚の確証または再婚許可証として機能した。しかし，庶民の離婚実態はさまざまであり，実質的には夫婦や両家の協議による離婚があり，また妻からの離婚請求も夫が妻の持参財産を無断で質入れしたとき，3年から4年の別居または不通のときに許されたし，さらに縁切寺（鎌倉東慶寺，上州満徳寺）に駆け込むことにより離縁が達成できたのである。

そして，明治前期には妻の離婚訴権が是認され（1873年太政官布告162号），裁判離婚とともに，届け出による離婚（届出離婚）や，行政庁へ願い出て許可を受ける離婚（願出離婚，行政離婚）があった。これを受けて，明治民法（1898年施行）は裁判離婚と協議離婚の法制度を大系的に確立する。明治民法の裁判離婚原因は，重婚，妻の姦通，夫の姦淫罪，特定犯罪，配偶者による虐待侮辱，悪意の遺棄，直系尊属による虐待侮辱，直系尊属への虐待侮辱，3年以上の生死不明，婿養子縁組の離縁という10事由が限定的に列挙され（旧法813条），これ以外の事由による離婚請求は認められない。これは，有責主義と「家」制度思想（家長である戸主と家族員が支配服従の関係にあり，男性優位・尊属尊重の考え方）にもとづく離婚原因である。

しかし，新憲法が施行され（1947年），夫婦不平等規定の存在や，包括的離婚原因と離婚後の財産分与の規定を欠くという不備などから，全面改正された。現行民法（1948年施行）は，協議離婚とともに，裁判離婚における破綻主義を採用し，今日に至っている。このようにして，わが国では形式上の法制度からみる限り，棄妻から有責主義を経て，破綻主義離婚へ至ったのであり，いわば離婚を困難にするコースを歩んだといえる。そして，裁判離婚の到達点は，欧米と同じく破綻主義であり，また欧米にはみられない協議離婚制度を有しているのである。

（2） 離婚の制度と現状

(a) **制度**　離婚の種類（方法）には，民法が定める協議離婚と裁判離婚，家事審判法が定める調停離婚と審判離婚がある。この4種類で構成されるのが離婚制度である。夫婦は協議によって離婚することができ，協議が調わないときは家庭裁判所の調停離婚や審判離婚ができ，それでも離婚が有効に成立しなかったとき，最後の手段として裁判離婚が請求できる。離婚は人事訴訟であり，その第一審管轄は家庭裁判所であるから（人訴4条），離婚紛争は調停から訴訟までを家裁が取り扱うことになる。また，訴訟において離婚する場合の和解，請求の放棄や認諾をすることができ（人訴37条），離婚の和解はそれによって直ちに離婚が成立することになる。そして，家裁は職業裁判官ではない参与員を，必要に応じて審理や和解の試みに立ち会わせて，その意見を聴くことができる（人訴9条）。離婚制度とその手順を図示すると，つぎのようになる。

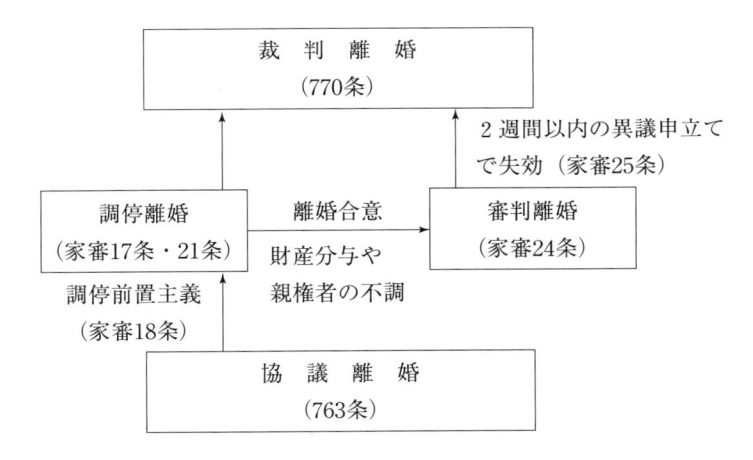

```
                    裁 判 離 婚
                     (770条)
                    ↑        ↑
                             │  2週間以内の異議申立て
                             │  で失効（家審25条）
                             │
   調停離婚      離婚合意    審判離婚
  (家審17条・21条) ─────────→ (家審24条)
                 財産分与や
                 親権者の不調
       ↑
  調停前置主義
   (家審18条)
       │
                    協 議 離 婚
                     (763条)
```

(b) **現状**　離婚総数に占める離婚種類の割合は，協議離婚が90.5％程度，調停離婚が8.5％前後，審判離婚が0.1％に満たない値であり，裁判離婚が1.0％弱である。この割合は過去30年間大きくは変化していない。

つぎに，普通離婚率（人口千人に対する離婚件数の割合）は，離婚統計がとられ始めた1883年に過去最高の3.38であったが，しだいに減少して1938年には0.63の最低値を記録した。戦後，1963年の0.73を底値にして上昇に転じ，一時期低下したこともあったが，再度増加傾向にあり，1999年には2.00に達した。

2005年の婚姻件数は71万4千件であり，離婚件数が26万1千件であるから，10組に3.65組が離婚していることになる。しかし，欧米の離婚率と比較すれば相対的に高くはない値である。離婚王国ともいわれるアメリカでは，1981年に最高値の5.27を記録し，それ以後は下降し，2005年は3.60である。イギリスやドイツは2.5程度である。わが国の普通離婚率と離婚件数を図示すると，つぎの通りである。

年＼率・数	普通離婚率	離婚件数
1950	1.01	8万3689
1960	0.74	6万9410
1970	0.93	9万5937
1980	1.22	14万1689
1990	1.28	15万7608
1995	1.60	19万9016
2000	2.10	26万4246
2005	2.08	26万1900

厚生労働省『人口動態統計』

4　国際結婚の解消

(1)　離　　婚

(a)　準拠法　　国籍の異なる当事者間の婚姻は国際結婚と呼ばれてるが，日本国内において，外国人と外国人が離婚するとき，日本人と外国人が離婚するとき，どこの国の法律が適用されるのかという準拠法の問題がある。わが国では協議離婚や家庭裁判所による離婚の制度があるが，準拠法となった外国法が裁判離婚しか認めない場合，それらの方法による離婚はできないことになる。しかし，実務上家庭裁判所による離婚は一種の簡易裁判とみて離婚が成立している（横浜家審平成3年5月14日家月43巻10号48頁）。

離婚に関する準拠法は，「法の適用に関する通則法」である（平成19年1月1日施行）。通則法27条は，夫婦に共通の要素を拾い出すという，段階的連結主義を採用する。第1に夫婦の本国法が同一のときは（共通本国法）その法律

第1節　婚姻の解消　57

により，第2に共通本国法がないとき，夫婦の常居所地法が同一の場合は（共通常居所地法）その法律により，第3に共通常居所地法もないとき，夫婦に最も密接な関係がある地の法律（密接関連法）によるとともに，夫婦の一方が日本に常居所を有する日本人のときは日本法を適用する（日本人条項）と規定している。

　常居所とは，人が常時居住する場所で相当長期間居住する場所（habitual residence）である。戸籍実務では，日本人の場合，日本に住民登録をしていれば足り，また外国に引き続き5年以上滞在していればその国が常居所になる。外国人の場合，「出入国管理及び難民認定法」による在留資格に応じた期間によって認定する。密接関連法は，婚姻中の常居所，居住状況，国籍などから総合的に判断される。

　準拠法が決定すると，離婚の許容性，たとえば離婚禁止か否か，離婚の管轄機関と方法，たとえば裁判離婚のみか協議離婚も認めるか否か，離婚原因，たとえば夫婦別居を離婚事由として認めるか否かなどが，準拠法によることになる。

　たとえば，日本人男性Ａがフィリピン女性Ｂと婚姻して日本で生活していたが，不和のためＡ夫が協議離婚を申し出て，Ｂ妻が承諾した場合，共通本国法はないが，共通常居所地法として日本法が適用されるから，協議離婚が成立する。もしＢ妻が離婚を拒否した場合，Ａ夫は日本法が定める離婚原因にもとづいて離婚訴訟が提起でき，裁判所が離婚請求を認容すればＡ夫とＢ妻の裁判離婚が成立する。

　ところで，日本国内ではなく，外国において離婚するときは，その国の法律の定めによる。また，外国でなされた離婚判決を，わが国において承認するか否かは，外国判決承認の要件を満たさなければならない。それは①確定判決であること，②裁判管轄権のある裁判所の判決であること，③敗訴した被告が日本人であるときは，公示送達によらないで訴訟の開始に必要な呼出などの送達を受けるか，または応訴をしたこと，④公序良俗に反しないこと，⑤相互の保証があること（民訴118条）である。

　(b)　裁判管轄権　　渉外離婚事件について，準拠法が決定したとしても，そもそもわが国の裁判所が国際裁判管轄権を有するか否かについて，明文の規定

はない。しかし，一応判例法が確立している。原則として，被告の住所が日本にあるとき，わが国に裁判管轄が認められ，例外として①原告が被告に遺棄された場合，②被告が行方不明である場合，③その他これに準ずる場合には，原告の住所が日本にあればよいとする（最〔大〕判昭和39年3月25日民集18巻3号486頁）。そして，離婚請求とわが国との関連性がある場合，条理によってわが国の国際裁判管轄が肯定される（最判平成8年6月24日民集50巻7号1451頁）。

（2） 離婚の効力

　離婚の効力についても，基本的には離婚準拠法による。離婚の直接的効力は婚姻の解消であり，これは外国でも同一であるから問題がない。離婚後の効果，すなわち氏，財産分与，親権者または監護者の決定について議論がある。まず，氏についてである。氏は人格権にかかわるものだから，各当事者の本国法によるとする説，離婚の効果として離婚準拠法によるとする説がある。離婚後の氏について両当事者に同一法を適用する必要はないから，前説が有力である。いずれにしても，外国人と婚姻して日本で生活していた日本人の場合，外国人配偶者の氏に変更した日本人の氏は，離婚後当然には復氏せず，離婚の日から3カ月以内の届出によって，婚姻前の氏を称することができる（戸107条3項）。離婚の日から3カ月を経過したときは，家庭裁判所の許可が必要である。

　つぎに，財産分与である。財産分与は夫婦財産制の解消，扶養，慰藉料など個別の法律関係に分け，おのおのの準拠法によるとする説，離婚の効果として離婚準拠法によるとする説がある。離婚時の財産関係の処理は包括的であることが要請されるから，後者の説が有力である（東京高判平成5年3月29日家月45巻10号65頁）。どちらにしても，日本人が国際結婚をして日本で生活していた夫婦の離婚の場合，日本の法律が適用される。

　離婚後の子に対する親権者，監護者の決定については，親子間の法律関係であるから，子の本国法が父または母の本国法と同一の場合は子の本国法により，その他の場合は子の常居所地法による（通則法32条）。通説・判例（神戸地判平成6年2月22日家月47巻4号60頁）の態度である。離婚準拠法説もあるが，子の利益保護は固有の法的問題であるから，通則法32条適用説が妥当であろう。

第2節　協議離婚

1　協議離婚の成立

(1)　離婚意思

(a)　定義　夫婦は，その協議で離婚することができる（763条）。夫婦間における離婚意思の合致が実質的要件であり，離婚の届出が形式的要件である（764条）。夫婦に未成年の子がある場合，その親権者を定めて届書に記載しなければならない（戸76条1号）。比較法上，裁判所などの公的機関による当事者の真意確認手続や，財産分与や子の保護措置に関する内容の承認手続を要しない簡易な離婚方法である。

離婚意思とは，婚姻共同生活を実質的に解消させる意思（実質的意思説）ではなく，離婚の届出をする意思（形式的意思説）であるとされている。

たとえば，A夫が病気入院のためにX妻との世帯が生活保護を受給しており，福祉課担当吏員からX妻の収入を届け出ないことは不正受給になると告げられたため，引き続いて生活保護費を受給する手段として，協議離婚の届出をした。しかし，A夫とX妻は実質的に離婚する意思はなく，その後も共同生活を継続している。A夫が死亡し，X妻が法要を主宰し，X妻は検察官を被告Yとして離婚の無効確認を請求した事案において「本件離婚の届出が，法律上の婚姻関係を解消する意思の合致に基づいてされたものであって，本件離婚を無効とすることはできない」と判示する（最判昭和57年3月26日判時1041号66頁）。

判例によれば，婚姻意思については実質的意思を採用し（最判昭和44年10月31日民集23巻10号1894頁），離婚意思については形式的意思をとっており，両者の整合性（バランス）を欠いている。しかし，婚姻の基本的効果は夫婦共同生活であるから，婚姻意思は実質的婚姻関係を形成する意思が必要であるが，離婚の基本的効果は婚姻の解消であり，離婚したからといって一切の関係を絶たなければならないわけではなく，たとえ離婚後夫婦共同生活をしているときであっても内縁として保護することができるから，離婚意思は法律上の婚姻を解消する意思で足る（法的意思説）。このように考えると，判例の統一的理解が可能である。

(b) 存在時期　協議離婚するには，意思能力で足り，行為能力を要しない。成年被後見人（8条）は通常意思能力を喪失しているが，時に本心に復することがあり，この場合には成年被後見人が単独で離婚でき，成年後見人の同意は必要でない（764条による738条の準用）。ただ，離婚届出のときに，離婚の性質と効果を理解するに足る能力（意思能力）を有することを証すべき診断書を添付しなければならない（戸32条）。被保佐人（12条）が保佐人の同意を要しないのはもちろん，未成年者は婚姻により成年とみなされる（753条）から，協議離婚に父母の同意は不要である。

　協議離婚は，離婚の合意から届書の作成を経て届出の行為というプロセスを踏む。この各段階において双方の離婚意思が存在しなければならない。

　たとえば，離婚合意または届書作成後に，夫婦の一方または双方が離婚意思を撤回（翻意）することができる。一般の契約であれば，合意によって拘束力が生じ，原則として自由な撤回は認められないが，離婚は身分行為（全人格的関係）であるから離婚届出の強制履行に親しまないし，また離婚意思の決定が冷静な理性的判断にもとづくとはかぎらない（離婚意思の浮動性）から，届出までに再考のチャンスが与えられるのである。

(c) 不受理申出制度　夫婦の一方に全く離婚意思がない場合，または離婚意思を翻意した場合，それにもかかわらず他方が協議離婚の届出をするおそれがあるとき，その届出を受理しないように申し出ることが認められている。戸籍行政上の離婚届不受理申出制度である（昭和51年1月23日民二第900号民事局長通達）。その内容は，①不受理申出書の提出後になされた協議離婚届は受理しないこと，②不受理申出は，申出人の本籍地市区町村長に提出するが，非本籍地に提出されたときは受付後本籍地に送付すること，③不受理の有効期間は，申出人が記載した6カ月以内の一定期間であり，更新は改めて申出する必要があること，④不受理期間中に離婚届を受理してしまったときには，監督法務局長は届出を無効なものとして所要の処理について指示や許可をすることである。

　この不受理申出制度は，離婚のみならず，届出によって身分関係が成立する創設的届出（婚姻，養子縁組，協議離縁など）についても認められている。離婚については協議離婚の簡易性を補充する機能を果している。

　たとえば，X妻とY夫の間で離婚の合意が成立し，Y夫によって届出がなさ

れて受理されたが，その前日Ｘ妻が翻意して，戸籍窓口に不受理申出書を提出していた事案において「届出の当時離婚の意思を有せざることが明確になった以上，右届出による協議離婚は無効であるといわなければならない。そして，かならずしも所論の如く右翻意が相手方に表示されること，または，届出委託を解除する等の事実がなかったからといって，右協議離婚届出が無効でないとはいいえない」と判示する（最判昭和34年8月7日民集13巻10号1251頁）。

（2）　離婚届出

(a)　方法　　離婚は，戸籍法の定めるところにより届け出ることによって成立する（764条による739条1項の準用）。規定の文言では「その効力を生ずる」となっているから，離婚は合意によって成立し，届出は成立した離婚の有効要件とする説（届出効力要件説）もある。しかし，離婚は合意と届出によって成立するのであり，届出は成立要件であるとする説（届出成立要件説）が通説である。

離婚の届出は，当事者双方および成年の証人2人以上から，口頭または署名した書面でしなければならない（764条による739条2項の準用）。届出は，通常本籍地の市区役所または町村役場に備えつけられている離婚届の用紙に，必要事項を記載して戸籍係に提出する。口頭の届出は，届出人が役所または役場に出頭し，届出記載事項を陳述して行う（戸37条）。

しかし，書面による届出は郵送が可能であり（戸47条），使者に託すこともできる（大判昭和11年6月30日民集15巻1290頁）。また，届出人（夫婦の一方または双方）と証人についての代書代捺も認められる（最判昭和44年1月31日判時553号47頁，東京高判昭和34年9月29日判タ97号54頁）。さらに，印を有しないときは署名だけでよいし，署名できないときは氏名を代書させて押印だけでよく，署名ができず印も有しないときは氏名を代書させて拇印だけで足りる（戸施規62条1項）。この場合，書面にその事由を記載することが必要である（戸施規62条2項）が，代書事由の記載がなくても有効に成立する（最判昭和31年7月9日民集10巻7号908頁）。

このように，離婚届出の方法は簡単である。協議離婚の核心は離婚意思の合致であり，その表明手段である届出の方法は制限的でないほうがよい。反面，あまりに簡単な方法は，離婚意思の確認に欠けるところがある。過去に，国家

離 婚 届

平成　年　月　日届出

　　　　　長　殿

	受理	平成　年　月　日　第　　号	発送	平成　年　月　日	
	送付	平成　年　月　日　第　　号			長印
	書類調査	戸籍記載	記載調査	調査票	附票	住民票	通知

		夫	妻
(1)	（よみかた） 氏　名	氏　　　名	氏　　　名
	生年月日	年　月　日	年　月　日
	住　所 （住民登録をして いるところ） （よみかた）	番地 番　号	番地 番　号
		世帯主 の氏名	世帯主 の氏名
(2)	本　籍 （外国人のときは 国籍だけを書い てください）	筆頭者 の氏名	番地 番
	父母の氏名 父母との続き柄 （他の養父母は その他の欄に 書いてください）	夫の父　　　　　　続き柄 　　母　　　　　　　男	妻の父　　　　　　続き柄 　　母　　　　　　　女
(3)(4)	離婚の種別	□協議離婚 □調停　　年　月　日成立	□審判　　年　月　日確定 □判決　　年　月　日確定
	婚姻前の氏に もどる者の本籍	□夫　　は　□もとの戸籍にもどる □妻　　　　□新しい戸籍をつくる	番地 番　　（よみかた）筆頭者 の氏名
(5)	未成年の子の 氏　名	夫が親権 を行う子	妻が親権 を行う子
(6)(7)	同居の期間	年　月　から （同居を始めたとき）	年　月　まで （別居したとき）
(8)	別居する前の 住　所		番地 番　号
(9)	別居する前の 世帯のおもな 仕事と	□1. 農業だけまたは農業とその他の仕事を持っている世帯 □2. 自由業・商工業・サービス業等を個人で経営している世帯 □3. 企業・個人商店等（官公庁は除く）の常用勤労者世帯で勤め先の従業者数が1人から99人までの世帯（日々または1年未満の契約の雇用者は5） □4. 3にあてはまらない常用勤労者世帯及び会社団体の役員の世帯（日々または1年未満の契約の雇用者は5） □5. 1から4にあてはまらないその他の仕事をしている者のいる世帯 □6. 仕事をしている者のいない世帯		
(10)	夫妻の職業	（国勢調査の年―平成　　年―の4月1日から翌年3月31日までに届出をするときだけ書いてください） 夫の職業	妻の職業
	その他		
	届出人 署名押印	夫 　　　　　　　　　　印	妻 　　　　　　　　　　印
	事件簿番号	住所を定めた年月日 夫　　年　月　日 妻　　年　月　日	連絡先	電話（　　）　　　番 自宅・勤務先・呼出　　　方

記入の注意

鉛筆や消えやすいインキで書かないでください。
筆頭者の氏名欄には、戸籍のはじめに記載されている人の氏名を書いてください。
届書は、1通でさしつかえありません。
この届書を本籍地でない役場に出すときは、戸籍謄本が必要ですから、あらかじめ用意してください。
そのほかに必要なもの　調停離婚のとき➡調停調書の謄本
　　　　　　　　　　　審判離婚のとき➡審判書の謄本と確定証明書
　　　　　　　　　　　判決離婚のとき➡判決書の謄本と確定証明書

証　　　人　（協議離婚のときだけ必要です）	
署　名 押　印	印　　　　　　　　　　　　印
生年月日	年　　月　　日　　　　　　年　　月　　日
住　所	番地 番号　　　　　　　　　番地 番号
本　籍	番地 番　　　　　　　　　　番地 番

→　父母がいま婚姻しているときは、母の氏は書かないで、名だけを書いてください。
　　養父母についても同じように書いてください。
　　□には、あてはまるものに☑のようにしるしをつけてください。

→　今後も離婚の際に称していた氏を称する場合には、左の欄には何も記載しないでください。
　　（この場合にはこの離婚届と同時に別の届書を提出する必要があります。）

→　同居を始めたときの年月は、結婚式をあげた年月または同居を始めた年月のうち早いほうを書いてください。

◎署名は必ず本人が自署してください。
◎印は各自別々の印を押してください。
◎届出人の印をご持参ください。

の機関による意思確認の制度を立法化する動きがあった。離婚意思の確認，および財産分与と子の監護に関する協議内容の確認を，家庭裁判所が行う立法がなされるべきであろう。なお，離婚届の様式は，前図の通りである。

(b) 受理　離婚届出がなされたとき，戸籍事務管掌者（市区町村長だが，実務はその戸籍係）は受け付け，記載すべき事項が記載されているか審査し（形式的審査），法令違反がなければ受理して，戸籍簿に記載する（765条1項）。戸籍事務管掌者の審査権は，記載事項が真実か否かを審査する権限（実質的審査権）ではない。離婚は，届出の受理によって，その受け付けの時にさかのぼって成立する（遡及効）。届出が受理されたとき，たとえ戸籍簿に記載されなくとも離婚が成立する（通説）。

たとえば，A夫とB妻の間で協議離婚の合意が成立し，A夫が生存中に離婚届書を郵送したが，受理時には死亡していたという場合，離婚は成立しないのであろうか。死亡前に郵送した届書は，死亡後であっても，市町村長は受理しなければならず，死亡の時に届出があったものとみなすと取り扱われている（戸47条）。

ところで，戸籍事務管掌者が，正当な理由なく離婚届の受理を拒否した場合，当事者は家庭裁判所に不服の申立てをすることができ（戸118条，特家審規13条），市町村長の意見を聴取して（特家審規14条），不服申立てに理由があると認められるとき受理することになる（特家審規15条参照）。反対に，戸籍事務管掌者が，法令違反の届出を誤って受理した場合，夫婦に離婚意思があるとき離婚は有効に成立する（765条2項）。一方で法令違反の離婚届は受理しないようにし，他方で法令違反の離婚届受理に届出の効力を認めているのである。戸籍事務管掌者の不注意による不利益を，真に離婚意思がある夫婦に負わせることはできないからである。

2　協議離婚の無効と取消し

（1）無　　効

(a) 無効原因　協議離婚は，夫婦間に離婚意思がないとき，また届出がないときに無効である（742条の類推適用，家審23条参照）。

たとえば，本人が知らない間に，第三者が勝手に出した離婚届は無効である。また，夫婦口論のすえ夫が"出ていけ"といい，妻が"出ていくわよ"といっ

て実家に帰っている間に夫が離婚届を出してしまった場合，通常は妻が離婚意思まで持っていたとはいえないから，協議離婚は無効である。さらに，夫が興奮して乱暴を働くので，妻がその場を収拾するための一時的な手段として離婚届書に署名捺印した場合，妻に離婚意思はないから無効である。

協議離婚の無効は，何人の主張がなくとも，また判決を待たなくとも当然無効である（最判昭和53年3月9日家月31巻3号79頁）。しかし，戸籍上に無効な離婚が記載されているとき，戸籍の訂正をするには，戸籍窓口への申し立てによってはできない。家庭裁判所の許可を得て訂正することができる（戸114条）。ただ，この訂正手続は確定的効力がないから，利害関係人に異議があるときは（大決大正13年2月15日民集3巻10頁）離婚無効確認の訴えを提起して，確定判決を得る必要がある。そして，判決の確定日から1カ月以内に，判決の謄本を添付して，戸籍の訂正を申請しなければならない（戸116条）。

(b) 無効離婚の追認　協議離婚が無効であることを承知の上で，これを有効なものと認めることを，無効な離婚（届）の追認という。追認があると，離婚は届出時にさかのぼって有効となり（遡及効），もはや無効の主張ができなくなる（764条参照）。財産法では，無効行為の追認に効力を認めず，追認時に新しい行為をしたものとみなしていること（119条）と対照的である。追認の意思表示は，追認すると明示的に表明したときはもちろん，財産分与や離婚慰藉料の受領行為など，黙示的追認も認められる。

たとえば，X妻とY夫は長年別居状態にあり，Y夫がX妻に無断で協議離婚の届出をした。その10年後，X妻は無効な離婚届が出されている事実を知ったが，X妻が離婚を認めることを前提として，Y夫が慰藉料を支払うという調停が成立した事案において「妻が右家事調停の際に，右協議離婚を追認したとした原判決の認定判断は，これを正当として是認することができる」と判示する（最判昭和42年12月8日家月20巻3号55頁）。

（2）取　消　し

(a) 取消原因　詐欺または強迫による協議離婚は，取り消すことができる（764条による747条1項の準用）。離婚無効とは異なり，取り消してはじめて離婚の効力が消滅する。離婚の取消請求者は，当事者夫婦のみである。取消請求権は，婚姻の安定性の要請から，当事者が詐欺を発見し，強迫を免かれた時から

3カ月間にかぎって行使を認め，その期間を経過したとき，また離婚を追認したときは消滅する（764条による747条2項の準用）。

取消の手続は，必ず訴えの方法によらなければならない。ただ，家事事件には調停前置主義（家審18条）が適用されるから，家庭裁判所に調停を申し立て，夫婦間で合意が成立すると合意に相当する審判がなされ（家審23条），それが確定すれば離婚の取消しになる（家審25条）。合意が成立しないときは訴訟事件となり，人事訴訟法の定めるところによって判決がなされる。離婚取消しの審判または判決が確定したとき，確定日から10日以内に，審判または判決の謄本を添付して，訴えの提起者が届出をしなければならない（婚姻に関する戸75条による63条の準用）。離婚取消しの効果は，婚姻取消しの効果（748条1項）と異なり，離婚届出時に遡及する。

(b) 詐欺の例　たとえば，A夫が事業に失敗して多額の借金を背負い，このままではB妻の財産まで差し押さえられるから離婚届を出して，ほとぼりがさめたら再び婚姻届を出すといわれて，B妻は離婚届出を承諾した。しかし，差押えも再度の婚姻話も，うそであった。B妻が離婚を望む場合，そのままにしておけば離婚だが，B妻が離婚を望まない場合，詐欺による協議離婚の取消請求ができる。

3　調停離婚

(1)　離婚の調停

(a)　申立て　離婚紛争は，法律関係の解決という側面（司法的機能）とともに，夫婦が離婚と離婚後の措置について自発的理性的解決へ向うように，人間関係を破壊することなく，再構築することを援助するという側面（人間関係調整機能）が必要である。また，離婚を含む家事紛争では権利の尊重，科学的調査とカウンセリング，迅速性，秘密性（非公開），簡易低廉性，公益性が確保されねばならない。これらの要請に応えられるのが，家庭裁判所における離婚の調停である。

夫婦の一方は，いつでも離婚の調停（夫婦関係調整の調停）を申し立てることができる（家審17条）。管轄は，相手方の住所地の家庭裁判所である（家審規129条1項）。また，離婚の訴えを提起しようとする者は，調停前置主義によって，まず家庭裁判所に調停の申立てをしなければならない（家審18条1項）。さ

らに，調停の申立てを経ずに訴えを提起すると，裁判所は家庭裁判所の調停に付さなければならない（家審18条2項）。家事調停において，話合いによる解決をはかり，それができないときに裁判所による司法的解決をする趣旨である。ただ，相手方の所在不明や精神障害による意思能力がない場合などは，家事調停を経ずに訴えが提起できる（家審18条2項但し書）。

(b) 成立　離婚の調停は，家事審判官1名と，家事調停委員2名以上によって構成される調停委員会において，家事審判官の指揮のもとで行われる（家審22条，家審規134条）。調停委員会は，心理学的調整技術のある家庭裁判所調査官や，医師である技官を，必要に応じて委員会に出席させることができる（家審規137条）。

調停の流れは，つぎのようである。まず，申立てがあると提出された資料にもとづいてインテークがされる。つぎに，第1回期日において両当事者から個別または同席で事情を聴取し，問題点や解決策などについて明らかにする。そして，第2回期日以降両当事者の相違点について，あくまで当事者の意思を尊重した上で調停委員会の調整が試みられる。調整が難航するケースでは，紛争の真の原因を探究するとともに，当事者が主体的に紛争解決へ取り組むことができるように家裁調査官が活用される。

こうして，調停委員会の援助によって当事者間に離婚の合意が形成され，調停調書に記載されたときに調停離婚が成立する（家審21条）。調停離婚が成立すると，調停を申し立てた者は調停成立の日から10日以内に，調停調書の謄本を添付して届出なければならない（戸77条）。この届出は，報告的届出であって，届出時に離婚が成立するわけではない。

(2) 調停離婚の効力

(a) 効力　調停離婚は，確定判決と同一の効力を有する（家審21条）。また，調停手続において，相手方の財産隠匿や処分を防止する保全処分（家審規133条），調停で定められた金銭支払などの義務の履行状況調査・履行勧告・履行命令ができる（家審25条の2）。そのため，調停離婚は，離婚と財産分与や子の措置について，自主的解決・妥当な解決・総合的解決に適した制度である。調停室や家事審判官と職員数の不足，調停委員の高齢化などの問題点を早急に解消し，調停離婚の活用をはかるべきであろう。

(b) 協議離婚届出をする調停の例　離婚の調停を申し立て，調停として係属しても，協議離婚することはできる。その数は少なくはない。

たとえば，調停調書に「A夫とB妻は3月5日までに協議離婚の届出をすること」という調停条項が記載できる。しかし，この形では，調停離婚が成立したことにはならない。そのため，一方が調停条項を守らないとき，履行調査や履行勧告ができるが，一方の意思に反して離婚届出を強制することはできない。このような場合，調停の場に記入済みの離婚届書を持参させ，いつでも届出ができるようにしておくことが実務上行われている。

4　審判離婚

（1）　離婚の審判

(a) 調停に代わる審判　家庭裁判所は，調停が成立しない場合において相当と認めるときは，職権で，当事者双方の申立ての趣旨に反しない限度で，事件の解決のために離婚その他必要な審判をすることができる（家審24条）。調停が成立しない段階で，調停に代わって審判をするところから，調停に代わる審判といわれる。調停が成立しないと訴訟事件になるから，調停委員会での努力が無駄になり，時間と費用を費す訴訟は必ずしも当事者の利益ではなく，調停での成果を生かして社会的正義を実現するための制度である。

(b) 審判の利用　離婚の審判は，つぎのような場合になされる。①離婚の合意はあるが，一方当事者が遠隔地に居住していたり，入院中，入獄中で出頭できない場合，②明白な離婚原因事実があるにもかかわらず，一方が意地をはって譲らない場合，③離婚自体への合意はあるが，財産分与の額や親権者の指定などが不一致である場合，④離婚その他の事項に合意したが，一方の不当な主張を相手方が受け入れたにすぎない場合，⑤一度合意をしておきながら，理由もなく前言をひるがえしたり，出頭しなくなった場合などである。

（2）　審判離婚の効力

(a) 効力　審判離婚は，2週間以内に異議申立てがないとき，確定判決と同一の効力を有する（家審25条3項）。審判に異議があるとき，所定期間内に異議申立てができ，これによって審判離婚は効力を失う（家審25条1項・2項）。審判離婚は，年間数十件しかなされていない。しかし，家庭裁判所が当事者双方の意思に反しないように，迅速で妥当な解決をはかるものであるから，広く

活用すべきであろう。

(b) 審判の例　たとえば，離婚調停において，A夫が離婚には絶対に応じないと主張していたが，その真意は離婚の拒否ではなく，不貞行為をしたために慰謝料を支払うということを避けるための口実であった。そこで，家事審判官は，A夫の不誠実な態度やB妻の離婚意思が固いことなどを考慮して，離婚の審判を言い渡した。その内容は，離婚すること，財産分与を支払うこと，慰謝料の請求はしないことなどである（東京家審昭和39年6月25日ケース研究89号65頁）。この審判は，異議申立てがなく確定している。

第3節　裁判離婚

1　破綻主義
(1)　立法形式

(a) 立法の型　破綻主義とは，婚姻関係が回復しがたいほど破綻したときに，離婚を認容する考え方である。婚姻破綻の認定方法をめぐって，いくつかの型がある。婚姻破綻認定型（カリフォルニア州タイプ），有責事由と別居事由の混合型（イギリスタイプ），別居型（ドイツタイプ）である。

カリフォルニア州法は，離婚原因として，①和解不能な不和，②不治の精神病を規定し（民4506条），和解不能な不和の存否判断は，もっぱら裁判所がすることになっている。ただ，実際には離婚合意書の提出やカウンセリングの不調によって和解不能な不和を認定しており，破綻認定の審理は簡単である。ドイツ法は，破綻推定事由として，①離婚合意があるときの1年以上の別居，②3年以上の別居を規定する（民1566条）。ただ，相手方配偶者と子の利益のために離婚を拒否する苛酷条項がある（民1568条）。イギリス法は，破綻証明事由として，①不貞による同居困難，②同居生活を期待不能にする行動，③2年以上の遺棄，④離婚合意があるときの2年以上の別居，⑤5年以上継続する別居を規定する（1973年婚姻事件法1条）とともに，苛酷条項がある（同5条）。ただ，離婚の合意があるときに，裁判所が用意した書面に必要事項を記入して離婚を容認する「特別離婚手続」が一般化している。また，離婚請求から1年の期間経過後に離婚を認容する「考慮と熟考に基づく離婚」を立法化する動き

がある。フランス法も有責事由とともに，2年の別居を破綻事由としている（2004年5月26日法）。

(b) 破綻の認定　　わが国は，有責事由と破綻事由を併存させる混合型の一種である。しかし，婚姻破綻の認定に有責行為を用いて，婚姻関係の全過程を審理することは，裁判所による夫婦のプライバシーの侵害であり，訴訟長期化を招く。また，破綻の認定は裁判官の自由裁量による総合判断に任せられており，裁判官独自の価値観混入余地があって，客観的合理性を欠いている。そして，将来における婚姻関係の回復可能性を裁判時点で予測するという，いわば婚姻破綻の質を判定することは，現在の訴訟構造では困難である。このように，わが国の破綻主義は，現実の離婚裁判において十分に実現しているとはいえず，擬似破綻主義であるという指摘ができる。

(2) 離婚原因の改正案

(a) 法律案　　1996年に「民法の一部を改正する法律案要綱」が公表され，そこには離婚原因の改正案が盛り込まれている。改正案の目的は，現行法の枠組みを維持しながら，破綻主義を明確化することである。その主要な内容は，離婚原因について，①不貞などの有責事由は破綻推定事実であることの確認，②精神病事由の廃止，③5年以上継続する夫婦別居を離婚原因にするという，5年別居事由の追加である。離婚請求棄却事由については，現行規定を全面改正し，①苛酷条項と②信義条項を導入する。苛酷条項は「離婚が配偶者又は子に著しい生活の困窮又は耐え難い苦痛をもたらすときは，離婚の請求を棄却することができる」とし，すべての離婚事由に適用される。信義条項は「離婚の請求をしている者が配偶者に対する協力及び扶助を著しく怠っていることによりその請求が信義に反すると認められるときも同様とする」とし，別居事由と破綻事由に適用される。

(b) 法律案の課題　　別居事由の追加は，破綻の認定に合理性と客観性を与えるが，苛酷条項と信義条項の導入は，離婚制限の強化である。いわば一歩進んで二歩下がるような方式である。改正案が立法化されると，破綻主義は影をひそめ，経済的取引離婚と信義則離婚が横行するのではないかと懸念される。苛酷条項と信義条項は削除して破綻主義離婚を実現するとともに，離婚の経済的側面は後述する（本章第4節）財産分与と子の養育費によって，子の精神的

苦痛は面接交渉と共同監護の促進によって解決をはかるべきである。特に，離婚の認否場面に信義則のような包括的・抽象的・裁量的判断基準を持ち込むべきではないだろう。なお，現行法と改正案を図示すると，つぎの通りである。

種別＼事項	現行法	改正案
基本理念	破綻主義	明確な破綻主義
離婚原因 （770条1項）	①不貞行為 ②悪意の遺棄 ③3年以上の生死不明 ④強度で回復見込みのない精神病 ⑤婚姻を継続しがたい重大な事由	①不貞行為による婚姻破綻 ②悪意の遺棄による婚姻破綻 ③3年以上の生死不明 ④5年以上継続する別居 ⑤婚姻関係の回復見込みがない破綻
離婚請求棄却事由 （770条2項）	婚姻の継続相当性 （①から④に適用）	苛酷条項（①から⑤に適用） 信義条項（④から⑤に適用）

2　離婚原因

(1) 不貞行為

(a)　定義　夫婦の一方は，配偶者に不貞な行為があったとき，離婚の訴えを提起できる（770条1項1号）。不貞とは，夫婦間の貞操義務に反する行為である。すなわち，配偶者のある者が，配偶者以外の異性と自由意思によって性交渉を行うことである。したがって，性交を伴わない性的接触は性交渉がないから，同性愛は異性との性交渉ではないから，人工授精や体外受精（生殖補助医療）は夫以外の精子を用いても性交渉ではないから，いずれも不貞行為ではない。ただ，それらの行為によって婚姻関係が破綻すれば，婚姻を継続しがたい重大な事由（770条1項5号）を理由として離婚請求ができるだけである。

反面，不貞行為に配偶者の同意がある場合，宥恕（後で知ってから許すこと）をした場合といえども不貞である。また，夫が生活費を支給しないために，妻が収入を得るための手段として売春をしたとき，これは不貞行為になる（最判昭和38年6月4日家月15巻9号179頁）。

(b)　判例　Y夫が自動車学校の職員をよそおって，教習生の女性を強姦し，懲役3年の刑で服役中であり，X妻が不貞を理由として離婚請求をしたが，Y

夫は不貞とは相互の自由意思が必要であると主張している事案において，不貞は「配偶者ある者が，自由な意思にもとづいて，配偶者以外の者と性的関係を結ぶことをいうのであって，この場合，相手方の自由な意思にもとづくものであるか否かは問わないものと解する」と判示する（最判昭和48年11月15日民集27巻10号1323頁）。

（2） 悪意の遺棄

(a) 定義　配偶者から悪意で遺棄されたとき，離婚請求ができる（770条1項2号）。悪意は，行為の結果を認容する意思であるから，離婚になってもかまわないという意思が必要である。遺棄は，夫婦間の同居・協力・扶助義務（752条）に正当な理由なく違反する行為である。

たとえば，相手方を置き去りにして家を出る行為，相手方を家から追い出す行為などがある。しかし，夫婦共同生活をしないことに正当理由があれば，遺棄ではない。たとえば，協議別居，転勤や入院による別居，婚姻関係が破綻して同居が期待できない場合などがある。

(b) 判例　X妻がY夫の意思を無視して，X妻の兄らを同居させて多額の経済的援助もしたため，Y夫が同居と扶助（生活費の支給）を拒み，X妻が悪意の遺棄を理由として離婚請求した事案において「夫よりの扶助を受けざるに至ったのも，妻自ら招いたものと認むべき以上，妻はもはや夫に対して扶助請求権を主張し得ざるに至ったものというべく，したがって，夫が妻を扶助しないことは，悪意の遺棄に該当しない」と判示する（最判昭和39年9月17日民集18巻7号1461頁）。扶助義務の不履行に，正当理由が認められた事例である。

（3） 3年以上の生死不明

(a) 定義　配偶者の生死が3年以上明らかでないとき，離婚請求ができる（770条1項3号）。この離婚原因は，夫婦間の婚姻義務違反にもとづく事由でないため，破綻主義離婚の先駆けともいわれる。また，生死不明のとき，裁判離婚による以外の離婚方法はない。生死不明とは，行方不明とは異なり，生存の証明も死亡の証明もできないことである。3年の起算点は，最後の音信があった時である。

たとえば，夫が出稼ぎに行くといって家を出たきり行方不明となり，一枚のハガキ連絡を最後に生死もわからず3年間が過ぎた場合などである。

(b) 判例　戦地からの未帰還者にかかわる裁判例はある（大津地判昭和25年7月27日下民集1巻7号1150頁）が，今日みるべきものはない。ただ，新婚間もない妻が神経衰弱にかかり，夜に普段着のまま無一物で無断外出して，3年以上消息がわからない事案において，生死不明と認定されている（東京地判昭和24年2月7日判例総覧親族法341頁）。

(4)　強度で回復見込みのない精神病

(a)　定義　配偶者が強度の精神病にかかり，回復の見込みがないとき，離婚請求ができる（770条1項4号）。精神病になることは本人の責任ではないから，婚姻義務違反がなくとも，精神病によって夫婦共同生活ができないときに離婚を認めるものであり，破綻主義離婚の象徴的離婚原因である。

精神病の種類は，精神分裂病などで特に限定はないが，アルコール中毒や神経衰弱症は含まれず，またアルツハイマー病は離婚原因としての精神病ではない（長野地判平成2年9月17日判時1366号111頁，770条1項4号を否定して同5号による離婚を認容）。強度で回復見込みがないとは，夫婦が相互に協力し合って婚姻共同生活を営んでいくことが期待できないことであって，医学的判断そのものではなく，裁判官が判断する法律概念である。精神病離婚の訴訟では，特別代理人（民訴35条）ではなく，精神病者に後見開始の審判（7条）をして，配偶者が後見人のときは後見監督人が被告となり，配偶者が後見人でないときは後見人が被告となる（人訴14条）。

(b)　判例の態度　精神病離婚は，判例上強度で回復の見込みがない精神病の認定だけでは認容されない。「病者の今後の療養，生活等についてできるかぎりの具体的方途を講じ，ある程度において，前途に，その方途の見込のついた上でなければ，ただちに婚姻関係を廃絶することは不相当」とする（最判昭和33年7月25日民集12巻12号1823頁）。この裏面として，具体的方途が備われば離婚が認容される。A妻はX夫と別居し，実姉を出刃包丁を持って追いかけるほどの心因性精神病となって入院治療しており，X夫がA妻の父である後見人Yを相手として離婚請求した事案において「夫は，妻のため十分な療養費を支出できる程に生活に余裕はないにもかかわらず，妻の過去の療養費については……全額支払い……将来の療養費については……自己の資力で可能な範囲の支払をなす意思のあることを表明しており」としてX夫の請求を認容している

（最判昭和45年11月24日民集24巻12号1943頁）。具体的方途は療養費支払の意思表明のほか，公的扶助と医療機関の内諾で足りる（東京高判昭和58年1月18日判夕497号170頁）ところまで緩和されている。しかし，離婚判断の段階で具体的方途という要件を加重すること自体が疑問とされている。

（5） 婚姻を継続しがたい重大な事由

(a) 定義　婚姻を継続し難い重大な事由があるとき，離婚請求ができる（770条1項5号）。これは，婚姻関係が回復しがたいほどに破綻したこと（婚姻破綻）を意味する。規定は当事者側からの主観的表現であり，意味づけは裁判所側からの客観的表現である。また，この規定は離婚原因を具体的に特定せず，離婚の認否を裁判所の総合的裁量判断に任せているから，抽象的離婚原因といわれる。そして，具体的離婚原因（770条1項1号から4号）は婚姻破綻の例示であって，離婚原因規定（770条）全体が，破綻主義にもとづくことを体現する宣言規定である。ただ，訴訟上それぞれの具体的原因と抽象的原因は別個の訴訟物であり，たとえば4号のみを理由として離婚訴訟を提起した場合，5号をも主張したことにはならない（最判昭和36年4月25日民集15巻4号891頁）。

　婚姻破綻の認定は，当事者の性格，職歴，資産収入，行状心情，別居期間などすべての事情を総合考慮してなされる。そして，婚姻関係を破綻に導く具体的行為（事実上の離婚原因）が分類されている。しかし，婚姻関係は千差万別であるから，事実上の離婚原因も多種多様であり，それらをいくら列挙しても参考程度にしかならない。むしろ，個別的な事実上の離婚原因を問わず，一定期間継続した別居によって婚姻破綻を認定することが，客観的破綻主義実現への道筋であろう。

(b) 判例の分類　婚姻破綻認定の具体的判断基準として，①被告の離婚意思（長野地判昭和35年3月9日下民集11巻3号496頁），②暴行・虐待（最判昭和33年2月25日家月10巻2号39頁），③重大な侮辱（東京地判昭和38年5月27日判時349号54頁），④訴訟提起・強制執行・告訴・告発（最判昭和27年6月27日民集6巻6号602頁），⑤犯罪行為（新潟地判昭和42年8月30日判時519号84頁），⑥家庭の放置（最判昭和32年4月11日民集11巻4号629頁），⑦配偶者の親族との不和（盛岡地遠野支判昭和52年1月26日家月29巻7号67頁），⑧性格の不一致（札幌地判昭和50年3月27日判時798号77頁，但離婚否定例），⑨性生活の異常（最判昭和37年2

月6日民集16巻2号206頁），⑩疾病・身体障害（東京高判昭和52年5月26日判時857号77頁）などがある。なお，「配偶者からの暴力の防止及び被害者の保護に関する法律」（DV防止法）が施行され（平成13年10月13日），加害者の被害者への接近などを禁止する裁判所の保護命令制度が導入されている。

このほかに，近年目立つものとして，⑪過度の宗教活動がある。Y妻の宗教活動を原因としてX夫と別居し（合計8年間），子2人はX夫が養育している。Y妻は週3回の集会と地域の布教活動に参加し，宗教活動を自粛する気持ちがないが，離婚する意思もなく，X夫が不信と憎悪の念から離婚請求した事案において「妻の行動は，いささか限度を越えるところがあり夫婦間の協力扶助義務に反しているといわざるを得ない」と判示する（大阪高判平成2年12月14日判時1384号55頁）。念のために付言すると，信仰の自由は夫婦間においても尊重されるが，過度の宗教活動行為によって婚姻関係が破綻している場合には，離婚請求が認容されるということである（名古屋高判平成10年3月11日判タ1065号160頁）。

3 離婚請求棄却事由

（1） 性　　　質

(a) 立法趣旨　　裁判所は，具体的離婚原因があるときでも，一切の事情を考慮して婚姻の継続を相当と認めるときは，離婚の請求を棄却することができる（770条2項）。夫婦間において，たとえ不貞などの具体的離婚原因に該当する行為があったとしても，それによって婚姻関係が破綻していないかぎり，離婚は認められないとする趣旨である。そのため，抽象的離婚原因には適用されない。すなわち，具体的離婚原因には，離婚原因の存否判断に加えて，婚姻継続相当性の判断が課されるという二段構えを設定し，抽象的離婚原因には，婚姻継続相当性の判断は要しないという構成である。

(b) 削除論　　婚姻破綻の有無が離婚の認否判断を決定することは，破綻主義である以上自明の論理であり，わざわざ規定する必要のないものを規定化するから，裁判所の裁量権濫用が問題となる。そのため，削除論が定説であり，また改正案では，内容の是非を別に置くと，全面改正が決定されている。

（2） 判例の態度

(a) 概観　　裁判所は，全体としては破綻主義の立場を貫いているといわれ

る。ただ，夫婦が老齢に達している場合，離婚の結果が相手方配偶者や子に苛酷となる場合，有責配偶者からの離婚請求の場合に，離婚請求棄却事由を活用する見解もある。しかし，たとえ裁量権濫用の数は少なくとも，また活用説があるところでは，破綻主義に反する裁判所独自の価値観を押しつけて，離婚請求を棄却することは破綻主義の侵食現象であって，許容すべきではない。

(b) 判例　Y夫が暴力をふるうなど専制君主的な態度をとるため，X妻は将来の人生を心安らかにすごそうと離婚請求をした事案において「婚姻関係はこれを継続することが困難な事情にあるが……被告に対して最後の機会を与え，二人して何処を探しても見つからなかった青い鳥を身近に探すべく……婚姻の継続を相当と認め，本訴離婚の請求を棄却する」と判示する（名古屋地岡崎支判平成3年9月20日判時1409号97頁）。本判決は，テンニースの家庭幸福論を裁判所が強要しており，また規定上適用されるはずがない抽象的離婚原因に，離婚請求棄却事由を類推適用しており，いわば裁量権を濫用した青い鳥判決といえよう。また，長年会社人間的な生活をしてきた夫の定年後に妻が離婚請求をした事案において「離婚という道はさけるべきである……和合のための努力が試みられるべきである」として離婚を認めない（東京高判平成13年1月18日判タ1060号24頁）。両判決は高齢者離婚の事案であり，離婚に制限的な態度がみられる。しかし，破綻主義の下で，高齢者だからといって婚姻を強制する理由はない。

4　有責配偶者の離婚請求

(1)　判例法理

(a) 理論的帰結　有責配偶者からの離婚請求，たとえば不貞行為をした者自身が離婚の請求をする場合，判例上離婚は認容されなかった。今日でも，一定の条件の下に認められているにすぎない。有責配偶者の離婚請求を拒否する態度は，破綻主義といえども婚姻倫理を維持し，相手方配偶者と子の保護をはかるためには，破綻した婚姻の離婚制限ができるとする妥協的立場（消極的破綻主義）であり，これに対峙するのは，破綻主義を貫徹し，配偶者と子の保護は離婚効果によって措置するとする立場（積極的破綻主義）である。両者は，一定期間継続した別居によって離婚を認容するところまでは接近しているが，別居期間や苛酷条項の適用をめぐって大きな差異がある。

破綻主義離婚は，離婚権と離婚拒否権を，婚姻破綻の存否によって保障するものであるから，裁判所は，婚姻破綻が存在する以上離婚判決をするように拘束されるのが理論的帰結である。配偶者と子の保護は，破綻した婚姻を法律上存続させることによって果たされるものではなく，離婚効果の整備充実によって実現できる。

(b) 昭和62年大法廷判決　X夫（原告・控訴人・上告人）がA女と継続的不貞関係をもったために，12年余り同居していたY妻と不和になった。X夫はA女と同棲し，子二人が生れて認知している。Y妻は，X夫から生活費の支給を受けておらず，現在は無職で無資産である。X夫は35年余りの別居生活と70歳に達する年齢から，離婚請求を決意した。判旨は「夫婦の別居が両当事者の年齢及び同居期間との対比において相当の長期間に及び，その間に未成熟の子が存在しない場合には，相手方配偶者が離婚により精神的・社会的・経済的に極めて苛酷な状態におかれる等離婚請求を認容することが著しく社会正義に反するといえるような特段の事情の認められない限り，当該請求は，有責配偶者からの請求であるとの一事をもって許されないとすることはできない」とする（最〔大〕判昭和62年9月2日民集41巻6号1423頁）。

本判決は，昭和27年（最判昭和27年2月19日民集6巻2号110頁）以来堅持してきた判例法理を変更するものである。また，本判決の趣旨は，改正案に色濃く反映されている。本判例を図式化すると，つぎのようになる。

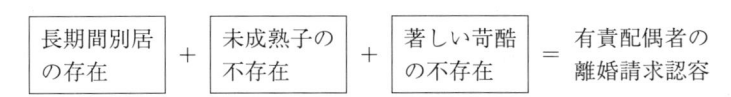

長期間別居の存在 ＋ 未成熟子の不存在 ＋ 著しい苛酷の不存在 ＝ 有責配偶者の離婚請求認容

(2) 判例の推移

(a) 別居期間　年齢や同居期間と対比するまでもない長期間別居（絶対的別居期間）は，16年で離婚が認められている（最判昭和63年4月7日判時1293号94頁）。それらと対比する別居期間（対比的別居期間）は，同居5か月に比べて別居10年が認められている（最判昭和63年12月8日家月41巻3号145頁）。それらとの対比のほかに，諸事情の変容を考慮する別居期間（相対的別居期間）では，8年弱で離婚が認容されている（最判平成2年11月8日判時1370号55頁）。下級審では，別居6年の夫婦に離婚を認めた事例がある（東京高判平成14年6

月26日判タ1154号108頁)。一般的には，10年が目安であって8年がボーダーラインといわれているが，改正案は5年である。

　(b)　苛酷状態　　最高裁段階において，きわめて苛酷な状態の存在のみを理由として，離婚請求を棄却した例は見当たらない。下級審では，財産分与の具体的方策がない例（東京高判昭和62年9月24日判時1269号79頁），経済的窮地に放置する危険がある例（大阪高判昭和62年11月26日判時1281号99頁），婚姻費用の支払状況から財産的給付の可能性が少ない例（東京高判平成元年5月11日家月42巻6号25頁）が棄却されている。苛酷状態の中心的内容は経済的生活の困窮であり，改正案では導入が決っている。しかし，離婚後における経済的生活は，当事者間では財産分与（本章第4節）の問題である。

　(c)　未成熟子　　18歳・17歳・12歳の子は未成熟子である（東京高判昭和62年10月20日判タ669号206頁）とされる。しかし，親の扶養を受ける高校2年生は未成熟子であっても，諸事情の総合考慮によって信義則に反しないときは，離婚が認容されている（最判平成6年2月8日判タ858号123頁）。この判例は，未成熟子の不存在が信義則によって相対化されており，絶対的条件ではないことを示唆している。

　(d)　信義則　　改正案では離婚請求が信義に反するとき離婚を認めないとする。これを先取りするかのような裁判例がある。妻以外の女性と20年間同棲しているが，月に数回帰宅して夫ないし父として遇されており，妻の寛大な態度や貢献によって継続してきた安定的関係を清算しようとするのは身勝手であり，信義則に反するとして離婚請求が棄却された（東京高判平成9年2月20日判時1602号95頁）。また，別居生活13年に及ぶ離婚請求が，未成熟子二人を残す現段階では信義則に反して認容できないとする（東京高判平成9年11月19日判タ999号280頁）。夫婦の別居を離婚原因とする際に，別居の定義を確定する必要があるとともに，信義則のオールマイティ化に注意を要する。

第4節　離婚の効果

1　一般的効果

（1）　婚姻解消

(a)　姻族関係終了など　　離婚によって婚姻は解消する（本章第1節の2参照）。婚姻の効果は将来に向って消滅し，配偶者相続権を喪失し，再婚の自由と財産分与請求権を手にする。姻族関係は，離婚成立と同時に終了し（728条1項），死亡解消のように特別の意思表示を必要としない。祭祀供用物（系譜，祭具，墳墓などの財産）の承継者が，婚姻によって氏を改めた配偶者であるとき，当事者や関係人の協議によって承継者を定めなければならない（769条）。承継者は，氏や身分に関係なく決定できる。

(b)　復氏　　婚姻によって氏を改めた配偶者は，原則として婚姻直前の氏に復するが，離婚の日から3カ月以内に届け出ること（戸77条の2）によって，離婚の際に称していた氏（婚氏）を称することができる（767条）。ただし，婚氏続称の氏は，呼称上の氏であって，民法上婚姻中の氏そのものではないとされている。家庭裁判所の審判を要する変更（戸107条）の特則である。婚氏続称する者は，今日離婚総数の35%を超えている。

離婚によって復氏した場合，婚姻前の戸籍に入るが，その戸籍がすでに除かれていたとき，または復氏した者が新戸籍編製の申し出をしたときには，新戸籍を編製する（戸19条1項）。また，三代戸籍禁止の原則によって，復氏により復籍する者が同籍する子を有している場合，その者を筆頭者とする新戸籍が編製されて子が入ることになる（戸17条）。逆に，離婚後も婚氏続称をする場合，復籍せずに直ちに新戸籍が編製される（戸19条3項）。

（2）　離婚効果の改正案

(a)　法律案　　1996年の改正案（本章第3節1の(2)参照）には，離婚の効果についても盛り込まれている。子の監護について「父母が離婚するときは，子の監護をすべき者，父又は母と子との面会及び交流，子の監護に要する費用の分担その他の監護について必要な事項は，その協議で定める。この場合においては，子の利益を最も優先して考慮しなければならない」とする。財産分与

について「家庭裁判所は，離婚後の当事者間の財産上の衡平を図るため，当事者双方がその協力によって取得し，又は維持した財産の額及びその取得又は維持についての各当事者の寄与の程度，婚姻の期間，婚姻中の生活水準，婚姻中の協力及び扶助の状況，各当事者の年齢，心身の状況，職業及び収入その他一切の事情を考慮し，分与させるべきかどうか並びに分与の額及び方法を定める。この場合において，各当事者の寄与の程度は，その異なることが明らかでないときは，相等しいものとする」とある。改正案は，現行法の白地規定性（当事者の協議と家庭裁判所の裁量に一任する規定形式）を一歩改善し，これまでの実務の成果を取り入れたものである。

　(b)　法律案の課題　　子の養育費分担の算定基準，履行確保方法という問題，離婚後も父母による共同監護の推進という課題が残っている。また，財産分与の対象となる財産の明確化（たとえば将来の退職金の清算など），離婚後扶養の期間，履行確保手段が解決されていない。さらに，財産分与と子の監護措置が，当事者間の協議に一任されていること自体が問われている。家庭裁判所が当事者の協議によって解決できないときに，離婚の効果を離婚前に処理することを援助し，離婚後の具体的展望をもって離婚の最終的決定ができるようにするという，いわゆる離婚効果の前倒し処理論があり，注目に値する。しかしながら，離婚の意思決定と離婚の効果は，前後の関係にではなく一体不可分の関係にあるから，家庭裁判所が離婚意思の確認とともに，離婚効果協議書の有無と内容の妥当性を確認する方法，たとえば妥当範囲を定めたマニュアルを作成して，範囲内か否かを形式的にチェックすることなどが，離婚紛争の包括的解決に有用であろう。なお，現行法と改正案の要点を図示すると，つぎの通りである。

種類＼事項	現　行　法	改　正　案
子の監護 （766条・711条）	監護者その他監護に必要な事項を定める	子の利益最優先原則 監護費用分担の明文化
面接交渉権	規定なし	面会・交流の明文規定
財産分与 （766条・711条）	当事者双方が協力によって得た財産の額 その他一切の事情を考慮する	当事者間の衡平 考慮事情の具体的例示 2分の1ルールの採用

2　子 の 監 護

(1)　親権者・監護者の決定

(a)　親権者の決定　　父母が離婚するとき，未成年の子の親権者を定めなければならない。婚姻中は父母の共同親権・共同監護を受けていた子（818条）が，離婚という事態によって放置され，子の福祉が害されることを防止するためである。協議離婚の場合，父母の協議により一方を親権者と定め（単独親権），協議が調わないか協議ができないとき，父または母の請求によって，家庭裁判所が協議に代わる審判をする（819条1項・5項）。裁判離婚の場合は，裁判所が父母の一方を親権者と定める（819条2項）。協議による親権者の指定は，離婚届への記載によって行い，裁判離婚では，離婚審判または判決の確定によって親権者指定の効力が生ずる。

裁判所は，子の利益と福祉を判断基準として親権者を指定する。そこでの具体的考慮事由は，①父母側の事情として監護能力，経済的能力，居住や教育環境，婚姻中の監護状況，愛情の度合いなどであり，②子側の事情として年齢，心身の発達状態，環境変化への適応性，親との結び付き，子の意思などである。また，子の利益を導くガイドラインとして，①現状の変更は避けること（継続性の原則），②乳幼児は母親が望ましいこと（母親優先の原則），③一定年齢以上の子の意思は尊重すること（意思尊重の原則）がある。とくに，15歳以上の子の陳述は聴かなければならない（家審規54条，人訴32条4項）し，それ以下の子の意思も尊重される。そして，離婚に伴う親権者の指定について裁判所が判断する場合，非公開の事実調査をすることができ（人訴33条），これを担当するのは家庭裁判所調査官である（人訴34条）。

(b)　親権者の変更　　子の利益のために必要があるとき，家庭裁判所は子の親族の請求によって，親権者を他の一方に変更することができる（819条6項）。親権者となった父母の一方が不適当であると判明した場合，その後の事情変更により他の一方が適当となった場合などである。

たとえば，親権者である父が再婚し，新しい家族に子がなじまない場合，母への変更が可能だが，新家庭で子が仲よく生活している場合，母の変更請求は認められない。親の都合ではなく，子の福祉が判断基準であるからである。

親権者が死亡したとき，未成年後見が開始する（838条）と規定されている

が，生存親が適任であれば，親権者変更の審判ができる（名古屋高金沢支判昭和52年3月23日家月29巻8号33頁）ことが実務上定着している。また，子の出生前に父母が離婚したときは，親権者は母であり，子の出生後に協議によって父を親権者とすることができる（819条3項）。

(c) 監護者の決定　父母が離婚するとき，子の監護者と監護について必要な事項を定める（766条1項）。親権者は身上監護義務と財産管理義務を負う（820条・824条）から，親権者が通常は監護者になる。しかし，親権者とは別に，身上監護を担当する監護者を定めることができる。親権者として財産管理には適任であっても実際の監護者としては適任でない場合，祖父母など第三者が適当である場合などにである。

たとえば，夫が子の親権を離婚や養育料支払の条件にするので，父を親権者とし，母が実際の監護教育をする監護者になる例がみられる。現実の妥協策ではあるが，監護者の決定を父母の取引材料とすることは望ましくない。監護者を定めた場合，その限度で親権の効力は停止するとされているが，むしろ親権者と監護者の分離は，両者が共同で子の監護教育をする方法として評価されている。

監護について必要な事項とは，監護の内容，方法，期間，監護費用（養育費），面接交渉権，第三者への監護委託などである。また，親権者や監護者でない者が子を監護しているとき，監護関連事項として子の引渡を家庭裁判所に請求できる（家審9条1項乙類4号）。子の引渡請求は，親権にもとづいて民事訴訟によることが観念的には可能であり（最判昭和35年3月15日民集14巻3号430頁），また人身保護法によっても制限的に認められている（最判平成6年4月26日民集48巻3号992頁，最判平成11年4月26日判時1679号33頁）が，審判前の保全処分制度（家審5条の2から6）を備えた家庭裁判所で解決すべきである。

監護者の変更についても，父母の協議または家庭裁判所によって定められる。子の利益のために必要があるときは，家庭裁判所が監護者の変更や監護につき相当な処分を命ずることができる（766条2項）。監護者の決定・変更の基準は，親権者の場合と共通するが，将来を展望して子の福祉を守りその向上をはかることを基本におき，子の健全育成を期して定めるべきもの（大阪家審昭和47年1月7日家月24巻8号47頁）である。

（2） 養 育 費

(a) 性質　子の養育費は，監護に関する事項として離婚時に定める（766条）。離婚時にできなくとも，離婚後に定めることができる。また，監護費用とは別個に子が父母に対して扶養料の請求をすることもできる（877条）。養育費の分担は，親権者や監護者がいずれであるかに関係なく，父母ともに資力に応じて子に対する生活保持義務（自己と同じ生活程度の保障）を負う。そのため，現実に子の養育にあたっている父母の一方は，他方に対して養育費の請求ができる（福岡高決昭和52年12月10日家月30巻9号75頁）。また，離婚訴訟において，裁判所は監護者を親権者に指定すると否とにかかわらず，申立てにより監護者に対する監護費用の支払を他方当事者に命ずることができる（最判平成元年12月11日民集43巻12号1763頁，人訴15条1項）。そして，裁判所は離婚請求を認容するに際して，別居後から離婚までの子の監護費用支払を命ずることができる（最判平成9年4月10日民集51巻4号1972頁）。

一度決めた養育費の額であっても，①物価の高騰や進学などによる増額請求，②入学金や医療費などの特別出費請求ができ，③親の失業や監護者の収入増加による減額請求も可能である。しかし，成人に達した大学生の生活費は，一般の親族扶養（民877条）による（東京高決平成12年12月5日家月53巻5号187頁）。また，養育費を一時金として一括受領した者が計画的に使用しないために使い切ってしまった場合，事情変更は認められない（東京高決平成10年4月6日家月50巻10号130頁）。これらの養育費変更は，父母の協議や家庭裁判所の調停（家審17条）・審判（家審9条1項乙類4号）によって行う。

(b) 離婚母子家庭　厚生労働省初の母子家庭白書によれば，母子家庭となった理由は離婚が最も多く7割近くであり，ついで死別2割未婚の出産とつづく。また，母子家庭の年間平均所得（243.5万円）は一般世帯所得（602万円）の4割に過ぎない。そして，母の8割5分が就業しているが，常用雇用者はその5割だけであり，パートが4割弱で完全失業率も一般世帯より高い。

一方，離婚総数の6割以上が有子夫婦の離婚であり，有子離婚の8割近くが親権者は母である。離婚母子家庭では，一般論としては母の就労による経済的独立が困難な状況にあり，経済的独立をするほどに労働すれば，子の監護教育に欠けるという矛盾を抱えている。離婚母子家庭婚の現状をみるとき，不当と

もいえる結果である。家族法（財産分与や監護費用など）と社会福祉法（児童扶養手当や生活保護など）の充実と連携が急務である。

　(c)　算定基準など　　養育費の算定方式は労研方式，生活保護方式，標準家計費方式に分類される。算定基準に着目すると同一水準養育費型，生活保護基準養育費型，標準生活養育費型，裁量養育費型がある。父母の分担方法には収入比率型，余力比率型，生活程度比率型がある。しかし，東京・大阪養育費等研究会が簡易計算法を提示しており，実務で利用されている。下記①の計算式のとおり義務者と権利者の基礎収入を認定し，②の計算式のとおり子の生活費を認定し，これを③の計算式で按分するという三段階の計算による（判タ1111号291頁）。子の指数55は15歳未満の子のとき，90は15歳以上の子のときに用いる。

　①　基礎収入＝総収入×0.35〜0.43（給与所得者の場合）
　　　　　　　　総収入×0.49〜0.54（自営業者の場合）

　②　子の生活費＝

$$義務者の基礎収入 \times \frac{55 \text{ or } 90（子の指数）}{100 + 55 \text{ or } 90（義務者の指数＋子の指数）}$$

　③　義務者の養育費分担額＝

$$子の生活費 \times \frac{義務者の基礎収入}{義務者の基礎収入＋権利者の基礎収入}$$

　つぎに，養育費支払の履行確保制度として，家庭裁判所の履行勧告，履行命令，金銭の寄託がある（家審15条の5〜7，人訴38条〜40条）。また，養育費の定期金債権は，期限到来の未払分があるとき，期限未到来の分も一括して給料等に対して強制執行ができる（民執151条の2）。その際に差押禁止の範囲は，給料等債権の2分の1相当分である（民執152条）。しかし，必ずしも十分に機能を発揮しているわけではない。そのため，養育費の給与天引制度（アメリカタイプ），国が養育費の立替払いをして国が支払義務者から徴収する養育費立替払制度（フランス，スウェーデンタイプ）などが提案されている。そして，基本的には父母による養育費取決めの義務化（家裁が離婚効果協議書を確認する方法等），離婚後における親子関係維持の制度的見直し（共同親権・共同監護等）がはかられるべきであろう。

3 面接交渉権

(1) 性　　質

(a) 定義　面接交渉権とは，子を直接監護しない親が，離婚後子と面接交渉し，親子関係の交流をする権利である。その性質は面接交渉を求める請求権ではなく，子の監護のために適切な措置を求める権利である（最判平成12年5月1日民集54巻5号1607頁）。また法的根拠には，自然権説，親権説，監護権説，子の権利説がある一方で，法的権利否定説がある。判例は，離婚後（最判昭和59年7月6日家月37巻5号35頁）と夫婦別居中（最判平成12年5月1日家月52巻12号31頁）につき，いずれも子の監護に関する処分の一内容としている。

たとえば，X妻とY夫が調停離婚をして親権者はY父と定めたが，夫婦別居中から子A（5歳）を養育してきたX母から面接交渉の請求をした事案において「この権利は，未成熟子の福祉を害することがない限り，制限されまたは奪われることはない……監護に関連のある権利というべきであり」としている（東京家審昭和39年12月14日家月17巻4号55頁）。そのため，子の福祉に適合しないときは認められないのであり（横浜家審平成14年1月16日判タ1125号102頁），請求を認めないからといって個人の幸福追求権（憲13条）を否定したことにはならない（最判昭和59年7月6日家月37巻5号35頁）。思うに，面接交渉権は親子の交流によって子の福祉を果たすものであるから，子にとっては親に対する権利であり，監護できない親にとっては子の福祉に貢献する親の義務であって，監護親にとっては他方の親との交流によって子の福祉をはかる監護者の義務であろう。

(b) 判断基準　面接交渉の認否判断基準は子の福祉である。面接交渉における子の福祉とは，子の非監護親に対する愛情の充足を図り，精神的に健全な発達成長ができる環境を整えることである。そのためには，積極的に子の福祉に寄与しなければ認めないとする消極論，子の福祉を害しないときに認めるとする中立論よりも，面接交渉親が直接子の福祉を害するときにのみ認めないとする積極論が注目される。そのため，両親間の対立や反目が激しいことのみを理由に，直ちに面接交渉が許されないとすることはできず（名古屋高判平成9年1月29日家月49巻6号64頁），また親権者が反対であっても，子の年齢等から子が単独で非親権者と面接できるときは認容される（横浜家審平成8年4月30

日家月49巻3号75頁)。面接交渉権が否定されるのは，離婚承諾や離婚効果取決の交換条件として利用する場合，面接交渉中に監護親と子の安定した生活を妨害する権利濫用の場合，子が真意で面接交渉の意思がない場合などである。

(2) 実　　施

(a) 方法　　面接交渉の方法は日時，回数，時間，場所，面接の仕方，事前の連絡方法など具体的に定められる（大阪家審昭和49年2月20日家月27巻1号100頁など）。面接の仕方は直接面接，訪問，旅行，学校行事への参加，電話，手紙，プレゼントなどが行われている。面接の実施については，家庭裁判所調査官の援助や関与を受けることができる（東京高決昭和52年12月9日家月30巻8号42頁）。離婚した夫婦の関係，離婚後の親子関係は千差万別であるから，面接交渉の方法も，その関係に対応して多種多様である。

たとえば，X妻の不貞を理由に協議離婚し，子A（7歳）は親権者Y父と祖母に養育されているが，子AはX母について口を閉ざしている。X母の面接交渉請求に対してY父が強く拒否している事案において「子と母との面接の支障となる事由とみられるのは専ら大人の側の問題であり……子の福祉に資する問題について個人的な感情だけから最低限のことを拒否するとなれば，母については以後の面接交渉が困難となることが考えられ，父については子の親権者としての適格性まで問題にされることに通じる」として，向こう3年間，年1回，日曜日の10時から16時までの面接を認めている（名古屋家審平成2年5月31日家月42巻12号51頁）。親子間の交流をはかるには不十分であるが，配偶者としての婚姻義務違反と親としての権利義務を峻別したことは評価される。

(b) 共同親権　　夫婦が離婚しても，親と未成年子の関係が断絶するわけではない（818条）。離婚によって父母の一方のみを親権者とし，他方を親権者でなくすることを強制すること（819条）自体が問題とされる。親権者や監護者にならなかった親であっても，監護費用分担や面接交渉に限定されずに，全体としての子の福祉（健全な発達成長）に貢献することはできるとともに，それは親としての義務である。これを正面から肯定するのが，共同親権・共同監護の考え方である。面接交渉権の基礎であるとともに，ひとつ先にある立法論である。共同親権は規定（819条）に反するから立法が必要であるが，共同監護は解釈（766条）によっても可能である。子にとって，離婚によるどちらか一

方の親というショックを緩和し，親による子の奪い合い紛争の渦中に身を投じられるのを防止し，親子関係の維持継続性を保つことは，子の福祉実現に必要不可欠であろう。

4　財産分与

(1) 性　質

(a) 法的性格　離婚した者の一方は，相手方に対して財産の分与を請求することができる（768条1項・771条）。当事者間に協議が調わないか協議ができないときは，家庭裁判所に協議に代わる処分を，離婚の時から2年以内に請求することができる（768条2項・771条）。2年は除斥期間であり，時効のように中断や停止はない。また，夫婦間で合意が成立した場合，財産分与契約が有効であるかぎり，たとえ内容が妥当なものではなくとも，財産分与の申立てはできない（宮崎地判昭和58年11月29日判時1132号159頁）。問題のひとつであり，家庭裁判所が申立てにより独自の観点から合理的内容の形成ができるとする見解が提示されている。

(b) 財産分与額　財産分与の有無・額・方法は，当事者双方が協力によって得た財産の額その他一切の事情を考慮して定める（768条3項・771条）。これは，いわば白地規定であって内容が不明確であるから，学説判例上，婚姻中における夫婦財産関係の清算，離婚後扶養，離婚慰藉料がその内容であるとされている。また，夫婦の一方が過当に負担した婚姻費用の清算のための給付を含めることができる（最判昭和53年11月14日民集32巻8号1529頁）。そして，裁判離婚の場合，訴訟の最終口頭弁論当時における双方の財産状態を考慮して，額や方法が定められる（最判昭和34年2月19日民集13巻2号174頁）。支払方法は，一定金額の一時払が多数であるが，分割払や定期的給付も認められる。支払額などは，家庭裁判所における調停や審判の離婚でさえ取決率や取決額が低く，協議離婚ではもっと下回ることが推定される。

(c) 離婚訴訟との関係　裁判所は当事者の申立てにより，離婚請求を認容する判決において財産分与や子の監護について判断しなければならない（附帯処分，人訴32条1項）。その際，金銭の支払その他財産上の給付や子の引渡しを命ずることができる（人訴32条2項）。また，離婚訴訟において判決によらないで婚姻が終了し，かつ財産分与の附帯処分が定められていない場合，受訴裁判

所は附帯処分についての審理および裁判をしなければならない（人訴36条）。これによって，離婚と財産分与や子の監護などの離婚効果を総合的に解決することができる。

　財産分与の申立ては，額や方法を特定する必要はなく，抽象的に分与申立てをすることで足りる（最判昭和41年7月15日民集20巻6号1197頁）。裁判所は，申立人の主張を越えて有利に分与額などを決定することができ，不利益変更禁止の原則（民訴246条）は適用されない（最判平成2年7月20日民集44巻5号975頁）。また，財産分与義務者からの申立てについては，有責配偶者の離婚請求を契機に問題とされ，認める裁判例（神戸地判平成元年6月23日判時1343号107頁）と認めない裁判例（大阪高判平成4年5月26日判タ797号253頁）があるが，規定上の制限はなく（人訴32条）認容すべきであろう。

　財産分与請求権を保全する手段としては，調停前の仮処分（家審規133条），審判前の保全処分（家審15条の3）がある。また，離婚訴訟に附帯するときは，民事保全法の保全処分（民保20条・23条）ができる。財産分与義務者が，財産を隠匿や処分しそうな場合に，仮差押や仮処分によって権利の保全がはかられる。財産分与の履行確保手段は，養育費で述べたこと（本節2の(2)）と共通しており，訴訟でも審判同様の履行確保（履行勧告，履行命令，金銭の寄託）が認められている（人訴38条〜40条）。

　(d)　相続性　　財産分与請求権の相続性については，夫婦財産関係の清算的要素は肯定され，扶養的要素は一身専属性（896条）から否定されるという議論がある。しかし，それらを区別することなく，財産分与の義務は全体として相続される。たとえば，妻から死亡した夫の相続人である子に対して請求した場合，相続人は被相続人の立場にたって，扶養的財産分与義務を負う（大分地判昭和62年7月14日判時1266号103頁）。離婚による慰籍料は当然に相続される（最〔大〕判昭和42年11月1日民集21巻9号2249頁）。

（2）　夫婦財産関係の清算

　(a)　性質　　婚姻共同生活において蓄積された財産は，夫婦いずれの名義になっていようとも，実質的には夫婦の協力によって得た共有財産である。しかし，夫婦別産制により形式的には名義人の特有財産となっている。そこで，この実質と形式のズレを清算し，離婚における夫婦の財産的平等をはかるのが，

財産分与の清算的要素である。

(b) 清算対象財産　清算の対象となる財産は，名実ともに特有財産を除いて，名実ともに共有財産，名義は夫婦の一方だが実質的共有財産，第三者名義や会社名義の財産だが実質上は夫婦の共同財産（たとえば，自営業や個人会社の資産）である。実質的共有財産の形態は，現金，預貯金，株券，債権，会員権，動産，不動産，著作権などさまざまである。借金がある場合，プラス財産からマイナスすればよいし，借金のほうが多い場合，婚姻共同生活を営むためのものであれば夫婦で清算するしかない。

　議論のある清算対象財産として，将来の所得がある。①退職金は，労働賃金の後払いであるから，離婚時手にしていれば清算対象となる。その反面，離婚時には支払われていないとき，将来の不確定要素（支給の有無や金額，会社の存続や経営状態，本人の退職時期や退職理由，死亡など）が多く，清算対象とするのは困難が伴う。しかし，将来に退職金が支給される蓋然性が高い場合，将来の支給を条件として財産分与の対象とする裁判例（東京高判平成10年3月18日判時1690号66頁），将来の金額を現時点で財産分与の対象とする裁判例（東京地判平成11年9月3日判時1700号79頁）がある。離婚時点で退職したとすれば，得られるであろう金額を清算対象とする見解が注目される。さらに，夫婦の同居期間を寄与期間とし，貢献度を2分の1とする審判例がある（横浜家審平成13年12月26日家月54巻7号64頁）。②生命保険金は，保険料支払中に離婚したとき，保険金を現存の共同財産とはできない（東京高判昭和61年1月29日判時1185号112頁）とされている。しかし，離婚時に途中解約したら，得るであろう清算金を対象にすることはできる。③年金は，受給権者の生活保障を目的とするから，清算要素ではなく，離婚後扶養として考慮される（東京高判昭和63年6月7日判時1281号96頁）。夫の年金と妻の年金の差額の4割を，妻の死亡まで支払うように命じた事例がある（横浜地相模原支判平成11年7月30日判タ1065号152頁）。しかし，保険料の納付ができたのは夫婦の協力によるから，離婚時における年金の価額を清算対象とすることは可能である（仙台地判平成13年3月22日判時1829号119頁）。

　なお，特筆すべきは厚生年金保険法に「離婚等をした場合における特例」が設けられ（厚年78条の2～78条の12），離婚時の年金分割制度が導入されている

ことである（平成19年4月1日施行）。分割の割合は夫婦双方の保険料納付記録の合計の2分の1を上限として，双方の合意によって定めるが，合意が成立しないときは家庭裁判所が決定する。これは財産分与の際に対象とすることもできる。また，離婚当事者の一方が婚姻中に第3号被保険者（被扶養配偶者）であった期間を有する場合，他方配偶者との合意は必要なく，自動的に2分の1分割となる（厚年78条の13～78条の21，平成20年4月1日施行）。

(c) 清算割合　清算対象となった財産は，財産の形成や維持についての寄与度に応じて分配される。通常，家事労働の評価がなされる。これまでは，妻の寄与度を3分の1とする傾向もあったが，今日では共働き婚や主婦婚を問わず，妻の寄与度は夫と平等であるとする例（広島高決昭和55年7月7日家月34巻5号41頁，福井家審昭和59年10月23日家月38巻4号81頁）が増加している。しかしながら，寄与度を評価する方法ではなく，当該夫婦によってこそ財産の維持・形成ができたのであるから，常に清算対象財産の持分権が平等であると考えられる。そのため，表面的には協力しなかった配偶者や，不貞などの有責行為をした配偶者も分配請求ができると考えられる。

分配方法に特別の考慮を要するのは，居住用不動産（婚姻住宅）である。基本的には，夫婦の一方が所有し，その過当分配分を他方に支払う方法（東京高決平成10年3月13日家月50巻11号81頁），売却して代金を分配する方法，ローン返済中のときは，住居の時価からローン残金を控除して分配する方法（名古屋高金沢支決昭和60年9月5日家月38巻4号76頁）などがある。しかし，子を監護する者（母親が多い）には，子の住居確保という子の福祉のために，住居の所有権や利用権設定（浦和地判昭和59年11月27日判タ548号260頁，東京高判昭和63年12月22日判時1301号97頁）などを，優先的に認める必要があろう。緻密な制度整備が要請される。

(3) 離婚後扶養と離婚慰藉料

(a) 離婚後扶養　財産分与における扶養的要素は，夫婦財産の清算をした後，それでも一方が生活に困窮し，他方が扶養する能力があるときに認められる。離婚後，個人としての経済的独立を援助するためにである。そのため，離婚後自立した生活ができる場合は必要なく，経済的自立生活ができない場合，たとえば婚姻中に専業主婦で就職に職業訓練が必要なとき，未成熟子を監護す

るとき，高齢や病気のときなどに扶養が必要である。

　扶養の性質は，婚姻の余後効義務とする説，社会保障充実までの政策的義務とする説があるが，婚姻生活に起因し離婚によって生じる損失の補償ないしは経済的不利益の調整とする説が有力である。離婚後における所得能力回復までの一定期間の生活保障義務とする考え方が注目される。この説によれば，現在は扶養料算定に考慮されている有責性（横浜地川崎支判昭和46年6月7日判時678号79頁など）は考慮要素ではなくなり，経済的自立の支援という扶養の性格が明確になる。

　たとえば，夫婦別居後妻が子を養育し，デザイナーになる通信教育を受けている事案において「少くも妻が自活能力をうるまでの期間の生活保障は，夫は，当然負担して然るべきもの」と判示し，夫の月収の3割を最低3年間分支払うべきであるとしている（東京高判昭和47年11月30日判時688号60頁）。

　(b)　離婚慰藉料　　離婚慰藉料は，夫婦一方の有責行為によって離婚せざるをえなくなったとき，離婚そのものから生じる他方の精神的損害（苦痛）を賠償するものである。これが財産分与の一要素として包含される（包括説）か否（限定説）かをめぐって議論がある。判例は，財産分与と離婚慰藉料は，別個の請求権であって選択行使ができる（最判昭和31年2月21日民集10巻2号124頁）とともに，財産分与に十分な慰藉料が含まれていれば別に慰藉料請求はできないが，含まれていなければ請求できる（最判昭和46年7月23日民集25巻5号805頁）とする。しかし，たとえば暴行などの不法行為にもとづく慰藉料（710条）は別個に認められ，単に夫婦であることのみから損害額を低く算定するべきではない（神戸地判平成11年9月8日判時1744号91頁）とされているから，離婚自体による慰藉料を認めることには疑問が提示されている。離婚は夫婦相互の行為の連鎖反応の結果であるから，一方のみの責任を追及することはできず，離婚慰藉料の廃止論が注目される。

　(4)　財産分与契約

　(a)　契約一般　　財産分与の契約は，当事者間の合意によって成立する。通謀虚偽表示（94条）による財産分与契約は無効である（東京地判昭和45年9月2日判時619号66頁）。また，詐欺・強迫による取消し（96条）もできる（新潟地長岡支判昭和26年11月9日下民2巻11号1330頁）。他方，書面を作成しなくとも，書

面によらない贈与として取り消すこと（550条）はできない（最判昭和27年5月6日民集6巻5号506頁）。夫婦間の契約として取り消すこと（754条）もできない（最判昭和33年3月6日民集12巻3号414頁）。財産分与の安定的実現をはかるためにである。そして，履行遅滞による契約解除（541条）はできない（福島地判昭和49年2月22日判時741号103頁）。解除を認めても，財産分与義務は消滅しないから，再協議するだけのことになるからである。しかし，再協議に実益があることもあり，一律に否定すべきではない。

　(b)　債権者代位権と債権者取消権　　財産分与請求権は，最終的には分与義務者の一般財産によって保全される。逆にいうと分与者の財産がなくなれば現実の財産分与は得られないから，分与義務者による財産減少の消極的放置が債権者代位権（423条）の対象となるか，あるいは財産分与行為が分与義務者による財産の積極的減少行為として債権者取消権（詐害行為取消権，424条）の対象となるのかが問題になる。

　たとえば，財産分与権利者であるX男（婿養子）が，Y母（Y女の母）に対して，Y女が自己名義からY母名義へ変更した不動産につき，Y女に代位して所有権移転登記の抹消を求めた事案において，財産分与請求権は「協議あるいは審判等によって具体的内容が形成されるまでは……債権者代位権の被保全権利にはならない」と判示する（最判昭和55年7月11日民集34巻4号628頁）。そのため，協議や審判によって財産分与の具体的内容が定まっていれば，債権者代位権の対象になる。

　これに対して，たとえば，A夫がY妻に対して，Aの唯一に近い財産である土地を財産分与として譲渡したところ，A夫に手形債権を有しているXが所有権譲渡行為の取消しを求めた事案において，財産分与規定の「趣旨に反して不相当に過大であり，財産分与に仮託してされた財産処分であると認めるに足りるような特段の事情のない限り，詐害行為として，債権者による取消しの対象となりえない」と判示する（最判昭和58年12月19日民集37巻10号1532頁）。そのため，財産分与や離婚慰藉料が不相当に過大であるとき，その過大部分が債権者取消権の対象になる（最判平成12年3月9日判タ1028号168頁）。

　(c)　破産法上の取戻権　　財産分与の内容が確定した後に，財産分与義務者が自己破産した場合，財産分与権利者は破産管財人に対して取戻権（破産87

条）を行使して，財産分与の支払を目的とする債権の履行を請求することはできない（最判平成2年9月27日判時1363号89頁）とされる。しかし，財産分与の清算要素について，所有権にもとづく返還請求に近いときには取戻権の対象にする余地があるとする見解が注目できる。また，扶養要素は破産者およびその被扶養者の扶助料として財団債権（破産47条9号）に含まれ，弁済を受けられるとする見解が主張されている。

　(d)　不動産譲渡所得税　　財産分与を受けた者に，贈与税（相税基本通達9-8）や不動産譲渡所得税は課されない。また，離婚慰藉料（所税9条1項16号），養育料（相税21条1項2号）も非課税である。ただ，不動産は所有権移転登記のときに登録免許税と不動産取得税（最判昭和53年4月11日民集32巻3号583頁）が課される。これに対して，財産分与を給付した者には，譲渡財産が現金や預貯金，株式以外の有価証券のときは非課税である（所税基本通達33-1）が，株式の譲渡，貴金属，著作権のときは課税される（所税33条）。そして，不動産の譲渡のときは不動産譲渡所得税が課される（所税33条1項，所税基本通達33-1の4）。

　たとえば，X夫とY妻が弁護士の作成した離婚協議書に署名捺印し，その内容にX夫所有の土地建物を財産分与としてY妻に譲渡するとあった。その後，Xは自分に譲渡所得税（2億円余）が課されることを知って，錯誤（95条）による無効を主張した。判決は「財産分与契約に当たっては，夫が自己に課税されないことを当然の前提とし，かつ，その旨を黙示的に表示していたものと認める」として，Xの請求を認容した（最判平成元年9月14日家月41巻11号75頁）。黙示の表示による錯誤が認められた判例である。しかし，財産分与における不動産譲渡に関して，財産分与義務の消滅という経済的利益を対価とする譲渡であるという課税態度（最判昭和50年5月27日民集29巻5号641頁）には，疑問が提示されている。財産分与は有償譲渡ではない。また，財産分与権利者が自己の持分を取り戻したに過ぎないのであって，分与者に不動産譲渡による所得は存在しない。そして，財産分与への課税は，破綻主義離婚を経済的側面から支える財産分与の促進にブレーキをかけるものである。不動産譲渡所得税は課税対象から除外すべきであろう。

第4章 親　　子

第1節　親子関係

1　親子法の意義と構成

　親子関係は生物学的親子関係（自然的血縁関係）を基礎としつつ，社会制度として存在するものであり，その限りにおいて法的規制の対象となる。生物学的には親のいない子はなく，必ず父母がいるはずであるが，そのうちでも，いかなる場合には親子関係がないとし，いかなる要件のもとに，ある者Aと他の者Bとの間に法律上の親子関係を認め，その間にいかなる法的効果（権利・義務）を与えるかは立法政策の問題に属する。しかし，親子関係は，夫婦関係とともに，親族関係の基礎をなすものであり，社会通念との間に大きな間隙があることは望ましくない。したがって，親子関係および親子法は，後にみるように，それぞれの社会の変化に対応して変遷する。

　今日の親子法は，「子のための親子法」を表象し，「子の福祉（子の最善の利益＝ best interests of the child）」を中核に構築され，解釈・運用しなければならないとされている。親子関係の本質は，親が未成熟の子を監護・教育するところにあり，人類社会の永続的発展に不可欠であることから，法もその関係を保護し，育成する立場をとっている。この理念にそって，親子法の内容は，法的親子関係の発生・変更・消滅に関する規定と，その親子関係の存在より生ずる法律効果に関する規定から構成されることになる。

　わが現行民法典も，親子関係の発生および確定につき第4編第3章に親子（実子・養子），その法的効果の一つである親権について第4章親権・第5章後見を規定している。なお，その他，親子関係の重要な効果でもある扶養および相続については，別のところ（第6章扶養および第5編相続）で扱われている。

　本章では，このうち，主として，第3章親子に関する規定，すなわち，実親

子関係と普通養子および特別養子からなる養親子関係の発生・変更・消滅につき，講説する。

2 親子法の理念と変遷

親子関係を法的にどのように捉えるかについては，その社会のあり方に依存して，歴史的に大きな変遷がみられる。親子法は図式化すると，「家のための親子法」，「親のための親子法」から「子のための親子法」へと推移してきた。

家族法の歴史のなかで氏族制や家制度が中心であった時代にあっては，そうした制度に埋没して，親と子の法が存在していたものの，親子法それ自体は独立した法制度ではなかった。氏族制から家族が社会の構成単位として分離独立してくることによって家父長社会が成立するが，そこでも家父長は子に対する親ないし父としてよりも，家長として家族構成員全体を統制支配するものであった。これに対して，①大家族制が解体し小家族制へ移行すると現実にも父が家長となることが原則となり，はじめて親子法が生成する社会的基盤ができ上がった。その初期の親子法においては，親の権力が常に家長権的原理の上に置かれ，家秩序と家産の維持に資することを目的とするものであり，「家のための親子法」と呼ばれるものであった。

②その後，家族が生産の単位としての性格を希薄化し，「家」の共同体的規制も弱まるにつれ，親子の個別的関係が表面化してくる。しかし，この時代の親子法は，「家」としての家族共同体の実質が既に失われているにも拘らず，なお家制度意識の残映の上に，その伝統と理論だけは残存され，家族内に父親の利己的な権力的支配関係を家制度の虚名によって美化し温存するものであった。これが「親のための親子法」である。

③そして，資本主義経済の発展とともに社会における生産と消費の場が分離し，核家族化が進行して，夫婦と未成熟子からなる核家族が消費の単位となってくる。そこでは，女性の社会的・法的地位の向上とともに家族内の権威構造も変化し，夫婦の同権＝父母の同権が確立していくのと並行して，子の保護（子の人格）が重視されるようになる。こうした状況のもとで，親子法は未成熟子の養育，監護，教育における子の福祉の増進を目的とした「子のための親子法」の時代となる。

わが国の親子法は，必ずしも上記の図式どおりの発展を示しているわけでは

ないが，明治民法は，武家社会以来の慣習を重視し，家父長的家制度を基調としたものであったので，親子法の領域においても，家制度の原理が支配していたことは言うまでもない。

たとえば，戸主の強大な権限（家族の婚姻や養子縁組に対する同意権，家族に対する居所指定権など），遺言で家の継承者を決定することを意味する遺言養子や婿養子の制度，男子30歳・女子25歳までの婚姻にはその家にある父母の同意を必要とするなど，「家のため，ないし親のための親子法」たる性格を見ることができる。

これに対し，戦後，新憲法の「個人の尊厳と両性の本質的平等」（24条）の基本理念に立脚した民法（とくに家族法）改正によって，これに抵触する家制度の廃止，それに伴う上記諸制度の廃止，男女＝父母の平等に伴う共同親権制度，未成年養子縁組における家庭裁判所の許可制の導入，および親子の法的効力たる親権についても，親の権力的色彩を払拭し，未成熟子に対する親の監護・教育をなすべき義務として再構成するなど，一応「子のための親子法」たる基本的な体裁は実現したと評されている。しかし，子の人権保障，子の福祉の実現という指導理念からみれば，いまだ十分とは言えず，解釈論上および立法論上の課題が，あるいは民法の枠を越えて問題提起されている。

3　現代親子法の課題

（1）　血縁主義とその限界

現代の親子法は，法的親子関係をできうる限り自然的血縁関係と一致させようとする血縁主義の原理を基礎においている。もっとも，婚外子の親子関係の形成を例（法的婚姻関係にないＡ男Ｂ女間に出生したＣ）にとると，かつては明治民法におけるように，父Ａの意思（認知）のみによりＡＣの法的親子関係が形成されていたのであり，必ずしも血縁主義の原理が，いつの時代でも貫徹していたわけではない。

この点，現行民法においてもまた血縁主義が貫徹されているわけではない。たとえば，前例のＣの認知請求は父Ａが死亡後も認められる（死後認知）ことになったものの，認知訴訟が死後3年以内に限定されており（787条ただし書），またＡが任意認知をする際，Ｃが既に成年に達している場合はＣの承諾を要するものとしていることから（782条），ＡＣ間に自然的血縁関係が存在するにも

かかわらず，法的親子関係としては認められない可能性を残すことになる。逆に，Ｄ男Ｅ女が婚姻関係にあったがＥがＦ男との不倫によってＧを出産した場合，ＧはＤＥ間の嫡出子と推定され（772条），Ｄがその推定された親子関係を覆す嫡出否認の訴えには１年の期間制限があり（777条），それ以後は自然的血縁関係のないＤＧに法的親子関係が確定してしまう（東京高決平成10年９月16日家月51巻３号165頁参照）などの血縁主義の限界を認めている。

すなわち，現代の親子法においても，原則たる血縁主義をどこまで貫徹させ，あるいはどこにその限界を設けるべきかが課題とされる。具体的には，嫡出推定制度のあり方，嫡出否認訴訟の出訴期間を緩和すべきか否か，あるいは認知訴訟における立証方法などが，「子の福祉」という観点からなお検討されるべきである。

（２）　婚外子（非嫡出子）問題

法は，人が婚姻制度のもとに子を生み，養育されることを想定しているものの，実際には，婚姻によらない婚外子の出生，その子の養育をなすべき父の不確定な状態のままかえりみられないことも少なくない。そこで，法は婚外子に父の捜索を許し，子の養育を尽くさせなければならない。しかし，婚外子の出生および婚外子をめぐる生活事実の状況は多様であり，父とされる者が別に家族をもっていることも少なくない。そこでは，自己の存在に全く罪のない婚外子の保護もさることながら，婚姻家族の保護もまた重要な法的課題であり，婚外子問題は家族法永遠のジレンマであるともいわれてきた。

とくにヨーロッパでは，キリスト教が一夫一婦制を神聖視した結果，長い間婚外子は法的にも冷遇され，各国婚外子法が婚外子の相続権を否定して，未成年婚外子の養育費の確保をもって保護の限界としてきたのはそのためであった。しかし，婚外子の苛酷な冷遇をもって，婚姻家族保護の目的を十分に達し得るわけではないし，罪のない婚外子自身にその出生の事情によって差別することは人道に反する。近時の各国婚外子法は，人権・平等意識に支えられて，婚外子にも相続権を認めるに至った（イギリス＝1966年，ドイツ＝1969年，フランス＝1972年）ほか，その監護・扶養・教育などできるだけ嫡出子と同様な法的地位を認めるに至っている。

わが国における婚外子法（後述のように，「非嫡出子」という概念を用いてい

る）は，父による認知によって法的父子関係の発生を認める明治6年太政官布告21号を始まりとし，明治民法以来，認知の訴えを認め，かつ婚外子の相続権を広く認めてきた。ただし，その相続分は嫡出子の2分の1としており，その後，ヨーロッパ諸国での婚外子差別の撤廃がすすむなか，なお婚外子の相続分差別規定が現存している。この問題については，わが国においても内外から婚外子の相続権の完全平等を求める声が高まるなか，最高裁は1995（平成7）年7月5日の大法廷決定（民集49巻7号1789頁）をもって，民法900条4号ただし書前段が非嫡出子の相続分を嫡出子の2分の1と規定していることは，法律婚の尊重と非嫡出子の保護との調整を図ったもので，必ずしも合理的理由のない差別とはいえず，憲法14条1項の平等原則に反しないと合憲判断を下したが（なお，本決定には5名の裁判官の補足意見，5名の裁判官の反対意見がある），最近の最高裁でも合憲意見3，違憲意見2の僅差の判決が続いている（最判平成15年3月28日判時1820号62頁，最判平成15年3月31日判時1820号62頁，最判平成16年10月14日判時1884号40頁）。

他方，1993年，国連の規約人権委員会が日本政府に対し，婚外子の相続分差別は国際人権規約B規約（市民的および政治的権利に関する国際規約）26条の出生差別禁止の規定に違反するとの勧告をなしたことから，法制審議会は民法改正問題として取り上げ，1996年2月，「婚姻法改正要綱」（第10 相続の効力）において，「嫡出でない子の相続分は，嫡出である子の相続分と同等とするものとする」という案を採択した。わが国の家族法にとって，子の人格尊重・平等の実現に向けて大きな転換点となる提案であり，従来の婚姻尊重と子の平等の要請を対立的に捉えるジレンマ論を克服した改正案の早期実現が期待される。

また，婚外子差別が解消された点についていえば，①以前は父が非嫡出子を認知すると児童扶養手当の受給資格が失われたため，未認知の場合はともかく，認知された場合に支給されないのは差別であると問題にされ，これを規定する児童扶養手当法施行令1条の2第3号を無効とする最高裁判決が出たが（最判平成14年1月31日民集56巻1号246頁），それより早く，1998（平成10）年より父に認知された子も児童手当を受給できるようになった。②住民票の続柄記載についても，嫡出子は「長男」「二女」などと記載されるが非嫡出子は「子」とだけ記載されていた。最高裁はこれにつき違法とはいえないとしたが（最判平

成11年1月21日判時1675号48頁），1995年より嫡出子・非嫡出子の区別なく「子」という表記に改められた。③また，戸籍上の続柄記載についても，非嫡出子は嫡出子と異なり「子」とだけ記載されていたが，2004年より改善され，嫡出子については父母を基準に，非嫡出子については母の分娩した非嫡出子の出生順に「長男」「二女」などの記載となっている。

このほか，婚外子問題は親子関係の成立や親権についても，平等化のために制度的工夫が必要であるし，また社会保障や税制とも関連し問題を提供するところである（近時の婚外子問題の動向については，棚村政行「嫡出子と非嫡出子の平等化」ジュリスト1336号26頁参照）。

（3）人工生殖子と親子法

これまでの子の出生は，男女の精神的・肉体的行為たる性交の結果であった。親子は遺伝子を共有する血縁にもとづく関係であるとともに，親として子を産み育てることによって家族を形成していこうという意思にもとづく関係であり，かつ現実に子の養育にあたる社会的関係でもある。したがって，こうした自然の生殖にもとづく親子関係では「血縁・意思・養育という親子関係の三構成要素」ともに存在し，生まれた子は誰の子か，子の養育に責任をもつ親は誰なのかは，慣習や法によって明白だった。すなわち，出産した母が同時に遺伝的母であり，母の夫が子の遺伝的父と推定され，かつその両者が社会的親として子の養育にあたる。そして，血縁関係のない親が社会的親として子を養育する場合には，養子縁組という法的手続が要求される。そこでは，養子は実子をもうけることができない場合の次善の方策と位置付けられていた。

しかし，今日，医学，生物学の発達によって，不妊治療として，人為的に男性の精子を採取して女性の体内で卵子と結合させる「人工授精」（妻の体内に夫の精子を注入する AIH ＝ Artificial Insemination by Husband と，他人の精子を注入する AID ＝ Artificial Insemination by Donor がある）や女性の卵子を採取して試験管内で受精させ，その受精卵を女性の体内に戻して着床させる「体外受精」（IVF ＝ in vitro fertilization）の生殖技術を開発し，さらには配偶者間のみならず第三者から提供された精子，卵，受精卵を使用し，かつ場合によっては代理母のような妊娠・出産（借り腹＝ host mother）というサービスの提供によって，不妊のカップルが子をもつことを可能とした。その結果，こ

第1節　親子関係　101

れまでの伝統的な親子関係の法的確定のシステムでは対応できない新たな法的問題を生むに至っている。

　すなわち，人工生殖子についてはその嫡出性が問題となるが，現行法には特別の規定は存在せず，一般には，婚姻中に妻が産んだ子は嫡出子とみなして対応すべきことになる（772条参照）。しかし，この対応によってカバーできるのは，せいぜい AIH による場合や，AID や配偶者間体外受精により，その注入の相手方が妻である場合に限られるのであって，それ以外の場合については，その用意がない。① AID では，父が遺伝的父（精子提供者）と子を養育する社会的父（子を産んだ母の夫）とに分離される。②卵子の提供を受けた IVF では，遺伝的母（卵子提供者）と妊娠・出産し，自己の子として育てる意思をもち，現に養育する社会的母とに分離され，受精卵の提供を受けた場合には，この関係が二重になり，父母ともに子とは遺伝的関係を共有しない。③人工授精型代理母では，母が遺伝的および妊娠・出産の母と子を養育する社会的母に，④体外受精型代理母では，遺伝的および養育の母と妊娠・出産の母とに分離されることになり，その父子関係のみならず母子関係を法的に確定する際に，複雑な問題を提起することになった（金城清子『生殖革命と人権』中公新書，79頁以下参照）。

　こうした中で，近時，男性死亡後に生前凍結保存された男子の精子を用いた人工生殖により女性が懐胎出産した子とその男性との間に，認知による法律上の親子関係の形成を求める請求につき，最高裁は民法の予定外であり立法問題であるとして斥けている（最判平成18年9月4日民集60巻2号2563頁）。

　また，代理母の親子関係についても，日本人夫婦間の受精卵を米国女性に代理母出産させた貸腹的ケースにつき，親子関係を認めるのが子の福祉になるとして代理母出産子の出生届の不受理処分を取消した原審（東京高決平成18年9月29日）を，最高裁は破棄自判し，代理出産という民法の想定外の事態が生じている以上，立法による速やかな対応が望まれるとしつつ，現行民法の解釈としては，その子を懐胎出産した女性を母と解さざるを得ず，卵子提供の女性との間で母子関係の成立を認めることはできないとした判決が出され（最決平成19年3月23日朝日新聞2007年3月24日参照），議論を呼んでいる。

　こうした人が生殖をコントロールできるようになりつつある今日，人工生殖

の問題は親子法の早急な立法的課題となっており，法務省でも，体外受精子の親子関係を明確化するための民法改正を法制審議会で審議中であるが（2003年7月の「法制審議会生殖補助医療関連親子法制部会中間試案」は，法律上の親子関係について，①女性が自己以外の女性の卵子・受精卵を用いた生殖補助医療により子を懐胎・出産したときは，その出産した女性を母とする，②妻が，夫の同意を得て，夫以外の男性の精子・受精卵を用いた生殖補助医療により懐胎したときは，その夫を父とするとしている），それはまた，法学界のみならず，医学界，社会・倫理学界を含め，親子とは何か，家族とは何かという本質的問題の検討をせまるものである。

第2節 実　　子

1　序　　説

社会における人間関係にあって，種の保存活動にかかわる婚姻関係とそこで形成される親子関係は，最も基礎的な存在である。そうした社会にあって，血縁関係の存在を親子関係の前提とするならば，親子関係は，婚姻制度がその間の親子に血縁関係の存在を担保している（夫婦間の貞操義務など）という意味において，婚姻を通じて形成された親子が第一義的なものとなるものの，婚姻関係にない男女から創出された子をも親子に含めて把握することになる。しかしまた，親子関係は単に自然的関係ではなく，社会的関係であることも認識されなければならない。そこで，民法が親子関係として承認し，その権利・義務について規定するときは，法的婚姻関係にない男女より創出された子，ことに法的父子関係については，当然には発生しないものとしたり（認知を必要とする），あるいは，後に節を改めて講説する養子制度として法の擬制する親子をも法的親子として扱うことになる。

本節では，このうち，自然的血縁関係を前提とした実親子関係について講説する。

民法は，実子につき，婚姻関係にある夫婦から創出された子を「嫡出子」，婚姻関係にない男女から創出された子を「嫡出でない子」（非嫡出子）と称して区別し，父子関係の成立方法，親権，氏と戸籍，相続分などで法的取扱いを

異にする。さらに，学理的には，法的親子関係の形成方法によって，つぎの図にみるように多様に分類されている。なお，明治民法は，親子法においても「家のため」・「親のため」の色濃いものであったために，非嫡出子のうち父の認知あるものを「庶子」，それ以外のものを「私生子」としていたが，後者については昭和17年，前者は22年の現行法において廃止されている。

2 嫡　出　子

(1) 嫡出子の意義

嫡出子とは，民法に直接定義する規定はないが，一般的に，法的婚姻関係にある男女間に懐胎・出生した子をいう。嫡出子は，生来嫡出子と準正嫡出子に分けられ，また生来嫡出子は，後述するように，学理上，「推定される嫡出子」，「推定されない嫡出子」および「推定の及ばない嫡出子」に分類し，議論されている。準正嫡出子は，父の認知と父母の婚姻の先後によって，婚姻準正嫡出子と認知準正嫡出子に分けられる。

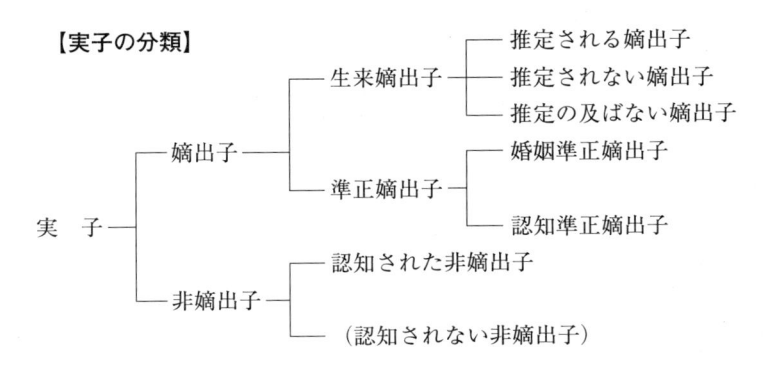

【実子の分類】

```
                    ┌─ 生来嫡出子 ─┬─ 推定される嫡出子
          ┌─ 嫡出子 ─┤              ├─ 推定されない嫡出子
          │         │              └─ 推定の及ばない嫡出子
          │         └─ 準正嫡出子 ─┬─ 婚姻準正嫡出子
実　子 ───┤                        └─ 認知準正嫡出子
          │
          └─ 非嫡出子 ─┬─ 認知された非嫡出子
                       └─（認知されない非嫡出子）
```

法が嫡出子と非嫡出子とを区別するのは，国家が一定の男女の結合のみを正統婚姻と認め，その婚姻制度を維持するために，それ以外の男女の結合から生まれた子を差別することにもとづくものである。この意味では，生来嫡出子が本来の嫡出子であって，準正嫡出子は子の間の衡平上，嫡出子と同様な扱いが認められているにすぎない。

嫡出子の要件については，立法例として，出生主義（ドイツ民法1591条，スイス民法252条）と懐胎主義（フランス民法311条・312条）がある。前者は，婚姻中に出生したことが要件とされ，婚姻前に懐胎されても婚姻中に妻が産んだ子

を嫡出子とする立法主義で，子の立場からみれば子の出生時に形成されている家族を尊重し，現実の養育者を確保できるという利点がある。後者は，婚姻中にその夫婦によって懐胎したことを要件とするもので，父子関係における血縁主義とマッチする。

わが民法は，後者，懐胎主義を採用し，妻が婚姻中に夫の子を懐胎したことを嫡出子の要件としている（772条）。相続の根拠の一つを血縁におき，血縁関係ある者に扶養義務を負わせる法制のなかで整合性をもっている。しかし，その嫡出子の要件（772条）をめぐる問題は多く，実際の解釈では，後述するように，判例・学説ともに限りなく出生主義に近いものになっている。

(2) 嫡出の推定

母子関係は，代理母のような場合は別とすれば，妊娠・分娩の事実によって明らかである。これに対し，父子関係は必ずしも明らかではない。婚姻関係にあるA男B女にあって妻Bの産んだ子CがBの夫Aの子とは限らず，その実際の証明は困難である。しかし，親子関係は家族関係の基礎であり，子の地位の安定性の要請から，夫Aの子たることを一応なりとも確定しておく必要がある。そこで，民法は，医学的経験則と一夫一婦制婚姻秩序のもとに，妻が貞操を守るべしという婚姻道徳や社会通念を基礎として嫡出推定規定を置き，父子関係の早期安定と，父子関係の存否をめぐる紛争防止に機能させている。

(a) 推定される嫡出子　民法772条1項・2項の要件を充足する子を「推定される嫡出子」という。すなわち，「婚姻の成立の日から200日を経過した後又は婚姻の解消若しくは取消しの日から300日以内に生まれた子」をもって婚姻中に懐胎したものと推定した上で（772条2項），「妻が婚姻中に懐胎した子」

【嫡出推定を受ける嫡出子】

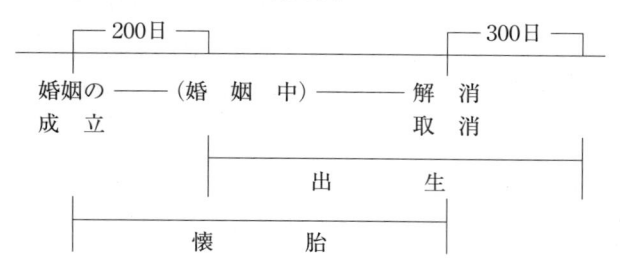

を夫の子と推定する（772条1項）。この「父性（＝嫡出）推定」は，後述のように，通常の推定と異なり，嫡出否認の訴え（774条）をもってしか覆すことができず，その出訴期限も厳格で強力な法的推定となっている。この懐胎期間は，医学的統計（懐胎期間の最短平均と最長平均）にもとづいたものとされるが，現実には，この範囲から外れる未熟児や過熟児については問題がある。

近時，特に，「離婚後300日以内に生まれた子は前夫の子」と推定される本条を巡り，前夫と法的に離婚してすぐに妊娠した場合や早産の場合に本条にかかりやすく，離婚の増加や医療技術の進歩でこうした例が増えていることにかんがみ，規定の見直しが議論を呼んでいるが，法務省は「婚姻の解消又は取消し後300日以内に生まれた子のうち，医師の作成した証明書の提出により，婚姻の解消又は取消し後の懐胎であることを証明することができる事案につき，民法772条の推定が及ばないものとして，出生届を受理することとする。」旨の通達（平成19年5月7日法務省民一第1007号）によって，一部解決をはかった。しかし，根本的な解決にはなっておらず，立法的対応が必要であろう。

　(b)　**推定されない嫡出子**　嫡出推定は，婚姻の成立後200日以後から婚姻解消後300日以内の出生子に与えられるものであるから，婚姻届出後に出生しても，200日以内の出生子は嫡出推定を受けないことになる。しかし，わが国においては，婚姻の届出と挙式・同棲の時期が必ずしも一致せず，子の懐胎を知ってなされる婚姻の届出も少なくない。ここに，A男B女が婚姻に先行して内縁関係にあった際に懐胎し，婚姻届出後200日以内に出生した子Cの法的扱いが問題となる。こうした出生子Cについては，本来，772条の嫡出推定がはたらかず，Bの非嫡出子にすぎず，Aの認知によって準正嫡出子たる身分を取得せざるをえないはずである。

判例は，当初，この種の出生子をこのように非嫡出子と位置付けていたが（大判昭和3年12月6日新聞2957号6頁），その後，大審院は連合部判決をもって，A男B女が婚姻届出4年程前から内縁関係にあり，婚姻届出の翌日，子Cが出生した事案について，「民法上私生子ヲ以テ目スヘキモノニアラス。カクノ如キ子ハ特ニ父母ノ認知ヲ要セスシテ，出生ト同時ニ当然ニ父母ノ嫡出タル身分ヲ有スルモノト解スル」と判示するに至った（大〔連〕判昭和15年1月23日民集19巻54頁）。

また，こうした出生子Cが嫡出子として扱われるようになったものの，その父子関係を覆すには，父Aのみに認められる嫡出否認の訴えによるべきか，A以外にも広く利害関係人からもその地位の否定を主張できる親子関係不存在確認の訴えによることも可能かが問題になり，その直後の判例によって，嫡出否認の訴えによる必要はなく，親子関係不存在の訴えによっても可能とされた（大判昭和15年9月20日民集19巻1596頁）。学説上，ここに772条の嫡出推定と嫡出子たる身分の付与とを区別し，嫡出推定は受けないが嫡出子たる身分を取得する子＝「推定されない嫡出子」という概念を登場させたわけである。これは，戸籍の取扱いにも影響を及ぼし，婚姻中に生まれた子はすべて嫡出子として扱われることとされている。戸籍管掌者は，実質審査権がなく，内縁関係が先行していた事実を審査することはできず，内縁が先行していたか否かによって区別することもない。なお，772条2項の「婚姻成立の日」については，判例は婚姻届出のあった日と解しているが（最判昭和41年2月15日民集20巻2号202頁），学説には，わが国の内縁問題に関する準婚理論の展開のなかで，内縁成立の日から200日以後の出生子については772条の推定を受け，この父子関係を否定するには嫡出否認の訴えによるべきであるとの有力な見解もある。

　(c)　推定の及ばない嫡出子　　民法772条の嫡出推定は，夫婦が正常な婚姻共同生活の営みのなかで正常な性関係が存在することを前提としている。そこで，A男B女は形式的には婚姻中であって772条2項の要件を満たすが，現実には懐胎可能期間中にBがAの子を懐胎した事実もしくは可能性がありえないにもかかわらず，妻Bが子Cを懐胎・出産した場合にも，Cにつき772条の嫡出推定を受けると解すべきか（嫡出性が推定されると，Aによる嫡出否認の訴えによる以外に，ACの父子関係を否定することは許されない），772条の適用の対象外とすべきかが問題となる。

　判例は，A男B女の婚姻解消の日から300日以内に出生した子Cについて，ABの夫婦関係は，「離婚の届出に先だち約2年半以前から事実上の離婚をして爾来夫婦の実態は失われ，たんに離婚の届出が遅れていたにとどまるというのであるから，Cは実質的には民法772条の推定を受けない嫡出子というべく，CはAからの嫡出否認を待つまでもなく，D（Cの父と思われる者）に対して認知の請求ができる」とする（最判昭和44年5月29日民集23巻6号1064頁）。

学説も，今日では異論なく，772条の適用の対象外にある嫡出子という意味をもって，講学上「推定の及ばない嫡出子」と呼ぶ（これを「推定の及ばない子」と呼ぶものもあるが，戸籍管掌者に実質審査権がなく，戸籍上は一応嫡出子と扱われることから，「嫡出子」と呼ぶのが適切である）。

　問題は，具体的にいかなる状況の下で出生した子について，772条の嫡出推定が排除されるべきかであり，学説の分れるところである（久貴忠彦『親族法』168頁参照）。第一説は，夫の失踪宣告・単身海外赴任・事実上の離婚など，同棲の欠如という外観上明瞭な事実のある場合に限定して嫡出推定を受け得ないと解する（外観説＝判例および従来の多数説）。これに対し，第二説は，個別具体的な審査の結果，客観的・科学的に夫との父子関係の存在しないことが明らかになった場合，たとえば，夫の生殖不能・血液型の背馳なども含めるべきであるとし，嫡出推定から排除される範囲を拡大する（血縁説）。この問題の解決にあたって，第一説が家庭の平和・家族生活の安定・プライバシー保護を優先させるのに対し，第二説は血縁的事実主義に徹する点において対立するが，近時，この二者択一的な峻別の論理を止揚して，第三説が有力に主張されている（家庭破綻説）。同説は，家庭の平和，父や子の利益保護，血縁的事実主義など嫡出推定や嫡出否認制度の根底にある諸理念を，各事件ごとに比較衡量した上で，どれを優先させるべきか個別に判断されるべきであり，①当該子の置かれている家庭にもはや平和が存在しない場合には，血縁事実主義を優先させ父子関係の不存在を肯定し，真実の父を法律上の父とする途を認められてよいが，逆に，②家庭の平和がなお存在する場合には，血縁事実主義を排して真実の追求を制限し，家庭の平和の維持をはかるべきであるとする。また，父子関係の不存在の証明にあたっては，何よりも当事者のプライバシーの保護がはかられるべきであるから，まず外観的なもの（同棲の欠如・人種的差異など）から証明を許し，それが不可能である場合にはじめて非外観的なもの（血液型背馳・人類学的不一致・生殖無能力・避妊など）の証明を許すべきであるとする。さらに，こうした法的紛争にあたって親・子・第三者の利益衡量の必要ある場合は子の利益が最優先されるべきであるとしている。

　しかし，最高裁は，その後も，772条の嫡出推定の及ぶ子について，否認の提訴期間（777条）経過後であるが，夫婦が離婚後に夫が親子関係不存在確認

を求めた事案において，家庭破壊説に立って夫の請求を認めた原審を破棄し，婚姻関係が終了して家庭が崩壊している事情がある場合でも，子の身分関係の法的安定を保持する必要が当然になくなるものではないとし，外観説に立つことを明らかにしている（最判平成12年3月14日判時1708号106頁）。

(3) 嫡出否認の訴え

(a) 意義　嫡出推定を受ける子について，その嫡出性を覆し，戸籍上の父との父子関係を否定する方法が嫡出否認の訴えである（775条）。嫡出推定を受ける子の母の懐胎が，その母と夫（戸籍上の父）との婚姻中の性関係によるものではなく，その嫡出推定が事実に反することを主張することを目的としている。この嫡出否認は，家庭の平和の維持・プライバシーの保護と関わり，かつ，直接子の保護に抵触する問題であるから，その要件は厳格である。

(b) 否認権者と否認権行使　否認権者は，原則として夫（子の母の夫）のみである（774条）。夫に限定しているのは，嫡出否認が妻の不貞を主張するものであり，これを第三者にも認めるとなると家庭の平和を維持しようとする当事者の意思に反する場合があるからである。ただし，例外として夫が成年被後見人のときは成年後見人もしくは成年後見監督人（人訴14条），夫が子の出生前に死亡または子の出生後出訴期間内に死亡したときは夫の三親等内の血族（人訴41条）などの補充的否認権者からの提起が認められている。なお，立法論としては，母や子自身にも否認権を認めるべきであるという主張が増加している（ドイツでは子，オーストリアでは検察官に対しても一定の要件の下で認めている）。

この否認権行使の相手方は，子または親権を行う母であり，親権を行う母がないときは家庭裁判所の選任する特別代理人である（775条後段）。

また嫡出否認は，訴えによらなければならない（775条前段）。もっとも調停前置主義の適用があり，申し立てられた調停において当事者間に合意が成立したときは，合意に相当する審判たる嫡出否認の審判による（家審23条）。こうした合意が得られず，または異議申立てによって審判が効力を失ったときは，家庭裁判所にその訴えを提起すべきこととなる（人訴2条2号）。訴えの法的性質については，形成の訴えと解されている。

(c) 否認権の喪失・消滅　嫡出否認の訴えの提起については，夫の承認に

よる否認権の喪失（776条），出訴期間の経過による否認権の消滅（777条）という厳格な制限がある。

① 夫は子の出生後において，その嫡出であることを承認したときは，否認権を失う（776条）。この承認は，夫自らがなすものであるが，その方式は問わず，明示のみならず黙示でもよいとされる。しかし，夫が嫡出子出生の届出をしただけでは嫡出の承認にはならない。この届出は戸籍法上の義務であり（戸52条1項），否認の訴えを提起したときでも出生届出だけはしなければならないからである（戸53条）。

② 嫡出否認の訴えは，夫が子の出生を知った時から1年以内に提起しなければならず，この期間の経過によって否認権は消滅する（777条）。できるだけ早期に法律上の父子関係を確定させ，嫡出子の保護に資することが目的である。夫が成年被後見人であるときは，その期間は後見開始の審判の取消しがあった後，夫が子の出生を知った時から起算する（778条）。

ここで「夫が子の出生を知った時」とは，「夫が子の出生事実を知ったというのではなく，夫が否認すべき子の出生を知った時，換言すれば夫が否認の原因となる事実を知った時と緩やかに解する」のが審判例である（奈良家審昭和53年5月19日家月30巻11号62頁など）。しかし，それによって否認権の行使があまりにも遅くなるときは，重大な過失，あるいは776条の準用によって否認権を失うものと解すべきである。

（4）　親子関係不存在確認の訴え

「推定される嫡出子」が，夫の嫡出否認権の行使の厳格な方式＝嫡出否認の訴えによる以外にその地位を否定されないのに対して，前述の「推定されない嫡出子」および「推定の及ばない嫡出子」の地位は，親子関係不存在確認の訴えによって否定され得る。この親子関係不存在確認の訴えについては，民法に明文の規定はないが，親族・相続法上重大な影響を及ぼす戸籍訂正の前提として確定判決によるべきものと解され，通説・判例（大判昭和9年1月23日民集13巻47頁）により準人事訴訟事件として認められてきたが，2003（平成15）年に制定された人事訴訟法の「人事訴訟」の中に含まれることが明記された（人訴2条2号）。この訴えは，嫡出否認の訴えと異なり，出訴権者や出訴期間の制限はなく，利害関係ある人はだれからでも，いつでもこれを提起することができ

るとされている。

　問題となるは，当事者がすでに死亡している場合である。①戸籍上の父母の一方が生存している限り，生存者と子との間で訴えを提起できる（最判昭和25年12月28日民集4巻13号701頁）。また，②父母双方が死亡したり，あるいは子が死亡した後でも，生存する一方は，検察官を相手方として死亡した一方との親子関係存否確認の訴えを提起することができる（最〔大〕判昭和45年7月15日民集24巻7号861頁）。さらに，③第三者が親子関係存否確認の訴えを提起する場合，親子関係にある者の双方が死亡しているときには検察官を被告として提起することが必要であるが，親子のうち一方のみが死亡しているときは生存している者のみを被告とすれば足りるとしている（最判昭和56年10月1日家月34巻4号62頁）。

　なお，親子関係不存在確認の訴えも，人事訴訟の原則通り，調停前置主義の適用があり（家審18条），まず家庭裁判所に調停の申立てがなされ，調停が成立すると合意に相当する審判がなされ（家審23条），確定判決と同一の効力を有することとなる。

　（5）　父を定める訴え

　女性が再婚禁止期間の規定（733条）に違反してなした再婚の届出は受理されないのが通常であるが，誤って受理された場合に，子の出生が前婚解消から300日以内で，しかも後婚成立から200日以降であるときは，722条による嫡出推定が重複し，前婚後婚いずれの夫の子とも推定されることになる（後婚は取消しうるが，取消しの効果は遡及せず（748条），後婚の夫の子としての推定には影響しない）。そこで，民法は「父を定めることを目的とする訴え」（773条，人訴2条2号）を規定し，訴訟または審判により裁判所が子の父を決定するものとしている。

　現実には，A女が前夫Bとの離婚前から後の後夫Cと内縁関係に入って懐胎し，再婚禁止期間経過後Cとの婚姻届出後に子Dが出生したが，このDの出生がBとの前婚解消後300日以内，Cとの内縁成立から200日後，Cとの婚姻届後200日以内という場合が問題となる。すなわち，子Dは，前婚解消後300日以内であるから前夫Bの「推定される嫡出子」となるが，後婚については見解の分かれるところである。前述（2，(2)嫡出の推定）のように，判例の立場によ

第 2 節　実　　子　111

れば，772条の「婚姻の成立の日」は内縁成立の日を含むものでないから（前掲最判昭和41年2月15日），Dは後婚の「推定されない嫡出子」にとどまり，772条による推定の衝突が生ぜず，773条の適用範囲外とされる。これに対し，「婚姻の成立の日」とは内縁成立の日を含むと解する学説によれば，Dは後婚の「推定される嫡出子」ともなり，773条の「父を定めることを目的とする訴え」によってその父が決定されることになる。

　その他に，女性が重婚中に懐胎したときにも，嫡出推定が衝突することから，773条が類推適用されることになる（民事局長回答昭和26年1月23日民甲51号）。

　なお，773条の適用を受け，父を定めることを目的とする訴えによって父が決定される場合には，出生届は「父未定の子」として母から提出されるべきとされ，届書に「父未定」である旨を記載しなければならず（戸54条1項），父が決定するまでは，子は母の氏を称して母の戸籍に入り，父の決定によって出生時からその父の嫡出子であったことに戸籍訂正される（戸116条1項）。

3　嫡出でない子（非嫡出子）

（1）　非嫡出子の意義

　法律上の婚姻関係にない男女間に生まれた子を「嫡出でない子」（非嫡出子・婚外子）という。非嫡出子・婚外子の法的問題性については前述したとおりである（第1節 3，(2)婚外子問題を参照）。ここでは，非嫡出子の法的親子関係の確定制度について講説する。

　民法は，「嫡出でない子は，その父又は母がこれを認知することができる」（779条）との規定をおき，非嫡出親子関係の法的発生につき「認知」によることとし，認知に関しては父と母とを同等視した。しかし，父子関係と母子関係とは出産事実が示すように，その客観的明白性に大きな差があり，両者を必ずしも同等視する必要はなく，これを分けて取り扱うのが，今日では一般的である。ここでは，母子関係の発生について「母の認知」として別に扱い，単に「認知」という場合は非嫡出父子関係の発生について論ずるものである。

　非嫡出子は母がその出生届をなし（戸52条2項），母の氏を称し（790条2項），母の戸籍に入る（戸18条2項）。棄児（捨て子）の場合は，市町村長が氏名をつけ本籍を定めることになる（戸57条）。

(2) 認知制度

(a) 認知の意義　婚姻外の男女関係により子が出生した場合，婚姻制度に依拠していないがゆえに，その父子関係は必ずしも明確ではない。そうした非嫡出子について，法的父子関係を発生させる制度が「認知」である。婚姻外に生まれた子の父が，その子について自己の子たることを承認する行為が「任意認知」であり，父が任意に認知しない場合に父に対する訴えによって父子関係の存在を明確にする制度が「強制認知」（裁判認知）である。

認知の法的性質については，二つの見解がみられる。①主観主義＝意思主義の立場からすれば，認知は真実の父が非嫡出子を自己の子たることを認め，非嫡出親子関係を発生させることを目的とする意思表示であると解し，父が任意にその意思表示をなすのが任意認知であり，父が任意に認知しない場合に裁判によってその意思表示を求めるのが強制認知であるとされ，その訴えは給付の訴えと解することになる。

他方，②客観主義＝事実主義の立場によれば，非嫡出父子関係は自然的血縁関係の客観的事実によって発生するものであり，任意認知はその事実を通知する観念通知であるとされ，強制認知は自然的血縁にもとづく非嫡出親子関係の確定方法であるとされる。昭和17年の民法改正以来，死後認知が認められている現行法下（787条）においては，認知を純粋の意思表示とみることは困難であり，事実主義の立場で理解するのが妥当する。しかしさらに進んで，この認知の訴えは自然的血縁の存在により生じている父子関係を確認するものとする確認の訴えと解する説と認知判決により法律上の父子関係を発生させる形成の訴えと解する説が存在する。

判例・通説は今日，形成の訴えと解している（最判昭和29年4月30日民集8巻4号861頁）。認知の訴えが父（母）の死後3年間に限定されている（787条ただし書）ことからみれば事実主義を貫徹する確認の訴えと解する説には疑問があり，認知（または認知判決）がないかぎり，法律上の父子関係がないものと扱わざるをえないものと解する以上，形成の訴えとする説が妥当する。

(b) 母の認知　民法によると，母子関係の法的発生についても認知が必要であるように読める（779条）。初期の判例は，この規定の文言に忠実に，非嫡出母子関係についても，父子関係と同様，法的母子関係の発生には母の認知を

必要とする立場に立った（大判大正10年12月9日民録27輯2100頁）。その後，母のなした私生児出生届に認知の効力を認め，法律上の親子関係の発生を認めた例（大判大正12年3月9日民集2巻143頁）や非嫡出子の母が子を分娩した以上，認知しないときにもその子の扶養義務を肯定した例（大判昭和3年1月30日民集7巻12頁）などもみられたが，基本的には母子関係の発生についても認知が必要であるとするのが戦前の判例の立場であった。

しかし，学説の批判もあり，戦後の最高裁は，「母とその非嫡出子とのあいだの親子関係は，原則として，母の認知をまたず，分娩の事実により当然発生する」と判示するに至った（最判昭和37年4月27日民集16巻7号1247頁）。

学説も，今日，この判決を支持する認知不要説＝当然発生説が多数を占めている。なお，出生届のない棄子の母が後に現れた場合のように特別のときは，例外的に母の認知を必要とする限定的認知必要説もみられるが，棄子の場合にあっても認知は不要と解し，分娩の事実を証明できない場合には，母子関係存在確認の訴えによって決すべきものと解される。

(3) 任意認知

(a) 認知の方法　認知は戸籍法の定める届出によって行う（781条1項，戸60条・61条）。認知は要式行為であり，届出がない限り，法律上の父子関係は発生しない。認知は，遺言によって行うこともできるが（781条2項），この場合は，遺言の効力の発生とともに認知の効力が生じるので，生前の認知届が創設的届出であるのと異なり，報告的届出と解される。

認知能力については，意思能力で足りる。父が未成年者または成年被後見人など制限能力者であっても，意思能力ある限り，法定代理人の同意なくして認知をなしうる（780条）。なお，認知の届出を他人に委託していたときは，父が届出受理当時意識を失っていたとしても，その受理前に翻意するなど特段の事情のないかぎり，届出受理により認知は有効に成立するものとされている（最判昭和54年3月30日家月31巻7号54頁）。

(b) 承諾を要する任意認知　認知は単独行為であるから，父はいつでも自由に行うことができるが，民法はつぎの三つの場合に例外的に一定の者の承諾等を必要としている。

① 成年に達した子を認知するには，その子の承諾を要する（782条）。親が，

非嫡出子が成年に達するまで放置し，監護義務を果たさず，それを必要としなくなった時になって認知するのは親の身勝手であることも多く，子もまた認知を欲しないこともあることを考慮して，子の意思によって親の一方的認知を排除しうるものとした。

② 胎児を認知するには，母（妊婦）の承諾を必要とする（783条1項）。その届出は，母の本籍地でなすことを要し（戸61条），認知された胎児が死産したときは，その旨の届出を要する（戸65条）。母の承諾を要件とした理由については，事の性質上母のプライバシーにかかわり，母の名誉を重んじ，認知の真実性を確保するためである。

③ 死亡した子の認知は，その子に直系卑属があるときに限られ，かつその直系卑属が成年に達しているときは，その承諾を要する（783条2項）。死亡している子に父子関係を認めることは，子の直系卑属にとって利益となりうる。逆に，直系卑属がなければ死亡した子を認知しても実益がないばかりか，認知者が死亡した子を相続して不当な利益を受けることがありうるからである。

なお，これら各場合の承諾は，認知届書に承諾する旨を付記し，署名捺印するか，もしくは承諾書を別個添付する方法で行われる（戸38条）。

(c) 認知届以外の届出と認知の効力　認知は要式行為であるが，父子関係の存在という事実を承認する行為であるから，父が自己の子と認める意思が明らかである他の要式行為が存する場合に，これに認知としての効力を認めうるかが問題となる。「無効行為の転換」の問題である。

たとえば，夫Aが愛人Cに産ませた子Dを妻Bとの間の嫡出子として出生届をしたときの虚偽の嫡出子出生届にAのDに対する認知の効力を認めてよいかである。大審院判例は，旧戸籍法が父のなした庶子出生届に認知の効力を認める規定（旧戸83条前段）があったことから，これを類推適用し，積極に解していた。その後の現行戸籍法には，もちろんそうした規定は存在しないが，戸籍先例も（民事局長通達昭和40年1月7日民甲4016号），最高裁の判例も，父Aのなした虚偽の嫡出子出生届に認知の効力を認めている（最判昭和53年2月24日民集32巻1号110頁）。出生届には，子の出生を申告するとともに，出生した子が自己の子たることを父として承認し，その旨の意思の表示が含まれていると解

されるからである。

　ところが，事実上の父Ａが未認知の非嫡出子Ｂを他人夫婦Ｃ・Ｄの子として虚偽の嫡出子出生届をなし，次いでＣ・Ｄの代諾によりＡの養子とした事案につき，旧法時の判例であるが，養子縁組として無効であるばかりでなく，認知の効力もまた認められないとしている（大判昭和4年7月4日民集8巻686頁）。しかし，学説の多くは，養子縁組届に父が自己の子たることを承認する意思が含まれているとして認知の効力を認めるべきであるとする。

　(d)　認知の無効・取消し　　事実に反する任意認知は無効であり，子その他の利害関係人から認知の無効を主張することができる（786条）。「その他の利害関係人」とは，真実に反する認知が形式上存するために身分上不利益を受ける者であり，認知を受けた子の母（大判大正14年9月18日民集4巻635頁）や，その子と扶養・相続関係を有する者などである。誤って認知をした認知者自身をも含まれるか否かについては議論もあるが，父子関係が存在しない限り，仮に認知があっても無効であり肯定してよい（名古屋地判昭和40年2月26日下民集16巻2号362頁など）。また，この認知無効の法的性質についても争いがあり，判例は無効判決によって初めて認知は無効となるとするが（大判大正11年3月27日民集1巻137頁）（形成無効説），通説は当然無効と解し，他の訴訟の先決問題として無効を主張することもできるとする（確認無効説）。

　他方，認知者はいったん認知をした以上，その認知を取り消すことができない（785条）。この取消しの意義については解釈が多岐に分かれ，この取消しは撤回を意味し，詐欺，脅迫による取消しを禁ずる趣旨ではないとする立場もあるが，通説は，事実主義の立場に立ち，たとえ詐欺・脅迫による場合でも，認知が真実に合致しているならば取り消すことはできないとする。事実に反する認知であれば無効を主張すればよい。なお，前述の承諾を必要とされる認知につき（782条・783条），その承諾を欠いた場合には承諾権者による取消しはありうる。

　認知の取消しも訴えによるが（人訴2条2号），調停前置主義の適用を受け，調停における合意にもとづいて，合意に相当する審判によることもできる（家審23条2項）。

（4） 強制認知

(a) 意義　強制認知は裁判認知ともいわれ，裁判によって父子関係の存在を確定することである。すなわち，任意に認知しようとしない父に対して，子，その直系卑属またはこれらの者の法定代理人は，認知の訴えを提起することができる（787条本文）。法文上，母が任意に認知しない場合も含められているが，母子関係は前述のように，原則として分娩の事実により当然に発生するものと解され，親子関係存在確認の訴えにより確認されれば足り，認知の訴えは必要とされていない。

(b) 訴訟手続　認知の訴えは，家庭裁判所に提起すべきものとされるが，調停前置主義の適用を受け，まず調停の申立てをしなければならず，そこで父子関係の存在につき合意が成立したときは，合意に相当する審判がなされる（家審23条）。

訴えの原告は，①非嫡出子自身であり，意思能力があれば自ら訴えを提起できる（人訴32条1項・3条）。②子の直系卑属は，非嫡出子がすでに死亡している場合にのみ訴えを提起できるものと解されている。③子または直系卑属の法定代理人は代理人たる資格で訴えを提起でき，本人たる子に意思能力がある場合でも，本人を代理して訴えを提起し得るものと解されている（最判昭和43年8月27日民集22巻8号1733頁）。なお，胎児は任意認知を受けることはできるが（783条1項），認知の訴えを提起することはできない。

訴えの被告は，父であり，意思能力を欠く場合は法定代理人が被告となる。父の死亡後は，検察官を被告とすることとなる（人訴42条）。

(c) 認知請求権の消滅　認知請求権は，父または母の死亡の日から3年を経過することによって消滅する（787条ただし書）。父の生存中は，子はいつでも訴えを提起でき，時の経過によって請求権が消滅することはないが，父死亡後3年経過した後は，親子関係存在確認の訴えを提起することもいっさい認められない（最判平成2年7月19日判時1360号115頁）。このような制約は，事実認定の困難さや濫用による弊害を考慮し，法的安定性を保持しようとしたためであり，違憲ではないと解されている（最〔大〕判昭和30年7月20日民集9巻9号1122頁）。ただし，行方不明であった父の死を知ったときには，すでに3年が経過していたような特別な事情がある場合には，「出訴期間を定めた法の目的

が身分関係の法的安定と認知請求権者の利益保護との衡量調整にあることに鑑みると，……他に特段の事情が認められない限り，右出訴期間は，父の死亡が客観的に明らかになった」時点から起算される（最判昭和57年3月19日民集36巻3号432頁）。なお，判例は，この出訴期間の制限は父性の推定を受ける内縁中の懐胎子（内縁成立後200日後，解消後300日以内に出生した子）にも適用があるとする（最判昭和44年11月27日民集23巻11号2290頁）。

　(d)　父子関係の証明　　認知訴訟は，人事訴訟法の規定に従って家庭裁判所で審理されるが，被告A男と非嫡出子Cとの間の自然血縁上の父子関係の存否が問題とされる。

①　内縁関係にあるA男B女間に生まれた子Cについては，法的婚姻関係にある夫婦同様，相互に貞操義務ありと解される点から，772条が類推適用され，内縁成立から200日後，解消から300日以内に出生した子は被告Aの子と推定されるべきこととなる。原告C側は，被告Aと非嫡出子Cの母Bとの間に内縁関係の存在を立証するだけで足り，これを争うには，被告AはCが自己の子ではない旨を反証しなければならないこととなる（最判昭和29年1月21日民集8巻1号87頁）。

②　他方，こうした内縁関係という比較的安定した結合関係をもたない婚姻外のA男B女間に出生した子Cについては，まさに父とされるAとの自然血縁上の父子関係の存否が直接の問題となり，原告C側がその存在を立証しなければならない。しかし，民法には，婚姻外の男女から生まれた子について，嫡出推定の規定がないことはもちろん，父子関係の証明に関する規定も存在しない。したがって，認知訴訟における父子関係の認定は，まさに裁判官の自由な心証にまかされている。

　そこで，判例の動向が注目されるが，戦前と戦後での基本的な変化がみられる。戦前においては，父子関係の存在を認定するためには，①子の母と被告男性との間に懐胎期間中に性関係があったこと，②同期間中に子の母が被告男性以外の男性との性関係のなかったことを，原告側に証明することを要求した（大判明治45年4月5日民録18輯343頁）。これは，父たることから逃れんとする被告男性側にいわゆる「不貞の抗弁」・「多数関係者の抗弁」を許し，その特定男性との関係まで示さずとも，女性の素行や風評をあげてこの抗弁の行使を認

めていたのに対し，原告たる子・母の側には事実をあげてその不存在を証明させる極めて苛酷なものであった。それゆえ当時の学説もまた，こうした判例の立場は，ほとんど婦女の不貞を推定するにも等しく，原告の立証責任を不当に加重するものであると批判したが，この判例が変更されるまでには長い歳月を要した。

　そして，戦後，最高裁は「不貞の抗弁」を容認する立場を変更するに至り（最判昭和32年6月21日民集11巻6号1125頁），その後の一連の判決において踏襲されて判例法として定着したとみていい。すなわち，原告の母が懐胎期間中に被告男性と性関係をもったこと，同期間中に他の男性と性関係のあった事実が認められないこと，血液型の背馳がないこと，その他父子関係の存在を推認させる諸言動の存在などを総合して，経験則にもとづき判断するとされている。その結果，認知訴訟において子の請求が認容される可能性が著しく高まっている。

　学説もまた，判例を支持しつつ，近時の科学的進歩をも考慮して，認知請求者たる子の母がその子の懐胎可能期間中，被告男性との性的交渉の存在事実の証明によって父子関係が推定されるが，血液型・指紋・掌紋・耳垢などの人類学的考察によって，父子関係の不存在が明らかになったときは，その推定が破られると解すべきであるとするのが通説となっている。最近の遺伝子DNA鑑定（遺伝子鑑定）など父子鑑定技術の進歩が親子関係確定の法的手続にも大きな影響を及ぼす時代になっていることが認識される。

（5）　認知請求権の放棄

　非嫡出子の父が，自己の法律婚家庭の平和を考慮し，非嫡出子の母と経済的扶養と引き替えに認知請求をしないことを約束させることがあるが，この認知請求権の放棄の合意が有効かが問題となる。

　判例は，認知請求権は身分上の権利であって放棄できないこと，親子関係は単に扶養など経済問題にとどまるものでないこと，こうした合意を有効とすると不遇窮迫の状況にある非嫡出子がわずかな金銭で放棄を強いられる危険があるなどの理由をもって，一貫して認知請求権の放棄を無効としている（大判昭和6年11月13日民集10巻1022頁，最判昭和37年4月10日民集16巻4号693頁）。

　学説の多くは判例を支持している。これに対し，認知請求権の実質的目的は扶養請求権や相続権の確保にあり，これに相当する財産的給付がなされていれ

ば，非嫡出子の保護に欠けることもなく，事情によっては有効と解する説も有力である。さらに，原則として放棄は認められないが，相当な経済的利益を得ながら，その後の認知請求権の行使が信義則に反する場合には，権利濫用論をもって制限されることもありうるとの主張もみられる。

（6）認知の効果

認知によって，法的父子関係が発生し，認知された子は父の非嫡出子となる。認知の効力は，任意認知では認知届の受理，遺言認知では遺言者の死亡，強制認知では認知判決の確定時に発生するが，その効力は非嫡出子の出生時まで遡及する（784条本文）。

① 非嫡出子の親権者は母であるが，認知後も父母の協議により父を親権者と定めない限りは継続する（819条4項）。
② 認知により法的父子関係の生じた父は，出生時からその子に対する扶養義務を負う。
③ 相続権については，非嫡出子の相続分が嫡出子の2分の1にとどまる（900条4号）。また，相続開始後に認知によって相続人になった者は，他の共同相続人がすでに分割その他の処分をしたときは，価額のみによる支払請求が認められる（910条）。

（7）準　　正

準正とは，非嫡出子がその父母の法律上の婚姻という要件を付加することによって嫡出子の身分を取得することをいう。ローマ法以来，各国法制にみられ，一種の非嫡出子保護と婚姻の奨励を図るための制度といえる。

(a) 婚姻準正　父が認知した非嫡出子は，その父母の婚姻によって嫡出子たる身分を取得する（789条1項）。後婚準正ともいわれている。

(b) 認知準正　婚姻中父母が認知した非嫡出子は，その認知の時から嫡出子たる身分を取得する（789条2項）。婚姻前のＡ男Ｂ女間に子Ｃが生まれ，その後Ａ・Ｂが婚姻し，婚姻後に父Ａの認知によりＡＣ間に父子関係が確定して嫡出子たる身分を取得するものである。

(c) 死後準正　子が未認知のまま死亡したときは，死亡後に認知ができる場合に準用され，準正が生じる（789条3項）。準正子に子があった場合には代襲相続が問題となる。

第3節 養　　　子

1　序　　　説──養子制度の意義とその変遷──

　養子制度は，自然的血縁関係のない者の間に人為的に親子関係を創設する制度であり，時代や洋の東西を問わず広く認められてきた。こうした養子制度が，何のため，誰のためのものであったかについては，養子制度が目的的性質をもつものであることから，その時代や社会に規制されて存在してきた。

　この養子制度の変遷について，図式化して簡略に述べると，当時の社会と家族のもつ性格を反映して，①「家のための養子法」から，②「親のための養子法」，そして，③「子のための養子法」へと変化を遂げてきた。すなわち，①父権的家制度の下で，家族協同体の家産と祖先祭祀の承継者を得るため，家名の維持を図るための養子制度が要請された。つぎに，②この父権的家制度の衰退とともに，家族が夫婦・親子を中核とするものへと変容するに及んで，子のない夫婦が子を養育したいという親的本能を満足させ，親が労働力の担い手や将来の親の老後を託すべき者を得るための養子制度が要請されることになる。そして，③20世紀に入り，二度にわたる大戦を経験し，戦争孤児や混乱窮迫した社会のなかで大量の親のない子を生み出すという社会問題への対応から，各国の養子制度は画期的な変容を遂げた。親のない子の福祉のために親と家庭を与え，子の健全な人格形成に資することを目的とした「子のための養子法」の登場である。今日，子の利益保護・子の福祉の実現が現代養子制度の理念であり，世界の趨勢である。

　このことはまた，養子制度の法的特質においても，従来の養子制度が養親と養子との私的身分契約と把握されていたのに対し，養親子関係を一種の公的制度と把握し，国家が後見的立場から積極的に関与するところに特色をもつに至っている。

　わが国の養子制度の状況をみても，欧米諸国にみられた養子法変遷の一般的傾向については，必ずしも例外となるものではない。しかし，明治民法をみれば，婿養子制度（明治民法839条但書），遺言養子制度（同848条），成年養子（同844条）を認め，かつ縁組には父母のみならず戸主の同意をも必要とする（同

844条・750条1項）など，わが国社会の錯綜した家族生活の実相を反映したものでもあり，いまだ家制度的色彩が色濃く，「親のため」と同時に「家のための養子法」としての法的性格を合わせもつものであった。

そして，戦後の民法改正によって，個人の尊厳と男女の本質的平等の理念の実現をめざし，養子法においても家制度的要素を一掃すべく，婿養子制度・遺言養子制度を廃止し，新たに未成年養子に家庭裁判所の許可を要件とする（798条）など，「子のための養子法」への一歩前進もみられた。しかしまた，個人を基礎とする民法にそぐわない必要的夫婦共同縁組の容認，家名・家業の継続を願い，老後の扶養・介護を期待する養親の意識に妥協した成年養子制度の存続など，「家のため」・「親のための養子法」たる性格をも，なお残存せるものとなった。

さらに，現行養子制度は，昭和62年の法改正を経て，従来の養子制度（以下，普通養子という）に加え，新設された特別養子制度を併存させるものとなっている。普通養子は，この改正によって縁組の個人主義の徹底化がはかられたとはいえ，成年養子存続の容認にみられるように，今後も養子制度への国民感情ともあいまって，「子のための養子制度」のみならず「家のため」・「親のため」という理屈をこえた，幅広く多様な目的のために機能することになる。他方，特別養子は，従来の未成年養子の特別形態として，限りなく実親子にちかく，子の福祉に徹し，子の健全な成長のみを目的とした「子のための養子法」を徹底させた性格を帯有するものとなっている（〔未成年養子比較図〕を参照）。

なお，わが国の養子制度の実態をみると，養子縁組届出件数の総数は，平成14（2002）年には，85,674件となっており，ここ30年の間8万件〜9万件程度で推移しており，あまり大きな変化は見られない。これに対し，平成14（2002）年において，家庭裁判所の許可を要する未成年者を養子とする普通養子縁組の認容件数は960件，特別養子縁組は350件となっており，わが国における養子縁組は圧倒的に成年養子縁組と連れ子養子縁組となっており，大きな特徴となっている。特別養子縁組は，養親となる者の約9割が子を持たない者，養子となる者の約9割が非嫡出子となっており，また養親となる者の84％が里親で占められている。こうした数字からみても，わが国の養子制度は，多様な目的をもって機能しているものとみられ，「子のための養子法」たる理念を重

未成年養子比較図	
〔普 通 養 子〕	〔特 別 養 子〕
○未成年者全体	○原則6歳未満・要保護性
○契約型縁組	○国家宣言(審判)型縁組
○実親子関係存続(親子関係の重複)	○実親子関係断絶
○離縁(協議・裁判)	○離縁制限(審判)
○戸籍―養子明示	○戸籍特例

視することは言うまでもないが，制度の機能を狭めすぎることは，現実にそぐわないものとなろう。

 ただ，わが国においては，極端に血縁信奉的親子観が強く，反面，養子に対する偏見が少なからず存在することも指摘されており，特別養子制度の導入を機にこうした偏見からの開放の努力も望まれるところである。

2 普 通 養 子

 普通養子については，民法上，縁組によって発生する親子関係とされ，その養子縁組は養親子関係の形成を目的とし，養親となろうとする者Aと養子となろうとする者Bとの身分契約として観念される。本来，代理に親しまない身分行為にあって，あえて例外的にBが15歳未満のときは，その法定代理人が代わって縁組をする代諾縁組が認められるのは，そのあらわれである。したがって，その法的構造は婚姻に類似し，その範囲で婚姻法の規定が準用されることになる。

 (1) 縁組の形式的要件

 (a) 縁組届出　　養子縁組は，養親となる者と養子となる者との合意にもとづき，戸籍法の定める「養子縁組届」が提出・受理されることによって成立する。この縁組届出についても，婚姻の届出同様，成立要件説と効力要件説との対立が見られるが，成立要件説が通説であり，届出の方式・要件などについてはすべて婚姻の届出に準じて扱われる(799条・739条)。

 (b) 事実上の養子　　当事者間に縁組意思があり，社会通念上の親子に相当する関係が存在するにもかかわらず，届出がなされていないために法的養親子関係とは認められないものの，「事実上の養子」として，内縁とパラレルに考

えてよいと解される。ただし，事実上の養子縁組の成立については，親子関係自体が婚姻のように社会的定型性が明瞭でないこともあって，具体的事案につき親子的生活の実情に則し，個別的に判断せざるをえない。

事実上の養子に認められる効果については，①不当破棄者が損害賠償義務を負うこと（大判昭和12年5月26日民集16巻891頁），②当事者間に扶養の権利義務を認めること（福岡高判昭和31年4月13日高民集9巻3号206頁参照），③特別縁故者となりうること（958条の3），④事実上の養親の生命侵害にもとづく子の慰謝料請求権（711条の類推適用），⑤事実上の養親に相続人なき場合に同居していた家屋の借家権の承継（借地借家36条）などがあげられる。

（2）　縁組の実質的要件

(a)　縁組意思の合致（802条1号）　縁組が有効に成立するためには，当事者間に縁組意思の合致がなければならない。縁組意思とは，真に親子生活関係を設定しようとする意思である（実質的意思説）。こうした意思なく，あるいは方便としての意思の合致は無効である（（5）縁組の無効・取消しの項で後述する）。しかし，親子関係については，婚姻関係に比して制度的・規範的定型性はそれほど強いものではなく，同居しない親子，扶養関係にない親子もありうる。したがって，縁組意思の存在が争われる事案においては，その存否の判断は困難な場合が少なくない。普通養子は，もともと多様な目的に奉仕することが容認されていることもあり，子の哺育教育をなすことを原則とするものの，非嫡出子を嫡出子とすること，家業の承継者とすること，遺産を承継させること，老後の扶養・介護を期待することなど，その動機はさまざまであり，これらの動機を一概に不当なものとして無効とするものではない。

縁組の意思表示は，当事者自らなすことが本則であるが，養子となる者が15歳未満のときは，その法定代理人が代わって縁組の承認をすることができるとし，「代諾縁組」を認めている（797条）。意思能力ある15歳以上の未成年者は法定代理人の同意なくして単独で縁組することができるし，成年被後見人もまた本心に復しているときは，成年後見人の同意を得ることなく単独でなしうる（799条・738条）。

なお，縁組意思の存否の判断は，縁組届出受理時を基準としてなされ，届出受理時に当事者の一方または双方に縁組意思が存在しないときは，縁組は無効

となる。ただし，当事者が縁組の合意をなした上でその届出を他人に委託した場合には，届出受理当時既に意思能力を喪失していたとしても，受理前に翻意したなど特段の事情のないかぎり，縁組は有効に成立する（最判昭和45年11月24日民集24巻12号1931頁）。

(b) 養親が成年たること（792条）　養親は成年に達した者でなければならない。養子との年齢差，年齢の最高限についても制約がない。婚姻による成年擬制（753条）の未成年者の養親適格については，否定する学説もあるが，親権者適格も認められるのであり，否定すべき理由は乏しい（戸籍実務は認める——昭和23年10月23日民甲1994回答）。

(c) 「尊属養子」・「年長養子」の禁止（793条）　自己の尊属または年長者を養子とすることはできない。「目上養子」の禁止ともいわれる。尊属については，直系はもとより傍系の尊属も禁止の対象となる。したがって，たとえば，夫が妻の父親を養子にしたり，甥・姪が自分より年少の叔父・叔母を養子とすることはできない。近親者については，尊属であること以外に縁組を禁止していないので，兄・姉が弟・妹を，祖父母が孫を養子とすることはできる。さらに，自己の非嫡出子を養子にすることも認められる（大判昭和4年5月2日民集8巻329頁）。嫡出子たる身分を取得させる実益があるからである。

(d) 後見人と被後見人間の縁組（794条）　後見人が被後見人（未成年被後見人及び成年被後見人を含む）を養子にするには家庭裁判所の許可を必要とする。後見終了後も後見の管理計算が終わらない間も同様である。後見人は被後見人に対し，財産管理や財産上の代理行為をするなど広い権限をもち，自己の財産上の利益を図り，不正な財産管理を隠蔽する手段として被後見人との養子縁組をすることを防ぐためである。この後見養子の制限は未成年後見，成年後見の両者を対象としているが，未成年後見において，後見人が未成年の被後見人を養子とするには，794条による許可のほか，798条の未成年者を養子とするための許可をも得なければならない（昭和25年10月10日民甲2633号回答）。

(e) 配偶者ある者の縁組（795条・796条）　昭和62（1987）年の改正までは，配偶者ある者は養親となるときも，養子となるときにも，原則として夫婦共同で縁組しなければならないとされていた（いわゆる夫婦共同縁組の原則）。家族の一体性を重んじ，配偶者間の平和を維持するためとされていたからである。

しかし，養子縁組は本来個人間の法律行為であり（最判昭和48年4月12日民集27巻3号500頁），未成年者を養子とする場合を除いては共同縁組にする必然性に乏しいため，62年改正法は，夫婦共同縁組の義務づけを配偶者ある者が未成年者を養子とする場合に限り（795条本文），成年養子については夫婦の一方が単独で縁組をすることができるとした。ただし，一方配偶者の単独縁組は姻族関係，氏，扶養，相続など夫婦相互の利害に多大な影響を与えるものであるから，他方配偶者の利益を考慮し，配偶者が意思を表示することができない場合を除き，他方配偶者の同意を要するものとしている（796条）。

(3) 未成年養子縁組の特則

(a) 家庭裁判所の許可　未成年者を養子とするときには，家庭裁判所の許可を得なければならない（798条本文）。戦後の改正において，子のための養子法としての理念から家庭裁判所が子の福祉のために後見的立場に立つものとして要件化されたものである。未成年養子縁組において，いわゆる親が子を食い物にするために養子縁組が利用されること（親が口減らし，人身売買を意図し，子を芸娼妓稼業や農村・漁村の労働力として芸娼妓養子や労働養子とする例）を未然に防止し，かつ積極的に子の福祉を配慮するなど家庭裁判所の後見的チェック機能を期待するものである。

この許可の申立権者は誰かについては，学説上議論もあるが，家庭裁判所の許可が養子となるべき者の保護を目的としていることに鑑み，当該養子縁組につき法的利害関係を有する者，すなわち養親となるべき者はもちろん実親，縁組能力のある15歳以上の養子となるべき者および代諾権者も申立権者となることができると解すべきである。

なお，未成年者を養子とする場合であっても，自己または配偶者の直系卑属を養子とする場合には，家庭裁判所の許可を要しないとしている（798条ただし書）。しかし，立法論としては，こうした場合にも現実的に必ず子の福祉に合致するとは限らず，未成年者を養子とする場合は一律家庭裁判所の許可にかからしめるべきであるとする主張が強い。

(b) 代諾縁組　養子となる者が15歳未満のときは，その法定代理人が代わって縁組の承諾をなすことができる（797条1項）。これを「代諾縁組」という。規定は「……できる」とされているが，養子となる者が15歳未満の場合は，

たとえ養子となるべき本人が意思能力を有していても単独で縁組をなすことができず，代諾縁組によらなければならないと解されている。そしてこの代諾の法的性質については，代諾権者を縁組の当事者であるとする当事者説もあるが，法定代理人がその子を代理してなす縁組とする一種の代理と解する代理説が判例・通説である。そこで代諾権者は，法定代理人，すなわち親権者・後見人である。父母が共同して親権を行使している場合は，父母が共同で代諾しなければならないが（818条），父母の合意が得られないときは縁組を成立させることができない。

また，代諾縁組がなされる際に，代諾権者たる法定代理人（親権者）以外に養子となるべき者の父母が監護者となっているときには（離婚・婚姻取消しおよび非嫡出子の認知の際に親権者と別に子を監護すべき者を定めることができ（766条・771条・788条），親権とその一部たる身上監護権が分属するケースが生ずる），法定代理人（親権者）が代諾するにつき，監護者たる父母の同意を得なければならないとした（797条2項）。しかし，親権者以外に監護者が存するか否かは戸籍上明らかではないことから，同意なき縁組届が受理される可能性があり，この同意権を保障するために監護者に縁組の取消権を与えている（806条の3）。これらは，62年改正法が，親権の濫用を防止する趣旨から追加したものである。児童福祉施設入所中の児童については，施設の長が都道府県知事の許可を得て代諾する（児福47条1項）。

なお，わが国に行われる慣行とあいまって，適法な代諾権を欠く縁組，すなわち真の代諾権者ではないが表見代諾権者ともいうべき者の代諾によってなされた縁組の効力が問題となる。

たとえば，Aが婚姻外で産んだ生後まもない子BをいったんC・D夫婦の嫡出子として出生届出をなし，後日，戸籍上の親C・Dの代諾により，BをE・Fの養子とする縁組を結ぶ場合である。判例は，かつて養子縁組の要式性を厳格に解して縁組の効力を否定していたが（大判昭和4年7月4日民集8巻686頁など），その後，戦後の最高裁は，正当な法定代理人でない者のなした代諾は一種の無権代理にあたるとし，無権代理の追認に関する規定（116条）を類推して，養子が15歳に達した後に適法な追認によってはじめから有効な縁組となるとした（最判昭和27年10月30日民集6巻9号753頁）。戸籍実務もこれに従

い，正当な代諾権者が死亡または意思能力を失ったときは15歳に達した養子からの追完届を受理するものとし（昭和34年4月8日民甲624号通達），こうした縁組を有効とする道を開き，養子の保護を図っている。

(c) 夫婦共同縁組　配偶者ある者が未成年者を養子とするには，原則として配偶者とともにしなければならないとし（795条本文），62年改正法はかつての必要的夫婦共同縁組の原則を未成年者を養子とする場合に限定した。少なくとも未成年養子については，夫婦が共同で縁組し，父母の共同親権によって監護する通常の家族同様な親子関係を作り出すことが望ましいとの判断による。ただし，①配偶者の未成年の嫡出子を養子とする場合，②配偶者が表意不能の場合には，夫婦の一方の単独縁組となる（795条ただし書）。なお，配偶者の未成年の非摘出子を養子とするときは，夫婦共同縁組となる（昭和63年9月17日民二5165号民事局長通達）。

(4)　「藁の上からの養子」（虚偽の嫡出子出生届と養子縁組の成否）

わが国では，出生間もない他人の嬰児を引き取って養親夫婦の実子として嫡出子出生届をする「藁の上からの養子」とよばれる慣習が，明治民法施行前から広く行われていた（今日，出生届に医師などの出生証明書の添付を要するようになり，こうした虚偽の嫡出子出生届はできなくなったが，現実には出生証明書の偽造などによって発生の余地がある）。未婚女性の産んだ子，妻や夫が婚姻外にもうけた子などの出生を隠蔽するためや，戸籍上は実親子のような外観を作り，後日，血縁の親子でないことが子にわからないようにしようとするために利用された。この「藁の上からの養子」をめぐる法的問題の中心は，縁組意思のもとになされた虚偽の嫡出子出生届に養子縁組の効力を認めうるか否かにある（無効行為の転換の理論）。

「藁の上からの養子」については，戸籍上の親との実親子関係が生じないことは当然のことながら，養親子関係の成立についても，判例は縁組の要式性を強調し，一貫してこれを否定してきた（大判昭和11年11月4日民集15巻1946頁，最判昭和50年4月8日民集29巻4号401頁，最判平成9年3月11日家月49巻10号55頁）。また，近時，戸籍上の親からなされた恣意的な親子関係不存在確認請求（最判平成18年7月7日裁時1415号4頁），別件同日付の事案で戸籍上の姉からの請求についても，権利濫用として排除した判決（最判平成17年7月7日民集60巻

6号2307頁）もあらわれている。

これに対し，従来学説の多くは，①縁組意思は実際の親子的共同生活の継続を通して推測できるし，親子関係を形成する意思を含む嫡出子出生届から推認できること，②表見代諾縁組について養子の追認によって有効とすること（前掲最判昭和27年10月30日）との実質的不均衡が問題となるなどの理由から，無効行為転換の理論を適用して救済を図るべきであるとする。しかしまた，①養親から未成年の養子に対して親子関係不存在確認の訴えがなされたなかで縁組への転換が認められたとしても，養親が親権者として養子を養育することは期待できないこと，②表見代諾縁組の場合は少なくとも縁組という要式が存在するから追認によって有効になるのであって，縁組届が全くない場合とは状況が異なること，③こうした形で縁組への転換が認められると未成年養子縁組に対する家庭裁判所の許可などの要件を無視することになること，④結果的に虚偽の嫡出子出生届を助長し，子の利益にはつながらないとして，消極に解する見解も有力である。とくに，特別養子制度が設けられた現段階では，こうした他人の子を直接的に自己の嫡出子として届出，自己の実子同様の法的扱いを求める当事者の意思は相当程度まで達成できるものと考えられ，あえて虚偽の嫡出子出生届を縁組届に転換することを考慮すべき必要性は薄らいできたともいえる。元来，適法な（特別）養子縁組手続がとれるにもかかわらず，こうした虚偽の届出をする背景には，血縁重視という特殊日本的親子観・家族意識や未婚の母・婚外子に対する偏見や差別があり，この問題の真の解決は，これら偏見や差別の撤廃とともに，血縁よりも養育という行為の中にこそ親子関係を見出していく意識を育てていくことにあると考える。

(5) 縁組の無効・取消し

(a) 縁組の無効　養子縁組は，人違いその他の事由により当事者間に縁組をする意思のないとき（802条1項）と当事者が縁組の届出をしないときには（同条2項本文），無効である。後者については，縁組届出も創設的なものであるから，無効というよりむしろ縁組不成立である。ここでは，もっぱら前者「当事者間に縁組をする意思のなきとき」とはいかなる場合かが問題となる。

縁組意思の存否の判断については，未成年養子にあたっては親の子に対する養育という指標を通じて比較的定型性をもつが，成年養子にあたっては親子関

係の在り方自体きわめて多様であり，困難なものとなる。しかし，成年養子にあっても，少なくとも社会通念上親子関係を形成する意思，親子としての精神的結びつきを形成しようとする意思も存在しない縁組は無効と解される（実質的意思説＝通説）。

判例としては，古くは，①戸主・嗣子に特典として与えられていた兵役免除のみを受けるための兵隊養子（大判明治39年11月27日刑録12輯1288頁），②芸妓として稼働させるために親権を得ようとしてなされた芸娼妓養子（大判大正11年9月2日民集1巻448頁），③女子の婚姻に際して家格を上げるためになされた仮親養子（大判昭和15年12月6日民集19巻2182頁），④推定家督相続人たる女子を他家に嫁がせるために他の男子を一時的に養子とする借養子縁組（最判昭和23年12月23日民集2巻14号492頁）をいずれも無効としている。現行法の事例としては，⑤越境入学のため学区内の親族となした養子縁組をも無効としている（岡山地判昭和35年3月7日判時223号24頁）。他方，有効とされた事例では，⑥縁組当事者間に情交関係があったが，それが偶発的なもので，双方に親子関係を生じさせる意思がある以上，縁組意思を欠くものとはいえないとして有効としている（最判昭和46年10月22日民集25巻7号985頁）。

なお，養子縁組の無効は，身分に関する重要事項として訴えをもってなされなければならない（人訴2条2号）。もっとも調停前置主義の適用がある（家審18条・23条）。

(b) 縁組の取消し　養子縁組は，以下に述べる原因あるときにかぎり，所定の取消権者の訴えによってなされる。取消原因→取消権者は，つぎのとおりである。

① 未成年者が養親になったとき（792条違反）→養親・その法定代理人（804条）
② 尊属・年長者を養子としたとき（793条違反）→当事者・その親族（805条）
③ 家庭裁判所の許可なく後見人が被後見人を養子としたとき（794条違反）→養子・その実方親族（806条）
④ 配偶者ある者が配偶者の同意を得ないで縁組したとき（796条違反）→同意権をもつ配偶者（806条の2）

⑤　代諾縁組において監護者の同意を得なかったとき（797条2項違反）→監護者（807条の3）
⑥　家庭裁判所の許可なく未成年者を養子としたとき（798条違反）→養子・その実方親族・養子に代わって縁組を承諾した者
⑦　詐欺・脅迫によって縁組がなされたとき→詐欺・脅迫を受けた者（808条）

　縁組取消しの効果は，判決または審判の確定によって発生し，その効果は原則として遡及しない（808条1項・748条1項）。しかし，不遡及の原則を財産関係においても貫くと当事者の一方に不公平となる場合もあることを考慮し，婚姻取消しにおける不当利得返還請求に関する748条2項・3項の準用により，この点での遡及効を認めている。
　養子は，縁組の取消しによって縁組前の氏に復し（808条2項・816条），祭祀財産を承継していたときはその権利を承継すべき者を定めることを要する（808条2項・769条）。

（6）　縁組の効果

　縁組の基本的効果として，養子は縁組の日から養親の嫡出子としての身分を取得する（809条）。したがって，養親子は相互に相続権をもち（887条），扶養義務を負う（877条1項）。氏については，養子は原則として養親の氏を称する（810条）。また，養子は養親を通して養親の血族との間にも法定血族関係が生ずる（727条）。養子縁組は養子だけを養親の親族に取り込む構造であり，縁組前に生まれている養子の子は養親の親族にならず（大判昭和7年5月11日民集11巻1062頁），養親の相続につき代襲相続人にならない（887条2項ただし書）。
　しかし，わが国の普通養子については，特別養子と異なり，縁組後も，養子は実方との親族関係をそのまま維持されるものであるから，上記の法律関係は実方と養方に二重の身分関係が生ずることになる（相続人の二重資格の問題など）。ただ，養子が未成年であるときの親権については，縁組によって実親から養親に移行するものとされ，二重の親権に服するものではない（818条2項）。

（7）　縁組の解消

　養子縁組の解消とは，いったん有効に成立した縁組の効力を縁組後に生じた事由により将来に向かって消滅させることをいう。民法は，有効に成立した縁

第 3 節 養　　子

組は，離縁によってのみ解消されるものとして，協議離縁と裁判離縁を認めている。しかし，離縁も離婚同様，調停前置主義に服するので，家事審判法上の調停離縁（家審21条），審判離縁（家審24条）も認められる。さらに，人事訴訟法には「訴訟上の和解による離縁」も規定されている（人訴44条）。

(a)　協議離縁　　縁組の当事者は，協議によって離縁することができる（811条1項）。協議離縁は協議離婚と同様，当事者の離縁意思の合致とその届出によって成立する。協議離縁は，届出があっても離縁意思がないときは無効となる（当事者不知の間の離縁届出，仮装離縁など）。また，協議離縁の取消しは，詐欺または脅迫を受けてなされた協議離縁に限られ，詐欺・脅迫を受けた当事者は，離縁の取消しを裁判所に請求することができ（812条・747条），それは詐欺を発見し，脅迫を免れたときから6カ月以内に行使しなければならない（812条・808条ただし書）。

15歳未満の養子が協議離縁をするときは，養親と「離縁後に養子の法定代理人となるべき者」の間でなされる（811条2項）。代諾離縁という。代諾権者は，①通常は親権を回復する実父母であり，その状況によって異なる。②縁組後に父母が離婚しているときは，父母の協議または家庭裁判所の審判により，どちらが親権者になるかを定める（811条3項・4項）。③親権者となるべき父母がない場合は，家庭裁判所の審判で選任された離縁後にその未成年後見人となるべき者とする（811条5項）。

夫婦共同縁組の場合において，未成年者と離縁するときは，夫婦がともにしなければならないとした（811条の2＝62年改正法）。したがって，養子が未成年者であっても，養父母が離婚・一方の死亡による婚姻解消している場合には，養親一方との単独離縁が認められる。また，養子が成年者である場合，養子が夫婦の場合には，一方のみとの離縁ができる。

(b)　裁判離縁　　当事者間で離縁の協議が整わない場合には，離縁も調停前置主義に服し，まず調停に付され調停が成立したときは調停離縁が，調停が成立しない場合でも家庭裁判所は相当と認めるときは当事者双方の申立趣旨に反しない限度で審判離縁が認められる（家審24条）。そして，これら調停離縁・審判離縁が成立しないときに裁判で離縁を請求することができる（814条）。離縁の訴えの手続は人事訴訟法に基づいて進められる（2条3号）。

814条は，離縁原因につき，1号・2号に具体的離縁原因をあげ，3号に抽象的離縁原因として縁組を継続し難い重大な事由を掲げており，離婚原因同様，破綻主義を採用したものと解されている。

① 悪意の遺棄　ここにいう悪意の遺棄とは，扶養義務違反に限定されず，正当な理由なく親子間の精神的経済的生活関係を破壊し顧みないことを含むと解するのが近時の通説である。

② 当事者の一方の3年以上の生死不明　本号の生死不明は従来養子についてのみ規定されていたが，62年改正法は養親・養子ともにこの原因あるときは離縁を認めるものとした。

③ その他縁組を継続し難い重大な事由　離縁においても，破綻主義によるべきことを明らかにしたものである。したがって，当事者の有責・無責というよりも，むしろ養親子関係の破綻の状況が問題とされ，養親子としての精神的経済的生活関係を維持・回復がきわめて困難なほど，信頼関係が破壊され回復不能な状態にある場合と解されている（最判昭和42年5月25日民集21巻4号937頁など）。

なお，有責当事者からの離縁請求が認められるべきか否かについては，離婚と同様の問題があり，判例は消極的破綻主義の立場からこれを認めないものとしてきた（最判昭和39年8月4日民集18巻7号1309号）。しかし，離婚法において，昭和62年の最高裁大法廷判決が有責配偶者からの離婚請求が一定の条件のもとではあるが認容された現在，離縁につき，まだ消極的破綻主義を採用した最高裁判決は出ていないものの，下級審にも，10年余の破綻期間，相手方たる養子の生活状況や一定の財産的保障を得ていることなどから，有責者からの離縁請求といえども必ずしも信義則に反するとはいえないとした（新潟地高田支判平成4年5月21日家月45巻2号175頁）問題提起も現われるなどの動きも見られ，判例変更の余地がある。

また，離縁という行為の特殊性により，離縁訴訟において人事訴訟における例外的措置として，離縁訴訟上の和解，請求の放棄承認を認めている（人訴44条による37条の準用）。訴訟上の和解がなされたときには離縁が成立し，離縁訴訟は終了する。

(c) 死後離縁　養親子の一方の死亡によって，嫡出親子関係は当然に消滅

する。しかし，わが国の養子法は養子縁組によって養子と養親の親族との間に法定血族関係を成立させ，縁組の一方当事者の死亡によっても，その法定血族関係は消滅しない。これを消滅させたい場合には，生存当事者は家庭裁判所の許可を得て離縁することができるとしている（811条6項）。一方配偶者の死亡による婚姻解消の場合は，姻族関係の解消は生存配偶者の姻族関係終了の意思表示（届出）によるが（728条2項，戸96条），縁組の場合は，離縁の形を取り家庭裁判所の許可を必要としている。

 (d) 離縁の効果 離縁によって，当事者間に生じていた縁組による一切の効果は将来に向かって消滅することになる。

① 法定親族関係の消滅 養親子間の法定親子関係が消滅するとともに，これを基礎として存在していた養子と養親の血族との親族関係，縁組後に発生した親族関係もすべて消滅する（729条）。

② 氏の変動 養子は，原則として縁組前の氏に復氏する（816条1項本文）。なお，養子の子の氏は離縁によって当然には変わらない（復氏した親と同一の氏を称したいときは，子の氏の変更手続（791条）による）。ただし，養親が夫婦共同縁組で養子をとった場合は，養子が実方の氏に復するのは養親双方と離縁したときに限られ，養親の一方とのみ離縁するときは復氏しない（816条1項ただし書）。なお，62年改正法は，養子が縁組の日から7年を経過した後に離縁により復氏したときは，離縁の日から3カ月以内に戸籍法の定めるところにより届出ることによって，離縁の際に称していた氏を称する，いわゆる「縁氏続称」が認められる（816条2項）。離婚の際の婚氏続称と異なる縁組7年経過要件が加重されているが，縁組が氏の変更の脱法行為として濫用をされるのを防止すること，短期の縁組には続称の必要性が少ないことが考慮されたものである。

③ 父母の親権 未成年の養子が養父母の双方と離縁したときは，実父母の親権が復活する（818条1項）。

④ 祭祀承継者の決定 養子が祭祀財産を承継しているときは，当事者とその他関係者の協議によりその権利を承継すべき者を決定しなければならない（817条）。

⑤ 離縁給付・損害賠償など 離縁については，離婚と異なり，財産分与

の規定（768条）もなく，その財産的調整は不当利得や不法行為の法理によることとなるが，養子の協力で養親の財産形成がなされた場合には，離縁においても，財産分与の規定の趣旨を類推し，利害の調整を図ることを認めるべきである。また，不当な離縁については，慰謝料を請求できると解されている。

3　特別養子

（1）　特別養子制度の意義と立法の経緯

特別養子制度は，縁組の成立によって実親との法的親子関係を消滅させ，養親との間に実親子と同様の親子関係を形成させる養子制度であり，「子のための養子制度」の理念に徹しようとした制度である。

こうした特別養子制度の考え方自体は，すでに昭和30年代の民法改正作業（34年の「親族法再改正のための仮決定および留保事項」）の頃から存在していたが，完全養子を中核とした養子法の世界的な潮流，前述した「藁の上からの養子」に見られるわが国の実子願望や昭和48年の菊田医師実子斡旋事件（堕胎を希望する母親を説得して出産させ，実子として他の夫婦に斡旋していた事件）を契機として展開された実子特例法制定運動などの議論の高まりを経て，昭和62年に従来の普通養子と併存して創設されたのが，この特別養子制度（817条の2～11）である。

特別養子制度の利用状況は，15年以上を経過して，[表]に見られるように，家庭裁判所の認容件数は施行直後の平成元年は1,000件を超えたが，その後大幅に減少し，平成15年には359件となり，年間350件前後にほぼ定着してきているといえる。

この特別養子制度は，普通養子制度が現実の多様な目的に対応性を認めるものであるのに対して，養子となる者に養育すべき適切な親が存在しない場合に，新たに適切な親を与えるという専ら子の利益に奉仕すべきものとして位置付けられている。したがって，前述の普通養子とは，その成立要件，成立の方式，縁組の効果，離縁の可否，戸籍の扱いなど，かなり異なったものとなっている。

（2）　縁組成立の方式

特別養子縁組は，養親となる者からの請求にもとづいてなされる家庭裁判所の審判によって成立する（817条の2）。当事者の合意にもとづいて成立する普

	未成年普通養子認容件数	特別養子認容件数（認容率％）
昭和63	1726	730 (41.8)
平成元	1491	1205 (63.3)
2	1397	743 (65.5)
3	1386	578 (63.0)
4	1185	469 (68.2)
5	1146	460 (71.1)
6	1074	452 (75.5)
7	956	479 (78.9)
8	971	426 (80.1)
9	760	361 (78.8)
10	926	426 (78.6)
11	994	383 (83.1)
12	994	362 (78.9)
13	976	346 (79.7)
14	960	350 (81.0)
15	1113	359 (77.4)
17	1037	307 (74.5)

『司法統計年報3家事編』「特別養子認容件数」より。

通養子が「身分契約型の養子」といわれるのに対し，「国家宣言型の養子」といわれる。そこでは家庭裁判所が子の福祉の観点から，後見的役割を果たすべきものとされている。

(3) 縁組成立の実質的要件

(a) 必要的夫婦共同縁組　養親となる者は，配偶者のある者でなければならず，かつ夫婦の一方は，他の一方が養親とならないときは養親となることができない（817条の3）。ただし，夫婦の一方が他方の嫡出子の養親となる場合（連れ子を特別養子とする場合など）には共同縁組の必要はなく，一方のみとの縁組で足りる（同条ただし書）。つまり，養親になる者の要件として夫婦に限られ，一方のみでの縁組は許されないというものである。このように夫婦共同縁組を原則とするのは，幼児に親を与えることを目的とする特別養子にあっては，監護養育の面からみて，両親がそろっていること＝夫婦たることが好ましいこと，戸籍上自然な記載ができることなどを理由とされる。

(b) 養親・養子の年齢制限　養親となる夫婦は，双方ともに20歳に達し，

少なくともその一方は25歳以上の夫婦でなければならない（817条の4）。また，養子の年齢については，縁組の審判申立時に6歳未満でなければならないが，その子が8歳未満であって6歳に達する前から引き続き養親となる者に監護されている場合は例外的に認められる（817条の5）。こうした年齢制限は，実親子同様の関係を形成することを目的とする特別養子の制度趣旨から，実親子同等の年齢差であることが望ましく，子が幼少のときにこそこうした親子関係の形成が期待できることや子の地位の早期安定が考慮され，養子についてはその限度を一応就学時とされている。ただし書は里親が里子を特別養子とする場合などを考慮したものである。

(c) 父母の同意　原則として，養子となる者の父母の同意が必要とされる（817条の6本文）。特別養子は，縁組の成立によって法律上の実親子関係を終了させる断絶養子であることから，実父母は子に対する将来の扶養請求権や相続権もなくなるので，事前に縁組について同意を求めるものである。ここでの父母は，実父母のみならず養父母を含み，親権，監護権を有するか否かも問わない（しかし，非嫡出子の父でまだ認知をしていない者はここに含まれず，かつ，特別養子縁組の成立後は認知することもできなくなる）。

同条は，原則として父母の同意を必要としたが，例外として，①父母がその意思を表示できない場合，②父母による虐待・悪意の遺棄その他養子となる者の利益を著しく害する事由がある場合には，同意を必要としない（817条の6ただし書）。とくに後者は，実父母に親権の濫用にあたる行為のある場合など，子の福祉の観点からまさに特別養子縁組を成立させる必要性が高いとして，家庭裁判所の判断により父母の同意に代替しうるものとした。

なお，この父母の同意の撤回については，親子関係の断絶効果の重要性に鑑み，最終段階まで父母の意思を尊重すべきであるから，縁組の審判確定までは自由に撤回できると解されている（東京高決平成2年1月30日家月42巻6号47頁）。しかし，この同意の撤回が恣意的であったり，子の福祉に反し権利濫用と解される場合は，同条ただし書後段の「その他養子となる者の利益を著しく害する事由」あることを認定し，同意不要の縁組成立を認めたものも見られる（福岡高決平成3年12月27日家月45巻6号62頁）。

(d) 要保護性　特別養子縁組は，実父母による養子となる者の監護が著し

く困難または不適当であること，その他特別の事情がある場合に，子の利益のため，とくに必要があると認めるときに成立させるものである（817条の7）。実親との親子関係をあえて終了せしめ，新たに唯一の特別養親子関係を成立させるものであるから，子の健全な育成ないし子の福祉の向上のために，とくに必要があるという積極的な理由がなければならないとされる。典型的には，捨て子，父母の死亡によって養育できない子である場合，あるいは実親が養親による監護養育を著しく阻害するなど実親の存在自体が子の養育にとって有害であるなど特別な事情が存在する場合などが考えられる。

　子の要保護性の認定は審判官に委ねられているが，とくに問題となるのは，①連れ子を特別養子とする場合（連れ子特別養子）と，②普通養子を特別養子とする場合（転換養子）である。

①　連れ子との特別養子縁組については，通説・裁判例は，連れ子は少なくとも実親の一方が引き続き監護養育していることから，原則的にはこの要保護要件を充足しないこと，連れ子との親子関係の形成は普通は普通養子ですむはずで特別養子縁組の希望は子の利益よりも母とその夫の利益にもとづくことが多いとして，縁組の必要性を否定する傾向にある（徳島家審平成元年11月17日家月42巻5号92頁など）。しかし，未成年養子の本来の理念型を特別養子に求め，運用上も基準を緩和し，広く特別養子縁組を認めようとする主張も有力である。

②　普通養子から特別養子への転換についても，裁判例の多くは，普通養子には現在養親がよく監護養育しているので要保護要件があるとはいえないとして否定的であるが（高松高決平成元年2月20日判タ699号235頁ほか），なお，普通養子として円満に養育されているが，その縁組は特別養子制度創設前のもので，その当時特別養子縁組成立の要件が備わっているかぎり，特別養子縁組への転換を認めることができるとするものも見られる（仙台高秋田支決平成元年5月24日家月41巻11号86頁，名古屋高決平成元年10月17日家月42巻2号181頁）。後者の認容例は，制度創設前の普通養子を転換することを経過措置的に「特別の事情がある場合」に該当すると解して認容したものとみられ，特別養子制度創設後，当事者が一旦普通養子縁組方式を選択し，後にその当事者間に特別養子への転換を認める必要性は，立法論

として再検討することはともかく少なくとも解釈論としては，817条の7の要保護要件を充足するケースは稀であると思われる。

しかし，近時，妻の非嫡出子といったん普通養子縁組をしている夫婦から特別養子縁組の申立につき，「特別の事情がある場合」には，監護の著しい困難または不適当な場合にとどまらず，特別養子縁組の成立により，実父母との親族関係を終了させることが子の利益のために特に必要と判断される事情をも含むものと解するのが相当とした上で，血縁上の父から認知されておらず，実父としての義務を怠り，子の養育にも無関心で，将来ともに放置することが容易に推認されるとして，特別養子縁組への転換を認める事例も現れている（名古屋高決平成15年11月14日家月56巻5号143頁）。

(e) 試験的養育期間　特別養子縁組を成立させる審判にあたって，養親となる者が養子となる者を6カ月以上の期間監護した状況が考慮される（817条の8）。これは養親の監護養育能力や養親子間の適合性を観察するものである。この期間は，原則として家庭裁判所に縁組請求をした時から起算されるが，請求前の監護状況が明らかなときは，請求前の期間を加えることができる（同条2項）。

(4) 特別養子縁組の効果

(a) 嫡出親子関係の発生　特別養子縁組の審判の確定によって，特別養子も普通養子と同様，養親の嫡出子たる身分が発生し（809条），養親およびその血族との間に親族関係が生ずることになる（727条）。つまり，養子は嫡出子たる身分を取得するとともに，養親の氏を称し，養親の親権に服することになる。

(b) 実親子関係の終了　特別養子と実父母およびその血族との親族関係は，特別養子縁組成立の日から終了する（817条の9。連れ子養子の場合を除く）。したがって，その中核的法関係たる親権・相互の扶養・相続権などすべて消滅する。ただ，自然的血縁関係までは消滅するものではないから，婚姻障害（734条2項・735条）のような優生学的な規制は残ることになる。また，特別養子も，養子であることから，養親の実子との婚姻は妨げられない（734条ただし書）。

(c) 戸籍の記載　特別養子は，でき得る限り実子同等のものとすることをめざしていることから，戸籍上の記載も従来の扱いと矛盾しない範囲で特別な手続と記載方法がとられている。

①特別養子縁組成立の審判確定後，養親は10日以内に戸籍の届出をする（戸68条の2）。これを受けて，②実親の戸籍［A］に養親との特別養子縁組の裁判確定した旨の記載をなし，その子を除籍する。③実親の本籍地で，養親の氏でその子の単独の新戸籍［B］を編成し，ただちにこれを除籍する（戸20条の3・30条）。戸籍［B］は除籍簿綴につづられる。④戸籍［B］より養親の戸籍［C］に入籍する。⑤戸籍［C］の特別養子の身分事項欄にのみ「民法817条の2による裁判確定により入籍」した旨を記載する。なお，父母欄には養父母のみの氏名が記載され，続柄欄には「長男」，「長女」のように実子同様の記載がなされる。

　こうした手続と記載方法は，特別養子制度の趣旨にのっとり，②〜④の手続きは直接戸籍［A］←→戸籍［C］と辿れないようにして養親子家族の平穏が第三者によって妨害されたり，養子が自分が養子であることを不適切な時期に不用意に知ることを防ぎ，⑤は養子に実親を知る機会を保障するとともに，養親が唯一の法律上の親であることを示し，かつ続柄記載による差別を防止することに資するための工夫である。ただし，このことは養子たる事実を戸籍の上で秘密にする制度ではない。したがって，養子の成長の過程において，適切な時期に，適切な方法によって，さらに相互の信頼関係にもとづいた親子＝人間関係を形成するために，養子に対する事実告知（テリング）をすることを前提としている。

（5）　特別養子縁組の特別離縁

　特別養子の離縁は原則として認められない。ただし，養親による虐待・悪意の遺棄その他養子の利益を著しく害する事由があり，かつ実父母が相当の監護をすることができる場合は，家庭裁判所が，養子の利益のために特に必要があ

【特別養子の戸籍】

A（実親の戸籍）	→	B（単身戸籍）	→	C（養親の戸籍）
本籍 東京都文京区本郷七丁目七番地 父 甲山一郎 母 春子 長男 太郎		本籍 東京都文京区本郷七丁目七番地 乙川太郎		本籍 東京都千代田区霞が関一丁目一番地一号 父 乙川次郎 母 秋子 長男 太郎

ると認めるときは、養子、実父母または検察官の請求により、離縁の審判をすることができる（817条の10）。しかし、養親との間に実親子と同等な関係を形成させる特別養子縁組においては、実親子間に離縁がないのと同様に離縁はなじまず、原則として離縁は認められない。したがって、養親子関係が破綻し、養親による養育が不適切な場合が生じたとしても、親権喪失（834条）や転縁組などの対応が考えられるが、その後実親による養育監護が可能な状況にある場合には、実父母との親子関係を回復させた方がよいと考えられたものである。しかし、現実にはきわめて例外的なものとなろう（2002年＝1件、2003年＝2件、2005年＝2件の離縁が認容されている）。

　離縁が認められた場合には、養子と養親およびその血族との親族関係は終了し、実親およびその血族との間に離縁の日から、特別養子縁組によって終了した親族関係が復活する（817条の11）。氏は特別養子縁組前の氏に復氏し、戸籍も単独戸籍に移る前の戸籍に復籍する。

第5章　親権・後見・扶養

第1節　親　　権

1　「子のため」の親権

　子どもは，大人と異なり，精神的・肉体的・社会的に成長過程にある。そこで，大人の側に求められることは，まず，第1に，子どもが肉体的に，精神的に，社会的に，健全に成長するために，子のために配慮し世話をすることである。第2に，子どもは判断能力が不十分であるため，子に財産があるときには，その財産の管理をし，法律行為について，子を代理することが求められる。ところでわが国を含めた近代国家は，親を子どもの保護をする第一次的な権利者として定め，そのために親権制度を設けている。また親がいない子については後見制度を設けている。したがって，親は，親権者の立場で子どもを保護し，もし親がいない場合には，後見人が親に代わって，子どもを保護することになる。そして親や後見人がこの責任を果たせないときは，第二次的に，国や社会が子の福祉や利益のために，子を保護することになる。

　歴史的には，親権は，絶対的父権により子を支配していた18世紀・19世紀の「家のため・親のため」の親権から，子の利益や子の福祉が強調される20世紀の「子のため」の親権へと変遷をたどっている。このため現代では，親権の内容においては，かつてのような「親の権力」や「支配権」という親の権利性が中心的意味を持つものではなく，むしろ子を健全に養育すべき親の義務というように親の義務性を中心に解されている。さらに1994年には，わが国も国際条約「児童の権利条約（子どもの権利条約）」を批准している。児童の権利条約は，これまで大人の庇護の対象ではあっても，人権の享有主体とは認められなかった18歳未満の子どもに対しても，大人と同様に人権保障を与えることを，国や親に対して求めている。児童の権利条約は，平等の権利（2条），子ども

の最善の利益（3条），親の指導の尊重（5条），生命への権利，生存・発達の確保（6条），名前・国籍を得る権利，親を知り養育される権利（7条），アイデンティティーの権利（8条），親から引き離されない権利（9条），意見表明権（12条），親の第一次的養育責任と国の援助（18条），親による虐待放任，搾取からの保護（19条），家庭環境を奪われた子どもの養護（20条），養子縁組（21条）などを保障している。こうした児童の権利条約の条項の趣旨は，家族法においても，非嫡出子の相続権，親権者決定手続等における児童の意見表明権の保障などのさまざまな領域で，平等な権利，子の自律性および子の利益を認める方向で尊重されなければならない。

2 親権の当事者

（1） 親権に服する子

親権に服するのは，成年に達しない子である（818条1項）。婚姻した未成年者は成年に達したものとみなされる（753条）ので，親権には服さない。

（2） 親権者となるべき者

子の親権者となるのは，「父母」である（818条1項）。父母以外の者が親権者となることはない。しかし父母でありさえすればつねに親権者になるわけではない。

(a) 嫡出子の親権者　嫡出子は父母の親権に服する（818条1項）。養子は，養親の親権に服する（同条2項）。養親と実親が夫婦である場合には，その養親と実親が共同親権者となる。

両親の婚姻関係の解消により父母との共同生活がなくなる場合には，実際的でないという理由から，父母の一方の単独親権に移行する。そのため父母の一方を親権者と定める必要がある。父母が協議離婚をする場合は，協議で一方を親権者と定める（819条1項）。裁判離婚の場合は，裁判所が，父母の一方を親権者と定める（同条2項）。これに対して，子の出生前に父母が離婚した場合には，母が親権を行う。この場合，子の出生後に，父母の協議で父を親権者と定めることができる（同条3項）。

(b) 非嫡出子の親権者　非嫡出子は，母の単独親権に服するが，父が認知した後に，父母の協議によって父を親権者と定めることができる（819条4項）。

(c) 裁判所による親権者の指定　以上の場合に協議が調わないとき，また

は協議をすることができないときは，父または母の請求によって，家庭裁判所が協議に代わる審判をすることができる（819条5項）。明文の規定はないが，家庭裁判所が親権者指定の審判をする場合の判断基準は，子の利益である。具体的には，親の扶養監護能力，監護意欲，子の年齢，兄弟姉妹関係，従前の監護状況，子の意向など，子の福祉に関連するすべての事情が考慮されて，総合的に判断される。

　(d)　児童福祉施設の長の親権代行　　児童福祉施設の長は，入所中の児童で親権を行う者または後見人のない者に対し，親権を行う者または後見人が就くまでの間，親権を行う（児童福祉47条1項）。ただし，797条の規定により代諾養子縁組の承諾をするには，都道府県知事の許可が必要である（同条ただし書）。

(3)　親権者の変更

　父母の一方が単独親権者に指定された場合において，子の利益のために必要があると認めるときは，家庭裁判所は，子の親族の請求により，親権者を他の一方に変更することができる（819条6項）。親権者の指定は当事者の協議によっても可能だが，親権者の変更は必ず家庭裁判所の調停または審判を経なければならない。この場合も子の利益が基準とされる。ただし，親権者変更の場合には，親権者に一応監護養育の実績があるところから，親権者変更については，親権者変更を必要とする子の利益からの特別な事情が必要とされる。具体的には，親権者指定の際にあげた要因のほか，親権者変更申立ての動機や目的，子の置かれている現在の監護状況の問題点，親権者指定後の事情の変更なども考慮される。

　問題なのは，単独親権者である父母の一方が死亡した場合に，未成年者に対して後見を行う者がないとして後見が開始するのか，それとも生存する他方親に親権者を変更できるかである。従来，これらの場合には後見が開始し，生存親が子の監護教育や財産管理に適任であるならば，838条1項1号の「親権を行う者がないとき」として，生存親を後見人に選任すれば足りるとする後見開始説が有力であった。しかし民法は，未成年者の父母がいる場合にはまず親権者として子の養育にあたらせ，それが不可能な事情のあるときにはじめて補充的に後見が問題となるという構成をとっていること，また，親が生存している場合には，後見人としてよりもなるべく親権者の地位を与えたほうが国民感情

にも沿うといった理由から，他方親への親権者の変更（または指定）を認める判例（仙台高決昭和63年12月9日家月41巻8号184頁など）や学説が有力となっている。

(4) 親権の父母共同行使

親権は，父母の一致した意思決定のもとに行使されることが望ましい。そこで民法は，親権は，父母の婚姻中は父母が共同して行うと定める（818条3項）。この共同行使の原則は，共同親権の原則とともに両性（父母）の平等の原則によるものである（憲14条・24条）。しかし場合によっては父母間で意見が一致しない場合も予想され，その際には親権の行同行使は困難となる。このような父母間で意見が一致しない場合については，民法に直接規定はなく，父母の一方や家庭裁判所に決定権を与えることが立法論として主張されている。現行法下でも，子の日常的な監護養育などの事実上の事柄に関しては，単独行使を認め，それが著しく不当なときには他方が共同親権にもとづいて，その差止めを請求できると解することができる。また，場合によっては夫婦の協力義務（752条）の一内容として家庭裁判所に調停を申し立てることも認めるべきであろう。

親権が共同行使されなかった場合には，どのように解するべきか。親権の行使が共同名義でなされたか単独名義でなされたかという点と，その行使が共同の意思にもとづいてなされたか一方の意思だけでなされたかを区別する必要がある。まず共同名義で双方の意思による場合，この場合は有効な親権行使としてまったく問題はない。つぎに共同名義でなされてはいるが，他方の意思にもとづいていない場合は，原則として無効であるが，相手方が善意であった場合は有効とされる（825条）。さらに単独の名義でなされているが双方の意思にもとづいている場合には，親権行使は有効となる。親権は双方の名義で行使される必要はなく，一方の名義で行使されても他方の同意があれば有効だからである。それに対し，単独名義で親権行使が行われ，かつ他方の意思に反する場合には，同意行為であるときは子の行為は取り消しうる行為となり，代理行為であれば無権代理となる。ただし110条の表見代理の規定の適用される場合がある。

父母の一方が，法律上（後見開始の審判や親権喪失宣告等）または事実上の障害（長期不在や別居等）により親権を行うことができないときは，単独親権

となり他の一方が行う（818条3項ただし書）。なお，父母が婚姻関係にない場合も，単独親権となるし，父母が離婚するときは，前述のように，一方を親権者と定めなければならない。

3　親権の内容

親権は，子が健全な社会人として成長するために，親に認められた権利義務である。その内容は，大きく子の身上に関する身上監護と子の財産に関する財産管理とに分けることができる。

（1）身上監護

(a) 監護教育　親権を行う者は，子の監護および教育をする権利を有し，義務を負う（820条）。監護とは子の身体の保護育成に関することを，教育とは精神の発達に関するものをいうが，両者は密接に関連しており，明確に区別することはできない。すなわち未成年の子が健全に成長・発達するように身体と精神の両面にわたって配慮することである。

その監護の個別的内容および方法として，民法は居所指定権（821条），懲戒権（822条），職業許可権（823条）を定める。

(b) 子の引渡請求　親権者は親権の行使を妨害する者に対して，監護教育権の効力として，妨害の排除の請求をすることができる。したがって親権者の意思に反して第三者が子を手元に抑留する場合，妨害の排除および子の引渡を請求できる。ただし，子が意思能力を有しその自由な意思にもとづき第三者のもとに居住している場合には，第三者が親権の行使を妨害しているわけではないので，この者を相手とする妨害排除請求または子の引渡を請求することはできない。子が意思能力を有しない場合または子の自由意思によらずに第三者が子を抑留している場合には，第三者に対して引渡請求ができるかという問題が生じる。

これについて，かつての判例は，親権の有無だけで引渡請求を認めたり（大判大正10年10月29日民録27輯1847頁），また子の自由意思にもとづく抑留であった場合には，子の引渡請求は認められない（最判昭和35年3月15日民集14巻3号430頁）として，子の意思能力の有無を問題にした。しかし現在では，子の意思の有無だけでは足らず，子の利益について具体的な一切の事情を判断する傾向にある。

子の引渡請求の方法は，通常裁判所による民事訴訟の方法と，家庭裁判所の調停ないし審判による方法とがある。前者は，親権者・監護権者でない第三者が子を連れ去った場合には，その第三者に対して，親権（または監護権）にもとづく妨害排除請求として幼児の引渡を請求することができる。しかし現代で子の引渡が争われる事件の多くは，第三者に対する引渡請求ではなく，別居や離婚の係争の過程での子の奪い合いとして発生する。そこで幼児の引渡請求の事案は，第1に婚姻中であるが破綻して別居にいたった夫婦間で子どもを奪い合うケース，第2のケースとしては，離婚の紛争の中で，親権者・監護者指定の問題として子の引渡を求める場合，第3のケースとして，離婚した夫婦間の場合とに分けることができる。第1のケースの父母が別居中の場合には，父母が双方とも親権者であるが，親権を共同行使するのは困難である。このような場合の解決に関する具体的な規定は，民法には存在しないが，離婚夫婦間の子の監護に関する処分（766条）を命ずる審判事件に準ずるものとして家庭裁判所が行うとされる。第2の離婚紛争の中での親権者・監護権者の指定・変更その他監護に関する処分は，民法766条1項・2項・771条に付随して，家庭裁判所は，子の引渡を命じることができる（家審規53条）。第3の離婚した夫婦間での争いについても，通常の民事訴訟による処理も考えられるが，子の問題について専門機関として知識も経験も豊富な家庭裁判所により解決されるのが望ましい。

　このように夫婦間での子の引渡などの子の監護に関する事件は，親権の効力または家庭裁判所の調停・審判により解決されうる。しかし，これらの手続は決定が出るまでに時間がかかり，迅速性に欠ける。そこで人身保護法の適用が求められることになる。昭和24年に最高裁判所が幼児の引渡について，人身保護法の適用を認めたため（最判昭和24年1月18日民集3巻1号10頁），現在では，広範囲に人身保護法が適用されている。人身保護法による引渡の可否についても，子の幸福を基準にして判断される。たとえば，別居夫婦の事案で，最高裁は，拘束者による幼児の監護・拘束の違法性が顕著であるということができるためには，幼児が拘束者の監護の下に置かれるよりも，請求者の監護の下に置かれることが子の幸福に適することが明白であることを要する，としている（最判平成5年10月19日民集47巻8号5099頁）。さらに，最高裁は，最近の判例の

中で人身保護手続の利用を制限して，家庭裁判所による解決を重視する立場に転換をしている（前掲最判平成5年10月19日，最判平成6年4月26日民集48巻3号992頁）。

(2) 財産管理

親権者は，子の財産を管理し，また，その財産に関する法律行為について子を代理する権限を有する（824条）。また子が財産上の行為をする場合には同意権を有する（4条）。

財産の「管理」は，財産の保存（家屋の修理など），利用（家賃をとって家屋を貸すなど）や改良行為（増改築など）だけでなく，処分行為も含まれると解されている。ここから親権者は，子の財産を売却したり，子名義で借財したり，子の財産に抵当権を設定することもできる。これらの財産管理行為を行うにあたっては，親権者は自己のためにすると同一の注意義務を負う（827条）。後見人の注意義務は善良なる管理者の注意義務であり，親権者の注意義務の程度は，後見人より軽減されている。子が成年に達したときは親権者は遅滞なく管理の計算をしなければならない（828条本文）。ただし，その子の養育および財産の管理の費用は，その子の財産の収益とこれを相殺したものとみなされる（828条ただし書）。しかし，無償で子に財産を与える第三者が相殺について反対の意思を表示したときは，その財産については適用されない（829条）。また無償で子に財産を与える第三者が，親権を行う父または母に管理させない意思を表示したときは，その財産は，父または母の管理に属しない（830条1項）。第三者が管理者を指定しなかった場合には，家庭裁判所がその管理者を選任する（同条2項）。第三者が管理者を指定したときでも，管理者の権限が消滅したり，改任する必要がある場合において第三者が管理者を指定しない場合には，家庭裁判所が管理者を選任できる（同条3項）。

親権者が子を代理してなしうる財産上の法律行為は，売買，賃貸，贈与，相続の承認・放棄など子の財産に影響を与えるいっさいの行為を含む。親権者が，子の行為を目的とする債務を生ずる契約について，子を代理して締結するには，子の同意を要する（824条ただし書）。なお，労働基準法は，子に代わって労働契約を締結することも賃金を受けることも禁止している（労基58条1項・59条）。なお，代表行為は，親権の行使として，父母共同親権，共同行使の原則による。

他方の同意なしに一方が共同名義で行為した場合には，825条により，善意の第三者に対し，有効となる。また他方の同意を得ずに一方が単独名義で行為した場合の効力については，代理の問題として，民法110条の問題として処理される。

(3) 親権者と子の利益相反行為

(a) 利益相反行為について親権を制限する趣旨　親権者は子の財産について子を代理して法律行為を行うが，場合によっては，その法律行為は，子の利益と相反することがある。たとえば代表的例は，子の所有する財産を親権者自身に譲渡する契約について子を代理するという場合である。このような場合には，親権者が子の利益のために公正な親権を行使することは期待できない。また親権者が数人の子に対して親権を行う際にも，相互に利益が衝突して公正に親権を行使することは困難な場合がある。そこで，利益相反行為にあたる場合には，特別代理人の選任を家庭裁判所に請求しなければならない（826条1項）。この制度は，子を代理する親権者と子との間に，利害関係の対立がある場合に公正をはかる制度であり，自己契約や双方代理の禁止の規定（108条）と同一の趣旨から出ている。

(b) 利益相反行為の基準　利益相反行為とは，親権者のためには利益であるが，未成年の子のためには不利益な行為，または親権に服する子の一方のためには利益であるが，他方のために不利益な行為をいう，とするのが判例・通説である。では利益相反行為の基準は何なのだろうか。法律行為の相手方である第三者の利益を重視すべきか，それとも子の利益を重視すべきなのだろうか。このどちらを重視すべきかによって，利益相反行為の判断基準について，二つの考え方が対立する。一つは，第三者の利益を重視し，利益相反行為をもっぱら行為の外形から判断すべきであるとする形式的（外形）判断説と呼ばれる判例・通説の考え方である。もう一つは，その行為が実質的に子に不利益であるかどうかにより判断すべきであるとする実質判断説がある。形式的（外形）判断説は，利益相反行為かどうかの判断は，親権者の動機や意図などは考慮せず，行為自体の外形から判断することが，取引の安全の見地から重要であると考える。この説によれば，自己の遊興費に費消するために，子名義で借り入れし子の不動産を担保とするように，親権者がもっぱら自分の利益をはかる目的で第

三者と法律行為をする場合であっても，子名義の借り入れは許されることであり，外形的には親権者と利益が相反するわけではないので，利益相反行為とはならない。しかし，親権者が自己名義の借入金債務のために子の不動産を担保とすることは，たとえその借入金を子の教育費用に充てる場合であっても，自分の借金に子の財産を用いることであるから，利益相反行為となる。こうした形式的（外形）判断説の見解に対して，実質判断説は，子の利益のために具体的事情に照らして判断すべきであると主張する。判例は，利益相反か否かは，もっぱら行為自体ないしは，行為の外形のみから，判断すべきであって，行為の動機・縁由あるいはその結果のいかんを問うべきではないとする形式的（外形）判断説に立っている（最判昭和37年10月2日民集16巻10号2059頁）。

(c) 判例で利益相反行為とされた類型

① 親権者と子との間の法律行為

・未成年者の財産を親権者に譲渡する行為は，対価の有無を問わず，常に利益相反行為となる（大判昭和6年3月9日民集10巻108頁）。

② 親権者が子の財産を処分する行為

・親権者が子の所有する土地を第三者に譲渡する契約（最判昭和35年2月25日民集14巻2号279頁）

・親権者が数人の子のために子を代理して行う遺産分割協議（最判昭和49年7月22日家月27巻2号69頁）

・数人の子のために同じく相続人が後見人となってなす相続放棄（最判昭和53年2月24日民集32巻1号98頁）の事案（860条は，後見にも親権の利益相反規定を準用する）。ただし，判旨によると，後見人がまず自らの放棄をしたのちに被後見人全員を代理してその相続の放棄をしたとき，あるいは，また後見人自らの放棄と被後見人全員の放棄とを同時にしたときは，利益相反行為とならないとする。

③ 子が第三者に対して債務を負担する行為

・親権者が自己の債務のために子を連帯債務者とする行為（最判昭和45年11月24日家月23巻5号71頁）

・親権者の債務に未成年の子が保障する行為（大判昭和11年8月7日民集15巻1630頁）

・親権者が自己の債務の担保として子の不動産に抵当権を設定する行為（前掲最判昭和37年10月2日）
・子の財産を親権者の債務の代物弁済にあてる契約（前掲最判昭和35年2月25日）
・親権者が第三者の債務について子とともに連帯保証をし，子と共有する不動産に抵当権を設定する行為（最判昭和43年10月8日民集22巻10号2172頁）

(d) 利益相反行為とされなかった主な事例
・親権者が子と共同債務者となり，その債務について共有不動産に抵当権を設定する行為（前掲最判昭和37年10月2日）
・子とともに合名会社を設立する行為（大判大正6年2月2日民録23輯186頁）
・父を定める訴えを提起する行為（大判大正15年11月2日法律評論16巻298頁）

4　親権の終了

(1) 親権の終了事由

　親権は，第1には，子の死亡，子の婚姻，成年到達により終了する。もはや子を親権に服させる意味がなくなった場合である。第2には，親権者の死亡，親権者の親権行使不能（重病，長期不在，親権者の後見開始など），親権者変更の審判，子の養子縁組，離縁，共同親権者である父母の離婚，親権（管理権）の喪失または辞任により終了する。

(2) 親権の喪失

(a) 親権の濫用　　親権者に親権濫用，あるいは著しい不行跡がある場合には，子の親族または検察官の請求によって，親権の喪失の宣告を家庭裁判所に請求することができる（834条）。この請求権は，児童相談所長にも認められている（児童福祉33条の6）。子自身または養護施設長に親権喪失宣告の請求権が認められていない点は問題とされる。親権者による児童虐待の防止には，現実に要保護児童の保護にあたる養護施設長の早急な対応が必要だからである。

　どのような行為が親権濫用となり，また著しい不行跡となるのか。親権喪失制度は，親権を濫用したり，著しい不行跡のある親に対して，懲罰や制裁として課されるという制度ではなく，あくまでも子の利益を保護するための制度である。したがって，親権濫用の行為や著しい不行跡の行為の判断については，親権者の親権の行使が子の利益を損なうかどうかを中心に判断されなければな

らない。親権濫用とは，親権者が親権の内容を不当に行使し，または不当に行使しないことにより，子の福祉ないしは利益を著しく害することをいう，とされる。

(b) 著しい不行跡　著しい不行跡とは，性的不品行や飲酒・賭博にふけること，放蕩により自己の財産を浪費することなど，直接的には子以外に向けてなされるはなはだしく不良な素行を意味する。問題なのは，父の放蕩・母の私通のように道徳的に非難されるべき行為が著しい不行跡に該るとされるのか，という点である。ここで注意しなければならないのが，明治民法下での親権喪失宣告の申立ての多くが，封建的「家」制度思想を背景に，父の死後に親権者となった母から親権を奪う目的で行われたということである。現行制度の下では，道徳的に非難されるべき行為に対する懲罰の制度として親権喪失制度が利用されてはならない。あくまでも子の利益のための制度であることから，子の利益を中心に判断されなければならない。道徳的判断によることなく，実質的に，親権者に子を監護・教育させることの弊害と，他の者に親権または後見を行わせる得失とを子の利益の立場から判断すべきである。

(c) 子どもの虐待　親権喪失について近年大きな問題となっているのが，子どもの虐待である。親権者の子に対する虐待は，親権の内容である身上監護権の不当な行使である。したがって，親権者が子に虐待行為を行った場合には，親権濫用として，親権喪失を申し立てることができる。虐待には，身体的虐待，不当な拘束・監禁，心理的虐待，性的暴行，監護教育の怠慢ないしは拒否，捨て子・置き去り，不当な登校禁止などがある。これら子どもの虐待は，家庭という閉ざされた場で，子へのしつけという名目で行われるため，外部に明らかになりにくく，また外部の者は告発しにくい状況にある。わが国の児童虐待の実数は明確ではないが，年間1万件に及ぶであろうと推計する児童福祉の専門家もいる。こうした児童虐待に対して，諸外国では子どもの虐待を早期に発見するために，医師や教師などの子どもの虐待を発見しうる者に対して罰則つきの通報義務を課し，また善意の誤報に対しては法的責任を免除するなどの制度を置いている。

わが国でも平成12年児童虐待防止法が制定された。この児童虐待防止法は，児童虐待の禁止を明文で規定し，児童虐待の防止を国および地方公共団体の責

務とした点では，一定の意義はあった。そして，平成16年にはさらに同法の改正がなされ，配偶者間の暴力が児童に心理的外傷を与える場合には，その配偶者間暴力も児童虐待とされるなど児童虐待の範囲が拡大されるに至った。しかし，通告義務の懈怠に対する罰則制度や誤報に対する法的責任の免除の制度がないなど，同法はいまだ法的対応として不十分であるという批判も多い。

（3） 管理権の喪失

親権者による財産管理が失当で子の財産を危うくした場合には，子の親族または検察官の請求によって管理権のみの剥奪を請求することができる（835条）。その他親権・管理権の辞任の制度が定められている（837条1項）。

第2節　後見・保佐・補助

1　後見制度とは

（1）　後見制度の意味と歴史

父が死亡して，母に育てられていた子が，その母も死亡してしまった場合，誰がその子のめんどうを見るのだろうか。また成人でも痴呆症や精神障害により判断能力が不十分な人の世話や，財産の管理はどのようになされるのだろうか。

本来，未成年の子の養育や財産の管理については，民法は，第一次的には未成年者の親すなわち親権者を予定している。しかし，親権者の死亡などの理由により，未成年者に親権を行使して未成年者を保護をする者がいなくなった場合については，民法は未成年後見の制度を定める。また痴呆症や精神障害により判断能力が不十分で，生活や財産管理を自ら行うことが困難な者の保護については従来は禁治産・準禁治産制度を定めていた。しかし，成年者については，平成12年の民法改正により成年後見制度に改められた。その改正の背景については後に述べることとするが，このように後見制度も社会状況の推移により，変遷をたどっている。そこでまず後見制度の歴史を振り返ってみよう。

後見は，最初は家のための後見として，家長権や家父権のような支配権ととらえられていたが，その後，後見人が財産に対して収益権を有する後見に移行し，さらに被後見人の財産管理権へと姿を変えていった。この流れは，親子法

の変遷と対応するものであり，後見においても，家のための後見から，後見人のための後見，被後見人のための後見と発展していったのである。近代法の後見は，親権者を失った未成年者のために親権者に代わって未成年者を保護する制度および，判断能力の不十分な者の保護のための制度として，位置付けられる。

わが旧法は，封建的な家族制度を基礎に置いていたため，要保護者の保護は，家族や親族内部で対応すべきであるとされていた。そのため，後見人の選任についても，最後に親権を行う者が遺言により後見人を指定していなかったときは（旧901条），戸主が当然に後見人になる旨が定められており（旧903条），指定・法定の後見人がないときは，親族会が後見人を選任すべきものとしていた（旧904条）。これに対して，現行民法は，旧制度を改め，戸主や親族会を廃止し，指定後見人がないときは，すべて家庭裁判所が後見人を選任すべきものと定めている（841条・843条）。しかも後見人は，後見監督人がない場合は，家庭裁判所の直接監督の下に，原則として親権と全く同一に後見の職務を行うことができるようになった。

このような現行法は，親族内部で要保護者の保護を完結していた旧制度とは異なり，家庭裁判所に後見人の選任や後見事務について大きく関与を認め，後見の社会性に向けて進んだといえる。

しかし，残念なことに，わが国では，後見制度が十分に活用されているとは言い難い。親権者のいないすべての未成年者に後見人が選任されているのではなく，養子縁組・財産処分・遺産分割・遺族年金の受領など，民法上後見人が必要な場合になり，初めて後見人が選任される状況である。成年者の場合も，禁治産宣告による後見・準禁治産宣告による保佐ともに十分に利用されているとは言い難く，こうした状況を打開すべく，成年後見制度が新設された。

（2）成年後見制度の新設

近年，わが国は，高齢化社会を迎え高齢者の人口が増えているだけでなく，産業構造の変化により，高齢者だけの世帯も増加している。こうした現状で，高齢者にかかわる新たな問題が生じている。たとえば判断能力が不十分な一人暮らしの老人が，話し相手になってくれるセールスマンの訪問を楽しみにして，その詐欺的行為の犠牲者になるケースや，また逆に高齢者であることを理由と

して銀行などの取引相手は取引に応じず，財産も判断能力もある高齢者であるにもかかわらず，遊んでいる土地があっても売ることもできず貧しい生活を余儀なくされるというケースである。

　民法はこれまで成年者で判断能力の十分でない人について，禁治産（旧7条以下），準禁治産（旧11条以下）の制度によって保護してきた。しかし，これらの制度は，平成10（1998）年の全国の禁治産宣告の審判件数1709件，また準禁治産宣告の審判件数251件という数字を見ても明らかなように十分には活用されてこなかった。その理由としては，第一に，一律に行為能力の広範な制限を伴うので，本人の残存能力の活用が保障される制度にはなっていなかったこと，第二に，後見による要保護者の判断能力や保護の必要性は多種多様であるにもかかわらず，禁治産・準禁治産という硬直した二元制度であったため柔軟性に欠けたこと，第三に，禁治産者は行為無能力となるため，日常生活に必要な法律行為をする高齢者には利用が困難であること，第四に，行為能力の制限の公示が戸籍へ記載されるため，社会一般の抵抗が強いことなどである。また従来の禁治産宣告による後見・準禁治産宣告による保佐制度に関しては，つぎのような問題点が指摘された。すなわち夫婦の場合，必ず配偶者が後見人・保佐人に就任することになっていたが，高齢者の場合には，配偶者も高齢者となっていて後見人の役割を果たせないことが多いこと，および，法人が後見人・保佐人になることを規定していなかったため，配偶者・親族等がないときに適切な対応ができないという点であった。さらに重要なことは，禁治産・準禁治産の宣告を受けるほどではないが，判断能力が減退している人に対しては，従来の制度はまったく機能しなかったことである。また禁治産・準禁治産制度には，現代の福祉社会におけるノーマライゼーションの思想，すなわち本人の意思や自己決定権を尊重し，障害者もできる限り普通の生活を送れるようにするという考え方は反映されていない。そこで高齢化社会を迎えて高齢者が利用しやすい後見制度が求められていた。

　以上の批判を受けて，自己決定権の尊重，残存能力の活用，ノーマライゼーションの理念にもとづいて，2000年4月から成年後見制度が新たに設けられた。その内容は，第一に，従来の禁治産制度・準禁治産制度の二元的制度に，補助類型という新たな類型を新設して，成年後見制度，保佐制度，補助制度の三類

型にしたこと。すなわち，従来の禁治産制度・準禁治産制度にそれぞれ対応する成年後見・保佐制度に加えて，心神耗弱にはいたらないが，なお判断能力が不十分であるために保護を必要とする者を対象とする補助制度を加えて，制度の弾力化をはかることを目的とした。第二に，補助，保佐および成年後見の開始決定に関する公示方法として，戸籍への記載をやめて法務局における登記という新たな公示方法を創設したこと，第三に配偶者法定後見制度を廃止したことおよび法人も後見人となりうることとなったこと，第四に公的機関の監督を伴う任意後見制度の導入などである。

2 未成年後見制度

(1) 未成年後見の開始

未成年後見は，①未成年者に対して親権を行う者がいないとき，および②親権者が管理権を有しないときに，開始する（838条1項）。未成年者に対する後見開始原因である「親権を行う者がないとき」とは，親権者が存在しない場合（親権者の死亡や失踪宣告，成年後見開始，保佐開始，親権喪失宣告）および存在するが事実上親権を行使できない場合（行方不明，服役中など）である。父母の一方が死亡したり，親権を喪失したりしても，父母の他方が親権を行使しうる場合には，未成年後見は開始しない。

(2) 未成年後見の機関

(a) 未成年後見人　未成年後見の機関は，未成年後見人と未成年後見監督人があり，未成年後見人は一人に限られる（842条）。未成年後見監督人は，任意の機関であるが，複数でもよいとされる。未成年者に対して最後に親権を行う者は，遺言により自己の死亡後に未成年後見人となるべき者を指定することができる。これは，未成年後見は，親権の延長という性格を有するためである。父母の共同親権の場合でも，一方に管理権がないときは，他方は遺言により未成年後見人を指定できる（839条）。

未成年後見人の指定がなされなかった場合には，未成年被後見人およびその親族または利害関係人の請求により，家庭裁判所が未成年後見人を選任する（840条）。父または母が，親権もしくは管理権を辞し，ないしは親権を喪失したときは，その者は未成年後見人の選任を家庭裁判所に請求する義務を負う（841条）。未成年後見監督人は，未成年後見人が欠けたときには，未成年後見

人選任申立義務を負う（851条2号）。

　未成年後見人および未成年後見監督人には未成年被後見人の財産の中から報酬が与えられる場合もある（862条・852条）。

　(b)　**未成年後見人の欠格事由**　つぎの事由がある者は未成年後見人になることはできず，また未成年後見人に就職した後，これらの事由に該当することになれば，当然に未成年後見人の地位を失う（847条）。すなわち，①未成年者（婚姻した者は成年の擬制により除外される753条），②家庭裁判所で免ぜられた法定代理人，保佐人または補助人，③破産者，④未成年被後見人に対して現に訴訟をし，または過去に訴訟をした者，さらにこのような者の配偶者ならびに直系血族，⑤行方の知れない者，である。なぜなら，まず未成年者は，未成年後見の事務を行うにつき，十分な判断能力を有しないし，またはその他の者は被後見人である未成年者と利害の対立する状況にあり，未成年後見人として適切でないからである。改正前は，禁治産者・準禁治産者が加えられていたが，改正で削除された。

　(c)　**未成年後見人の辞任・解任**　未成年後見人に指定ないし選任された者は，当然に未成年後見人に就職し，正当な事由がないと辞任できない（844条）。

　未成年後見人の解任については，後見人に不正な行為，著しい不行跡その他後見人の任務に適しない事由があるときは，家庭裁判所は，未成年後見監督人または未成年被後見人およびその親族または検察官の請求により，または職権でも行うことができる（846条）。

　(d)　**未成年後見監督人**　未成年後見監督人は，後見人を監督する職務を負う機関であるが，必須の機関ではない。指定未成年後見監督人と法定未成年後見監督人とがある。指定未成年後見監督人については，未成年後見人を指定することができる者は，遺言で未成年後見監督人を指定することもできる（848条）。指定による未成年後見監督人がない場合で，家庭裁判所が必要と認めたときには，未成年被後見人，その親族もしくは未成年後見人の請求または職権で未成年後見監督人を選任できる（849条）。

　(e)　**未成年後見監督人の欠格・辞任・解任**　未成年後見監督人の欠格事由は，後見人の欠格の規定が準用される（852条・847条）。このほか固有の欠格事由として，未成年後見人の配偶者・直系血族・兄弟姉妹は未成年後見監督人に

なることはできない（850条）。未成年後見監督人が未成年後見人と特別の身分関係にあるときは公正な監督事務は期待できないからである。

　(f)　未成年後見についての戸籍の届出　　未成年後見人および未成年後見監督人に指定ないしは選任された者は，就職の日から10日以内に未成年被後見人の本籍地または未成年後見人の住所地の市町村長に戸籍の届出をしなければならない。

（3）　未成年後見人の職務

　(a)　未成年後見の場合は，未成年後見人の職務は，被後見人の監護教育と財産管理にある（820条・857条・859条・860条・867条・869条）。親権者に財産管理権がないために選任された未成年後見人の職務は，財産管理である（868条）。

　(b)　財産の調査等　　未成年後見人の職務として，まず行わなければならないのは，財産の調査である。未成年後見人は，遅滞なく被後見人の財産状態の調査に着手し，1カ月以内に，その調査を終わり，財産目録を作成しなければならない。ただし家庭裁判所により期間を伸長することができる（853条）。後見監督人がいる場合には，その立会のもとに，これらの職務を行わなければならない。

　(c)　未成年者に対する身上監護権　　未成年後見人は未成年者の身上監護を行う権限を有する。すなわち，親権の延長として，監護教育，居所指定，懲戒，職業許可などについて，親権者とほぼ同様の権限がある（857条本文）。ただし，親権者が定めた教育の方法および居所を変更したり，未成年者に営業を許可したり，その許可を取り消したり，制限したりするには，後見監督人がいる場合には，その同意を必要とする（857条ただし書）。後見監督人がいる場合に，その同意なく，行われた行為の効力については，規定がないことから，有効と扱われる。ただし，未成年者が12条1項に掲げる行為をなすことおよび営業をすることに同意するには，後見監督人がいる場合には，その同意を得なければならない（864条）。後見監督人の同意を得ずに，後見人が12条1項の行為に同意した場合には，被後見人または後見人は取り消すことができる（865条）。

　(d)　財産管理と代理権　　未成年被後見人は，自己の財産管理能力を有しないので，未成年後見人は，未成年被後見人の財産を管理するとともに，その財産に関する法律行為について，未成年被後見人を代理する権限を有する（859

条)。この権限の内容は，親権者の財産管理権および代理権と同様である。未成年後見人の利益と被後見人の利益が相反する場合には，後見監督人がいないときは，親権者の場合と同様に，特別代理人を選任する（860条）。

(e) 未成年後見事務の報告　未成年後見監督人または家庭裁判所は，いつでも，未成年後見人に対して後見事務の報告ないし財産目録の提出等を命じることができる（863条）。

(4)　未成年後見監督人の職務

未成年後見監督人の職務は，①後見事務の監督（851条1項1号），②後見人の補充（851条1項2号），③緊急必要処分（851条1項3号），④未成年後見人と未成年被後見人との間の利益相反行為の特別代理（851条1項4号）である。

家庭裁判所は，後見事務を監督し（863条），後見人を解任する（845条）。その他，後見人が就任にあたって行う財産目録調整の期間の伸長（853条1項ただし書），および後見終了の際の管理の計算期間の伸長にも関わる。

(5)　未成年後見の終了

未成年後見の終了には，絶対的終了すなわち後見そのものが終了する場合と，相対的終了すなわち後見人の交替が行われる場合とがある。

絶対的終了原因は，①未成年被後見人の死亡（失踪宣告も含む），②未成年被後見人の成年（成年擬制も含む），③親権者の出現（親権喪失宣告の取消，親権辞任の回復，未成年被後見人の縁組，未成年被後見人を認知した父が親権者となるとき，未成年被後見人である養子について，母が判明したとき）などである。

相対的終了原因は，未成年後見人の死亡・辞任，解任，欠格事由の発生，などである。

未成年後見が終了した場合には，絶対的終了原因にもとづくときは後見終了届（戸84条）を，また相対的終了原因によるときは，後任の後見人から更迭の届出をしなければならない（戸82条）。未成年後見が終了した場合には，未成年後見人は2カ月以内に，管理の計算をして，財産を被後見人に引き渡さなければならない（870条〜875条）。

3　成年後見制度

新しい成年後見制度は，従前の禁治産および準禁治産の制度を抜本的に改め

た「法定後見制度」(後見・保佐・補助の制度)と新たに設けた「任意後見制度」から成り立っている。法定後見制度は，法律の規定に従って家庭裁判所が成年後見人等を選任するのに対して，任意後見制度は，契約による後見制度として，契約に従って任意後見人を選任する制度である。

(1) 成年後見の開始

成年後見は改正前の禁治産制度に代わるもので，精神上の傷害(痴呆・知的障害・精神障害等)により，事理弁識能力を欠く者を成年被後見人(7条以下)として，保護する制度である。家庭裁判所が事理弁識能力を欠く者について後見開始の審判をすると，成年後見が開始し(838条2項)，この者は成年被後見人となり(8条)，この者のした法律行為は原則として取り消されることとなる(9条)。

なお，成年後見の任務を行うのに適した個人が存在しない場合がある。

そのため改正法は，法人を成年後見人に選任しうるという制度を採用した(843条4項)。

(2) 成年後見の機関

(a) 成年後見人　成年後見の機関としては，必須の執行機関は，成年後見人である。改正前は，夫婦の一方が禁治産者になると，他方が当然に法定後見人(旧840条)になるとされたが，この制度は今回の改正で廃止された。また改正前は成年後見人は一人に限るとされたが，改正後は複数でもよいとされる(843条3項・859条の2)。後見人も後見監督人も報酬が与えられうることになった。

成年後見人の欠格事由(847条)・辞任(844条)・解任(846条)についても，職務遂行についての委任の規定の準用(869条・874条)も，未成年後見と同様である。

(b) 成年後見監督人　成年後見開始の審判がなされると，成年後見人の業務を監督するものとして，所定の者の請求または職権で必要があると認められるときは，家庭裁判所により成年後見監督人が選任される(849条の2)。成年後見監督人には，未成年の場合と異なり，指定後見監督人は存在しない。法人も後見監督人に選任されること(852条・843条4項)，および複数の後見監督人が認められること(852条・859条の2)は，成年後見人と同様である。

(c) 法定後見についての登記　法定後見制度についての事項は，改正前は本人の戸籍に記載されていたが，この戸籍への記載が禁治産制度が利用されない大きな理由であった。そこで本人のプライバシーを考慮した制度として，新たに成年後見登記制度が設けられ，成年後見開始，成年後見人および成年後見監督人の選任，さらにはその職務の範囲等，および任意後見契約についても，成年後見登記に記録することになった（後見登記4条・5条）。

(3) 成年後見人の職務

　後見が開始すると，成年後見人には，広い代理権と取消権が付与される。ただし，日用品の購入その他日常生活に関する行為は，取消権の対象から除外されている（9条）。これは被後見人の自己決定権を尊重する趣旨から定められたものである。代理権の対象となる「財産に関する法律行為」とは，狭義の財産管理を目的とする法律行為（たとえば，預貯金の管理・払戻し，不動産その他重要な財産の処分，遺産分割，賃貸借契約の締結・解除等）に加えて，身上監護に関する法律行為（たとえば，介護契約，施設入所契約，医療契約の締結等）も含まれる。

　なお，成年後見人は，成年被後見人の生活，療養看護および財産の管理に関する事務を行うにあたっては，成年被後見人の意思を尊重し，かつその心身の状態および生活の状況に配慮しなければならない（858条）。複数の成年後見人が選任されているときは，家庭裁判所は，職権で，数人の成年後見人が，共同してまたは事務を分掌して，その権限を行使すべきことを定めることができ（859条の2第1項），これらの事項は後見登記等ファイルに登記されることになる（後見登記法4条1項）。以上の点は，後見監督人についても同様である（852条・859条の2）。第三者の意思表示は，成年後見人の一人に対してすればよいこととされている（859条の2第3項）。一般に成年後見人は，成年被後見人の意思を尊重しなければならないが，とくに，成年被後見人の居住は，その者が欲する限り継続されることが望ましいので，成年後見人は，成年被後見人に代わって，その居住の用に供する建物またはその敷地について，売却，賃貸，賃貸借の解除または抵当権の設定その他これに準ずる処分をするには，家庭裁判所の許可を得なければならない（859条の3）。

　成年被後見人の法律行為は，原則として取り消されうる（9条本文）。婚姻・

離婚・養子縁組・離縁などの身分行為は，成年被後見人が本心に復した状態であれば成年後見人の同意を得ることなく行うことができる（738条・764条・799条・812条）。

4　保　　　佐

（1）　保佐の開始

保佐の制度は，改正前の準禁治産制度を改めたものである。事理弁識能力が著しく不十分な者について，所定の者からの申立てがあったときは，家庭裁判所は保佐開始審判をなす（11条）。

（2）　保佐の機関

(a)　保佐人　　保佐は改正前の準禁治産制度に代わり，精神上の障害（痴呆・知的障害・精神障害等）により，事理弁識能力の著しく不十分な者を被保佐人として（11条・12条）保護する制度である。保佐については，原則として後見の規定が準用される（876条の2第2項による成年後見人の辞任・解任・欠格の諸規定・876条の5第2項による法人および複数の成年後見人についての規定等の保佐人への準用）。保佐の登記についても成年後見と同様である（後見登記4条）。

(b)　保佐監督人・臨時保佐人　　必要がある時は，保佐監督人が選任されうる（876条の3第1項）。成年後見とは異なり，保佐人と被保佐人との間で取引がなされうるから，この両者間の利益相反行為については，保佐監督人がいないときは，臨時保佐人を選任することになっている（876条の2第3項）。

（3）　保佐の職務

保佐人には，13条所定の行為について同意権および取消権（13条）が付与される。ただし，日用品の購入その他日常生活に関する行為は，保佐人の同意権（取消権）の対象から除外されている（13条1項ただし書・9条ただし書）。これは被保佐人の自己決定権を尊重するためである。なお，新法では，新たに遺産分割を同意権の対象として明文化している（13条1項6号）。

被保佐人が保佐人の同意を得ないでした法律行為は，被保佐人または保佐人は取り消すことができる（13条4項）。それ以外に家庭裁判所は所定の者の請求により被保佐人のために，特定の法律行為（13条1項所定の行為に限らない）について，保佐人に代理権を与える審判をなしうることとなった（876条の4

第 1 項)。

　なお，被保佐人に対する保佐人の身上配慮義務（876条の5第1項。ただし，成年後見人の場合と異なり，被保佐人を療養看護する義務はない）を負う。被保佐人の居住用不動産の処分については家庭裁判所の許可（876条の5第2項・859条の3）が必要であること，保佐の事務遂行につき委任の規定が準用されることや保佐の事務費用・保佐人への報酬等（876条の5第2項・3項）については成年後見の場合と同様である。

5　補　　助

　補助の制度は，後見や保佐の程度には至らないが，判断能力が十分でない者を保護するために今回の改正によって新たに設けられた制度である。

（1）　補助の機関

(a)　補助人　　補助とは，軽度の精神上の障害（痴呆・知的障害・精神障害等）により事理弁識能力が不十分な者につき，家庭裁判所の補助開始の審判により，補助人を選任し，その者を保護する制度である（15条・876条の7第1項）。本人以外の者の請求による場合には，自己決定を尊重せねばならず，かつ，精神上の障害が軽度である等の理由から，本人の同意が必要である（15条2項）。

(b)　補助人の職務　　補助開始の審判がなされると，補助人に同意権を付与する旨の審判（17条1項）と補助人に代理権を付与する旨の審判（876条の9第1項）のいずれか一方または双方がなされることになる（15条3項）。

　代理権付与の対象となる法律行為には法律上の制限はなく，財産管理に関する法律行為（預貯金の管理・払戻し，不動産その他重要な財産の処分，遺産分割，賃貸借契約の締結・解除）と身上監護に関する法律行為（たとえば，介護契約，施設入所契約，医療契約の締結等）がこれに含まれる。

　同意権の対象となる法律行為は，民法13条1項に定める行為の一部に限られる（17条1項ただし書）。これは被保佐人より被補助人の方が高い判断能力を有することから，保佐以上に同意権の範囲を広げることは適当ではないという考え方が背景にある。いずれの場合の審判も，被補助人本人以外の者の請求にもとづいてなされる場合は，被補助人本人の同意を得なければならない（同意権付与については17条2項，代理権付与については876条の9第2項・876条の4第2

項)。補助人が被補助人の利益を害するおそれがないにもかかわらず，同意をしないときは被補助人の請求により，家庭裁判所は補助人の同意に代わる許可を与えることができるのは，保佐の場合と同様である (17条3項)。

(2) 保佐の規定の準用

補助人の辞任・解任・欠格，法人補助人，複数の補助人 (876条の7第2項)，補助監督人が認められること (876条の8)，補助の事務遂行について委任の規定の準用，被補助人への身上配慮・補助の事務費用の支弁・補助人の報酬等 (876条の10) が認められることや補助の登記についても，保佐の場合と同様である。このほか，補助人と被補助人との間の利益相反行為について，補助監督人がいないときは，臨時補助人が選任される (876条の7第3項)。

第3節 扶　　養

1　現代の扶養の持つ意味

社会には，老幼，廃疾，失業などの理由により，自分の力では生活を維持できない者がいる。このように自分で生活できない者の世話を，親族の中で誰が引き受けるのか。これが民法の扶養の問題である。

歴史的には，家族の扶養は家族の形態と本質的に深く関わっている。生活不能者に対する援助は，農業を基礎とする家父長制度の下では，家長が家族の労働力および家族財産を排他的に利用・支配する代わりに，彼らの生活を保障する責任を負担した。しかし近代になって，それまでの自給自足を基礎とする農耕社会に代わり，資本主義の発達による工業化社会に移行すると，家族の生活の基盤は家庭外の賃金労働に求められるようになる。こうした家庭の経済的基礎の変化にともない，家長を頂点とする大家族制度は崩壊し核家族化するにいたった。またこの核家族化を背後から支えた個人主義の理念により，各人は自力で生活を営むことが求められことになる (自己責任の原則)。しかしその後になり資本主義社会の構造は必然的に労働者の貧困化を生じさせることが認識されるにいたった。そのため，自己責任の原則により生じた生活困窮者については，国家が責任を持つべきであるという福祉国家の理念による公的扶助制度が実現されるようになる。今日，生活困窮者に対する援助の方法としては，私

的扶養と生活保護法に代表される公的扶助制度がある。この両者の関係については，次章で述べるが，親族扶養が優先し（親族扶養優先の原則），公的扶助は補助的関係に立つという関係（公的扶助の補足性）にある（生活保護4条2項）。

2 生活保持義務と生活扶助義務

　親族間の扶養については，民法は，877条以下に互いに扶養する義務を規定する。しかし877条の規定は，当事者の協議または家裁の審判によるとするだけで，具体的内容は定めていない。また家族間の扶養については，夫婦相互間の扶養（752条・760条），未成熟の子に対する親の扶養，直系血族間・兄弟姉妹間の扶養，さらには姻族を含む三親等内の親族間の扶養とさまざまな扶養があるが，民法の規定上は，これらの者の優劣について定めていない。そこで，どのような基準にもとづいて，扶養の順位や程度を決定するのかが問題となる。これについて判例・通説（中川善之助「親族的扶養義務の本質―改正案の一批判」法学新報38巻6号1頁，7号48頁，同「扶養義務の二つの原型について」中川善之助・家族法研究の諸問題227頁）は，扶養義務を生活保持義務と生活扶助義務とに二分して考察する。この見解によると生活保持義務は，夫婦間の扶養および親の未成熟子（未成年の子ではない）に対する扶養とされる。この生活保持義務は，扶養をすることそのことが，その身分関係の本質的・不可欠的要素をなしているものであり，相手方の生活を維持することがそのまま自己の生活を保持するゆえんとなるものである。比喩的例でいえば，最後に残された一つのパンをも分ける義務が生活保持義務である。これに対して，生活扶助義務は，夫婦間，親と未成熟子との関係以外の親族間で行われる扶養であり，偶然的・例外的義務とされる。この生活扶助義務は一方が何らかの事情のため生活できなくなったとき，他方がもし自らの地位相応の生活を保持してなお余裕があれば援助の手をさしのべるというものである。比喩的例でいうと，自分のパンを確保してなお余る場合に，余ったパンを分け与える義務である。この考え方に対しては，近時批判もある。たとえば，未成熟子という概念があいまいだということや夫婦・親子の生活について保持義務を強調することは，公的扶助制度の欠陥を隠蔽するという批判，離婚後，子と別れて生活する親の扶養義務は生活扶助義務に変わるのか，もし生活保持義務であるとすれば，その親が再婚して

新家庭をもつとき，いずれの家庭を優先すべきかという点などである。これに対する反論として，まず未成熟子の概念については，未成熟子は，義務教育の中学校卒業未満の子をいうとされる。また生活保持義務が最低生活以下の生活程度を夫婦や親子に強制しかねないという批判に対しては，最低生活の確保に必要な生活水準を下回る生活を強要することではない，と反論する。また離婚後の子の扶養については，生活保持義務は親子の身分に基礎を置くことから，離婚後も生活扶助義務に変わることはないとし，親が再婚して子を出生した場合，離婚後の子の扶養について，再婚の子と同一水準での子の生活水準の確保が扶養額の決定の基準であるとする。

3　扶養の当事者（扶養義務者および扶養権利者）

民法877条は，私的扶養義務者を二つに分けて規定する。第1には当然に扶養義務を負う絶対的扶養義務者であり，直系血族と兄弟姉妹である（877条1項）。第2は，特別の事情のあるとき家庭裁判所の審判によって義務が課せられる相対的扶養義務者であって，直系血族・兄弟姉妹以外の三親等内の親族である（877条2項）。なお，扶養の義務は相互に負うものであるので，以上の者の間では，相手方の困窮によって自己が扶養義務を負うが，逆に自己が困窮した場合には相手方に対して扶養を求めることができる。扶養義務が認められるためには，これらの身分関係とさらに扶養必要状態と扶養可能状態などの要件がみたされる必要がある。

(1) 配　偶　者

夫婦は互いに扶養の義務を負う（752条）。配偶者相互の扶養義務は，婚姻の効果としての夫婦共同生活にもとづく生活保持義務として位置付けられる。具体的には，夫婦間の扶養義務は，婚姻費用の分担義務となる（760条）。

(2) 直　系　血　族

子と親の関係も直系血族として位置付けられるが，未成熟子に対する親の扶養義務は，生活保持義務としての性格を有し，生活保持義務は親子の身分に基礎を置くものであるとされる。したがって父母が離婚していても，また共同生活の有無にかかわりなく，親がその子に対して生活保持義務としての扶養義務を負うことに変わりはない。

(3) 兄弟姉妹

兄弟姉妹は，全血の兄弟姉妹でも，半血の兄弟姉妹でも，また養子と養親の実子，養親を同じくする養子も相互に扶養義務を負う。

(4) 三親等内の親族

三親等内の親族は，「特別の事情があるとき」に限って扶養義務を命じられる。三親等内の親族には，配偶者，直系血族は除外されるので，三親等の血族（おじ・おばとおい・めいの間），直系姻族（嫁としゅうと・しゅうとめの間および継親子間など），二親等姻族（自己と配偶者の兄弟姉妹などの義兄弟間や義姉妹間），三親等姻族（自己と配偶者のおじ・おばの間，自己とおじ・おばの配偶者との間）である。しかし諸外国の立法例をみても，扶養義務者の範囲を三親等の親族まで拡大している例は，非常にまれである。家庭裁判所の審判例においても，「要扶養者の三親等内の親族に扶養義務を負担させることが相当とされる程度の経済的対価を得ている場合，高度の道義的恩恵を得ている場合，同居者である場合等と解すべき」（大阪家審昭和50年12月12日家月28巻9号67頁）としている。また三親等内の親族に扶養を命じた審判例も少ない。

なお，扶養義務を命じる審判があった後に，事情に変更が変更した場合には，家庭裁判所はその審判を取り消すことができる（877条3項）。

4 扶養義務の発生・変更・消滅

(1) 扶養義務の発生

現行民法には，扶養義務の発生についての規定がないことから，扶養義務の発生時期が問題となる。通説では，一定身分の存在を前提とした上で，扶養必要状態と扶養可能状態とが同時に併存する場合に，扶養義務は発生するとする。

(a) 扶養必要状態とは，権利者が自己の資力または労務によって生活することができない状態にある場合をいう。権利者が自己の財産を担保にして，信用貸しを受けることができる状態にあるときは，また扶養必要状態にあるとはいえない。

(b) 扶養可能状態とは，義務者が自己の社会的地位に応じた生活を維持しながら，なお扶養義務を履行する余地のある状態にある場合をいう。では扶養可能状態の基準はどのように考えればよいのであろうか。これについては，生活保護法による生活保護基準によって算定する方式がある。しかしこの方式は，

生活保護基準が低すぎ，義務者の経済的余裕をはかるには適切でないという批判がある。そこで労働科学研究所が行った生活費実態調査にもとづいて算出した生活費を算定の基準とする労研方式があり，現実の実務上は，この方式が広く採用されている。しかし労研方式は，考案された40年前の家計構造を基準としているため，現在の家計構造と一致しない，という批判もある。

　なお，夫の収入で生活する専業主婦の扶養可能状態はどのように判断されるのであろうか。これについては，家庭裁判所の審判によれば，父から結婚している娘に対する扶養請求の事案について，「自ら独立の収入がなく，配偶者の収入により生活しているものについては，その配偶者から婚姻費用として得られる金員の中に余裕があるとき，はじめて具体的扶養義務がある」（釧路家審昭47年12月26日家月25巻8号60頁）と限定して解釈されている。

（2）　扶養義務の変更

　扶養当事者間で現に履行される扶養義務の基礎となる当事者の資力や生活状態や物価などの諸要素は，絶えず変動しているるが，多少の変動は，ただちに扶養の権利・義務の存否や変動に影響をもたらすものではない。しかしこれら諸事情の著しい変動をまったく無視して，成立した扶養関係をそのままに維持することは具体的妥当性を欠く場合がある。そこで民法は，家庭裁判所に事情変更による協議・審判の変更・取消しを認めている（880条）。問題は当事者間にどのような事情の変更があったときに変更・取消を認められるかである。学説は，ある程度の法的安定性を維持するためには，さきの審判の際に当然予期され考慮されていた事情の生起や扶養義務の具体的確定後の僅かな期間の間に生じた小さな事情の変更（たとえば，わずかな物価上昇）などは，変更・取消の事由とは考えるべきではないとする。したがって，変更・取消しが認められるためには，当事者一方または双方の身分の変化（就職や失業），地位・資力の変化（相続による財産取得など）や健康状態，家族や親族構成員の変動（病気や負傷・結婚や子の出産など）の変動の個別的事情，または物価変動や貨幣価値の変動などの社会経済事情の変化があり，かつ，その変化の程度が大きく，さきに定められた扶養関係を維持することが困難ないしは不可能とされる状態でなければならない。

(3) 扶養義務の消滅

　扶養の権利・義務は，死亡，離縁などの基礎となる当事者間の親族関係の消滅により扶養義務は消滅する。また権利者の資力の回復など扶養必要状態が消滅すれば扶養義務は消滅する。これに対して，義務者側の扶養可能状態の消滅によっては，それまで存続した両当事者間の扶養関係は消滅するが，権利者の側における扶養必要状態そのものがなくなるわけではないので，新たな義務者を決定することが必要となる。

5　扶養の順位・程度・方法

　法定扶養親族の中に要扶養者・扶養可能者が複数いる場合，要扶養者のうちの誰がまずどの扶養可能者から扶養を受けうるのか，また扶養可能者のうちの誰がどの要扶養者をまず扶養しなければならないのか。さらに扶養が命じられた場合に，いつから，どの程度，どのような方法で扶養がなされるのか。旧規定は，扶養の権利・義務の発生要件，順位，程度，方法について，規定を設けていたが，現行民法は，具体的規定を置いていない。民法は，扶養義務者が数人あるときも，扶養権利者が数人あるときも，すべて当事者の協議で順位を定めることとし，協議が不調，不能の場合には家庭裁判所がこれを定めるとしている（878条）。

(1)　扶養義務者の順位

　扶養の順位を決定する要素としては，扶養権利者と扶養義務者との間の身分関係の存在が最も重要である。さらに，各当事者の資力，他の扶養義務者の存否，他の要扶養者の存否，これまでの交際の程度や相続・贈与による財産の取得状況などが斟酌される。

　未成熟子の父母は，その子に対して，嫡出・非嫡出とを問わず，また親権や同居の有無を問わず生活保持義務者として同順位で扶養義務を負う。

(2)　扶養権利者の順位

　扶養可能者の資力が，要扶養者の全員を扶養するには不十分である場合には，生活保持の関係にある扶養権利者が先順位で扶養を受けることになるであろう。また，扶養義務者との過去および現在における共同生活関係の有無，過去における扶養義務者への扶養・特別の財産給付の有無なども考慮されることになろう。したがって，父母・祖父母・兄弟姉妹のいずれもが要扶養状態にあるとい

う場合であれば，一般的には，父母は，扶養義務者を監護・教育し，成熟にいたるまで扶養してきた者として，他の生活扶助的扶養権利者に優先して扶養を受けることができる。

(3) 扶養の程度

一般に，扶養の程度についても，民法は，扶養の方法とともに，扶養義務者と扶養権利者との協議で決めるものとされる。しかし生活保持的扶養関係において確保されるべき扶養の程度は，一般的には扶養義務者の生活水準と同程度であるとされる。他方，生活扶助的扶養関係における扶養の程度は，一般的には，扶養義務者がその社会的地位に相応する生活水準を維持しつつ，かつそこから生じた余裕の限度で扶養義務者の最低限度を維持する程度のものでよいとされる。

扶養の協議が不調・不能である場合には，当事者の申立により，家庭裁判所が「扶養権利者の需要，扶養義務者の資力その他一切の事情を考慮して」定めるべきものとしている（879条，家審9条1項乙類8号，家審規94条～98条）。

(a) 扶養権利者の需要には，衣食住，光熱費といった生活に必要な費用だけでなく，病気の治療代や薬代，書籍や新聞代なども含まれる。なお，扶養権利者の需要は，権利者個人の生活を対象とするものであるから，権利者に扶養必要状態にある内縁の妻がいたとしても，そのような事情は考慮されない。

(b) 扶養義務者の資力としては，生活扶助的扶養関係においては，義務者が配偶者および子を含めて資産収入にふさわしい社会的生活を保持してなお余りある資力が義務者の資力となる。失業保険により生活しているような場合には，義務者に資力があるとはいえない。

(c) その他「一切の事情」とは，権利者の社会的地位や，扶養を必要とするにいたった原因や責任，当事者の過去や現在の生活関係さらには，公的扶助制度や社会一般の経済的変化などが含まれる。

(4) 扶養の方法

扶養の方法としては，大きく分けて金銭・生活の資を給付する給与扶養と扶養権利者を引き取る引取扶養とがある。扶養の方法をどちらにするかは，当事者の協議で決まり，当事者間で協議が一致しないときは，家庭裁判所の審判により決められる。

(a) 引取扶養　　扶養義務者が自分の世帯内に扶養権利者を引き取り，義務者の家族の一員として世話をするという方法により扶養を行う場合である。この方法は，権利者が経済力がないだけでなく，日常生活上にも精神的，肉体的障害があり援助が必要な場合には，有効な扶養である。しかし，引取扶養は，権利者が義務者の家族の一員として生活することから，義務者に現実の労務の提供を求めることになり，また権利者には忍従を強いることもある。わが国の現状では，まだ公的扶助制度や公的施設が十分ではないことから，老人扶養については，引取扶養に頼らざるをえないことが多い。しかし，権利者との共同生活を望まない義務者に引取りを強いることや，反対に望まない権利者にそれを強いることも酷である。したがって，引取扶養は，当事者が自由な意思により引取扶養を希望するときにのみとられる方法であろう。

(b) 金銭給付扶養　　金銭扶養には一括払と分割払とがある。しかし扶養料が日々の生活の糧にあてるものということから，多くは分割払によって行われる。扶養料は生存に関するものであることから，遅滞を防ぐために，通常の執行手続きによらない履行確保の制度が認められている。家庭裁判所への扶養料支払の寄託，履行の調査・勧告・履行命令の制度である（家審15条の5〜15条の7）。

(5) 過去の扶養料と立替扶養料の求償

(a) 過去の扶養料　　自分で生活をすることができない要扶養者が，その者に対して扶養義務のある兄弟に扶養を請求したが，引き受けてくれなかったので，友人を頼って友人に扶養してもらった場合に，その後，その要扶養者本人が，その兄弟に対して，その友人に扶養されていた間に要した扶養料を請求することができるか。このように過ぎ去った一定期間の生活費用の請求の可否が過去の扶養料の問題である。もし，その要扶養者を扶養した友人が，扶養義務者にその期間に要した扶養料を請求すれば，それは「過去の扶養料」の問題ではなく，後に述べる「立替扶養料求償」の問題となる。

扶養は，本来は要扶養者の日々の生存を維持することを目的とする経済的給付であるから，扶養請求権は時の経過とともに目的を失い刻々消滅していくものである（絶対的定期債務）。また論理的にも過去の生活を維持するということは不可能であり，したがって単純にみれば，過去の扶養料に事後的請求は認

第3節 扶　　養　　171

められないともいえる。しかし，過去の扶養料の請求がいっさい否定されるとするならば，扶養義務者は支払いを怠ることにより義務を免れることができるという不公正な結果となり，また扶養権利者に酷な状況を生じさせる。だからといって扶養義務者が要扶養者の扶養料を過去に遡ってすべて請求できるということになれば，扶養義務者は，思いがけない時に莫大な扶養料の請求を受ける結果となり扶養義務者に酷な結果となる。そこで，扶養権利者と扶養義務者との利害を調整して，扶養権利者が扶養義務者に対して義務の履行を請求した時を基準として，それより以後のものは，過去のものでも請求できるというのが，この問題に関するかつての学説の見解であった（中川善之助・新訂親族法（下）610頁以下）。義務者は請求によって債務の存在を知ったのだから，それ以降の不履行分について後に遡及的に請求されてもやむをえないという実質的判断である。しかし，この見解は，扶養債務の絶対的定期性との論理的関係，請求時前の債務が存在しないことの論理的根拠が不十分であることに欠点がある。つまり時の経過によって刻々に不要不能となるという扶養の絶対的定期債務の性質が，請求すればそれ以後のものは過去のものでも可能となることについて説得力が乏しいこと，および期限到来も遅滞もそれ以前の債務を消滅させるものではないことの説明が不十分であるとの批判である。現在の通説的見解は，扶養の概念を幅広く解し，絶対的定期性という前提を否定する。すなわち，過去の扶養料は請求できないという前提を棄てて，扶養の順位・程度の協議または審判の際に，権利者が「ともかくにも生きてきたという事実を（しかし同時に，そのために借金をしたとか，健康を損じたという事実をも）考慮に入れて，要件発生の時からその時までの過去の扶養料を算定す」る方が公平妥当な結果になる，という主張である（我妻栄・親族法413頁以下）。

　この見解が影響を与えたのか，その後の判例では，未成熟子から親に対する扶養料請求について，家庭裁判所は裁判において相当と認めるときは，扶養審判によって，請求時以前の分まで，その支払いを命ずることができるとの新たな見解を示された（東京高決昭和58年4月28日家月36巻6号42頁）。また兄弟姉妹間の扶養料の請求についても，東京高裁は，「求償請求について審判の申立があった場合，どの程度遡って求償を求めうるかは，家庭裁判所が関係当事者の負担の衡平を図る見地から，扶養の期間，程度，各当事者の出資額，資力等の

事情を考慮して定めることができるものと解するのが相当である」として，扶養調停申立より遡ってその支払を命じた（東京高決昭和61年9月10日判時1210号56頁）。その後，最高裁は，離婚した夫婦間の子の養育費について，「扶養義務者の1人のみが扶養権利者を扶養してきた場合に，過去の扶養料を他の扶養義務者に求償する場合においても……各自の分担額は，協議が整わないかぎり，家庭裁判所が，各自の資力その他一切の事情を考慮して審判で決すべきであって，通常裁判所が判決手続で判定すべきではないと解するのが相当である。」（最判昭和42年2月17日民集21巻1号133頁）として，過去の扶養料の請求を認める判決を下した。

(b) 立替扶養料の求償の問題　もう一つの問題は，扶養義務のない第三者または後順位義務者が，義務なく好意的に扶養した場合に，その者の扶養義務者に対する立替扶養料返還請求の問題である。

(イ) 第三者からの求償　扶養義務のない他人が扶養をした場合，または審判による扶養義務者が審判を経ずに扶養をした場合（いまだ扶養義務が発生していない）には，他人の扶養義務を代わって履行したのであるから，その者の行った扶養は，扶養義務者の事務を管理したものとして，事務管理が成立して，費用の求償ができる（702条）。また法律上の義務のない給付によって義務者が出捐を免れたものとして，不当利得が成立して，求償が可能となる（703条）。

(ロ) 義務者間の求償　義務者間の求償については，第1に，扶養の順序，程度の協議にあたって協議に参加しなかった義務者に対する求償はできない。協議に参加しない義務者に扶養を引き受けさせることはできないからである。第2に，義務者が権利者の扶養必要状態も，一部の義務者が扶養をしたことも知らなかった場合には，事務管理による求償はできない。第3に，他の義務者が協議に応じなかったり，協議に参加したけれども扶養を引き受けなかったために，1人の義務者のみが扶養をした場合には，扶養を行った義務者は協議に応じなかった他の義務者に対して不当利得による求償権を有することになる。この場合に，協議を求められた時点で，全員が扶養義務を履行すべき地位に立つことになる。

第4節　私的扶養と公的扶助制度の関係

1　総　　論

　前節でも述べたように，近代以前は，生活の基盤は自給自足を基礎とする農耕社会であったから，家族の形態は労働力を確保するのに適した大家族であった。そこでは家長が家族の労働力や家族財産を排他的に利用・支配する代わりに，「家」の構成員の生活を保障した。しかし近代になり，資本主義が発達し社会が工業化すると，家族の生活の資は，工場などでの賃金労働に求められるようになった。このように生活の経済的基礎の変化は，家族の機能や形態にも影響を及ぼし，家族は生産に適した大家族から，消費に適する少人数の核家族へ変わっていく。こうした家族の形態の変化および資本主義社会を背後で支えたのは自由主義，個人主義の思想であったが，他方でこの自由主義・個人主義は，人々に自分の力で自分の生活を支えることを求めた（自己責任の原則）。その後，自由主義・個人主義にもとづく自由な経済活動は，資本主義社会の発達に伴い，著しい貧富の差を生むなどさまざまな問題を生じさせた。これらの社会問題は，大恐慌・大失業によりさらに深刻さを増し，もはや恩恵による救貧立法によっては，問題を解決できない事態にいたった。さらにロシア革命による社会主義国家の出現により，資本主義は修正をせまられることになる。ここに国家による困窮者の扶助の制度が必要となった。まずドイツワイマール憲法151条1項が「経済生活の秩序は，すべての人に対して人間に値する生活を保障することの目的をもつ正義の原則に適合しなければならない」と規定した。その後，西欧諸国では，社会保障の前進を国家の理想とする国家責任による公的扶助制度が生まれるにいたった。

2　わが国の公的扶助制度および私的扶養との関係

　わが国の戦前の公的扶助制度は，恩恵による救貧法の域を出ないものであった。したがって戦前は，もっぱら私的扶養にたよって生活を維持するしかなかった。

　戦後日本国憲法が制定されてはじめて，生存権思想による国民の権利としての福祉国家の理念が導入されるにいたった。日本国憲法は「すべて国民は，健

康で文化的な最低限度の生活を営む権利を有する」(25条1項)と国民の生存権を保障し，その実現のために「国は，すべての生活部面について，社会福祉，社会保障及び公衆衛生の向上及び増進に努めなければならない」(25条2項)として，社会保障が国家の責任であることを明らかにした。このような国民の権利（生存権）に基礎を置く公的扶助制度として，昭和25年に生活保護法が成立する。生活保護法1条は，「この法律は，日本国憲法第25条に規定する理念に基き，国が生活に困窮するすべての国民に対し，その困窮の程度に応じ，必要な保護を行い，その最低限度の生活を保障するとともに，その自立を助長することを目的とする」と定める。そして生活保護法は，この生存権保障の理念に基づき，いくつかの原理をかかげている。それは，国家責任の原理，国民からの保護請求権の原理，無差別平等の原理，最低生活保障の原理，補足性の原理，自立助長の原理（生活保護1条～4条）。そして同法の解釈と運用は，すべてこの原理にもとづいてなされなければならない，とされる（生活保護5条）。これらの原則の中で，民法との関係でとくに問題となるのは，補充性の原則である。この原理は，三つに分かれる。第1は，資産能力活用の原則であり，「保護は，生活に困窮する者が，その利用し得る資産，能力その他あらゆるものを，その最低限度の生活の維持のために活用することを要件として行われる」(生活保護4条1項)。第2は，親族扶養優先の原則である。第3には，他方による扶助優先の原則であり，「民法に定める扶養義務者の扶養及び他の法律に定める扶助は，すべてこの法律による保護に優先して行われるものとする」(生活保護4条2項)と規定する。とくに民法の関係で問題なのは，親族扶養優先の原則である。その親族扶養優先の原則は，民法上の扶養義務者が現実に扶養をした場合に，それが生活費に充当されることによって公的扶助の必要が減じて，その限度で保護が受けられなくなるということを意味する。しかし私的扶養義務者の順位・程度がすべて当事者の協議または審判により確定する(878条・879条)ことを考慮すると，親族扶養優先の原則を強調することは，困窮者と親族間に多くのあつれきを生じさせ，家族の解体さえ招きかねない。したがって，過度に補充性の原則が強調されることがあってはならず，生活困窮者に対しては，扶養義務者の存在にかかわらず，まず公的扶助を行い，その後公的扶助機関から扶養義務者に費用を求償することが望ましい。

第6章 相　　続

第1節　相続制度の意義および形態

1　相続制度の意義

　相続という制度は，人が死亡したときに，その人（被相続人）の残した財産を生存しているだれかに受け継がせ，私的所有関係を継続させる制度である。

　個人の遺した財産を個人が受け継ぐのが相続であるから，個人が財産を所有していない社会，つまり，私有財産制度の発達していない社会に相続という制度は存在しない。相続制度は，私有財産が発生し，それが幾分発達して財産の移転が可能となってから成立した制度であり，私有財産制度とともに発展し，各社会の生産様式やそれによって規定される家族集団の組織や生活に対応して，さまざまな変化をとげて今日に至っている歴史的所産である。

　たとえば，社会の経済基盤の中心が農業であり，家族単位で物を生産し，それを基礎として社会全体の生活が営まれていた時代には，家族は生産団体であり，家長の統制の下に，自分の全生活を託して家業に従事する多くの家族構成員を必要とすることから，家父長的な大家族が，家族形態の理想的な姿であった。家族の生産手段であり，生活の基礎でもあった財産（家産）は，分散されるのを嫌い，家長（戸主）のもとに集積され，排他的に支配されて，次に家族集団を率いて行くべき者に，家長の地位とともに受け継がれなければならなかった。明治民法は，制定当時，そういった社会の生産様式や家族の形態を想定して，長男子単独相続を骨子とする家督相続制度を採用した。

　ところが，時が移り，今日の社会のように，生産様式が家族的生産から企業を中心に営まれる，いわゆる社会的生産となり，人々はすべて個人として社会の生産組織に参加して自己の生活を保持するより他に生活の途がないという時代になると，家族は生産性を失って消費団体となり，大家族に代わって，夫婦

と未成熟子を中心として構成される小家族（核家族）が家族の典型的な形態となってきた。家産も崩壊し，財産はすべて，純粋に個人の所有財産となったが，自分で自分自身または自分の家族の生活を保障しなければならない自己責任の社会であるから，家族の中のだれか個人が所有する財産であっても，家族構成員全員が生活の資として共同に利用し，共同に消費しなければならない財産となってきた。そうすると，持主が死亡して，家族の中に残された故人の財産（遺産）も，家族構成員の生活を保障するために用意された財産であるといえるから，翌日からでも自己責任の担当者とならなければならないかもしれない。生存家族の生活保障のためもしくは生活の資を補うために，遺産は，当然に，生存家族の間に分配されなければならない。また，消費生活を営む家族の中で，それだけの財産が残ったということは，多少にかかわらず家族全員の協力によるものである。生存家族は，その財産の中にいわば潜在的持分というべき分け前を持っているから，相続を契機として，それを顕在化させ，清算分配する必要があると考えられるようになってきた。現行民法が，家督相続制を廃止し，諸子均分相続制を採用し，配偶相続権を確立したのは，そういった理由による。

　相続制度は，財産承継制度の一形態であるから，これを規律の対象とする相続法は，その本質においては財産法であり，けっして物権法や債権法と峻別される存在ではない。しかし，相続法の本質を正確に理解するためには，さらに，他方で，相続法が親族法と密接不可分の関係にあることも十分認識しておかなければならない。

　たとえば，相続法は，相続人として，血族相続人と配偶相続人とを法定し，被相続人と血族関係または配偶関係にあるということによって相続権を付与することにしているが，血族相続権と配偶相続権のどちらに比重を置くべきかという問題は，相続法の領域だけで論じられるべき問題ではない。この問題は，婚姻法および親子法，さらには扶養法にまで深くかかわる問題であり，家族法全体として総合的に検討されなければならない問題だといえるのである。

　そこで，学説も，相続法は，親族法を基礎として構築された物権法，債権法であると理解すべきであるといっている。

2 相続制度の機能

(1) 基本的機能

相続制度の基本的な機能は，私的所有関係の継続にある。私有財産制度は，原則として，財産をすべて個人に帰属させることとしたが，担い手である個人の死亡を越えて，私的所有権が当然に承継・継続されることまで保障するものではない。私的所有権の継続は，相続制度が果たすべき役割である。

私的所有権が，その担い手の死亡とともに消滅するということになると，所有権といえども終身の用益権や使用権とあまり大差のない権利にとどまることになるし，社会の所有関係，ひいては私的所有権の上に成り立っている現在の社会の生産関係がそのまま変更されずに存続するという保障はどこにもないことになる。相続制度によって，所有権は用益権や使用権より大きい，強い権利となるし，社会の所有関係，社会の生産関係も将来に向って維持存続することが可能となる。

(2) 現実的機能

(a) **家族の生活保障**　相続制度が，われわれ社会において，現実にはたしている主要な機能の一つは，社会の工業化（産業化）によって，生産性を失ってしまった家族において，家族全員の生活を保障することにある。今日の家族は，もはや家産のような固定的な生活保障基金をもっていないため，家族の個人が取得した財産が家族全員の生活の資として利用されることによって，家族の各自の生活が保持されているのである。そうなると，遺産も，それまでその財産によって生活を保障されていた家族に，当然に，清算分配されなければならないことになるが，相続による保障がなければ，家族は生活の基盤を失い，被相続人の死後の生活が保持できなくなるおそれがある。相続制度は，自己責任の社会にあって，これまで無償労働を基礎として共同生活を営んでいた家族全員の生活を保障するために存在するのである。

(b) **清算的機能**　無償労働を交換しながら共同生活を営んでいる現代の家族においては，家族構成員個人の財産（→遺産）は，多かれ少なかれ家族全員の協力によって形成，維持，蓄積されてきたものであり，家族構成員は，それぞれ，その財産上に，いわば潜在的持分ともいうべき分け前を持っていると考えられるから，いずれは清算されなければならないけれども，相続制度を除い

ては，そういった財産の清算制度は，いまだ，民法上存在しない（ただし，配偶者については，夫婦の財産を清算する制度として財産分与の制度（768条）があるが，離婚の場合に限られる）。相続制度は，生存家族が遺産の上に有する持分を顕在化させ，これを清算分配するための制度である。

(c) 家族の安定と結合強化　相続制度が，自分で働いて得た財産を自分の家族に残す可能性を保障したことのもつ実際上の意義は大きい。人々に財産の形成，維持，増加の意欲を起こさせる要因となりうるし，家族の協同を促し，家族を安定させ，家族の結合を一層強化させるという望ましい結果をもたらすことになるからである。もともと，私有財産制度が，原則として，財産をすべて個人の所有に帰すべきものとしたのは，それによって，人々のもつ利己心を刺激し，勤勉，節約，貯蓄を促すことによって，社会全体の富を増大させようとするところにあったといわれるが，自分自身のために，この勤勉，節約，貯蓄を励行し続けるのは，人にはなかなか難事のようである。しかし，自分の死後の家族の生活に対する配慮ということになると大いに事情が違ってくる。被相続人は，生活を切りつめて，貯えを家族のために残そうとするであろうし，他の家族員も，それぞれ遺産取得に対する期待を抱きながら，被相続人に協力し，財産蓄積に励むことになるであろう。そうなれば，被相続人（＝相続財産）を中心に家族は安定し，家族の結合も一層強いものとなる。

(d) 権利関係の安定　権利関係を安定させるために，債務を承継・存続させるということも相続制度の重要な機能の一つである。人の死亡によって，その人が生前に有していた権利義務，とりわけ債務が主体とともに消滅してしまうことになると，人は安心して取引関係に入ることはできなくなる。権利関係を安定させ，取引の安全を維持するためには，どうしても，債務が，債務者の死後も存続する，すなわち，相続制度を通じて，相続人に承継される必要がある。

なお，相続制度については，現在，二つの大きな悩みがあり，その対策に苦慮している。一つは，相続によって富の偏在が永続化し，社会的不平等を増大させる可能性があるという問題であり，他の一つは，相続財産の取得をめぐって遺族が対立し，家族が崩壊する危険性があるという問題である。この二つの問題に対するわが国の一応の解決策を示すと，まず，前者については，相続税

制度（累進課税）を設けて，相続財産の一部を国庫に吸い上げることにより，富の集中・偏在を排除するとともに，富の再配分を行うことにし，後者，すなわち遺産の取得をめぐる家族の争いは，家庭裁判所の後見的な裁量にゆだねて，問題の合目的な解決を図ることにしたということである。

3　相続の形態——法定相続と遺言相続——

相続の形態は，相続人が法律または慣習によってあらかじめ確定している法定相続（法定相続主義）と相続人の決定を被相続人の自由任意の意思にゆだねる遺言相続（遺言相続主義）の二つの形態に分かれる。

民法は，法定相続主義をとり，被相続人による相続人の選定を認めていないが，遺言を，被相続人が自由に自分の死後の財産の帰属を決定できる方法として導入し，法定相続に優先するものとして位置づけている。したがって，法定相続は，被相続に遺言がない場合，または遺言が効力を発しない場合の相続形態であると観念されなければならない。

(1)　法定相続の形態

法定相続は，さらに，単独相続と共同相続の二つの形態に分かれる。しかし，法定相続の歴史をふりかえってみると，それ以外にも，末子相続や姉家督相続といった特殊な相続形態が存在していたことがわかる。

(a)　末子相続　末子相続というのは，年長の者から順次親の家を出て分封し，最後に親元に残った末子が家の跡を取る（親を相続する）という相続の形態であり，法定相続の最も原始的な形態であるといわれている。遊牧民に限らず，農民や漁民の間でも広く行われた。長野県諏訪地方では大正期，鹿児島県薩摩半島，大隅半島では昭和に入ってもこの慣行の痕跡を残していた。

(b)　長子相続（長男子単独相続）　長男子が，家長（戸主）の地位をその有する権利義務とともに単独で承継する相続の形態である。この制度は，封建時代に入って発達し，わが国では，江戸時代に，武家の相続法として完成したといわれている。欧米諸国では，封建制度の衰退とともにこの制度もなくなった。わが国においては，明治民法がこの制度を強行したため，昭和22年まで維持されることになった。長子相続の歴史は古く，古代社会においても広く行われていたが（もっとも，末子相続がすたれた後に，これに代わって発達したのではないとのことである），初めは長子が相続するのは官職もしくは家長とし

ての地位に限られ，財産の相続は共同相続であった。ところが，封建制度の下で，家産が軍役や官職と不可分に結びついたために（封禄制），長男がこれを一体として相続するようになった。江戸時代，農民は，生産手段である農地の分散を嫌って早くから長子相続制をとったが，庶民，とりわけ町民の間では，相続は，遺言相続が原則であり，遺言のない場合には，共同分割相続が広く行われていたといわれている。

(c) 姉家督相続　この制度は初生子相続ともいわれ，長子相続の変形である。第1子が男子であれば，その男子（長男）を家督相続人とするが，初生子が女子である場合には，男系の血統を諦らめ，後から長男が生まれても分家させて，初生の女子に婿をとって家督を継がせるという相続形態である。東北地方の農漁村に多くみられた相続慣行で，家内労働力の補充，血統の継続（女子であれば15，6歳になれば子供が産める）という要請から生まれたものといわれている。

(d) 共同相続（諸子均分相続）　相続財産を諸子（子供）の間で分配取得させるという相続の形態で，現行民法が，配偶相続とともに，相続の根幹として採用している制度である。共同相続は，古代ローマに早くから根付いた相続の形態であり，欧米でも，ローマの影響を受けて，古くからこの伝統があったといわれている。わが国においても，律令時代，財産相続についてはこの形態がとられていたし（養老律令の継嗣令），また，すでに述べたように江戸時代の庶民の間でも，無遺言の場合には，共同相続が広く行われていたとのことである。なお，現在，世界各国の相続法のほとんど全部が共同相続制を採用しているといわれている。

(e) 一子相続　ところで，わが国においては，昭和22年の民法改正で，諸子均分相続となり，配偶相続権も新設されたので，農地の細分化が危惧され，農業家族の崩壊を避けるために，一子相続制度の導入が提案されたことがあった。一子相続という制度は，全農地を一子が相続し，他の子（その兄弟姉妹）にはその一子が相続分にみあう補償をするという相続の形態である。この制度は，ゲルマン農民の相続慣習法に由来し，現在でもドイツ北部，スイスで広く行われているといわれている。わが国では，この一子相続制度を骨子とした「農業資産相続特例法案」が立案され，二度にわたって国会に提出されたが，

いずれも審議未了となり，結局この制度の導入は実現しなかった。この制度は，日本国憲法14条1項・24条2項に違反するおそれがあるし，農村の民主化を遅らせるという反対が強かったためである。

（2）　遺言の自由

すでに一言したように，民法は，遺言の自由，つまり，遺言による財産の自由処分を保障し，これを法定相続に優先するものとして位置づけている。

遺言制度の源流は，古代ローマに発するといわれているが，初めは，相続人指定のための遺言であり，家産を維持するための方法であった。古代ローマでは，早くから共同相続の思想が根付いていたため，家産を分散させずに，一人の相続人に掌握させるための方法として遺言が利用されたのである。その後，遺言は，財産の生前処分の自由と併行して次第に発達し，近世に入ってからは，私的自治（＝法律行為自由）の原則の一面として，遺言の自由，すなわち，被相続人は遺言によって自分の財産の帰属を自由に決定できるということが強く主張されるようになって，遺言は，終意処分に重点をおいた遺贈遺言として機能することになった。かくして，今日では，遺言は，被相続人が自分の財産を自由に処分する方法として，各国の相続法の中に位置づけられるに至っている。わが民法の遺言制度も同じ基調の上に立つ。

現行民法において，遺言の自由が制限されるのは，遺留分（1028条以下）を侵害する場合と，公序良俗（90条）に違反する場合だけである。

（3）　法定相続と遺言自由

ところで，遺言は，被相続人が自分の財産を思うままに処分・継承させることを本質とし，法定相続は，家族員の生活保障のために遺産の帰属を一定範囲の血族相続人および配偶相続人にとどめるものであるから，一見すると，両者は対立する存在であるかのように映る。しかし，民法は，遺言と法定相続を，けっして対立するものとしてではなく，それぞれ異なった役割を果たすものとして位置づけた。

すなわち，法定相続は，今日の社会の平均的な家族の姿を念頭において，そこにおける平均的な相続関係のあるべき姿（理想図）を描いたものであるから，被相続人が，遺言によって遺産を処分する場合の一つの規準ないしモデルとしての役割を果たした。他方，遺言は，被相続人の家族の実情に応じた相続を実

現するために，法定相続の規律を補完ないし修正する機能を果たすものとして，民法の中に位置づけられているのである。

　法定相続は，あくまで平均的な家族の平均的な相続の規律であるから，そこにおいては，個々の家庭のもつ特殊な事情は一切捨象されてしまっている。すでに共同生活の実を失っている夫婦もあれば，被相続人と対立・敵対関係にある子もないわけではなかろう。また同じ子であっても生活保障の必要度に違いがありうる。民法は，そういった個々の家庭の特殊な事情の解決を遺言制度の活用にゆだねたのである。自分の家庭の事情を一番よく知っている被相続人が，相続分の指定（902条）や遺産分割方法の指定（908条），あるいは遺贈（964条）や信託の設定（信託2条）などを利用すれば，自分の家族に最もふさわしい相続秩序が実現できるはずである。遺言はそういった機能を果たす制度である。

4　法定相続権の根拠

　民法が，相続法上保護すべき家族として法定した相続人は，被相続人の血族である子（およびその代襲相続人）〔第1順位〕，直系尊属〔第2順位〕，兄弟姉妹（およびその代襲相続人）〔第3順位〕と配偶者であり（887条・889条・890条），配偶者は常に相続人となり，血族相続人がいると，これと共同相続人となるものとし（890条），同順位の血族相続人は均等の割合で相続権を有することになっている（900条）。

　それによると，たとえば，夫（父）Aが遺言をしないで死亡し，Aに妻B，子C，Dがあったとすると，Aの財産形成に貢献のあった叔父Eがいても，BとC，Dが共同相続人となるが，なぜ，BおよびC，DがAの遺産を当然に取得することになるのか。これが，法定相続権の根拠という問題である。この問題は，古くから論じられてきた問題であり，①被相続人と相続人との間の血縁関係の存在にその根拠を求める血の代償説，②すべての権利と権利の変動は人の意思を基礎としており，遺言がない場合の相続（法定相続）については，死者の意思を推測して，それに合致する主体を相続人としたのだと考えて，相続権の根拠を被相続人の意思推定に求める意思推定説，③人の生活は，過去，現在，将来にわたって続けられるものであり，被相続人の世代と次の世代をつなぐ，いわば異時代的な縦の協同関係者に相続権が与えられるのだと考えて，この異時代的な縦の共同生活関係の存在に根拠を求める縦の共同体説など，さま

ざまな見解があるが，今日の通説は，相続制度の清算機能と生活保障機能に着目して，法定相続権の根拠は，相続人が遺産の上にもつ潜在的持分の顕在化であり，生存家族員の生活保障にあるとする。「現代の家族は，夫婦と未成熟の子供から成り立つことを原則とする，いわゆる有限家族であり，その共同生活は無償労働の交換を基盤としているから，家族構成員の財産，したがって遺産は，近世財産法の組立て上，個人名義になってはいても実質的には，大なり，小なり他の構成員の協力に負うものであり，これらの構成員は遺産の上に，一種の潜在的持分ともいうべき分け前をもっていると考えられ，その持分の大きさに従って，それら構成員の相続順位や相続分が決まる」。第二に「相続の主たる根拠は，やはり，家族員の生活保障にある……夫婦親子の有限家族的共同生活において，その中の一人が死んだら，その財産は，常に家族員に移るものとされているが，何故そうされるかといえば，第一には，何といっても，家族員の生活保障のためである。何故その相続人が，有限家族的共同体の範囲に限られるかといえば，彼等は相互に各人の財産の上に潜在的持分をもっていると考えられるからである。そうした事情を基礎とし，またそれを予定した民法は，現実には生活保障の必要がある家族員かどうか，潜在的持分を生むだけの家族共同生活があったかどうかという具体的の事実には関係なく，夫婦・親子・兄弟は，有限家族のメンバーであり，生活共同者たるべきものであるとして」相続人と定めたのだ，というのである。

今日の家族の性格によく対応し，配偶相続権や諸子均分相続制を適切に根拠づける理論であるといえる。もっとも，実際には，久しく共同生活を営んでいない夫婦もあれば，被相続人と仇敵のような間柄の子もあるかもしれない。また同じ子であっても生活保障の必要度に違いがありうるはずである。しかし，一般法である民法としては，そういった個々具体的な事情を一切捨象して，相続人の範囲を抽象的・画一的に法定するしかないのであり，各家庭の特殊事情の解決は，遺言制度の活用にゆだねているのである。

5　相続法の沿革

相続に関するわが国最初の統一法典は，明治31年7月16日から施行された明治民法の第5編相続（法律9号）である。これより先，わが国では，すでに，明治23年にいわゆる旧民法が成立し，相続はその財産取得編第13章（法律98

号）に収められていたが，旧民法は施行されないまま終わってしまった。

(1) 明治民法の相続法

明治民法の相続法は，戸主に属した身分上および財産上の地位を1人の家督相続人に単独で承継させる家督相続と，戸主以外の家族の財産上の権利義務を最近親の直系卑属に相続させる遺産相続の二本立てであった。この相続法の特徴は，家督相続である。家産維持，家の存続を第一義とした相続法であった。

家督相続については，戸主の死亡の他に，隠居や国籍喪失等による生前相続を認めていたし（旧964条），家督相続人の範囲も広かった。第1順位は法定の推定家督相続人である直系卑属（旧970条），第2順位は戸主から指定された者（旧979条），第3順位は，家女である配偶者，兄弟姉妹，甥姪の中から戸主の父もしくは母，または親族会が選定した者（旧983条），第4順位は家族である直系尊属（旧984条），第5順位として一切の親族，家族，または他人の中から親族会が選定した者（旧985条），まで含めていた。直系卑属が数人ある場合，完全な長男子単独相続の原則が採られ，親等の近い者を優先し，男子を優先し，嫡出子を優先し，年長者を優先させた（旧970条）。その結果，嫡出の女子は，非嫡出の男子に及ばなかったし，配偶者の地位も低かった。また，法定の推定家督相続人たる直系卑属には相続の放棄を認めなかった（旧1020条）。

(2) 昭和2年の「民法相続編中改正の要綱」

臨時法制審議会は，昭和2年，「民法相続編中改正の要綱」を決議し，家督相続人は，「相続財産中，家を維持するに必要なる部分を控除したる剰余の一部」を，直系尊属や配偶者，直系卑属に分与すべきことを提案するとともに，遺産相続について，これまで配偶者の相続順位が直系卑属に次いで第2順位であったのを直系卑属と同一順位に置くべきことを提案したが，戦争のため，立法にまで至らなかった。

(3) 昭和17年の民法の一部改正（法律7号）

代襲相続について，代襲原因発生時における胎児を既生児とみなすことにした（旧974条2項・995条2項の新設）。

(4) 昭和22年の「日本国憲法の施行に伴う民法の応急措置に関する法律」（法律74号）

日本国憲法施行後，親族法相続法の大改正が実現するまでの間に制定された

限時的臨時法である（昭和22年5月3日から同年12月末日まで効力をもった）。全体としてわずか10カ条であったが，相続に関しては，家督相続を廃止して相続を遺産相続に一本化し（7条），血族相続人の順位および範囲を第1順位直系卑属，第2順位直系尊属，第3順位兄弟姉妹と定め，配偶者を「常に相続人となるもの」とした（8条）。

（5）　昭和22年の「民法中一部改正法律」（法律222号）

　日本国憲法24条の「個人の尊厳と両性の本質的平等」を相続法の上に実現するために，明治民法第4編親族，第5編相続に大改正を行い，全文平仮名口語文に改めた。この大部分が現行民法である。応急措置法の内容をほとんどそのまま採り入れ，諸子均分相続，配偶相続権の確立，祭祀承継の別除をもって新相続法の柱とした。

（6）　昭和37年の民法の一部改正（法律40号）

①　特別失踪期間を3年から1年に短縮し，死亡の擬制時を失踪期間満了から危難の去った時に改めた（30条2項・31条）。

②　同時死亡の推定規定を新設し（32条の2），同死の親子についても孫の代襲相続を可能にするために，代襲相続人たる相続人の死亡を「相続開始以前」と改めた（887条2項・3項・1044条）。

③　代襲原因を相続人の先死，相続欠格，廃除に限定し，相続放棄を除外した（887条2項）。

④　孫以下の直系卑属はすべて代襲相続によって相続するものとし，孫は相続開始時に被代襲者の子として生存し，もしくは胎児として存在すればよいものとした（887条2項・3項）。

⑤　限定承認・相続放棄の取消の制度を新設するとともに（919条3項），相続放棄の効力（遡及効）を明確にした（939条）。

⑥　相続人不存在の場合の公告期間を6カ月以下に短縮するとともに（958条），相続財産を特別縁故者に分与する制度を創設した（958条の3）。

（7）　昭和55年の民法の一部改正（法律51号）

①　配偶者の相続分を引き上げて，配偶者が子とともに相続する場合には2分の1，直系尊属とともに相続する場合は3分の2，兄弟姉妹とともに相続する場合4分の3とした（900条）。

②　兄弟姉妹の代襲相続人の範囲を甥姪に限り，再代襲を認めないことにした（889条2項）。

③　共同相続人の中に，被相続人の財産の維持または増加につき特別の寄与をした者があるときは，その者に寄与に相応した補償（寄与分）を与えて，寄与者の相続分を増加させることにした（904条の2）。

④　遺産分割の基準として考慮すべき事由の中に，新たに「年齢」「心身の状態及び生活の状況」を加えて，一層合目的的な遺産分割が行えるようにした（906条）。

⑤　配偶者の遺留分率を引き上げ，直系尊属のみが相続人である場合は被相続人の財産の3分の1，その他の場合には2分の1とした（1028条）。

（8）　平成8年の「民法の一部を改正する法律案要綱」

　法制審議会は，平成8年，「民法の一部を改正する法律案要綱」を採択し，相続に関しては，「嫡出でない子の相続」分は，嫡出である子の相続分と同等とするものとする」（第十）という非嫡出子の相続分（900条）の改正を提案した。今日，この問題は大きな立法問題となっているが，いまだに改正法案は立案されておらず，国会の場で審議されるには至っていない。

（9）　平成11年の民法の一部改正（法律149号）

①　成年後見制度の導入→禁治産・準禁治産制度の廃止に伴い，相続法中の関係条文を書き改めるとともに（917条・962条・973条）欠格条項を見直して，成年後見人，被保佐人も，遺言の証人・立会人や遺言執行者になりうることを認めた（974条・1009条）。

②　公正証書遺言，秘密証書遺言，危急時遺言の方式を改めて，聴覚や言語機能に障害を有する者も手話通訳等により，公正証書遺言等をすることができるようにした（969条・969条の2・976条・979条）。

（10）　平成16年の民法の一部改正（法律147号）

　民法第一編（総則），第二編（物権），第三編（債権）の条文表記の現代用語化に伴い，第四編（親族），第五編（相続）についても全条文について条見出し，項番号が付され，表記の統一が図られた。

6　相続の開始

　相続法上の効果が発生することを「相続の開始」という。

（1） 相続開始の原因

相続が開始するのは，現行法においては，自然人が死亡した場合だけである（882条）。死亡が擬制される失踪宣告も当然に相続開始の原因となる（31条）。

（2） 相続開始の時期

相続開始の時期は，自然人の死亡においては，死亡の瞬間であり（死亡の時間は，通常は，戸籍記載の死亡年月日時分によって確認される），失踪宣告があれば，失踪期間満了の時（特別失踪については危難の去った時）である（31条）。

（3） 相続開始の場所

相続開始の場所は，被相続人の住所と定められている（883条）。被相続人の死亡が別の場所であっても，相続財産の所在が住所地以外であっても，被相続人の住所で，相続は開始したものとして取り扱われる。裁判管轄等を定める規準とするための措置である（家審規99条・120条1項，民訴5条，破産222条）。

（4） 相続財産に関する費用

相続財産に関する費用，たとえば，相続財産の管理，清算に必要な費用，財産目録調整の費用は，相続人の過失によるものを除いて，すべて相続財産の中から支払われる（885条1項）。相続税，葬式費用はこれに含まれないと解されている。

第2節　相　続　人

1　相続人の種類とその順位

（1） 子

血族相続人の第一順位は，被相続人の子およびその代襲相続人である（887条）。

子は，実子・養子を区別しないし，嫡出子・非嫡出子の区別もない。また，年齢，性別や，既婚，未婚によって区別されることもない。ただし，嫡出子と非嫡出子の法定相続分は異なり，非嫡出子の相続分は嫡出子の2分の1である（900条4号ただし書）。また，特別養子は，縁組成立によって実親との血族関係が断絶することになるから（817条の9），子として実父母を相続することはで

図1　相続人の種類とその順位

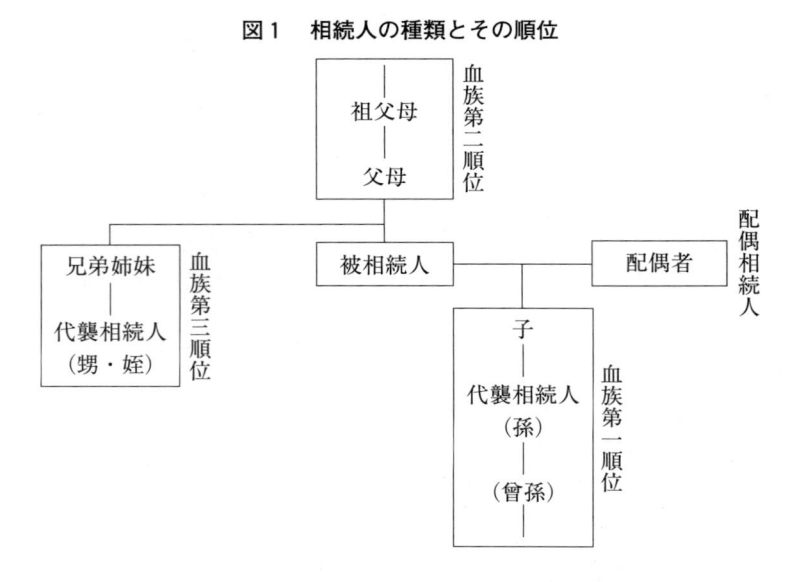

```
                    ┌─────────┐ ｜血
                    │  祖父母  │ ｜族
                    │    ｜    │ ｜第
                    │   父母   │ ｜二
                    └─────────┘ ｜順位
                         │
    ┌─────────┐     ┌─────────┐     ┌─────────┐ ｜配
｜血│兄弟姉妹 │     │ 被相続人 │─────│ 配偶者  │ ｜偶
｜族│    ｜    │─────│          │     │          │ ｜相
｜第│代襲相続人│     └─────────┘     └─────────┘ ｜続
｜三│（甥・姪） │          │                        ｜人
｜順└─────────┘     ┌─────────┐ ｜血
｜位                  │    子    │ ｜族
                    │    ｜    │ ｜第
                    │代襲相続人│ ｜一
                    │  （孫）  │ ｜順
                    │  （曾孫） │ ｜位
                    └─────────┘
```

きない。

　子が，親と同時死亡の推定（32条の2）を受けて死亡した場合は，死亡した親子相互間では相続は起こらない。しかし，死亡した子に子があれば，代襲相続することはできる（887条2項）。

　昭和22年改正の民法は，第一順位の血族相続人を「直系卑属」と規定していたが，昭和37年の民法改正（法律40号）で，最先順位の相続人は「子」に限られることになった。そのため，現在では，子以外の直系卑属は，すべて固有の相続権を失い，代襲相続人としてのみ相続をなしうるにすぎないものとなっている。孫以下の直系卑属が代襲相続人となるには，子が，被相続人より先に死亡し，または，欠格，廃除によって相続権を失った場合である（887条2項・3項）。

（2）　直系尊属

　血族相続人の第二順位は，被相続人の直系尊属である（889条1項1号）。

　子がひとりも存在しないか，子を代襲すべき者がいない場合，あるいは，子がいても全員が相続を放棄した場合に，次順位の直系尊属が相続人となる。

　直系尊属は，親等の近い者を優先するから，父母，祖父母，曾祖父母の順で

相続人となる。同順位の相続人が数人ある場合，各自均等の割合で相続権を有するから，たとえば，実母と養父母が相続人である場合には，三人が共同相続人となり，それぞれ3分の1の相続分をもつことになる。

(3) 兄弟姉妹

第一順位，第二順位の相続人がいない場合，被相続人の兄弟姉妹，およびその代襲相続人が相続人となる（889条1項2号・2項）。

兄弟姉妹が数人あるときは，共に共同相続人となる。ただし，父母の双方を同じくする兄弟姉妹（全血兄弟姉妹）と，父母の一方のみを同じくする兄弟姉妹（半血兄弟姉妹）との間では，法定相続分が異なり，半血兄弟姉妹は全血兄弟姉妹の2分の1である（900条4号ただし書）。

兄弟姉妹には，その子，つまり，被相続人の甥，姪に限って代襲相続が認められる（889条2項による887条2項の準用）。代襲原因については，兄弟姉妹が遺留分をもたない相続人であるため廃除はその原因とならず，兄弟姉妹の一部または全員の死亡，あるいは欠格による相続権喪失に限られる。

(4) 配偶者

生存配偶者は常に相続人となる（890条）。したがって，血族相続人がある場合には，その者と同順位で共同相続人となり，血族相続人がなければ，配偶者がひとりで全遺産を相続する。

血族相続人と配偶相続人は本来別建てであり，二つの系列に分かれているから，たとえば，配偶者Ａと血族相続人である子Ｂ，Ｃ，Ｄが相続人である場合を例にあげると，Ｂが相続を放棄しても，Ａの相続分は変わるものではないし，Ｃが特別受益者であったといった事情もＡの相続分に変動を生じさせない。Ｂについてのみ相続分の指定があった場合も同様である。Ａの相続分が変動するのは，Ａが後順位の血族相続人とともに相続人となる場合である。

ここにいう「配偶者」とは，法律上の婚姻関係にある配偶者のことであり，内縁配偶者はこれに含まれない。配偶相続権確立の契機となった潜在的持分の顕在化と生活保障の必要性は，内縁配偶者にもそのまま妥当するし，内縁を準婚と解する立場にたつと，このことは不都合といえるけれども，準婚事実の立証は困難な場合が多い。この問題については，相続関係画一性の要請が内縁保護に優位するものと考えなければならないからである。もっとも，内縁配偶者

については，その居住権は保護されることになっているし（最判昭和39年10月13日民集18巻8号1578頁，最判昭和42年2月21日民集21巻1号155頁），相続人不存在の場合には，特別縁故者として相続財産の分与を請求できることにもなっている（958条の3）。また，借家権の取得も可能である（借家7条の2，借地借家36条）。さらに，各種の社会立法は，内縁配偶者を遺族補償の第一順位者と定めるに至っている（労働基準法施行規則42条1項，国家公務員等共済組合法2条1項2号イ等）。

配偶者については，代襲相続を認めていない。その結果，配偶者が相続開始以前に死亡した場合，生存配偶者に死亡配偶者を代襲して相続する権利はないし，再婚した妻の連れ子が，相続開始以前に死亡した自分の母を代襲して，母の再婚相手を相続することもできない。

なお，被相続人に，配偶者がいない。子も直系尊属も兄弟姉妹もいないし，子や兄弟姉妹の代襲相続人もいないということになると，相続人は存在しないことになる。この場合には，相続財産の清算が行われて，相続財産は最終的には国庫に帰属する（959条）。

2　相続権の付与——胎児——

胎児は，相続については，既に生まれたものとみなされる（886条1項）。相続開始の時に，懐胎せられてはいるが，いまだ出生していない胎児も，生きて生まれることを条件として，自然人と同様相続能力（被相続人の権利義務の担い手となりうる能力）を有するものと擬制するという意味である。相続開始の時までに出生していないということだけで，やがて一人の血縁者として生まれてくることがほぼ確実な胎児の存在を相続法上無視することは，血縁者に相続権を与え相続財産を承継させるという，相続における血縁主義の基調と相容れないし，最も多く生活の資を必要とするはずの胎児が，相続財産を取得できないという不都合な結果を生じさせることになる。そこで，民法は，胎児については，相続に関して既に生まれたものとみなすことにした。その結果，胎児は，親について相続権を有するだけでなく，祖父母の相続について代襲相続権（887条2項）をもつことになるし，遺留分権も与えられることになる（1028条）。また，受遺者になることもできる（965条）。もちろん，この擬制は，胎児が生きて生まれることを前提とした擬制であるから，胎児が死んで生まれた場合に

は無意味となる。そのため，民法は，胎児が死んで生まれたときは，胎児の相続権を認めないとしたのである（886条2項）。

　ところで，胎児に相続能力の擬制が必要となるのは，相続法には，被相続人と相続人は，相続開始の瞬間，ともに存在しなければならないという同時存在の原則があるからである。相続による財産の承継は，被相続人が死亡し，権利義務の主体としての資格を喪失した瞬間，相続人の知不知にかかわらず，瞬時に行われるから，相続財産が無主の状態にならないように，相続開始の時に，相続人は，被相続人の権利義務の担い手となりうる能力，つまり，相続能力を有していなければならないというのである。この原則は，財産は一瞬たりとも無主であってはならないとする考えから発した相続法の基本的要請であるが，この原則を胎児に適用すると，いまだ出産の完了していない胎児は，権利能力→相続能力（自然人については同義である）をもたないから，相続人にはなれないことになる。そこで，胎児については，相続能力を有するものとみなすという擬制が生まれることになったのである。

　問題となるのは，「既に生まれたものとみなす」という規定の意味であるが，判例（大判大正6年5月18日民録23輯831頁，大判昭和7年10月6日民集11巻2023頁）および多数学説は，胎児である間は，権利能力がなく，生きて生まれた時に，相続開始時，つまり，胎児であった時に遡って相続能力が認められるという意味であると理解する（停止条件説）。立法論としては，権利能力の始期を懐胎に始まるものとして，生きて生まれることを前提に，胎児も，母を法定代理人として遺産の管理，分割を行うことができるとするのが合理的であるが，解釈論としては，民法3条がある以上，胎児に相続能力を認め，母に法定代理権を付与すること（解除条件説）には無理があるといわれている。

　胎児が存在するために，実際上やっかいな問題が生じるのは，胎児を除外して遺産分割が行われ，胎児が出生した場合の事後処理である。学説は大いに分かれ，統一されていない。そのため，遺産分割は胎児の出生をまって行うことが望ましいといわれている。

　なお，実務では，母が法定代理人として胎児の相続を放棄することを認めてはいない（法曹会決議昭和36年2月22日曹時13巻11号174頁）が，胎児名義（「亡何某妻何某胎児」名義）の相続登記は，古くからこれを認めている（明治31年

10月19日民刑1406号民刑局長回答登記関係先例集上18頁，昭和29年6月15日民事甲188号民事局長回答登記関係先例集下2205頁）。

3　相続権の喪失（剝奪）

　相続人として民法に法定されている者であれば，いかなる事情の下でも常に相続権が認められるか，というと必ずしもそういうわけにはいかない。配偶者や子，直系尊属，兄弟姉妹といった被相続人の一定の近親者に相続権が付与されるのは，単に配偶関係があるとか，血縁関係があるといった理由によるだけではなく，これらの者には，相続権を付与するに値するだけの，被相続人と一体となった家族の共同生活関係が，現実に，もしくは観念的に存在したか，あるいは存在すべきものと考えられるからである。法定相続制度が，このような家族的共同生活関係（相続的協同関係）を中心として相続人の順位や範囲を法定している以上，それを自ら破壊してしまったり，破壊するに足りる非行をした者にまで相続権を与えるのは無意味であるし，その必要もないといえることになる。そこで，民法は，相続権を剝奪する制度を設けて，非行者である法定相続人の相続資格を喪失させることにした。これが，相続欠格（891条）および相続人の廃除（892条）という制度である。

　相続欠格は，被相続人の殺害や遺言書の偽造変造など，民法が定める欠格事由に該当する行為をした相続人の相続権を法律上当然に剝奪する制度であり，廃除は，遺留分を有する推定相続人に，被相続人に対する虐待侮辱や著しい非行があった場合に，被相続人からの廃除の請求をまって，家庭裁判所が当該相続人の相続権を喪失させる制度である。

（1）　相 続 欠 格

(a)　欠格事由　　民法が定めた相続欠格事由は，次の5つである（891条）。

① 　被相続人または先順位もしくは同順位の相続人を故意に殺し，または殺そうとしたために刑に処せられた場合

② 　被相続人が殺されたことを知りながら，その告訴，または告発をしなかった場合，ただし，その者が判断能力を有しないか，または殺害者の配偶者もしくは直系血族である場合には，相続欠格者にはならない。

③ 　詐欺強迫によって，被相続人が相続に関する遺言をし，または遺言を取り消し，あるいは変更するのを妨げた場合

第2節　相　続　人　193

④　詐欺または強迫によって，被相続人に相続に関する遺言をさせ，遺言を取り消させ，あるいは変更させた場合
⑤　相続に関する被相続人の遺言書を偽造し，変造し，破棄し，または隠匿した場合

　民法は，これら欠格事由に該当する行為は，すべて，相続的協同関係を破壊し，相続秩序を根底からくつがえす行為であると考えたのである。
　ところで，相続欠格制度は，相続秩序を破壊もしくは危胎に陥れた非行者に対する民事的制裁であり，相続資格の剝奪という重大な効果を発生させる制度であるから，欠格事由に該当するかどうかを判断するにあたっては，厳格かつ制限的な解釈がなされるべきものといわれている。殺意のない過失傷害致死は欠格事由にならないものとされているし（大判大正11年9月25日民集1巻534頁），殺害による有罪判決があっても，執行猶予が付されている場合には，執行猶予の言渡が取り消されないで猶予期間を経過すれば，欠格の効果は発生しなかったことになると解されている。また，被相続人が殺されても，犯罪が官署に発覚し，すでに検察活動が開始されている状態にあるときは，相続人が，告訴告発をしないからといって，欠格事由にあたるとはいえないという（大判昭和17年11月4日法学2巻829頁）。さらに，相続人が，遺言者である被相続人の意思を実現させるために，その法形式を整える趣旨で，印影のない遺言証書に押印した場合は，遺言書偽造変造の欠格にあたらないし（最判昭和56年4月3日民集35巻3号431頁），公正証書遺言の保管を託された相続人が，遺産分割協議が成立するまで，他の相続人の1人に遺言書の存在を告げなかったのは，遺言書隠匿による欠格にならないとしている（最判平成6年12月16日判時1518号15頁。なお，大津家審昭和56年4月13日家月34巻6号55頁参照）。
　これに対して，被相続人から遺産のほとんど全部を与える旨の自筆証書遺言の交付を受けていた相続人が，遺留分減殺の請求を受けることをおそれて，相続開始後2年余にわたって，他の共同相続人に遺言書の存在を固く秘匿していた行為は，欠格事由である遺言書の隠匿にあたるとされている（東京高判昭和45年3月17日高民集23巻2号92頁）。
　問題は，いわゆる二重の故意の要否である。
　たとえば，詐欺強迫による遺言行為に対する違法な干渉行為が欠格事由とな

るためには，行為者である相続人に，詐欺強迫の故意の他に，妨害行為によって，相続法上，自己に有利な遺産の帰属を実現（あるいは不利な帰属を阻止）しようとする認識ないし希望＝故意があることまで必要とするか否か。

　学説は，積極・消極両説に分かれるが，積極説が多数学説であるといわれている。

　この問題について，最高裁平成9年1月28日判決（民集51巻1号184頁）は，遺言書の破棄隠匿が問題となった事案についてではあるが，「相続人が相続に関する被相続人の遺言書を破棄又は隠匿した場合において，相続人の右行為が相続に関して不当な利益を目的とするものでなかったときは，右相続人は，民法891条5号所定の相続欠格者には当たらない」と判示して，二重の故意必要説を採用することを明らかにしている。

　その後，大阪高判平成13年2月27日（金商1127号30頁）は，相続人が被相続人から遺言書を受領して金庫内に保管し，被相続人の死後約12年余りその検認の手続をしなかったのは遺言書を隠したことに該当するが，本件遺言書の記載内容は遺産の全てを当該相続人に相続させるとするもので，当該相続人の行為は被相続人の「遺産にかかる最終的な処分意思を害したものとはいえないから，右行為が相続法上不当な利益を得る目的に出たものとはいえず，したがって民法891条5号にいう隠匿に該当するとはいえない」という判断を示すに至っている。

　(b)　欠格の効果　　欠格事由に該当する者は，欠格原因発生の時に，法律上当然に相続人としての資格を失う。利害関係人の請求や，格別の裁判または宣告を必要としない（大判大正3年12月1日民録20輯1019頁参照）。被相続人の生前に遺言書を偽造変造した相続人は，偽造変造の時に相続資格を失い，殺害行為によって処刑された相続人は，処刑の時に欠格が成立するが，処刑が相続開始後であっても，殺害行為の時に遡って相続権を失う。相続開始後に行われた遺言書破棄の欠格は，破棄の時に成立するが，その効果の発生は，相続開始の時まで遡る。

　相続欠格の効果は当然に発生するから，欠格者が事実上相続をし，相続財産を第三者に譲渡した場合でも，第三者は何らの権利を取得せず（ただし，動産取引については即時取得によって第三者が保護される可能性がある），真正相

続人から返還請求を受ければ，これに応じなければならないとされている（大審院大正3年12月1日前掲判決参照）。取引の安全を害するが，とくに第三者を保護する規定がない以上，止むをえない結果である。

　欠格の効果は欠格者の一身についてのみ生じ，当該の欠格事由の対象である相続関係について相続権を剥奪するにとどまるから，欠格者に子があれば，その子が代襲相続人として欠格者に代って相続することを妨げないし（欠格は代襲原因となる），親を殺した者は子を相続することができる。子を殺害した者も親を相続できる。ただし，父を殺害した子は，父の相続について欠格者となるだけでなく，同時に母の相続についても欠格者となり，母を相続することができない。父の殺害は，母の相続について，配偶者＝同順位の相続人を殺害したことになるからである。

　なお，相続欠格者は，同時に受遺者としての資格をも失う（965条）。

　(c)　欠格の宥恕　　欠格の宥恕とは，被相続人の意思もしくは感情によって，相続欠格の効果を消滅させることである。民法にはこれを許した明文の規定はないが，学説の大勢は宥恕による相続資格の回復を広く認める方向にある。欠格者に対する遺言その他の書面による意思表示があれば問題ないが，明示の意思表示がなくても，被相続人と欠格者との間に，通常の親子としての生活が営まれるに至っていれば，宥恕があったとされてよいと解されている。

　(2)　相続人の廃除

　廃除は，被相続人（廃除者）の意思によって，相続的協同関係破壊の可能性があることを理由として，「遺留分を有する推定相続人（相続が開始した場合に相続人となるべき者をいう。以下同じ。）」の相続権を剥奪する制度である。

　廃除される相続人（被廃除者）は，兄弟姉妹を除く，他の相続人，つまり直系血族および配偶者に限られる（892条）。兄弟姉妹は遺留分をもたないから，兄弟姉妹に相続させたくない場合には，他の者に全遺産を贈与または遺贈するという方法があるからである。

　ところで，廃除は，被相続人個人に対する非行を，相続的協同関係を破壊する可能性のあるものとして，相続権剥奪の理由にするのであるが，廃除事由は，虐待侮辱にせよ，著しい非行にせよ，いずれも多分に主観的なものであり，被相続人の受け取り方によって，相続的協同関係を破壊する可能性をもつことも

あれば，そうでない場合もある。

　たとえば，被相続人の主張する虐待侮辱が，法の立場からは虐待侮辱と見られないこともあるし，同じ虐待侮辱であっても，廃除事由としての虐待侮辱に当たらない場合もある。また，廃除は，被相続人の意思によって相続権を剥奪する制度であるが，被相続人の恣意や偏愛を満足させるものではないし，素行不良の子の改善矯正手段でもない。廃除は，相続人の順位を画一的に法定した法定相続の規律を修正して，現実の家族的共同生活関係の実情に合った相続秩序を実現するための制度であり，相続権の最低限度の保障である遺留分まで否定する（受遺能力には影響がない）のであるから，遺留分まで含めて相続権を完全に否定することが，社会的かつ客観的に正当とされるだけの理由が必要である。そこで，民法は，廃除は，家庭裁判所の審判（または調停）によらなければその効力を生ずることはないとし（892条），廃除事由に一定の評価を加えることにしている。

　(a)　廃除事由　　廃除事由は，①被相続人に対する虐待または重大な侮辱，および②その他の著しい非行の二つである（892条）。「虐待」は，肉体または心理に苦痛を与える行為であり，「侮辱」は，名誉または自尊心を傷つける行為であるが，「虐待」と「侮辱」は必ずしも厳格に区別する必要はないといわれている。廃除事由としての「虐待侮辱」は，被相続人として家族的共同生活関係の継続を不可能にする程度の行為でなければならない。また，「その他の著しい非行」は，相続人が酒色に溺れることの他に，犯罪，遺棄，浪費，被相続人以外の家族との不和も含むとされ，必ずしも直接被相続人に向けられた行為でなくともよいが（広島高岡山支決昭和53年8月2日家月31巻7号56頁），被相続人が家族の共同生活を継続する意欲を失うのが当然だと判断されるような行為でなければ，廃除事由ありとはいえないとされる。

　廃除事由存否の判断は，家庭裁判所の広範な裁量に任せられており，事件の性質上，実際の具体的な事例について抽象的客観的な基準を設定することに困難を伴うが，親子であれば，養親子間の離縁原因（「縁組を継続し難い重大な事由」814条3号），夫婦間においては，離婚原因（「婚姻を継続し難い重大な事由」770条1項5号）に該当する程度の非行であるかどうかが一応の判断の目安になるといわれている（名古屋高金沢支決昭和60年7月22日家月37巻12号31頁）。

裁判例を紹介しておこう。①結婚後数カ月して夫婦仲が悪くなり，妻と夫の母や妹との折り合いも悪い状態で，夫が再三にわたって激しく暴力を振い，それが原因で，妻は創傷を受けただけではなく流産し死亡してしまった。夫の行為は廃除原因としての暴行虐待にあたる（大阪高決昭和37年5月11日家月14巻11号119頁）。②大学に入ってから遊びをおぼえ，賭事やバーにも出入りし，大学を中退。結婚も就職も長続きせず，親に無心をくりかえし，親がこれに応じなければ，親を脅して金銭を強要。ついには，親の留守中，家財道具を手当り次第運び出して質入れして金策をした。子の行為は，たちの悪い「親泣かせ」に属するとして廃除が認められた（大阪家審昭和37年8月31日家月14巻12号111頁）。③父の多額の財産をギャンブルにつぎ込んで減少させて，父をして自宅の売却までせざるをえない状況に追い込み，父の経営する会社の取締役を解任されたことを不満に思い，虚偽の金銭消費貸借契約や賃貸借契約を作出して民事紛争を惹き起こし，訴訟になった後も父と敵対する不正な証言を行っている。子の一連の行為は著しい非行にあたる（大阪高決平成15年3月27日家月55巻11号116頁）。

　もっとも，裁判例は，④被相続人に対する非行であっても，それが「一時の激情」による場合（大判大正11年7月25日民集1巻478頁，大阪高決昭和40年11月9日家月18巻5号44頁），⑤被相続人の行為が相続人の「非行を誘発」した場合（大判大正15年6月2日法律評論16巻44頁，仙台高決昭和29年2月5日家月6巻3号92頁）および，⑥相続人の非行の原因について，被相続人の側にも責められるべき点がある場合には，廃除は許されないとしている（東京高決昭和35年7月7日東高民時報11巻7号209頁，名古屋高金沢支決平成2年5月10日家月42巻11号37頁）。

　(b)　廃除の方法　　相続人を廃除するためには，被相続人が，家庭裁判所に対して廃除の審判（または調停）を請求しなければならない（892条，家審9条乙類9号）。廃除の意思表示は，また，遺言によってすることもできるが，この場合には，遺言執行者が遅滞なく廃除の請求をすべきものとされている（893条前段）。

　遺言による廃除の場合および廃除の審判確定前に相続が開始した場合，家庭裁判所は，親族，利害関係人または検察官の請求により，遺産の管理につき必

要な処分を命ずることができる (895条1項)。

(c) 廃除の効果　廃除の効力は，廃除を請求した被相続人に対する当該被廃除者の相続権を剥奪することにある。

廃除の効果は，廃除の審判確定または調停の成立によって発生し，被廃除者は，その時から，法律上当然に相続資格を失う。遺言による廃除の場合，審判は常に相続開始後に確定するが，廃除の効果は相続開始の時に遡る (893条後段)。被相続人が，廃除の審判確定前に死亡し，相続開始後に審判が確定した場合も同様である。その結果，欠格の場合と同様，不動産取引について第三者に不測の損害を与えるおそれがあるが，登記に公信力がない以上，止むを得ないといわれている (大判昭和2年4月22日民集6巻260頁，東京高判昭和60年3月7日判時1152号138頁)。

廃除の効果は相対的であり，廃除を請求した被相続人に対する相続権を剥奪するだけであるから，父から廃除された子は母を相続できるし，兄弟姉妹を相続することもできる。自分の子に対する相続権も失わない。被廃除者の子や孫の代襲相続権にも影響を与えない。また，廃除の後，廃除者と被廃除者の間に，新たに相続権を発生させる身分関係が生じた場合，たとえば，養子を廃除した後，いったん離縁し，再び同一人と再縁組をした場合には，先になされた廃除審判の効力は，再縁組によって新たに取得した相続権には及ばないと解されている。

(d) 廃除の取消し　被相続人は，いつでも，廃除の取消しを請求することができる (894条1項)。廃除の取消しも家庭裁判所の審判 (または調停) によらなければならないが，取消しを求めるにあたり，その理由を付する必要はない。家庭裁判所は，取消しの請求が被相続人の真意にもとづくものかどうかを検討し，真意によることが確認されれば，必ず取消しの審判をしなければならないとされている。

遺言による廃除の取消しも許される。その手続は，遺言廃除の場合と同じである (894条2項)。

廃除が取り消されると，被廃除者は，将来に向かって，推定相続人としての地位を回復する。相続開始後に取消しの審判があった場合，取消しの効力は相続開始の時に遡る。

4 代襲相続

(1) 意義および効力

代襲相続というのは，相続人となるべき子が，相続開始以前に死亡し，または欠格廃除によって相続資格を失った場合に，孫が子に代って，祖父母を相続する制度である。

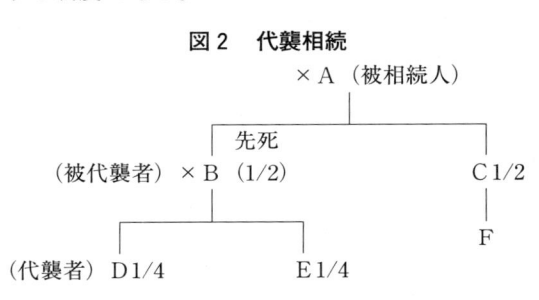

```
       図2  代襲相続
            ×A（被相続人）
        ┌──────┴──────┐
         先死
（被代襲者）×B（1/2）      C 1/2
        ┌────┴────┐       │
（代襲者）D 1/4     E 1/4    F
```

たとえば，Aに二子B，Cがおり，Bには子D，E，CにもFという子がそれぞれあったとする。BがAより先に死亡すると，Aの相続については，D，EはCより後順位の相続人であるから，CだけがAを相続し，D，EはAの遺産を相続できないことになる。Fは，Cが死亡すると，Cを相続することによって，Aの遺産を取得できるが，D，Eは，BがAより先に死亡したということによって，Aの遺産を相続する機会を失ってしまうから，それだけ生活上の不利をまぬがれないことになる。そこで，D，E，Fという同じ孫同士の間で不公平な結果を生ずることがないように，D，Eを，Bの代りに，Bの親等に上げて，Cと同順位で，Bが生きていれば取得することができた相続分（1/2）を，D，E平等の割合（各自1/4の割合）で相続させることにした。これが代襲相続である。近親等優先の原則から生ずる不都合を救済するための制度である。設例におけるBを被代襲者といい，D，Eを代襲相続人または代襲者という。

民法は，子の相続に限らず，兄弟姉妹の相続についても代襲相続を認めている（887条2項・889条2項）。

(2) 代襲相続の要件

(a) 代襲原因　代襲相続が生じる原因は，相続人の，①相続開始以前の死亡，②欠格，③廃除の三つである（887条2項）。昭和37年の民法の一部改正によるものであり，改正法は，それまで「相続開始前」と規定していたのを，「相続開始以前」に改めるとともに，代襲原因をこの三つの事由に限定した。同時死亡の推定規定の新設（32条の2）に対応して，親と同死の推定を受けて

とができない」という規定に抵触するというのである。

(3) 再代襲相続

再代襲相続とは，代襲相続人である孫に代襲原因が発生した場合に，孫の子，すなわち被相続人の曽孫が，さらに代襲相続することである。代襲相続は，無限に認められるのが本則であり，従来から明文の規定がないまま解釈によって承認されてきたことを，昭和37年の改正法が明文化したのである（887条3項）。

昭和37年の改正法は，子とともに兄弟姉妹の代襲相続についても再代襲を許していたが，昭和55年の民法の一部改正によって，兄弟姉妹の代襲相続人は兄弟姉妹の子，すなわち被相続人の甥姪に限り，再代襲を認めないこととした（889条2項）。その結果，現在では，子の代襲相続についてのみ再代襲が許される。再代襲に限らず再々代襲も可能であるから，相続人である子の直系卑属は，すべて代襲相続の可能性をもつことになる。

なお，再代襲については，子と孫の代襲原因発生の先後は問わないものとされている。

5　相続人の二重資格

(1) 相続資格の重複

民法は，配偶者，子，兄弟姉妹といった被相続人との間の一定の親族関係に基づいて相続権を付与することにしているから，被相続人との間の親族関係が，養子縁組または婚姻を通して重複する場合，被相続人との間に形成された二重の親族関係がそのまま相続資格に反映して，1人の相続人が，同じ被相続人に対して，二重の相続権を持つことになるのかどうかが問題となる場合がある。

たとえば，①被相続人Aに子B，孫CがあЙ，AがCを養子にした場合，BがAより先に死亡すると，Cは，血族相続人の子であると同時に，Bの代襲相続人でもあるといえる（同順位の血族相続権の重複）。また，②被相続人Aが，B・Cの養子となり，B・Cの実子Dと婚姻した場合には，Dは，Aの配偶相続人であり，血族相続人の兄弟姉妹でもあるといえることになる（異系列の相続権の重複）。さらに，③被相続人Aが弟Bを養子にした場合は，Bは，Aの血族相続人第1順位の子であり，第3順位の兄弟姉妹でもありうる（異順位の相続権の重複）。

学説の中には，被相続人との間に二重の親族関係が形成されるのを全く否定

図4

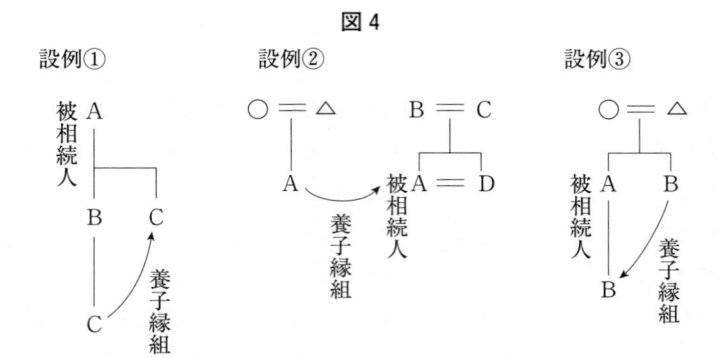

設例①　被相続人A―B―C、CはAと養子縁組

設例②　○＝△の子A、別にB＝Cの子（被相続人）、Aが被相続人と養子縁組

設例③　○＝△の子A・B、AとBが養子縁組（Aが被相続人）

するわけにはいかないけれども，これを相続資格に反映させるべきではないとして，相続資格の競合を否定する見解が有力であるが，多くの学説は，相続資格の重複を認めている。

しかし，1人の相続人が，同じ被相続人に対して，二重の相続権をもつことになると，相続分の割合，放棄の申述および廃除の効力についてやっかいな問題を生ずることになる。学説は分かれ，統一されていない。

（2）　相続分の割合

相続人が，二重の相続権を有するために，双方の相続分を併せて取得することができるかどうかということが問題となるのは，①と②の場合である。③については，子としての相続権と兄弟姉妹としての相続権が同時に問題となることはないから，相続分の併合取得（加算）という問題は生じない。実務の先例は，①の場合については，相続人は双方の相続分を併せ取得するとし（昭和26年9月18日民事甲1881号民事局長回答登記先例集（下）1660頁），②の場合には，相続資格の競合を否定して，配偶者としての相続分を有するにとどまるとしている（昭和23年8月9日民事甲2371号民事局長回答新人事法総覧345頁）。他方，学説においては，①②いずれの場合にも2個の相続分を有するとする考え方もあるが，②の場合については，配偶相続権と血族相続権の別建てを理由に，相続資格の重複を否定する見解が有力である。

（3）　相続放棄の申述

つぎに問題となるのは，二重資格の相続人が，相続を放棄する場合，二度の放棄の申述が必要か否か，あるいは，一方の資格において放棄し，他の資格で

相続を承認することができるのかどうかという問題である。典型例として③の場合をとりあげてみると、判例は、この場合について、二重の相続資格の併存を認め、相続人は別々に相続を放棄することができるとする（大判昭和15年9月18日民集19巻1624頁）。これに対して、実務の先例は、先に養子としてなした相続の放棄は、後に弟として相続人となった場合の放棄を当然に含むとして、二度の相続放棄は必要でないとする（昭和32年1月10日民事甲第61号民事局長回答登記関係先例集追加編Ⅱ2頁）。学説も、大いに見解が分かれるが、相続放棄の効力に着目し、相続放棄が、被相続人の相続関係から全面的に離脱することであるという理解に立って、二重資格の相続人が一方の資格においてなした相続放棄の効力は、同順位、異順位を問わず、当然に他の相続資格にも及ぶと解する見解が有力である。

（4）廃　　除

廃除の効力についても学説は分かれるが、廃除の効果は、二重資格に影響されずに、相続人たる地位を確定的に失わせるという見解が有力である。廃除の場合、問題は一層複雑であり、廃除の効果は、廃除後被相続人との間に新たに形成された親族関係→相続資格には及ばないから、③の場合についてみると、Aの養子となった弟Bが廃除された後、いったん離縁され、さらにAと再縁組した場合には、BはAの子として新たに相続権を取得できることを認めないわけにはいかないし、遺留分を有しない兄弟姉妹は、そもそも廃除の対象にならないという事情があるからである。しかしながら、廃除の事由と被相続人の廃除の意思が、相続人の一方の資格についてのみ存在し、他方の資格については存在しないということは通常考えられないし、一方の資格では相続はできないが、他の資格でなら相続できるというのは不合理だといえるからだとされている。

6　相続人の不存在

（1）意　　義

だれが相続人であるかということは、戸籍を見れば明らかであるから、被相続人に、配偶者も血族相続人もいない場合には、相続人は存在しないことになる。もっとも、戸籍には虚偽の記載がなされていることもあり、戸籍によって人の身分が決まるわけではないから、どこかに相続人がいるかもしれない。そ

こで，民法は，利害関係人または検察官の請求によって，家庭裁判所が選任した相続財産管理人を通して（952条），相続人を捜索するとともに，相続人がいない場合には，遺産債権者（受遺者）のために相続財産を清算することにした（951条以下）。これが相続人不存在の制度である。

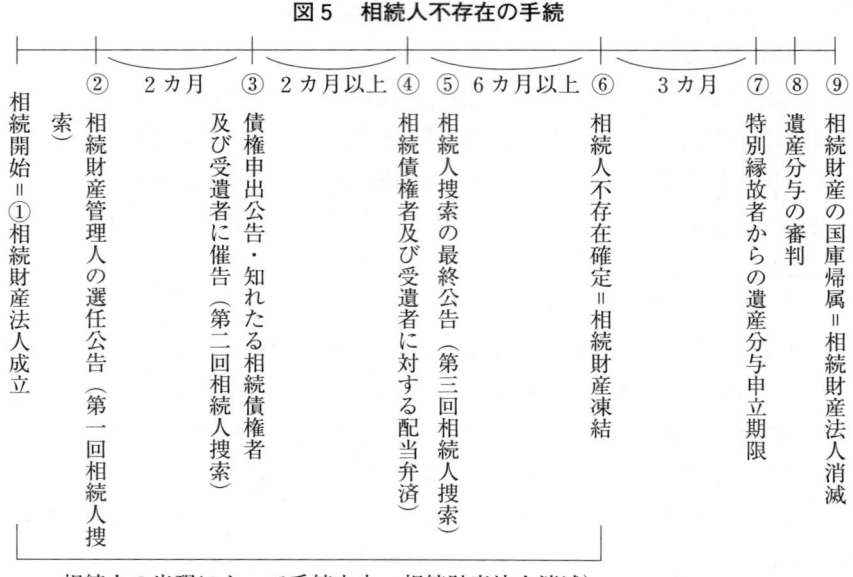

図5　相続人不存在の手続

①相続開始＝相続財産法人成立　──［2カ月］──②相続財産管理人の選任公告（第一回相続人捜索）──［2カ月以上］──③債権申出公告・知れたる相続債権者及び受遺者に催告（第二回相続人捜索）──④相続債権者及び受遺者に対する配当弁済──［6カ月以上］──⑤相続人捜索の最終公告（第三回相続人捜索）──⑥相続人不存在確定＝相続財産凍結──［3カ月］──⑦特別縁故者からの遺産分与申立期限──⑧遺産分与の審判──⑨相続財産の国庫帰属＝相続財産法人消滅

（相続人の出現によって手続中止→相続財産法人消滅）

　昭和37年の民法改正前においては，清算開始と併行して行う相続人捜索最終公告の期間が満了し，相続人不存在が最終的に確定すると，相続財産は直ちに国庫に帰属したが，改正法は，相続人の不存在確定時と国庫帰属との間に，相続財産を凍結する時期を新たに置いて（958条の2），被相続人の特別縁故者に残余財産を分与する道を開いた（958条の3）。

（2）　相続財産法人

　相続人不存在の場合，相続財産は，被相続人の死亡の時から，法人となる（951条）。

　相続人は存在するが，その所在生死が不明というのであれば，不在者のための財産管理人が，相続人の名において，遺産を管理することができるが（25条以下），相続人不存在というのは，相続人が不分明，つまり，相続財産の帰属

主体の存否が不確定のことをいうのであるから，相続財産は無主の状態だということになりかねないし，相続財産を管理清算するために管理人を選任しても，その管理人は一体誰れの代理人なのか説明がつかない。そこで，民法は，この場合には，相続財産それ自体が権利義務の主体となると擬制することにした。これが，いわゆる相続財産法人である。

相続財産法人は，相続財産の清算を目的として創成された法人であるから，清算法人類似の一種の財団法人であると解されているが，近時これを特別財産と見る学説が多い。

相続財産法人は，相続人が出現すると，存在理由を失って消滅し，その効果は相続開始の時まで遡る。ただし，それ以前に，管理人がした権限内の行為はその効力を失わないものとされている（955条）。

(3) 相続財産管理人

相続財産法人が創成されると，家庭裁判所は相続財産管理人を選任して，これを公告する（952条）。

相続財産管理人は，相続人の捜索と相続財産の清算を任務とするが，その権利義務の内容は，不在者の財産管理人と同じである（953条）ほか，相続債権者，受遺者の請求があれば，財産状況を報告する義務を負う（954条）。

相続人の出現によって相続財産法人は，相続開始の時まで遡って消滅することになるが，相続財産管理人の代理権は，相続財産が無管理のまま放置されないように，相続人が相続を承認する時まで存続する（956条1項）。代理権が消滅したら，遅滞なく，相続人に対して，管理の計算をしなければならない（956条2項）。

(4) 相続財産の処理

(a) 相続人の捜索　相続人の捜索は，3回の公告によって行われる。第1回目は，家庭裁判所が行う相続財産管理人の選任公告であり，捜索期間は2カ月である（952条2項，957条1項）。第2回目は，相続財産管理人のなす債権申出公告で，期間は2カ月以上である（957条1項）。最後は，相続財産の清算開始と併行して，家庭裁判所が6カ月以上の期間を定めて行う相続人捜索の最終公告である（958条）。この最終公告期間が経過すると，相続人の捜索は打ち切られる。

(b) 相続財産の清算　相続財産の清算手続は，債権申出公告（957条）から始まる。相続財産管理人は，選任公告期間が満了しても相続人があらわれなかったら，遅滞なく，いっさいの相続債権者および受遺者に対して，2カ月以上の期間を定めて債権の申出を促す旨の公告をする。この公告には，期間内に債権の申出がないと清算から除斥する旨を附記しなければならないが，知れている債権者・受遺者を清算から除外することは許されないから，知れたる債権者等には各別にその申出を催告しなければならない（957条）。

債権申出期間満了後，相続財産管理人は配当弁済を開始する。清算方法については，鑑定人の評価による価額弁済（932条ただし書）の規定をのぞいて，すべて限定承認の規定が準用される（957条2項）。

(c) 相続財産の凍結　清算手続の開始と併行して，家庭裁判所は，相続財産管理人または検察官の請求により，6カ月以上の期間を附して，相続人捜索の最終公告をする（958条）。この公告によっても相続人が現われず，公告期間が満了すれば，相続人不存在が確定し，相続財産は凍結される。その結果，相続人の権利は，この時をもって消滅し（相続権を主張できなくなる），この時までに管理人に知れなかった相続債権者・受遺者も，もはや以後は弁済の請求をすることはできなくなる（958条の2）。

(d) 特別縁故者への遺産分与　特別縁故者への遺産分与というのは，たとえば，被相続人が養ってきた事実上の養子，被相続人と生計をともにし，最後まで献身的に療養看護に努めた内縁の配偶者，長期間にわたって被相続人の生活を援け，その世話をしてきた親族や知人といったように，被相続人と具体的，実質的な縁故関係にあった者が，家庭裁判所の審判によって，相続財産法人から，凍結されている相続財産の全部または一部の無償贈与を受ける制度である（958条の3）。遺産の分与を受けるためには，必ず，家庭裁判所に対して遺産分与の請求（申立て）をしなければならないし，分与を相当と認める審判をしてもらわなければならないけれども，この制度は，内縁配偶者や事実上の養子といった相続権を有しない被相続人の遺族をいくらかでも保護し，遺言による財産処分（遺贈）を補充するという意味をもっている。

遺産の分与を受けようとする者は，相続人捜索の最終公告期間満了後3カ月以内に，被相続人との特別の縁故関係を明らかにして，家庭裁判所に対して，

遺産分与の請求（相続財産処分の審判申立）をしなければならない。

　民法は，特別縁故者として，「被相続人と生計を同じくしていた者」，「被相続人の療養看護に努めた者」，「その他被相続人と特別の縁故があった者」をあげているが，請求がなければ分与はないし，請求があっても，家庭裁判所が分与を相当と認める判断をしなければ，特別縁故者として相続財産の分与を受ける権利は発生しない（最判平成6年10月13日家月47巻9号52頁参照）。

　特別縁故者への遺産分与は，相続による財産の承継ではないから，抽象的な親族関係の遠近ではなく，生計同一，（格別の）療養看護，ならびにそれと同程度の具体的実質的な縁故の内容・濃淡が判断の基準となるべきものと解されており，具体的実質的な縁故が存在するかぎり，過去の縁故関係であってもかまわない（大阪高決平成4年3月19日家月45巻2号162頁）。また，分与の対象者も，親族（血縁者）に限らず，内縁の妻，事実上の養子・養親，知人や法人であってもかまわない。

　特別縁故者が複数存在する場合，民法958条の3の規定の趣旨に照らし，具体的，実質的な縁故の濃淡の程度に応じて分与すべき財産の割合が定められる（広島高決平成15年3月28日家月55巻9号60頁）。

　問題となるのは，死後縁故者，すなわち，被相続人の死亡後に，葬祭を主宰したり，遺産管理を続けるなどして，被相続人との縁故とみるべきものが，被相続人の死後に限られる者である。これを特別縁故者として遺産を分与した審判例もある（大阪家審昭和39年7月22日家月16巻12号41頁，熊本家審昭和47年10月27日家月25巻7号70頁など）。しかし，学説は，特別縁故者制度が，死後の縁故を予定していないこと，および死後縁故を認めることは，家督制度の廃止とともに葬り去った祭祀相続の復活につながるおそれがあることを理由にあげて，死後のみの縁故をもって特別縁故者と認定すべきではないといっている（同旨，東京高決昭和53年8月22日判時909号54頁，横浜家小田原支審昭和55年12月26日家月23巻6号43頁など）。

　特別縁故者に分与されるのは，清算後残存すべき相続財産である。家庭裁判所は，裁量判断で，この相続財産の中から，分与する財産の種類，数額等を決定することになるが，分与の対象となるか否かが問題となるものに，共有持分がある。というのは，共有持分については，民法は255条に規定を設けて，相

続人不存在の共有持分は他の共有者に帰属するものと定めているからである。そうすると，たとえば，Aと不動産を共有していたBが相続人なしに死亡し，Bに特別縁故者Cがあったとすると，Bの共有持分は，相続人不存在確定により，法律上当然にAに帰属し，Cへの遺産分与の対象財産から除外されることになるのか，それとも，Bの共有持分も分与の対象となり，Cへの分与がなされなかった場合に限ってAに帰属することになるのかということが問題となる。最高裁は，「共有持分は，他の相続財産とともに法958条の3の規定に基づく特別縁故者に対する財産分与の対象となり，右財産分与がされず，当該共有持分が承継すべき者のないまま相続財産として残存することが確定したときにはじめて，法255条により他の共有者に帰属する」とした（最判平成元年11月24日民集43巻10号1220頁）。この最高裁の判断によると，Bの共有持分は，家庭裁判所の遺産分与の審判によってその帰属が決せられることになり，Cへ分与されなかったときに，はじめてBに帰属することになる。民法255条の趣旨は，国が持分共有者になった場合に予想される他の共有者のわずらわしさを避け，共有者として，被相続人と少しでも「縁」のあった他の共有者に帰属させることが妥当だという考えによるものであるから，共有者よりも一層「縁故」のあった特別縁故者への分与の制度が新設された以上，この制度を優先させても，民法255条の趣旨と相容れないということにはならない。

(e) 国庫帰属　特別縁故者による遺産分与の申立てがなかった場合，あるいは遺産分与がなされてもなお残余財産がある場合，相続財産は国庫に帰属する。国庫帰属の時期は，国庫が，相続財産管理人から，残余相続財産を引き継いだ時である（最判昭和50年10月24日民集29巻9号1483頁）。相続財産の国庫帰属によって，相続財産法人は完全に消滅し，相続財産管理人の職務も終了するから，管理人は，国庫に対して，管理の計算を報告しなければならない（959条）。

第3節　相　続　分

1　意　　義

相続分というのは，共同相続の場合に，相続人各自が相続財産全体上に有する権利義務の割合（率），もしくはその割合によって具体的に取得する相続財

産（の価額）のことである。相続人が数人ある場合，相続財産は，相続開始と同時にいったん相続人全員に共同に帰属し，遺産分割によって，各相続人に最終的に帰属することになるが，各相続人の取り分（分け前）が決まっていないと遺産分割のしようがない。この各相続人の取り分が相続分である。

たとえば，Aが死亡し，相続人として妻B，2子C，Dがあったとすると，民法の規定によれば（900条・901条），Bは2分の1，CDは各4分の1の相続分を持つことになるが，これが前者，つまり共同相続人が，相続財産上に有する権利義務の承継割合としての相続分である。Aの相続財産が6,000万円，B，C，D各自の相続分が，修正されずにそのまま最終的に相続財産を取得する割合になるとすると，Bは3,000万円，CDは各1,500万円を相続財産として取得することになる。この価格（の割合）が後者の意味における相続分である。学説では，さらに，相続分は，遺産分割前における相続人としての地位をさすこともあるといい，相続分譲渡（905条）の場合に，譲受人が取得する相続分というのは，この意味における相続分であると説明するが，この場合の相続分は，第二の意味，つまり各相続人が具体的に取得する相続財産（の価額）の意味に含めることができる。

相続分は，第一に被相続人の遺言による指定によって定まり（指定相続分），指定がない場合には，民法の規定によって定まる（法定相続分）。指定相続分（902条）は，被相続人が各相続人の個々の事情や家族全体のことを考えて定めた相続分であるから，遺留分を害さない限り（902条1項ただし書），原則として，そのまま分割の際に各相続人が相続財産を具体的に取得する割合となると考えてよいが，法定相続分（900条・901条）は，平均的な家族の平均的な相続の姿を念頭において定めたものであり，被相続人の家族の個々具体的な事情が考慮されていない相続分である。

共同相続人の中に，被相続人から，商売のためであるとか，住宅取得のための資金といったような経済的援助（生前贈与）や，遺贈をうけている相続人（「特別受益者」）がある場合，あるいは逆に，被相続人の営む家業に無償で従事して，被相続人の財産の増加に寄与貢献している相続人（「特別寄与者」）がいる場合には，そのことを考慮に入れないで最終的な相続分を算定し相続財産を分割してしまうと，相続人間に不公平を生ずることになる。そのため，法定

相続分については，生前贈与や遺贈，さらには相続財産に対する寄与があった場合には，相続人間の公平を維持するために，900条に規定する相続分に修正が加えられることになっている（903条〜904条の2）。

そこで，学説は，900条の規定する法定相続分（率）のことを「本来の相続分」（または「相続分率」）とよび，修正を受けて各相続人が最終的に取得する相続分を「結局の相続分」（または「具体的相続分」）とよんで両者を区別することにしている。

2　指定相続分

被相続人は，遺言で，共同相続人の相続分を指定することができる（902条）。相続分の指定があると，配偶者や直系卑属，直系尊属の遺留分を害しない限り（902条1項但書），相続分は，原則として，これによって定まり，法定相続分の規定は適用されないことになる。

相続分の指定は，たとえば，相続人である3子A，B，Cの相続分を，A6分の3，B6分の2，C6分の1とするといったように，相続財産を1として，各相続人が承継する相続財産の分量的割合を指定するのが一般的であるといわれるが，必ずしもその方法に限られるわけではない。相続分を比率（たとえば3：2：1）で表示してもかまわないし，金額で表示してもよい。

もっとも，相続分の指定は，実際には，特定の財産を具体的に指示して，たとえば，「何丁目何番地の土地家屋」を，「相続させる」とか，「取得させる」といった用語を用いて行われることが多いといわれており，遺贈（964条）との区別，遺産分割方法の指定（908条前段）との異同が問題となっている。多数学説は，この場合には，遺言者の意思は，当該特定の相続財産を遺言で指示した相続人に割り当てて相続させようとしている点にあるとして，通常は遺産分割方法の指定があったと解し（最判平成3年4月19日民集45巻4号477頁），指定された財産の価額がその相続人の法定相続分を超える場合には，――法定相続分の修正なしにはその相続財産を全部取得できないから，相続分の指定があったものとみて――相続分の指定を含む分割方法の指定と解すべきであり（東京高判昭和45年3月30日高民集23巻2号135頁，札幌高決昭和61年3月17日家月38巻8号67頁），この種の遺言を遺贈遺言とみるのは，指示した相続人が相続を放棄した場合でもその遺産を与えるという，被相続人の意思が明確な場合に限

るべきだとする。

　相続分の指定は，遺留分の規定に違反することはできないものとされているから（902条1項ただし書），たとえば，相続人である3子A，B，Cの相続分をそれぞれ6分の3，6分の2，6分の1と指定することは差し支えないが，A8分の4，B8分の3，C8分の1と定めることは許されない（この場合，Cは24分の1だけ遺留分を侵害されることになるからである）。問題は，遺留分を侵害する相続分の指定の効力である。多数学説は，相続分の指定は遺留分を侵害する限度で当然に無効であると解すべきではなく，侵害を受けた相続人（遺留分権利者）の減殺（1031条）に服させるに止めるべきであるとする。

　そうすると，たとえば，共同相続人の一人である妻に全相続財産を相続させるといった相続分の指定も，不適法ではあっても，当然に無効となるわけではなく，他の共同相続人からの減殺請求があった場合にはじめて，遺留分を侵害する限度で，相続分の指定が失効すると解すべきことになる。

　被相続人が，一部の相続人についてだけ相続分を指定した場合，他の共同相続人については法定相続分の規定（900条・901条）が適用される（902条2項）。問題となるのは，指定を受けなかった共同相続人の中に配偶者が含まれている場合である。

　たとえば，配偶者Aと3子B，C，Dが共同相続人であり，Bについてだけ相続分を2分の1とする旨の指定があったとすると，Aの法定相続分は，Bの指定相続分を控除した残りの2分の1，つまり全体の4分の1であるのか，それとも全相続財産の2分の1なのかという問題である。学説は分かれるが，多くの学説は，配偶相続権と血族相続権は別建てであるから，血族相続人Bに対する指定は，Aの相続分に影響を及ぼすべきではないとして，この場合の相続分は，A2分の1，B4分の1，CD各8分の1となると解している。

　ところで，相続分の指定があった場合，指定の効力は，相続債務の承継割合にも及ぶかどうか。学説の中には，相続分の指定によって相続財産を多く承継する者には多くの債務も負担させるのが公平であると考えて，問題を積極に解する見解もあるが，多くの学説は，債務者が任意に債務を処分することは許されないことを主な理由として，相続債務については，相続分の指定に影響されずに，共同相続人は法定相続分の割合で分担すると解すべきだと主張している。

被相続人は，遺言で，相続分の指定を第三者に委託することもできる（902条1項）。指定の委託も遺言によらなければその効力は生じない。

受託者である第三者に，相続人が含まれるかどうかについて，学説は分かれているが，指定の公正を期待できないことを理由に，問題を消極に解する見解が有力である。

なお，指定の委託を受けた者が，その委託を承諾しなかったり，また相当の期間を経過しても指定を行わない場合には，指定の委託は失効し，相続分は法定相続分の規定によることになる。

3　法定相続分

相続分の指定がない場合，各相続人の相続分は，900条および901条に規定する法定相続分となる。

（1）　法定相続分の基準

(a)　子と配偶者が相続人である場合　　子は2分の1，配偶者も2分の1の相続分を有する（900条1号）。子が数人あるときは，全員で子の相続分2分の1を均分する（900条4号本文）。子の中に，嫡出の子と嫡出でない子がある場合，嫡出でない子の相続分は嫡出子の2分の1である（900条4号ただし書）。

たとえば，被相続人Aの相続財産が6,000万円，相続人として妻B，子C，D，Eがおり，Eが非嫡出子であったとすると各自の相続分は次のようになる。

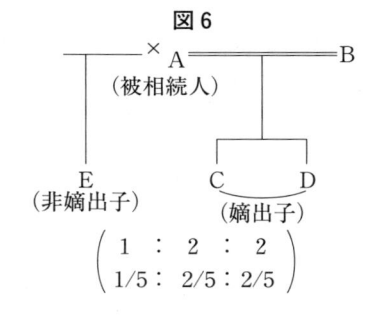

図6

```
        ×A════════B
  ┌─────┤  (被相続人)
  │     │
  E     C D
(非嫡出子) (嫡出子)
 ( 1 ： 2 ： 2 )
 (1/5：2/5：2/5)
```

　　6000万円×1/2＝3000万円……C，D，Eの相続分総額
　　3000万円×2/5＝1200万円……嫡出子C，D各自の相続分
　　3000万円×1/5＝600万円……非嫡出子Eの相続分
　　6000万円×1/2＝3000万円……Bの相続分

ところで，今日，非嫡出子の相続分が嫡出子の相続分の2分の1であることを定めた900条4号ただし書前段の規定の存在意義が疑問視され，非嫡出子の相続権の平等を求める声が大きくなっている。この主張は，東京高決平成5年6月23日（判時1465号55頁）が，900条4号ただし書前段の規定は，法の下の平

等を定めた憲法14条に違反し，無効であると判断したこともあって，いよいよ勢いを増すことになった。この規定の合憲性の問題については，最高裁が，平成7年7月5日に大法廷を開いて，900条4号ただし書前段が，非嫡出子の相続分を嫡出子の相続分の2分の1と規定していることは，憲法14条1項の平等原則に反しないとの決定を下し（民集49巻7号1789頁），一応の問題解決を図ったが，非嫡出子の相続分を嫡出子と同等にすべきだとする主張はますます高まっている。こういった勢いの中で，法制審議会も，平成8年2月，「民法等の一部を改正する法律案要綱」において，「嫡出でない子の相続分は，嫡出である子の相続分と同等とするものとする」という案を採択しており，非嫡出子の相続分の改正が，現在大きな立法問題となっている。

(b) 配偶者と直系尊属が相続人である場合　配偶者の相続分は3分の2，直系尊属は3分の1である（900条2号）。直系尊属は，実父母，養父母を区別せず，同親等の者は均等の相続分を受ける（900条4号本文）。

たとえば，養子Aが死亡し，妻Bと実母C，養父D，Dの後妻E，Bの父母FGがいる場合，Aの相続人はBとC，D，であり，EとF，Gは相続人ではない。Aの相続財産を6,000万円とすると，相続人各自の相続分は，次のとおりである。

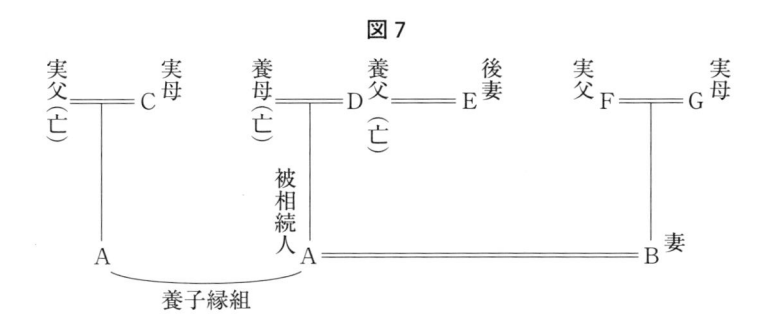

図7

実父（亡）＝＝C実母　　養母（亡）＝＝D養父（亡）＝＝E後妻　　実父F＝＝G実母

　　　　　　　　　　　　　　被相続人

　　　A　　　　　　　　　A＝＝＝＝＝＝＝＝＝＝＝B妻

　　　　　養子縁組

　　6000万円×2/3＝4000万円……妻Bの相続分
　　6000万円×1/3×1/2＝1000万円……C，D各自の相続分

(c) 配偶者と兄弟姉妹が相続人である場合　配偶者は4分の3，兄弟姉妹は4分の1である（900条3号）。兄弟姉妹が数人あるときは，各自の相続分は

均等であるが，兄弟姉妹の中に父母の一方のみを同じくする兄弟姉妹（「半血兄弟姉妹」）がいる場合，その者の相続分は，父母の双方を同じくする兄弟姉妹（「全血兄弟姉妹」）の２分の１となる（900条４号ただし書）。

たとえば，非相続人Ａに，相続人として妻Ｂ，弟Ｃ，Ｄ，妹Ｅがあるが，兄弟のうちＤＥが半血兄弟姉妹であり，相続財産が6,000万円であったとすると，各自の相続分は，つぎのようになる。

6000万円×3/4＝4500万円
　　……妻Ｂの相続分
6000万円×1/4×2/4＝750万円
　　……Ｃの相続分
6000万円×1/4×1/4＝375万円
　　……Ｄ，Ｅ各自の相続分

(d) 配偶者がない場合　配偶者がいない場合には，子，直系尊属，兄弟姉妹の順で全財産を相続し，同順位の相続人が数人いれば，各自の相続分は均等となる。なお，配偶者だけが相続人となる場合は，配偶者だけで全財産を相続する。

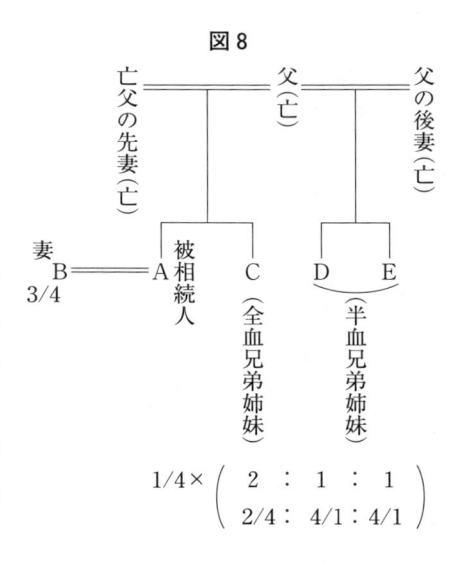

図８

亡父の先妻（亡）＝父（亡）＝父の後妻（亡）

妻Ｂ 3/4 ＝ Ａ 被相続人　　Ｃ（全血兄弟姉妹）　　Ｄ　Ｅ（半血兄弟姉妹）

$1/4 \times \begin{pmatrix} 2 : 1 : 1 \\ 2/4 : 4/1 : 4/1 \end{pmatrix}$

(２)　代襲相続人の相続分

相続人のうち，子と兄弟姉妹については代襲相続が認められるが（887条２項・３項・889条２項），代襲相続人は，被代襲者の相続分を承継する（901条１項本文・２項）。代襲相続人が数人いれば，各代襲相続人の相続分は均等である（901条１項ただし書・２項）。ただし，代襲相続人の中に嫡出の子と嫡出でない子があったとすると，ここでも嫡出でない代襲相続人の相続分は，嫡出である代襲相続人の２分の１となる。

これまで述べてきた法定相続分の割合は，現行法，つまり昭和55年の民法の一部改正（法律51号）によるものであり，旧900条に定める法定相続分の割合とは異なる。改正法施行前（昭和55年12月31日以前）に開始した相続については，旧900条が適用されるので，注意が必要である。現行法との違いを明確に

するために図で示しておこう。

図9　法定相続分

共同相続人	①配偶者と子		②配偶者と直系尊属		③配偶者と兄弟姉妹	
法定相続人	配偶者	子	配偶者	直系尊属	配偶者	兄弟姉妹
	1/2 (1/3)	1/2 (2/3)	2/3 (1/2)	1/3 (1/2)	3/4 (2/3)	1/4 (1/3)

※　（　）内の数字は，昭和55年12月31日以前に開始した相続について適用される旧900条に規定による法定相続分の割合。

4　相続分の算定

(1)　特別受益者がいる場合

(a)　贈与・遺贈の算入　　共同相続人の中に，被相続人から生前贈与や遺贈をうけた者（特別受益者）がある場合，これらの生前贈与や遺贈を考慮しないで相続分を算定し遺産分割をすると，特別受益者が二重に相続利益を取得し，相続人間に不公平が生ずることになる。そこで，民法は，これらの贈与や遺贈を相続分の前渡しとみて，その価額を計算上相続財産に加えた合計額をもって相続財産とみなして（「みなし相続財産」），そこから，相続人各自の「結局の相続分」を算定することにした（903条1項）。特別受益者については，相続分の前渡しとして贈与や遺贈を受けているのであるから，その価額を「本来の相続分」から差し引いて，残額をもって「結局の相続分」とするのである。これを「特別受益の持戻し」制度という。

たとえば，Aが6,000万円を残して死亡し，相続人として妻Bと2子C，Dがいるが，Aは，生前，Cに住宅取得のための資金援助として1,000万円を贈与し，Dに500万円の遺贈をしていたとすると，各自の相続分はつぎのように計算することになる。

　　6000万円＋1000万円＝7000万円……みなし相続財産

　　　※　Dに対する500万円の遺贈の価額は6,000万円に含まれているから改めて算入しない。

　　7000万円×1/2＝3500万円……Bの本来の相続分

　　7000万円×1/4＝1750万円……C，D各自の本来の相続分

1750万円－1000万円＝750万円……Cの結局の相続分
1750万円－500万円＝1250万円……Dの結局の相続分
　　※　Dは別途500万円の遺贈を受ける。

(b)　持戻しの対象となる贈与　　持戻しの対象となる贈与は，相続人が，被相続人から生前に，「婚姻若しくは養子縁組のため若しくは生計の資本として」受けた贈与である（903条1項）。持参金や結婚の支度金，住宅取得のための資金，開店開業のための資金などがこれに含まれるとされるが，持戻しの対象となるのは相続分の前渡しとみられる程度の高額の贈与であるから，小額のものは含まれない。高等教育（大学教育）の費用も，共同相続人中の特定の者だけが高等教育を受けている場合には，持戻しの対象となるとされる（大阪家審昭和50年3月26日家月28巻3号68頁）。

　問題となるのは，被相続人の死亡によって，共同相続人の一人が取得する生命保険金や死亡退職金が持戻しの対象となるかどうかである。

　判例は持戻しの対象とすることに消極的である。最高裁平成16年10月26日決定（民集58巻7号1979頁）は，被相続人を保険者および被保険者とし，共同相続人の1人または一部の者を保険金受取人とする生命保険契約による死亡保険金は，「保険金受取人である相続人とその他の共同相続人との間に生ずる不公平が民法903条の趣旨に照らし到底是認することができないほどに著しいものであると評価すべき特段の事情が存する場合」でない限り，民法903条1項に規定する遺贈又は贈与に係る財産には当たらず，したがって持戻しの対象にならないと判示する。また，下級審裁判例ではあるが，死亡退職金についても，これを特別受益とみる裁判例もあるが（神戸家審昭和43年10月9日家月21巻2号175頁，大阪家審昭和51年11月25日家月29巻6号27頁），多くの裁判例はその特別受益性を否定し持戻しの対象にならないとしている（大阪家審昭和40年3月22日家月17巻4号64頁，東京家審昭和44年5月10日家月22巻3号89頁，東京高決昭和55年9月10日判タ427号159頁）。

　他方，学説は，一般に，生命保険金契約が積立預金としての性格をもち，死亡退職金も賃金の後払いとしての性格をもっている点に着目して，共同相続人間に生ずる不公平を是正するために，生命保険金（被相続人が払い込んだ保険料の，保険料金額に対する割合を保険金に剰じた金額）や死亡退職金も持戻し

第3節 相続分　217

の対象になると解すべきだとする。

(c) 贈与の評価　持戻しの対象となる贈与財産は，原則として，相続開始の時の現状のままに時価で評価するが，受贈者の行為によって贈与財産に滅失変形があった場合には，贈与時の原状のまま財産が存在するものとみなして，相続開始時の相場で評価される（904条）。

たとえば，贈与時に1,000万円であった家屋が，相続開始時に3,000万円すれば，この贈与の価額を3,000万円とみ，類焼で滅失していればゼロ，1,000万円の火災保険金を受領していれば1,000万円と評価する。しかし，受贈者自身が失火によってこの建物を消失させたり，他に処分していたり，増改築をして増価させた場合については，相続開始時の現状で評価することができないから，その家屋が，相続開始の時に，なお贈与当時のままの状態で存在するものとみなして贈与額3,000万円と評価することになるのである。なお持戻しの対象となる贈与が金銭である場合には，相続開始時の貨幣価値に換算して評価される（最判昭和51年3月18日民集30巻2号111頁参照）。

(d) 超過特別受益者の相続分　持ち戻された贈与または遺贈の価額が，特別受益者の「本来の相続分」の価額に等しい場合，「結局の相続分」はゼロとなり，特別受益者は新たに受けるべきものをもたないことになる（903条2項）。民法は，贈与または遺贈の価額が「本来の相続分」を超える場合も，超過特別受益者の「結局の相続分」をゼロとみて，超過分の返還を不要としたから，その超過分は他の相続人の負担となり，それだけ他の相続人の本来の相続分が減少することになる。問題は，配偶者と子が共同相続人であり，子の一人が超過特別受益者である場合に，超過分の負担の割合はどうなるかである。学説は一致しておらず，大別すると，①配偶者を除いて他の子全員が各自の相続分に応じて負担すると解する説，②配偶者も含めて他の全共同相続人が負担すべきであると解する説，③超過特別受益者を除外して残りの相続人だけで相続分を算定すべきであるという説に分かれるが，配偶相続分を別建てとみて，子の特別受益は配偶者に損害を及ぼすべきではないと考えるならば，①説が妥当だということになる。

なお，超過特別受益者は，本来の相続分を上回る特別受益を受けたことを証明する書面として，いわゆる特別受益証明書（相続分皆無証明書）を作成交付

することがあるが，この証明書は，実際には，共同相続人の一人に相続財産を集めるための方便として利用される場合が多いといわれている。その効力については後に述べる。

(e) 持戻しの免除　被相続人は，遺留分の規定に反しない限り，持戻しを免除するなど，法定の算定方式とは異なった定めをすることができる（903条3項）。遺言による必要はない。

なお，持戻しによる法定相続分の修正は，相続債権者に対抗することはできないと解されている。

(2) 特別寄与者がいる場合

共同相続人間の公平を保つために，民法はさらに，共同相続人の中に「被相続人の財産の維持又は増加につき特別の寄与をした者」（特別寄与者）がある場合には，その者に寄与に相応する補償（寄与分）を与え，それだけ特別寄与者の相続分を増加させることにしている。これが，昭和55年法律51号によって創設された寄与分の制度である（904条の2）。

共同相続人中に特別寄与者がある場合，各相続人の相続分はつぎのようにして算定される。まず，被相続人が相続開始の際に有した財産から寄与分の価額を控除した額を相続財産とみなし，この「みなし相続財産」に相続人各自の相続分を乗じて，各相続人の「本来の相続分」を算出する。そして，特別寄与者の相続分については，この「本来の相続分」に寄与分額を加えた価額をもって「結局の相続分」とし，他の相続人については「本来の相続分」をもって「結局の相続分」とするのである。具体例を示そう。

たとえば，Aが6,000万円の相続財産を残して死亡し，相続人として妻B，2子C，Dがあり，Cの寄与分額が2,000万円とするとつぎの計算になる。

　　6000万円－2000万円＝4000万円……みなし相続財産
　　4000万円×1/2＝2000万円……Bの本来の相続分＝結局の相続分
　　4000万円×1/2×1/2＝1000万円……C，Dの本来の相続分＝Dの結局の相続分
　　1000万円＋2000万円＝3000万円……Cの結局の相続分

補償を与えられる寄与者は相続人に限られる（904条の2第1項）。したがって，内縁配偶者，事実上の養子，子が相続人の場合の被相続人の兄弟姉妹の寄与は，この制度によっては補償されない。学説は，相続人である子の配偶者に

ついては，子が生きていれば，その履行補助者と構成して，子の寄与分に含めてその配偶者の寄与を評価することができるとするが，子が被相続人より先に死亡した場合には，救済のしようがない。ただ，その夫婦の間に子があれば，その子が代襲相続人として被代襲者である子の寄与分を主張することができるにとどまる。

　寄与の方法および態様については，相続人が，被相続人の事業に無償で労務を提供したり，資金援助をしたり，あるいは，被相続人の債務を弁済するなど，相続財産の維持形成に積極的に寄与貢献する場合だけでなく，被相続人を療養看護して，被相続人の病気による出損を減らして財産を維持した場合も含まれるとされる。いずれにしても，寄与分が認められるのは，相続人の寄与によって被相続人の財産が維持されるか，または，増加した場合に限られる。

　また，寄与に対する補償が認められるのは，「特別の寄与」があった場合であるから，夫婦，親子として通常期待される寄与（たとえば妻の家事労働）は，「特別の寄与」にはあたらないし，子が親に対して通常期待される程度以上の寄与をしていると認められる場合であっても他の子も同程度の寄与をしていれば，特別の寄与ということにはならないとされる。

　寄与分の請求は，遺産分割手続において主張しなければならない（904条の2第4項）。寄与分の請求があると，第一に，共同相続人間の協議により，協議が調わないとき，または協議をすることができないときは，家庭裁判所の審判によって寄与分は決定される（904条の2第2項，家審9条1項乙類9号の2）。もっとも，遺産分割後であっても，たとえば，死後認知者が910条により相続権を主張し，前に決められた寄与分が公平を欠くことになるような場合には，例外的に，寄与分の請求が認められる（904条の2第4項）。

　寄与分の決定が審判によって行われる場合，家庭裁判所は，「寄与の時期，方法及び程度，相続財産その他一切の事情」を考慮して寄与分額を定める（904条の2第2項）。そのため，たとえば，寄与者の労務の提供が，労働者の平均賃金に換算すると500万円に相当するとしても，また，被相続人の事業に対して，500万円の資金援助をしたからといって，直ちに，500万円の寄与分が認められるわけではない。労務や資金を提供したときの事情，提供の仕方，さらに相続財産の額や相続人の事情など一切の事情を考慮して，350万円とか，あ

るいは300万円と裁量して，補償することになるのだといわれている。

寄与分には上限の定めがない。ただ，相続財産の価額から遺贈の価額を控除した額をこえることができないとされているだけである（904条の2第3項）。加えて，寄与分は遺留分減殺の対象にならないものとされているから，寄与分が審判によって形成される場合，他の共同相続人の遺留分にくいこむ可能性がないわけではない。学説においては，他の共同相続人の遺留分については一切の事情として考慮に入れて，遺留分を侵害するような寄与分を裁量することは避けるべきであると主張している。

共同相続人の中に，特別受益者と特別寄与者がいる場合，903条と904条の2は同時に適用される。

たとえば，Aの残した財産が6,000万円，相続人である妻B，3子C，D，Eのうち，Cの寄与分が1,500万円，Dに800万円，Eに400万円の生前贈与があったとするとつぎの計算になる。

　　6000万円＋800万円＋400万円－1500万円＝5700万円……みなし相続財産
　　5700万円×1/2＝2850万円……Bの本来の相続分＝結局の相続分
　　5700万円×1/2×1/3＝950万円……C，D，E各自の本来の相続分
　　950万円＋1500万円＝2450万円……Cの結局の相続分
　　950万円－800万円＝150万円……Dの結局の相続分
　　950万円－400万円＝550万円……Eの結局の相続分

なお，相続債務については，寄与分に関係なく，各相続人は，法定相続分に応じて責任を負うと解されている。

5　相続分の譲渡

（1）　相続分の譲渡

共同相続人は，相続開始後遺産分割までの間，有償または無償で，自分の相続分を他に譲渡することができる。相続人が相続分を譲渡すると，それまで譲渡相続人が，共同相続人の一人として，相続財産全体に対してもっていた一切の権利義務の割合が，譲受人に包括的に移転する。その結果，他の共同相続人の一人が相続分を譲り受けた場合は，その者の相続分の割合が取得分だけ増加するにとどまるが，第三者がこれを譲り受けた場合には，第三者は，譲渡相続人と同様の地位にたって，相続財産を管理し，遺産分割を請求し，分割にも参

加できることになる（東京高決昭和28年9月4日高民集6巻10号603頁）。

ただし，このことは，譲渡相続人が完全に相続関係から離脱することを意味しない。相続債務については債権者の承諾がなければ責任を免れないし（相続分譲渡は相続債権者に対抗できない），譲渡後に他の相続人が相続を放棄した場合には，放棄者の相続分は，異論はあるが，譲渡相続人に帰属すると解すべきだからである。

(2) 相続分取戻権

相続分が第三者に譲渡された場合，他の相続人は，譲渡相続分の価額とその費用を支払って，譲受人からその相続分を取り戻すことができる（905条1項）。相続財産の管理や分割に第三者が介入してくるのを阻止するのがそのねらいである。

相続分取戻権は形成権であるから，譲受人の同意・承諾を必要としないが，単に取戻しの意思表示のみでは足らず，無償譲渡の場合でも，相続分の価額（時価）と第三者が相続分を譲り受けるのに要した費用を現実に提供しなければならない。

取り戻された相続分は誰に帰属するかについて，学説は分かれるが，取戻権の行使が譲渡された相続分を相続財産へ回復することを目的とするのであれば，取り戻された相続分は，相続人全員のために相続財産に帰属すると解すべきことになるであろう。

この取戻権は，譲渡の時から起算して1カ月の除斥期間に服する（905条2項）。

第4節　相続の承認と放棄

1　総　説

(1) 選択の自由

相続人は，相続を強制されるのではなく，単純承認，限定承認，放棄という三つの相続の仕方の中から，いずれかの方法を自由に選択することができる（915条）。

単純承認というのは，被相続人の一切の権利義務を無条件無制限に引き継ぐ

ことを承認するという相続の仕方である（920条）。

　たとえば，Aが，5,000万円の財産（積極財産）と，7,000万円の債務を残して死亡し，Aの相続人Bが単純承認した場合，Bは，5,000万円の積極財産とともに7,000万円の債務も全額承継し債務超過額2,000万円については，自分の財産をもって支払わなければならない責任を負うことになる（無限責任）。

　限定承認は，相続は承認するが，相続債務に対する責任を，相続によって得た財産の限度にとどめるという相続の方法である（922条）。

　たとえば，設例においてBが限定承認をすると，5,000万円の積極財産も7,000万円の債務も全額承継するが，7,000万円の債務を5,000万円の積極財産の限度で弁済するというのであるから，Bは，相続財産を清算して，7,000万円の債務に対する責任を消滅させ，超過分2,000万円の債務について自分の財産を引き当てにする責任を負わないことになる（物的有限責任）。

　放棄は，相続の効果の発生を全面的に拒否して，初めから相続人にならなかったことにするという相続の仕方である（939条）。

　たとえば，設例のBが相続を放棄すると，Bは，Aの相続人としての地位から離脱して，Bには一度も相続財産が帰属しなかったことになるから，Bは積極財産を取得しないし，相続債務も負担しないことになる。

　民法が三つの相続の仕方を定めて，相続人に選択の自由を許すことにしたのは，債務の相続と関係するといわれている。相続による財産の承継は，包括承継であるから，相続人は，相続開始と同時に，被相続人の義務（債務）を，被相続人の一切の権利とともに全額承継し，それに対して責任を負うことになる（896条）。債務が相続によって相続人に承継されることは，法律関係に連続性を与えて，遺産債権者を保護し，権利関係を安定させることになるが，相続人は，時として自分の意思に反して，思いもかけない相続債務に対して責任を負わされる危険がある。相続債務が巨大であれば，相続は，相続人の生活保障に役立つどころか，逆に，相続人の生活を窮迫に追い込むことになりかねない。そこで，民法は，相続人が相続債務に対して無限責任を負う単純承認を相続の原則的形態と定めて，権利関係を安定させながら，相続債務が過大である場合に備えて，相続人に包括承継者としての地位から離脱する自由，つまり，相続放棄の自由を与えた。相続財産が明らかに債務超過である場合には，相続人は

放棄をすればよいが，相続開始の時に，相続財産が債務超過の状態にあるかどうか容易に判明しない場合が多い。たいした債務はないだろうと思って単純承認した後に，莫大な債務が発見されるようなことがあっては大変である。そこで，債務がどれだけあるか判然としない場合の相続の仕方として，限定承認の制度を設けて，相続人にその選択も許すことにしたというのである。

　この相続の承認・放棄の選択権は，現行法が相続人に与えた基本的権利といってよいものであり，この選択権の保障によって，相続人は，はじめて自分の全く関与しなかった過大な遺産債務の拘束から解放されることになる。

　相続人に許されたこの選択の自由に関しては，相続の放棄が債権者取消権の対象となるかという問題がある。

　たとえば，Aの相続財産が債務超過で，Aの相続人Bの固有財産が多い場合，Bが相続を放棄すれば相続債権者Cにとって不利な結果となるし，Aの相続財産が多大で，相続人Bの固有財産が債務超過の状態にある場合には，Bの相続放棄は，Bの固有債権者Dにとって不利となるから，CまたはDは，詐害行為を理由に，Bがした相続放棄を否定して，単純承認によって混同する積極財産に対して強制執行することができるのかどうかという問題である。

　判例は，旧法以来一貫して，相続放棄は債権者取消権の対象にならないと判示してきたし（大判昭和10年7月13日新聞3876号6頁，最判昭和49年9月20日民集28巻6号1202頁），学説の多くも，放棄が，相続開始前の財産状態に何ら変動をきたすことにはならない点と，相続放棄の自由の保障が，個々の債権者の利益保護の要請に勝ると考えられることを理由として，相続放棄は債権者取消権の対象にならないと解している。もっとも，学説は，相続人の債権者が相続開始後熟慮期間中に債権を取得したり，相続人が固有の債務から免れるための方便として相続放棄を巧妙に利用した場合については，例外的に債権者取消権行使を許して相続人の固有債権者を保護することも考えられないわけではないとする。

（2）　熟　慮　期　間

　相続人が，承認・放棄の選択権を行使することができるのは，相続開始後，相続人が自己のために相続の開始があったことを知った時から3カ月間である（915条1項）。この期間のことを熟慮期間という。

熟慮期間の起算点は，原則として，相続人が相続開始の事実を知り，自分が相続人となったことを覚知した時（大判大正15年8月3日民集5巻679頁）であるが，相続財産が皆無であると誤信し，かつそう信じたことに相当の理由がある場合には，例外的に，相続財産の全部または一部（とくに遺産債務）の存在を認識した時から起算する（最判昭和59年4月27日民集38巻6号698頁）。

熟慮期間中，相続人が選択権を行使しない間に死亡した場合，その相続（再転相続）についての熟慮期間の起算点は，その者の相続人が自己のために相続の開始があったことを知った時である（916条）。その結果，たとえば，Aが死亡し，Bが相続人となったが，Bも選択権を行使しないで死亡したため，Bの相続人Cが，Aの遺産とBの遺産とを共に相続する場合には，Cは，Aの相続についての選択権を，CのBに対する相続の選択権を行使する熟慮期間内に，一緒に行使しなければならないことになる。なお，その場合，Cは，A―Bの相続とB―Cの相続を共に承認することも，共に放棄することもできるし，A―Bの相続を放棄して，B―Cの相続を承認することもできる。しかし，CがB―Cの相続を放棄した場合には，Bの相続によって承継したAを相続する権原を失うことになるから，その後にA―Bの相続を承認することはできない（最判昭和63年6月21日家月41巻9号101頁）。

相続人が未成年者または成年被後見人である場合の熟慮期間の起算点は，法定代理人が未成年者または成年被後見人のために相続開始があったことを知った時である（917条）。

相続人が数人ある場合，熟慮期間は各相続人について個別に進行するから，期間の満了も各相続人で異なることがある（最判昭和51年7月1日家月29巻2号91頁）。ただし，限定承認については，全員の共同を必要とするから（923条），共同相続の場合，一人でも期間の満了しない者がいる限り，いまだ全員の熟慮期間は満了しないものと解すべきだとされている。

熟慮期間が3カ月で足らない場合には，利害関係人または検察官は，熟慮期間中に限って，家庭裁判所に対して期間伸長の審判を請求することができる（915条1項ただし書）。

(3) 選択権の行使

(a) 要式性　限定承認と放棄は，一種の要式行為であり，その意思が，必

ず，家庭裁判所に対する申述という形式で表示されなければならないし，申述受理の審判（家審9条1項甲類26号・29号，家審規114条・115条）によらなければ，その効力は生じない（924条・938条）。これに対して，単純承認については，何らの方式も要求されていない，申述ということもない。判例および従来の学説は，単純承認を意思効果であると構成して（意思表示説），単純承認という無方式の意思表示の存在を認めるが（大判明治41年3月9日民録14輯241頁，最判昭和42年4月27日民集21巻3号741頁等），近時の多数学説は，単純承認を意思表示の効果ではなく，3カ月の熟慮期間を徒過したり，相続財産を隠匿し，消費し，処分する等，921条に定める事由があった場合に法律上当然に発生する相続の原則的効果であると解している（法定効果説）。単純承認をもって意思表示であると構成すると，熟慮期間内に適法に申述受理された相続の放棄が，それ以前になされていた無方式の単純承認の意思表示によって効力を生じないことになったり，後見人が相続財産を処分したため，被後見人の相続が単純承認となった場合でも，後見監督人がいれば，その同意を得なかったことを理由に，処分行為を取り消していったん生じた単純承認の効果を消滅させることができるということになって，取引の安全を害するおそれがあるといわれている。法定効果説によると，単純承認は法律行為ではないから，単純承認について選択権を行使するということはないし，単純承認の無効・取消しという問題も生じない。

　(b)　行為能力　　相続人が，相続の承認，放棄の選択権を行使するためには，相続法上一般に要求される財産法的な行為能力が必要となるから，相続人が未成年者である場合には，親権者または後見人の同意を得るか，親権者または後見人が本人に代わって選択権を行使しなければならない（5条1項）。相続人が成年被後見人の場合には，常に成年後見人が代理して選択権を行使し（8条・859条），被保佐人の場合は，保佐人の同意（または代理）が必要となる（13条1項6号・876条の4）。

　問題となるのは，利益相反行為を理由とする法定代理権（または同意権）の制限である。

　たとえば，Aが，積極財産のみを残して死亡し，妻Bと未成年の子C，Dが相続人であったとする。①Bが法定代理人としてCについてのみ相続を放棄し

た場合，あるいはまた，②Bが，C，Dを代理して放棄の申述手続をしたが，B自身については相続を放棄しなかった場合，Bの代理放棄は，利益相反行為（826条）にあたるといえるのか。

旧法時の大審院明治44年7月10日判決（民録17輯468頁）は，相続放棄が相手方のない単独行為であることを理由に，相続放棄の利益相反性を否定していたが，最高裁昭和53年2月24日判決（民集32巻1号98頁）は，後見人が相続を放棄するとともに，被後見人を代理して放棄の申述をしたという事案であったが，学説の大勢に与して，明治44年の大審院判例を変更し，相続放棄が利益相反行為となりうることを認めるとともに，後見人の相続放棄が，被後見人（全員）の代理放棄に先行し，またはそれと同時になされた場合には，被後見人の放棄によって，後見人もしくは他の被後見人の相続分が増大することはないから，利益相反行為にはならないと判示した。親権者と未成年の子が共同相続人である場合も事情は同じであるから，最高裁の判断によると，Bの相続放棄は，前述の①②の場合いずれも利益相反行為にあたるということになる。

法定代理人の相続放棄（または同意権の行使）が利益相反行為にあたる場合には，特別代理人を選任して放棄の申述（または同意）をしなければならない。被保佐人と保佐人との間で利益が相反する場合，保佐監督人がなければ臨時保佐人を選任して放棄の同意（または申述）をしなければならない。

（4） 選択の無効・取消し

選択権が一度行使されると，相続人は，熟慮期間内であっても，もはや，これを撤回することはできない（919条1項）。しかし，このことは，取消しや無効の主張を全く禁じる趣旨ではない。限定承認や放棄の意思表示に取消原因があれば，総則編，親族編の規定によって，これを取り消すことができるし（919条2項），錯誤や熟慮期間の徒過を理由に限定承認や放棄の無効を裁判所で争うこともできる。

なお，単純承認について意思表示説を採ると，単純承認の無効取消しも問題となる。

ところで，取消権行使の期間については特則があり，承認，放棄の取消権は，追認をすることができる時から，6カ月以内に行使しなければ時効によって消滅するほか，承認または放棄の時から10年間の期間制限に服する（919条3項）。

相続による権利関係を早期に安定させるために，通常の取消権の行使期間よりも短期の期間制限を設けたのである（126条参照）。

なお，取消権の行使は，家庭裁判所に対する申述の方法による（919条4項）。

(5) 熟慮期間中の遺産管理

相続人は，熟慮期間中，自己の固有財産におけると同一の注意をもって相続財産を管理しなければならない（918条1項）。

なお，家庭裁判所は，利害関係人または検察官の請求によって，相続財産の保存に必要な処分を命ずることができるし，不在者の管理人に準ずる相続財産管理人を選任することもできる（818条2項・3項）。

2　単純承認

(1) 単純承認の事由

単純承認の効果は，つぎの三つの事由がある場合に，法律上当然に発生する（921条）。

① 相続財産の処分（1号）　相続人が相続財産の全部または一部を処分したとき，相続は単純承認となる。ここで問題となる「処分」とは，熟慮期間中，選択権を行使する前に行われた処分行為のことであり，売買や長期の賃貸借のような法律行為だけでなく，事実行為，たとえば，家屋の放火や高価な美術品の毀損もこれに含むとされている。

親子情愛の発露として慣習上行われる「形見分け」は，通常，ここにいう処分にあたらないし（東京高決昭和37年7月19日東高民時報13巻7号117頁），身分相応の葬式費用（東京控判昭和11年9月11日新聞4059号13頁），仏壇や墓石購入費用（大阪高決平成14年7月3日家月55巻1号82頁）への支出も相続財産の処分とはいわない。

また，相続人が，相続開始の事実を知らずに，したがって，相続財産を処分する意思なしに行った処分もこれに含まれない（前掲最高裁昭和42年4月27日判決）。

他方，特定の相続債権者に対し，その債務の弁済として相続不動産を譲渡する行為は，たとえ被相続人が，生前，その債権者との間にその不動産につき代物弁済の予約をしていたとしても，相続財産の処分になる（大判昭和12年1月30日民集16巻1頁）。また，相続開始後，選択前に，被相続人の有した債権を取

り立てて，その取立金を収受領得する行為も，相続財産の一部を処分した場合に該当する（最判昭和37年6月21日家月14巻10号100頁）。

ところで，相続財産の処分については，処分行為が，錯誤等の理由によって無効であったり，あるいは，取り消された場合，処分としての効果を生じないから，相続財産の処分によって発生した単純承認の効力も消滅するかどうかという問題がある。単純承認の効果の消滅を認める学説も一部にあるが，多くの学説は，処分行為が無効または取り消された場合でも，いったん発生した単純承認の効果は消滅せず，そのまま効力を持続すると解している。

② 熟慮期間の徒過（2号）　最も一般的な単純承認の発生原因である。単純承認発生原因としての熟慮期間の徒過は，相続人が数人ある場合には，全員で限定承認する場合に備えて，最後に期間が満了する相続人を基準として判断する。

③ 選択後の背信行為（3号）　相続人が，限定承認または放棄をした後でも，相続財産の全部または一部を隠匿したり，私に消費したり，あるいは，限定承認の際に作成する財産目録に悪意で相続財産（債務も含む）を記載しなかった場合，そのような背信行為をした相続人に対しては，制裁として，単純承認の効果が発生する。

単純承認を意思表示とみる学説によれば，これら三つの事由の他に，単純承認をする旨の意思表示も単純承認の原因に加えることになるが，法定効果説に立てば，単純承認の効果の発生原因は，上記の三つの事由に限られる。

(2) 単純承認の効果

単純承認によって，被相続人の権利義務の無限承継という相続の本来的効果が確定する。相続財産は相続人個人の財産と完全に融合し，相続債務は相続人固有の債務となるから，相続人は，相続債務に対して無限に責任を負わなければならないことになる。

3 限定承認

(1) 限定承認の意義および方法

限定承認というのは，相続人が，相続財産の限度で，相続債務および遺贈を弁済するという留保をつけて相続を承認することである（922条）。限定承認も相続の承認であるから，相続人は被相続人の債務も権利とともに全額承継する

死亡した子に子があれば，代襲相続をすることができることを明らかにするとともに，従来から解釈上疑義のあった相続放棄が代襲原因にならないことを明確にしたのである。

注意しなければならないことは，代襲原因としての廃除は，兄弟姉妹には関係がないということである。廃除は，遺留分を有する推定相続人の相続権を剥奪する制度であるから，遺留分を有しない兄弟姉妹には廃除の問題を生じない。

(b) 代襲者についての要件　代襲相続人になるためには，①相続人（子または兄弟姉妹）の直系卑属であるとともに，②被相続人の直系卑属でもあり，さらに，③相続開始時に存在するという三つの要件を充たさなければならない。その結果，相続人が養子になる前に生まれた養子の子（連れ子養子）は代襲相続人になれないが，欠格廃除後に生まれた子および，欠格廃除後の縁組による養子には代襲相続権が与えられることになる。ただし，いわゆる連れ子養子が代襲相続できないことと，欠格廃除後の養子に代襲相続が許されることについては，これを疑問とする学説が有力である。

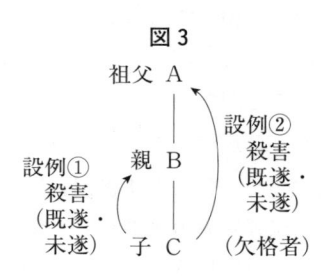

図3
祖父　A
｜
親　B
｜
子　C　（欠格者）

設例①
殺害
（既遂・
未遂）

設例②
殺害
（既遂・
未遂）

問題となるのは，欠格者または被廃除者である子Cが，その親Bを代襲して祖父Aを相続できるかどうかである。学説は分かれるが，近時の多数説は，欠格及び廃除の効果が相対的であり，当該の被相続人に対する相続権を剥奪するにとどまることを理由に，原則として，欠格者または被廃除者であるCも，Bを代襲してAを相続できると解してよいが，①CがBを殺害しあるいは殺害しようとして刑に処せられた場合，および②CがAを殺害し，または殺害しようとして処刑された場合については，Cの代襲相続を認めるべきではないとする。①Cは，Aに対しては固有の相続権を有していないから，厳格な意味ではBはCの先順位相続人とはいえないが，Bが死ねば代襲相続できる以上，CにとってBは実質的には先順位相続人とみなすことができるから，先順位相続人殺害による欠格に準じて，CはAに対しても相続欠格者にあたると解することができるし，②の場合については，891条は，欠格原因としての殺害の行為者は，（本位）相続権を有する者であることを要求していないから，Cの行為は，「相続人となるこ

が，相続債務に対する相続人の責任を相続財産に限定するため，相続財産の清算が行われて（925条以下），残余財産があれば相続人に帰属し分配されるが，弁済されない債務が残っても相続人は固有財産を提供して債務を弁済する責任を負うことはない。もちろん，限定承認をした相続人が，任意に，相続財産の限度を超えて債務を弁済してもかまわない。非債弁済にはならないし，不当利得返還という問題も生じない（金沢区判大正7年10月18日新聞1479号26頁）。限定承認前に，被相続人の債務について保証をなした者は，相続人が限定承認した後でも，債務全額について弁済責任を負わなければならない（大判大正13年5月19日民集3巻215頁）。また，相続債権者は，相続人に対して，債権全額について請求（訴求）できるし，債務全額について給付判決を得ることもできるが，裁判所は，その給付判決に，執行は相続財産を限度とするという留保を付けることになっている（大判昭和7年6月2日民集11巻1107頁）。

　相続人が，限定承認をするためには，熟慮期間内に，相続財産目録を作成し，家庭裁判所に提出するとともに，限定承認をする旨の申述をしなければならない（924条，家審規114条1項）。

　相続人が数人ある場合，共同相続人全員が共同しなければ限定承認をすることはできない（923条）。その結果，共同相続人の中に一人でも限定承認に反対する相続人がいたり，共同相続人の一人が申述前に相続財産を処分して，その相続人に単純承認の効果が生じた場合には，他の共同相続人も，もはや限定承認をすることはできない。もっとも，一部の相続人が相続を放棄した場合には，他の共同相続人が全員共同すれば，限定承認は許されると解されている。

　なお，共同相続人全員で限定承認をした後に，相続人の一部について単純承認の事由が発生すれば，その相続人は，自己の相続分に応じて無限責任を負うことになる（937条）。

（2）　限定承認の効力

(a)　相続財産の管理清算　　限定承認があると，相続財産は，相続人個人の財産とは分離され，相続債権者や受遺者のために凍結されて，清算が行われることになる。

　そのため，民法は，相続人と被相続人との間の権利義務を，そのまま存続させ（925条），限定承認をした者に，清算終了まで，相続財産の管理の継続を命

図10　限定承認による精算手続

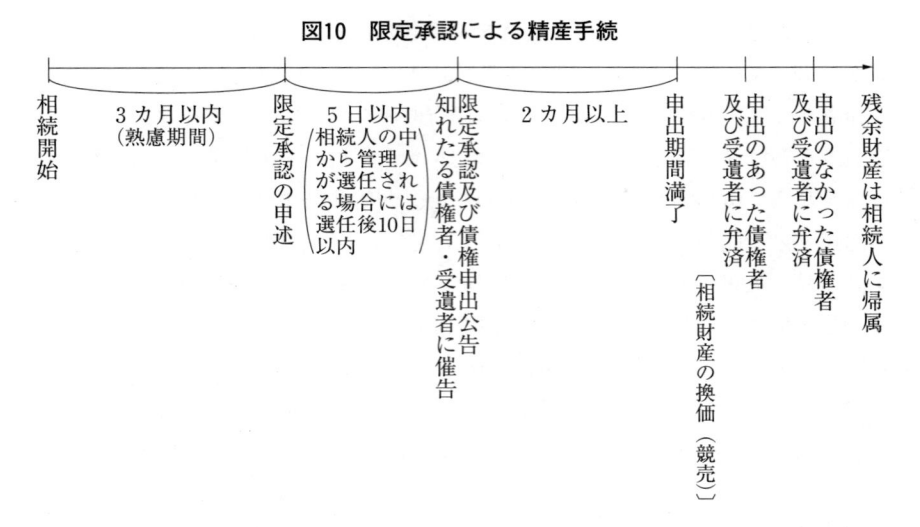

```
相続開始 ─ 3カ月以内 ─ 限定承認 ─ 5日以内 ─ 限定承認 ─ 2カ月以上 ─ 申出期間 ─ 申出のあった ─ 申出のなかった ─ 残余財産は
         （熟慮期間）  の申述   （共同相続  及び債権             満了      債権者       債権者        相続人に
                              人の中から  申出公告                       及び受遺者    及び受遺者    帰属
                              管理人が   知れたる                        に弁済       に弁済
                              選任される 債権者・
                              場合には   受遺者に
                              10日以内）  催告
                                                              ［相続財産の換価（競売）］
```

じるとともに、家庭裁判所が職権でもって相続財産の管理に必要な処分を講ずる道も開いている（926条）。

相続人が数人ある場合には、家庭裁判所によって相続財産管理人に選任された相続人が、財産の管理と清算を行う（936条）。

(b)　**清算手続**　限定承認による清算手続は、つぎのような順序および方法で行われる。

①　まず、限定承認者（または管理人）は、限定承認後5日以内——共同相続人の中から管理人が選任される場合には10日以内（936条3項ただし書）——に公告をして、相続債権者および受遺者に、限定承認があったことと、一定期間（2カ月以上）内に配当加入を申し出るべきことを促さなければならない（927条1項）。この公告には、期間内に債権の申出がないと清算から除外する旨を附記するとともに、知れたる債権者を清算から除くことは許されないから、公告の他に、各個別に債権申出の催告をしなければならない（927条・936条3項）。

②　相続人は、この申出期間中は、相続債権者または受遺者に対して弁済を拒むことができる（928条）。

③　申出期間満了後、限定承認者（または管理人）は、配当加入の申出をし

た相続債権者および受遺者に対して債務の弁済をするが，抵当権その他優先権を有する債権者にまず債務を弁済し，残余の財産をもって一般債権者に配当弁済する（929条）。弁済期未到来の債権でも割り引きすることなく全額に対して配当弁済しなければならないし，条件付債権，存続期間不確定の債権は，家庭裁判所が選任した鑑定人の評価に従って弁済しなければならない（930条）。弁済のために相続財産を換価するときは競売の方法によるが，競売に代えて，鑑定人の評価額を弁済に充てることもできる（932条）。なお，この競売または鑑定には，相続債権者および受遺者も自費で参加することができる。参加の請求があったのに，参加を待たないでした競売または鑑定は，参加請求者に対抗できない（933条）。

④　相続債権者に債務を弁済した後，残余財産があれば受遺者に弁済する（931条）。さらに残余がある場合に限って，申出のなかった債権者および受遺者は，債務の弁済を受けることができる。

(c)　**限定承認者の責任**　限定承認者が債権申出公告や催告の手続を怠ったり，債権の評価，配当弁済の順序または方法を誤ったために，相続債権者および受遺者に損害を与えた場合，限定承認者は損害賠償の義務を負う（934条1項）。

なお，損害を蒙った債権者等は，悪意で不当に弁済を受けた者に対して求償することもできる（934条2項）。

4　相続の放棄

(1)　放棄の意義および方法

相続の放棄は，相続人が，相続開始と同時にいったん帰属している相続の効果を，全面的に拒絶して，初めから相続人とならなかったことにする意思表示である。

相続の放棄も，限定承認と同様，熟慮期間内に家庭裁判所に対して申述をしなければならないが，共同相続人全員で申述をする必要はないし，財産目録を作成して提出する必要もない。

家庭裁判所は，申述の理由は問わずに，申述書の記載に誤りがないこと，および，放棄の申述が真意に出たものであることを確認して申述受理の審判をする（最判昭和29年12月21日民集8巻12号2222頁，最判昭和29年12月24日民集8巻12

号2310頁参照)。

　放棄の申述は，相続人としての地位から全面的に離脱する意思表示であるから，これに条件や期限をつけることはできないし，特定の相続人のために相続を放棄すること（いわゆる相対的放棄）も許されない。相続人が他の特定の共同相続人に対して自己の相続分全部を帰属させるためには，相続分譲渡（905条）の方法によるしかない。

　なお，この点に関連して問題となるのは，特定相続不動産上の持分放棄契約の効力である。判例は，遺産分割前のいわゆる遺産共有を民法249条以下に規定する通常の共有と解して，相続開始後の個々の相続不動産上の持分権の放棄は許されるとしており（大判大正5年12月27日民録22輯2524頁），相続人の一人のためになした他の共同相続人全員の共有持分権の放棄が，通謀虚偽表示を理由に（94条類推適用）無効となる場合もあるという（最判昭和42年6月22日民集21巻6号1479頁）。学説においても，特定相続不動産上の共有持分権の相対的放棄を有効とする見解が多数であるといえるが，各相続人は，遺産分割をするまでは，個々の相続財産上に処分可能な持分を有していないことを理由に，遺産分割前の共有持分権の相対的放棄を無効と解すべきだとする考え方も有力である。

（2）　放棄の効力

　相続を放棄した者は，被相続人の相続関係から離脱し，一度も相続人として存在しなかったものとみなされる（939条）。昭和37年法律40号による民法の一部改正にあたって，新たに立てられた規定であり，相続放棄の効果は，相続開始前にまで遡り，相続人が相続開始前から有するとされる，いわゆる期待権的相続権さえ取得したことがなかったことになるという意味をもっている。

　昭和37年の民法改正前の旧939条は，相続放棄の効力そのものについての規定はおかず，1項に放棄の効力の遡及効を定めるとともに，2項において「数人の相続人がある場合において，その一人が放棄をしたときは，その相続分は，他の相続人の相続分に応じてこれに帰属する」と規定していた。そのため，放棄者の相続分という観念を認める必要があったし，その相続分がだれに帰属するかということが問題となっていた。判例は，配偶者と数人の子が相続人である場合，子の一人が相続を放棄したときは，放棄した子の相続分は残りの子と

配偶者に，その相続分の割合に応じて帰属し（最判昭和43年2月27日訟月14巻2号188頁），子全員が放棄したときは，子の相続分は配偶者に帰属し，配偶者が単独相続するとしていた（最判昭和42年5月30日民集21巻4号988頁）。登記実務の扱いも同じであった。

これに対して，現行法においては，放棄者の相続分という観念を認める必要性は全くなくなった（ただし，昭和37年7月1日の改正法施行前になされた相続放棄については，旧939条の規定が適用されるため，その限りで，放棄者の相続分の帰属は現在でも問題となりうるが）。相続の放棄によって，放棄者の相続分が他の共同相続人に分配帰属するのではなく，放棄者以外の相続人だけが初めから相続人であったことになるのである。その結果，共同相続人の一部が相続を放棄した場合の相続分の算定は，放棄者を除く他の相続人だけが最初から相続人であったものとして，900条の原則に従い各自の相続分を計算すればよいことになる。

たとえば，被相続人Aに妻B，子C，D，直系尊属E，Fがあったとすると，Cが相続を放棄すれば，BとDだけが相続人であったことになり，B，Dはそれぞれ1/2の相続分を取得する。Dも放棄すれば，E，FとBが相続人として，E，Fは1/3の1/2，つまり各1/6の相続分，Bは2/3の相続分を受けることになる。

なお，相続人の一部の相続放棄による他の相続人の相続分の増加および取得は，その旨の登記がなくとも第三者に対抗することができるというのが判例である。相続放棄の効力は「絶対的で，何人に対しても登記なくしてその効力を生ずる」からだといっている（最判昭和42年1月20日民集21巻1号16頁）。学説もこぞってこの最高裁の判断に賛成している。

相続を放棄した者は，相続財産の管理を継続しなければならない（940条）。相続を放棄した者は，はじめから相続人でなかったことになるから，放棄者が，放棄前，相続人として負担していた相続財産の管理義務は，放棄によって消滅することになる（918条1項ただし書）が，その放棄によって新しく相続人となった者の相続財産の管理は，放棄と同時に開始されるとは限らない。そこで，民法は，相続財産を保全するために，新しい相続人が現実に相続財産の管理を始めることができる時まで，放棄者に従前どおりの管理を継続する義務を負わ

せることにしたのである。

5 事実上の相続放棄

相続放棄の制度は，本来，相続債務の拘束から相続人を解放するための制度であるが，わが国では，実際には，共同相続人の一人にすべての相続財産を単独で相続させる目的で利用されているといわれている。また，正規の相続放棄の手続をとらずに，相続人全員が共同相続した形をとりながら，相続権を事実上放棄して，相続人の一人に全相続財産を支配させたり，相続人間で，一人を除く他の共同相続人全員が，権利を放棄して，自分の取得分をゼロとする遺産分割協議（書）を（作成）して，相続人の一人が単独で相続登記をする場合もある。あるいはまた，遺産分割協議書にかえて，他の共同相続人が相続分皆無証明書（「生前に被相続人から多額の贈与を受けているので相続分はありません」という趣旨の証明書）を作成交付し，この証明書を添付して，相続人の一人が相続登記の申請をしている例も多いといわれている。この種の放棄を総称して「事実上の相続放棄」という。

問題はその効力であるが，学説は，この種の放棄ももとより違法ではないという。相続人には，権利を放棄する自由が与えられている以上，相続財産が多大であっても相続を放棄してかまわないし，事実上相続権を放棄して一人の相続人に相続財産を支配させてもよい。また，法定相続分の枠を超えて，相続人の一人に相続財産を単独で取得させ，他の相続人は取得分をゼロとすることを分割協議の内容として相続人間で取り決めることも，相続人の自由な合意にもとづくものである限り許されると解している。問題となるのは，生前贈与の事実が全く認められないのに，相続分皆無証明書を作成添付してなされた単独名義の相続登記に遺産分割協議の効力を認めることができるかどうかである。この場合，証明書に記載された内容が事実に合致しない以上，虚偽の事実を記載した無効の証明書であるから，何らの法的効力ももたず，したがって，これを付して相続登記がなされても無効であり，遺産分割協議の効力は生じないという考え方も成り立たないではない（大阪高決昭和46年9月2日家月24巻11号41頁，名古屋地判昭和50年11月11日判時813号70頁）。しかしながら，学説の多くは，真実に反する相続分皆無証明書であっても，それが相続人の真意にもとづいて作成交付されたものである場合には，それによって相続人の一人に相続財産を全

部取得させ，自分の取得分をゼロとする旨の相続人の意思が表示され，相続人間に取得分をゼロとする分割協議が行われたものと解することができるとして（東京高判昭和59年9月25日家月37巻10号83頁），単独名義の相続登記に遺産分割の効力を認めるべきであると考えている。

　もちろん，申述書や分割協議書（または相続分皆無証明書）が偽造されたり，放棄の申述，分割協議に詐欺強迫の事実があれば，その無効取消しが問題となるし（東京高決昭和29年5月7日高民集7巻3号356頁，東京高決昭和27年7月22日家月4巻8号95頁参照），相続人の一人が，たとえば，他から融資を得る（→抵当権を設定する）ための方便として，後日遺産分割を行うことを留保しながら分割協議書（または相続分皆無証明書）を作成交付させた場合は，虚偽表示を理由に，他の相続人は無効を主張することもできる（最判昭和42年6月22日民集21巻6号1479頁）。

　なお，この種の放棄においては，相続人は，相続財産の現状や自分の相続分について十分認識しないままにただ漠然と放棄するのが通例であるといわれているから，後になって，特別受益の有無，または相続分の計算や特別受益額の算定評価に誤り（錯誤）があったとして，無効の主張がなされる可能性がある。しかし，学説は，相続人が，自ら署名押印して，申述書を提出したり，分割協議書または相続分皆無証明書を交付している場合には，錯誤による無効の主張を認める必要はないと考えている。判例も，相続放棄の申述がなされた事案であるが，要素の錯誤を理由とする無効の主張を認めることには消極的である（最判昭和30年9月30日民集9巻10号1491頁，最判昭和40年5月27日家月17巻6号251頁）。

第5節　相続回復請求

1　総　　説

　相続回復請求というのは，相続権を有しない者が，みずから相続人であると称して（表見相続人），相続財産を占有している場合に，真正の相続人が，自分が相続人であることを主張して，表見相続人に対して相続財産の回復（返還）を求める権利のことである。

たとえば，Aが死亡し，本当の相続人はAの父母B，Cであるが，Aが他人から頼まれてDを嫡出子として届け出ていたために，Dが，自分が唯一の（先順位）相続人であるとして，Aの相続財産を占有している場合，相続開始と同時に相続財産を承継しているのはDではなく，B，Cであるから，B，Cは，相続開始当時の状態に相続財産を回復するために，自分達に相続資格＝相続財産を占有管理する権利があると主張して，Dから相続財産を一括して取り戻すことができなければならない。これが相続回復請求権である。相続回復請求権は，侵害されている相続権の回復を目的とするが，回復請求権行使によって，それまで背後にかくれていた真正相続人が相続開始の時に遡って相続人としての地位を回復し，いままで相続人とされてきた者がいきなり不法占拠者（無権利者）となってしまうのであるから，いくら真正相続人からの請求であるといっても，その請求がいつまでも許されるというのでは，相続財産をめぐる権利関係が安定しないことになるし，とくに登記に公信力を認めないわが国においては，取引の安全を損うおそれも大きい。そこで，民法は，真正相続人（またはその法定代理人）が相続権を侵害された事実を知った時から5年，または相続開始の時から20年という期間制限を設けて，相続回復請求権の行使を短期間で打ち切ってしまうことにしている（884条）。

　ところで，民法は，相続回復請求権については，請求権行使の期間制限を定めた884条の規定が1カ条あるだけで，その内容については何らの規定も置いていない。そのため，相続回復請求の性質，目的，要件，効果は，すべて理論によって決することになるが，学説は，その性質，構成の理解をめぐって多岐に分かれ，複雑に対立しており，一向に収束する気配がない。わが国相続法の抱える難問の一つである。

2　相続回復請求権の性質

　相続回復請求権の性質，構成については，従来から，大別すると二つの見解が対立してきた。一つは，相続回復請求権をもって相続財産を構成する個々の財産の個別的請求権（所有物返還請求権）とは異なる特別の請求権だとする立場（独立権利説）であり，他の一つは，相続回復請求権は，個別的権利の集合にすぎないが，相続財産は包括的に承継されるため，相続回復請求権も，便宜上，一個の請求権として構成されるのだと解する立場（集合権利説）である。

独立権利説によれば，相続回復請求権は，包括承継人としての相続人の地位の確保に奉仕する制度であり，相続開始当時の相続財産の占有状態を回復することを目的とするところにその独自性があるとみるのに対して，集合権利説は，回復請求ついては，相続財産を構成する個々の権利の回復請求権そのものである。それらの請求権を一括して，短期の消滅時効に服させ，取引の安全をはかるところにその意義があると説いてきた。独立権利説も有力であるが，後者，すなわち集合権利説が多数学説であるといえる。

ところが，近時，学説においては，さらに，相続回復請求権は，実体法上の請求権ではなく，相続財産の占有をめぐって争う当事者双方が互いに，その財産に関する特定的権原を主張しえない立場にある場合に，互いの相続資格の存否を決め手にして，争いを処理するために設けられた特殊な訴権であるとする見解（訴権説）や，相続回復請求権は，相続財産の回復を目的とするものではなく，相続財産の金銭的価値の回復（相続財産の価額に相当する金銭の支払い）を求める抽象的包括的な請求権である，と構成する見解も主張されるに至っており，ますます混迷の度合いを深めている。

他方，判例は，明言しているわけではないが，集合権利説の立場をとっているといわれている（大判明治44年7月10日民録17輯468頁，最〔大〕判昭和53年12月20日民集32巻9号1674頁の少数反対意見参照）。

3　相続回復請求権の行使

相続回復請求権を行使できるのは，遺産占有を失っている真正相続人およびその法定代理人である。相続回復請求権は相続人固有の権利であるから，相続財産の特定承継人は原告適格を有しない（最判昭和32年9月19日民集11巻9号1574頁）。相続権を侵害された真正相続人の相続人も相続回復請求権を行使できるが，判例は，その権利行使は，最初の相続開始の時から，20年の期間制限に服するとする（最判昭和39年2月27日民集18巻2号383頁）。

相手方は，表見相続人である。判例は，表見相続人から相続財産を譲り受けた第三者に対する財産の返還請求を相続回復請求ではないとして，第三取得者の被告適格を否定する（大判大正5年2月8日民録22輯267頁，大判昭和4年4月2日民集8巻237頁）。学説の多くは，真正相続人が相続権を根拠にして相続財産の返還を求める以上，すべて相続回復請求であると解して，相続財産の特定

承継人である第三取得者も相続回復請求の相手方になりうるとする。第三取得者の被告適格を否定すると，真正相続人からの所有物返還請求による追及に永久にさらされることになって，第三者の保護に欠けるというのがその理由である。もっとも，学説においては，第三取得者に対する請求を相続回復請求ではない→第三取得者は被告適格を有しないと解した上で，消滅時効の援用権者の範囲を拡大し，第三取得者に時効援用権を認めてその保護を図るべきだとする主張も有力である。

共同相続人も相続回復請求の相手方となりうるか。この問題についても，学説は分かれ，多数学説は，遺産分割から除外された相続人の行う分割の無効→再分割の請求も，相続権を根拠として相続財産の引渡を求めることに変りがないから，変則的ではあるが，相続回復請求であるとして，他の相続人の相続分を侵害する共同相続人も被告適格者であると解するが，遺産の（再）分割請求は共同相続人に与えられた持分権，すなわち所有権の内容を実現するものであるのに，それがなぜ短期の消滅時効にかかるのか疑問であるとして，正当に相続権を有する真正共同相続人の被告適格を否定する見解も有力である。他方，判例は，妻Aと長男Cの子Y，二男Dの子E，X，三男Y，四男Yが相続人であったが，YYYの間で勝手に，Xを除外して，相続登記をしたため，Xから相続登記の抹消を求められたという事案において，真正相続人間でも相続回復請求が問題になりうることを認めた上で，相続権侵害について善意無過失の表見共同相続人に限って相続回復請求の相手方となることができるとする（前掲最〔大〕判昭和53年12月20日）。

相続回復請求権の行使は，必ずしも訴えの方法による必要はない。裁判外の請求であっても，催告として，消滅時効を中断する効力がある（大判昭和7年9月22日新聞3463号13頁）。

相続回復請求を裁判上行使する場合の管轄裁判所は，被相続人の住所地の通常裁判所である（民訴5条14号）。

相続回復請求は給付訴訟であるが，包括請求も許されると解されるから，訴えの併合の問題は生じない。包括請求の場合（訴状に相続財産を具体的に列挙しなかった場合）は，遅くとも第二審の口頭弁論終結時までには返還を求める財産を個別，具体的に特定しなければならない。表見相続人が相続不動産に相

続登記をしている場合には，登記の全部抹消を，表見共同相続人に対しては一部抹消＝更正登記を請求することになる。

原告は，自分が相続人であること，および回復を求める財産が被相続人の占有に属していたことを主張立証すれば足り，被相続人の権原，すなわち目的物に対する所有権や賃借権その他の本権を立証する必要がない。被告が当該の相続以外の原因によって権利を得たことを主張して原告の権原を争う場合には，訴訟は通常の個別的請求権にもとづく訴訟となり，原告は被告の本権を否定しなければならない。

なお，近時，相続回復請求権の行使については，その行使が権利濫用となる場合があることを認める裁判例が登場している。すなわち，広島高判平成13年1月15日（判タ1068号204頁）は，戸籍上の父母が死亡するのを待って，戸籍上嫡出子として記載され，30年以上実親子同様の生活をしてきた養子（いわゆる藁の上からの養子）の出生の秘密を暴露して，真正相続人（戸籍上の母の兄の子）が相続回復の請求をしたという事案であるが，当該請求は養子に対して「一方的に財産上はもとより精神的にもその利益を著しく害するものであって，不当な結果を招来することは明白であるから，権利濫用として許されない」と判示する。

4　相続回復請求権の消滅

相続回復請求権は，相続人またはその法定代理人が，相続権を侵害された事実を知った時から5年以内に行使しなければ時効によって消滅し，また，相続開始の時から起算して20年経過した場合には，相続人が相続権侵害の事実を知っていたか否かに関係なく消滅する（884条）。

5年の時効の起算点である「相続権を侵害された事実を知った時」とは，単に相続開始や表見相続人の相続を知った時ではなく，自分があるいは自分も真正相続人であることを知り，しかも，自分が相続から除外されていることを知った時である（大判明治38年9月19日民録11輯1210頁，東京高判昭和45年1月28日家月23巻4号31頁）。

時効の援用権者は表見相続人である。表見相続人から相続財産を取得した第三者については，判例はこれを否定するが（大判昭和4年4月2日民集8巻237頁），学説の多くは，第三取得者に時効援用権を認めるべきであるとする。

なお，判例は，善意無過失の表見共同相続人について時効援用権を認めるが，真正共同相続人の相続権を侵害している他の共同相続人が相続回復請求権の消滅時効を援用するためには，「相続権侵害の開始時点において，他に共同相続人がいることを知らず，かつ，これを知らなかったことに合理的な理由があったことを主張立証しなければならない」といっている（最判平成11年7月19日判時1688号134頁）。

20年の期間制限は，除斥期間である。判例はこれを時効期間であるとするが（大判昭和8年12月1日民集12巻2790頁），戦後になって，この時効は，相続開始の時から20年経過した場合には回復請求権の行使を認めない趣旨であると解するに至っており（最判昭和23年11月6日民集2巻12号397頁，前掲最判昭和39年2月27日），時効の中断や利益の放棄を認める点ではなお異なるが，除斥期間と解する学説との間に実質的な差異はなくなりつつある。

ところで，表見相続人は，相続回復請求権の消滅時効期間の進行中，取得時効（162条）によって，相続財産を取得することができるであろうか。判例は，表見相続人による取得時効を否定するが（大判明治44年7月10日民録17輯468頁），第三取得者は，前主である表見相続人の占有をあわせ主張して，時効取得できるとする（大判昭和13年4月12日民集17巻675頁）。学説は，表見相続人についても相続財産を取得時効できると解すべきだと主張している。

5　相続回復請求権の放棄

相続回復請求権の放棄は認められるか。学説は，相続人には相続を放棄する自由が与えられている以上，とくに相続回復請求権の放棄を否定する理由はないとして，相続開始後の放棄についてはこれを認めるべきであるとする。

第7章　相続の効力

第1節　遺産の承継

1　遺産承継の原則

（1）　相続の一般的効力

人が死亡すると，その者に属していた財産はすべて，死亡の瞬間に，特定の者に承継される（896条本文）。これが相続であって，死亡の瞬間から相続が開始されるため，死亡した者は被相続人とよばれ，その被相続人に属した財産は遺産（相続財産）とよばれる。そして被相続人の財産を承継する者は，相続人とよばれる。

（2）　当然承継の原則

このような相続の効力は，登記といった手続や特別の意思表示を必要とせず，被相続人の死亡により，当然に生じる（当然承継の原則）。したがって，相続人が被相続人の死亡や遺産の存在を知っていた，あるいは知らなかったということは関係がない。

（3）　包括承継の原則

被相続人に属していた財産はすべて，一括して相続人に承継される。これは包括承継の原則とよばれ，個々の権利が個別に承継される特定承継（たとえば，売買による権利の移転）と区別される。

（4）　遺産の意義

(a)　権利義務の承継　　遺産には，現金や預貯金ばかりでなく，不動産（土地や家屋），動産（家財や自動車，貴金属など），有価証券（株券など），貸金債権などのプラスの財産（積極財産）のほか，借金といった債務などのマイナスの財産（消極財産）も含まれる。

(b)　財産上の地位の承継　　遺産には，権利義務として具体的に確定してい

ない法的な財産上の地位も含まれる。

たとえば，被相続人が契約の申込を受けた時点で，相続が開始すると，相続人はその申込を受けた地位を承継して契約を履行することになるし，被相続人が売った物についても，相続人は売主としての地位を承継し，売った物に何らかの瑕疵（きず）がある場合には，売主としての担保責任を負うことになる。また被相続人が，ある事実について知らない（善意）ことや，知っていた（悪意）こと，さらに知らなかったことやその他の行為について被相続人に過失（不注意）があったり，無過失であれば，それも相続人に承継される。

2　遺産承継の例外

被相続人に属していた財産はすべて，一括して相続人に承継されるが，なかには承継されないものがある。

(1)　「一身に専属したもの」の承継

一つは，被相続人の「一身に専属したもの」である（896条ただし書）。

たとえば，扶養を求める権利（扶養請求権）に関していえば，それは生活に困窮して助けを求めた個人に与えられてはじめて意味をもつものであり，その個人の死亡により消滅し，他に承継されることはない。こうした権利や義務が，「一身に専属したもの」である。そして扶養請求権などは，一定の親族関係を基礎として権利の帰属主体が決まっているもの（すなわち身分関係にもとづき，その本人以外，権利をもつことができないもの）なので，帰属上の一身専属権とよばれる。もっとも，こうした扶養請求権にもとづき家庭裁判所で，具体的に月何万円を扶養料として支払うということが決まった場合，その具体額を請求する権利は，扶養請求権といっても，相続の対象となる。また生活保護法にもとづく保護受給権も，「被保護者自身の最低限度の生活を維持するために当該個人に与えられた一身専属の権利であつて」，相続の対象とならない（最〔大〕判昭和42年5月24日民集21巻5号1043頁）とされる。この他，帰属上の一身専属権には，雇用契約における使用者や労働者の権利義務や委任契約上の権利義務，恩給受給権などがある。

(2)　祭祀財産の承継

(a)　祭祀財産の意義　もう一つは，系譜（家系図）や祭具（神棚，位牌，仏壇など），墳墓（墓地，墓石など）といった祖先を祀るための財産（祭祀財

産）である。こうした祭祀財産は，遺産から除外され，相続とは別に承継される。これは，国民感情や従来の習俗を考慮してのことである。

(b) 承継者の順位　祭祀財産を承継する者は，まず，被相続人の生前に，あるいは遺言により指定された者であり（897条1項ただし書），血縁関係にない者も指定できる。この指定がなければ，その地方の慣習により定められた者がなる（897条本文）。そしてこのような慣習の存在が明らかでないときは，相続人その他の利害関係人の申立にもとづき，家庭裁判所の審判により指定された者がなる（897条2項）。また，審判において承継者にふさわしい者がいないとき，多数説は審判申立が却下されるべきものとする。

(c) 祭祀財産承継の特色　祭祀財産は，遺産から除外されているので，相続分や遺留分の算定にあたり考慮されることはないし，相続を放棄した者も祭祀財産については承継することができる。しかし祭祀財産の承継者とされた者は，承継を辞退したり，放棄することは許されない。もっとも承継した財産を処分することについては，何ら制限がない。

また婚姻によって氏を改めた者や養子が，氏を同じくする祖先の祭祀を承継した後，離婚または離縁したときは，当事者その他の関係者の協議で祭祀財産を承継すべき者を定める必要がある（749条・769条・771条・817条）。この協議がととのわないときは，家庭裁判所がこれを定める。これは，氏の異なる者によって祭祀が営まれることを嫌う国民感情を考慮したものとされる。

3　遺産の範囲

遺産に含まれるかどうかに関連して問題となる以下のものについて，個別に見てゆく。

(1) 占　有　権

(a) 占有権の意義　占有とは，物を現実に支配する行為をいい，たとえば，他人の土地に無断で家屋を建てて居住しているような行為や，他人の自転車を無断で乗り回しているような行為を指す。そしてこの占有を保護する権利が占有権である。

(b) 占有権の相続の必要性　この占有権は，相続されるだろうか。たとえば，物を占有してきた被相続人が死亡すれば，被相続人による物の現実支配は当然なくなるので，つぎに相続人がその物を占有するまでに時間的空白を生じ

てしまう（被相続人は東京で物を占有し、相続人は大阪に住んでいてすぐにその占有ができない場合がそうである）。すなわち被相続人の死亡で占有は終了するので、相続人がはじめた占有は、被相続人から承継した占有権ではなく、相続人固有の占有権（相続人自身に生じた占有権）によって保護されることになる。

したがって、被相続人の占有によって進行していた取得時効も、被相続人の死亡によって中断するので、相続人が占有をはじめた場合には新たな時効が進行することになって不都合である。また相続人が占有をはじめる前に、他人が被相続人の占有していた物を占有してしまった場合にも、相続人は占有の事実がないため、その物を占有回収の訴えにより取り返すことができない。このような不都合を解消するため、判例は占有権の相続を認めている（最判昭和44年10月30日民集23巻10号1881頁）。

(c) 取得時効との関係　占有権の相続については、つぎのようなことが問題となる。すなわち相続人は、相続によって承継された被相続人の占有権と、自己固有の占有権のどちらかを選んで主張することができるかという問題がある。

他人の物であっても、所有の意思をもって、20年間、隠さず、平穏・公然と占有をつづけると（悪意占有）、その物は占有者の物となる（162条1項）。また占有のはじめに、その物が他人の物とは思わず、自分の物と思っていた（またそう思っていたことに過失がない）場合にも（善意占有）、10年間占有をつづけると、その物は占有者の物となる（162条2項）。これが取得時効であるが、被相続人の占有権を承継すると、相続人は、被相続人の善意、悪意といった占有の性質や瑕疵まで承継することになるので、取得時効を主張するについて不都合をうける場合がある。すなわち、被相続人の占有が悪意の占有である場合、それを承継するので、相続人が善意の占有をしていても、20年を経過しないと、相続人は物の所有権の時効取得を主張できないことになってしまう。判例は、当初、相続人が自己固有の占有権を主張することについて、これを認めなかった（大判昭和6年8月7日民集10巻763頁）が、現在では認めている（最判昭和37年5月18日民集16巻5号1073頁）。

たとえば、被相続人Aは、C所有の土地を自分に所有権のないことを知りな

がら，自分の土地として占有をつづけ，占有開始から5年を経過した時点で死亡した。その後その占有を承継した相続人Bは，その土地がCの土地であることを知らずに占有をつづけ，10年を経過した。この後Bは，Cから土地の返還請求をうけた。この場合，BはCに対して，10年間の自分の善意占有にもとづく土地の時効取得を主張できる。またAの占有が悪意占有にもとづく10年間の占有で，Bの占有も悪意であれば，BはAの占有をあわせて，Cに対し20年間の占有にもとづく時効取得を主張できることになる。

　さらに取得時効が完成するためには，占有者は，占有している物が自分の物であるという「所有の意思」を明らかにする必要がある。これによって成立する占有の態様は，自主占有とよばれる。この「所有の意思」を明らかにしないかぎり，占有はいつまでたっても他主占有であって，取得時効は完成しない。判例は，被相続人の占有が他主占有であっても，相続人が新たに目的物を事実上支配し，その占有に所有の意思ありとみられる場合には，相続人は「新権原」により自主占有をするに至ったとする（最判昭和46年11月30日民集25巻8号1437頁）。さきほどの事例でいえば，AがCの土地を自分の土地として表明することなく，占有をしていた場合（他主占有）でも（単にCから当の土地を借りていたにすぎなくても），Bは相続により自主占有をはじめたものとされ，取得時効を完成させることができる。

（2）賃　借　権

　被相続人の居住する家屋の賃借権は，使用貸借のように借主の死亡によりその効力が失われる規定（599条）がないため，相続の対象とされる。しかし被相続人と同居していた者が，届出をしていない内縁の配偶者や事実上の養子などの相続人でない場合，被相続人の死亡により問題が生じる。すなわち，その場合，同居者は，家主や相続人から家屋の明渡しの請求があれば，それに応じなければならないからである。どのようにすれば同居者の居住を確保することができるか。

　(a)　居住していた家屋が被相続人の持家である場合　　この場合，被相続人の死亡により，同居者は相続人の家屋明渡請求があれば，その請求に応じなければならない。しかし判例は，相続人側に当該家屋を使用しなければならない差し迫った必要がないのに対し，寡婦（内縁の未亡人）の側では子が独立して

生計を営むに至らず，当該家屋を明け渡すことで家計に相当重大な打撃をうけるおそれがあるなどの事情があるとき，相続人の請求を権利の濫用とする（最判昭和39年10月13日民集18巻8号1578頁）。

たとえば，A男とB女の内縁の夫婦と子CがA所有の家屋に住んでいたが，Aの死後，BとCはその所有権を相続した相続人Dから家屋の明渡しを請求された。Dには当該家屋とは別に居住家屋があるのに対して，BとCには当該家屋以外に居住家屋がないばかりか，借家ができるほどの収入がなく，Cもまだ就学中の場合には，Dの請求は権利の濫用となり，BとCはその請求に応じる必要がない。

(b) 居住していた家屋が賃借家屋である場合　賃貸人（家主）から同居者に家屋の明渡請求があった場合，同居人が賃借人である被相続人を中心とする家族共同体の一員と認められれば，同居人は相続人に承継された賃借権を援用して（自己の居住権を主張する助けとして用いること）賃貸人に対抗することができる（内縁の配偶者について，最判昭和42年2月21日民集21巻1号155頁。事実上の養子について，最判昭和37年12月25日民集16巻12号2455頁）。相続人が行方不明で生死がわからない場合であっても，同居人は，その相続人の賃借権を援用して，賃貸人に対抗することができる（最判昭和42年4月28日民集21巻3号780頁）。

学説としては，判例と同様，同居者に相続人の賃借権の援用を認める見解（水本浩「内縁寡婦の居住権—借家の場合」家族法判例百選（第3版）19頁など）の他，同居者に相続人の賃借家屋に対する占有補助者（主人の買った物をもっているお手伝いさんのような者）としての地位を認めて居住の継続をはかる見解（福島四郎「住宅用家屋の賃借権と当然相続性の否認」関西大学法学論集4巻4号95頁）などがある。しかしこれら見解は，相続人の権利にもとづいて同居者を保護するものであるから，相続人が同居者の居住を否定した場合や賃借権を放棄した場合，相続人が賃貸人から賃貸借契約を解除された場合には，同居者を保護できないとの批判がある。その他，賃借権は家団（賃借人とその家族が家屋を中心に構成する家庭共同体）に属するので，賃借人の死亡による賃借権の承継は，家団の代表者の交替にすぎず，同居者の居住に影響を与えないとする見解（古山宏「家屋賃借権の相続について」判例タイムズ1号19頁など）など，賃借

権の相続性を考えないものもある。しかしこうした見解は，相続法理との矛盾が指摘されている。

さきほどの事例でいえば，被相続人Ａの同居者ＢとＣは，Ａと事実上の夫婦，親子関係にさえあれば，相続人Ｄの賃借権にもとづき（あるいはそれ以外の理由でも），家主Ｅからの家屋の明渡請求に対して，居住の権利を主張できる。

(c) 相続人がいない場合　相続人がいないので，賃貸人から家屋の明渡請求があった場合，同居人は相続人の賃借権を援用して，その請求に対抗することができない。これについては，立法政策上，解決がはかられている。すなわち，借地借家法36条にもとづき，被相続人と同居していた内縁の配偶者や事実上の養子は，借家権を承継する。

(3) 生命侵害による損害賠償請求権

(a) 財産的損害　人は死亡すると権利をもつことができなくなるので，即死した被害者が生命を奪われたことによる損害（被害者が生きていたならば，働いて得られたであろう将来の労働収入などの利益を失ったという損害＝逸失利益）の賠償請求権を取得することは考えられない。しかし負傷して，しばらく経った後にその負傷が原因で死亡した場合，被害者は生きている間に損害賠償請求権を取得し，それが相続人に承継されることになる。すなわち，被害者が負傷後に死亡した場合には，その相続人は損害賠償の請求ができるのに対して，即死という重大な結果を引き起こした加害行為については，その相続人は損害賠償の請求ができないという不公平を生じる。被害者即死の場合，相続人は被害者の即死によって生じた損害の賠償を請求できるのか。

判例は，被害者即死の場合にも，傷害と死亡の間に観念上の時間的間隔があり，その間に損害賠償請求権が被害者に発生し，相続人がこれを承継するとした（大判大正15年2月16日民集5巻150頁）。ところが，後の判例は，こうした考えが死亡で生じる損害を被害者の生前に被らせるものであると批判し，被害者即死の場合，損害賠償請求権は被害者に発生せず，相続人に原始的に（直接に）発生するとした（大判昭和3年3月10日民集7巻152頁）。さらにその後，判例は，現在まで損害が致命傷により生じるという前提のもと，傷害の瞬時に発生した損害賠償請求権が相続人に承継されるという相続的構成をとるに至っている（大判昭和16年12月27日民集20巻1479頁）。

学説も、判例と同様に、被害者即死の場合、傷害と死亡の間に時間的間隔があり、その間に損害賠償請求権が被害者に発生し、それが相続人に承継されるとする見解や、生命侵害を無限に大きい身体傷害ととらえることで、死亡という無限に大きい身体傷害の瞬間に、被相続人は損害賠償請求権を取得し、それが無限に小さいわずかな時間に相続人に承継されるとする見解（舟橋諄一「生命侵害による損害の賠償と相続」我妻先生還暦記念・損害賠償責任の研究（上）346頁）などがある。

たとえば、Aは、Bの運転する自動車にはねられ、即死した。この事故は、Bの不注意によるものであった。Aの相続人CからBに対してAの生命侵害にもとづく損害賠償が請求された場合には、判例の傾向からすれば、その請求は認められることになる。

(b) 精神的損害（慰謝料）　身体傷害によってうける被害者の苦痛は、被害者自身が感じるもの（一身専属的なもの）であるから、被害者が死亡した場合、その苦痛にもとづく被害者の慰謝料請求権は、はたして相続人に相続されるのだろうか。

判例は、被害者がその死亡以前に、慰謝料請求の意思表示をしていないと相続されないとした（大判明治43年10月3日民録16輯621頁）。もっともいったん、慰謝料請求の意思表示がされれば、請求権が生じ、その請求によって得られる金銭は、相続財産として、相続の対象となる。そのため判例は、被害者が「残念、残念」といいながら死亡した場合（大判昭和2年5月30日新聞2702号5頁）や、「向うが悪い、向うが悪い、止める余裕あったのに止めなかった」といった場合（大判昭和12年8月6日判決全集4輯15号10頁）には、請求の意思表示があったとして慰謝料請求権の相続を認めるが、「助けてくれ」といった場合には、請求の意思表示がないとして、相続を認めなかった（東京控判昭和8年5月26日新聞3568号5頁）。しかしこのような考えは、意思表示の余地がない即死者や、幼児、精神病者などの意思能力のない者にとって不都合を生じるので、その後最高裁は、被害者が生前に請求の意思を表明しなくても、慰謝料請求権が当然に相続の対象になることを示すに至った（最〔大〕判昭和42年11月1日民集21巻9号2249頁）。学説の多くは、死亡者に慰謝料請求権は発生しないという点や、慰謝料は被害者に支払われて意味があるという点を強調して、慰謝料請

求権の相続を否定し、被害者の相続人は711条の遺族固有の慰謝料請求権を行使すればよいとする（好美清光「生命侵害の損害賠償請求権とその相続性について」田中誠二先生古稀記念・現代商法学の諸問題714頁など）。

たとえば、さきほどの事例でいえば、Aの相続人CがBに対して、Aの苦痛にもとづく慰謝料を請求した場合、判例に従えば、Aの慰謝料請求権は相続財産に入るので、その請求は認められるし、前記の学説に従えば、請求は認められない。

（4） 生命保険金

(a) 被相続人が自分を被保険者とし、相続人を受取人に指定している場合

被相続人が自分を被保険者（保険の対象者）として、保険会社と生命保険契約をむすんだが、受取人を相続人とした場合、その生命保険金請求権は、被相続人死亡時に、相続人固有の権利となるのか、それとも相続財産に含まれて、相続人に承継されるのかが問題となる。

判例は、受取人が相続人であっても、具体的にその氏名が表示されていれば、生命保険金請求権は保険契約の効力として、相続人固有の財産になるとする（大判昭和11年5月13日民集15巻877頁）。それでは、被相続人が、受取人を単に「相続人」とだけ定めたり、「自己または自己死亡のときは相続人」と定めて、具体的に受取人の氏名をあげなかった場合はどうであろうか。判例は、このような場合、被相続人の意思を合理的に推測すれば、保険事故発生時の被指定者が特定できることをあげる。そこから、判例は、この生命保険契約が、被保険者死亡時における相続人たるべき者個人を受取人として指定した、いわゆる他人のための契約であると解するとともに、生命保険金請求権は、契約の効力が発生すると同時に、相続人固有の財産となるので、遺産から離脱し（最判昭和40年2月2日民集19巻1号1頁）、遺産や保険料払込者の財産に属していたわけではないとする（最判平成14年11月5日民集56巻8号2069頁）。

たとえば、Aは保険会社と自分を被保険者とする生命保険契約をむすび、その受取人を「相続人」とした。Aの死後、相続人Bが限定承認を行った場合、Bは、Aの債権者に対して、受取人に指定されたのは自分個人であることを理由に、生命保険金請求権が自分固有の財産であると主張し、それによる弁済を免れることができる。

(b) 被相続人が自分を被保険者とし，受取人も自分とする場合　生命保険金請求権は，受取人の死亡の場合，相続の対象となるので，被保険者である被相続人が自分を受取人にしている場合には，被相続人の死亡により，当然相続財産に含まれる。ただし，「保険金受取人の指定のないときは，保険金を被保険者の相続人に支払う」という保険契約条項があれば，保険金受取人を相続人にした場合と同様に，保険金請求権は相続人固有の財産となり，相続財産に含まれない（最判昭和48年6月29日民集27巻6号737頁）。

(c) 被保険者である被相続人が，受取人死亡後，改めて受取人を指定しないうちに，死亡した場合　この場合，受取人と指定されていた者の相続人が受取人となる（商676条2項）が，保険金請求権は相続により承継されるのではなく，受取人となった相続人が原始的に取得するものとされる（大判大正11年2月7日民集1巻19頁）。

たとえば，Aが自分を被保険者として，保険会社と生命保険契約をむすび，受取人をBとした。しかしBがAよりも先に死亡したにもかかわらず，Aは新たに受取人を指定しないまま死亡した場合，保険金請求権はBの相続人Cが受取人となる。かりにBに債権者がいたとしても，Cが限定承認を行えば，CはBの債権者に対してその保険金請求権を自己固有の財産として主張し，それによる弁済を免れることができる。

生命保険金請求権の相続性について，有力な学説は，生命保険が積立預金の性格をもっている点をあげて，保険金の受取人が相続人の1人であるときは，相続人間に不公平を生じることや，受取人が相続人以外のときは相続人に何も残らないことを指摘し，これを特別受益として持戻し（特別の利益があったとして，相続財産とみなし，相続分の計算に加えること）の対象としたり（同旨，最決平成16年10月29日民集58巻7号1979頁），遺贈とみるべきとする。

(5) 死亡退職金

退職金は，一般に，賃金の一部が積み立てられて，それが後払いされるものとか，本人の勤務に対する功労の意味をもつといわれるため，被相続人が生前に退職金をうけとれば，それは被相続人の財産となり，相続の対象となる。しかし，死亡を支給原因とする退職金（死亡退職金）では，勤務先の規約（内規や就業規則など）で受給権者が定められている場合がある。この場合，死亡退

職金は，勤務先の規約で支給されるのか（受給権者固有の財産となるか），それとも相続で承継されるのか（相続財産に含まれるか）が問題となる。

判例は，遺族の生活保障（被相続人と生活を共にしてきた者の生活保障）という死亡退職金の性質を重視して，これを受給権者固有の権利と認めた（最判昭和55年11月27日家月33巻3号31頁）。さらに判例は，死亡退職金支給の規約がない場合においても，死亡退職金が，相続という関係をはなれて，受給者個人に対して支給されたものとする（最判昭和62年3月3日判時1232号103頁）。

学説では，共同相続人の一人が死亡退職金の受給権者となる場合，他の相続人との間に著しい不公平になる場合をあげ，死亡退職金を特別受益として持戻しの対象とし，相続人間の公平をはかる見解がある（遠藤浩「相続財産の範囲」家族法大系Ⅵ187頁）。

たとえば，B会社に勤務していたAは，勤務途中で死亡した。Aには，相続人として妻Cと兄Dがいるが，Aの死亡退職金は，B会社の規程により，妻Cに支払われることになった。これに対してAの兄Dは，死亡退職金が相続財産に含まれることを理由に，Cに対して相続分に応じた死亡退職金の分与を求めた。この場合Cは，規程により支給された死亡退職金を自分固有の財産と主張して，その請求を拒否することができる。ただし，この場合，学説に従えば，相続の対象となる財産が少ないならば，この死亡退職金が特別受益として持戻しの対象となることも考えられる。

(6) 保 証 債 務

ある人が金を借りる人（債務者）のために保証人になる場合，その人は債務者を信頼して（必ず借金を返してくれることを信じて）保証債務を負ったと考えられるため，保証債務は保証人の一身専属的な債務として，相続されるかどうかが問題となる。なぜならばその保証債務を相続した者が，債務者を信用するかどうかわからないからである。

判例は，債務者と保証人といった当事者相互の信用関係を基礎として，保証人の負うべき責任の範囲がきわめて広い身元保証や信用保証に関しては，相続人への承継を否定する（大判昭和18年9月10日民集22巻948頁，包括根保証については，最判昭和37年11月9日民集16巻11号2270頁が相続性を否定する）が，責任の範囲が身元保証ほど広くない賃貸借などの普通の保証に関しては，相続人への

承継を認める（大判昭和9年1月30日民集13巻103頁）。その理由についてはつぎのようにいわれている。

すなわち，当座貸越や手形割引のような金融取引の信用保証では，貸付額の限度やその取引の存続期間について制限がおかれていないので，責任の範囲がきわめて広く，また身元保証も被用者（労働者）が使用者（雇主）にかけるかもしれないすべての損害の賠償を担保することなので，責任の範囲がきわめて広い。すなわち，これら保証が相続されると，相続人が不測の不利益をうける可能性が大きい。そのため判例は，その相続性を否定する。

これに対して金銭消費貸借や賃貸借などの保証の範囲は，賃料支払義務，家屋明渡義務，家屋滅失に対する損害賠償義務など，法律によって予測でき，また保証する金額についても賃料または賃貸家屋の価額によりある程度予測ができるので，責任の範囲が限られ，相続人が不測の不利益をうける可能性が少ない。そのため判例は，その相続性を肯定する。それは債権者の利益にもなる（死亡により保証人がいなくなると，債権者も困ることになるため）。

たとえば，被相続人Aが友人Bの保証人になっていたことが，Aの死後判明した。その後相続人Cは，Bの債権者あるいはBの使用者から保証債務履行の請求をうけた。この場合判例の考え方によると，その保証が金銭消費貸借の保証であれば，CはDの請求に応じなければならないが，身元保証であればCはDの請求に応じる必要はない。

(7) 無権代理

(a) 無権代理人が本人を相続する場合　たとえば，Aが父親Bの所有する土地を勝手にBの名前を使ってCに売却する契約をした後に，Bが死亡し，AがBを相続する場合である。この場合，Bの地位がAに相続されることによって，Aのした行為はどうなるかが問題となる。

Aのこのような行為は，Bから代理権を与えられていないのに代理した，無権代理行為とよばれるものであり，無効な行為である。しかしこの行為も，本人Bが追認することによって，有効な行為とすることができる。もちろん，本人Bは，この行為の追認を拒絶して無効なままにすることもできる。もしBが生きていて，Aの行為を追認しなければ，Cは土地の引渡を求めることはできず，Aに損害賠償を請求できるにすぎない。

事例のように無権代理人Aが本人Bを相続し，本人と代理人の資格が同一人Aに帰するに至った場合には，本人Bが自ら法律行為をしたのと同様な法律上の地位を生じ，無権代理行為は有効になる（最判昭和40年6月18日民集19巻4号986頁）。したがって，Cは，Aに土地の引渡しを求め得ることになる。この場合本人の地位を相続したAは，本人の追認拒絶権を行使して，土地の売却契約を無効とすることができるはずであるが，判例は，信義則に反するとして，これを認めない（大判昭和17年2月25日民集21巻164頁）。もっとも無権代理人A以外にも相続人がいる場合，共同相続人全員の追認がないかぎり，その無権代理行為は無権代理人の相続分に相当する部分でも有効とならない（最判平成5年1月21日民集47巻1号265頁）。この場合，CはBに対して損害賠償の請求ができるだけである。

(b) 本人が無権代理人を相続する場合　さきほどの事例でいえば，無権代理人Aが本人Bよりも先に死亡したため，BがAを相続することになった場合である。Aのした行為はどうなるか。

この場合，行為をしたのではないBが，追認を拒絶して行為を無効としても信義に反しない（最判昭和37年4月20日民集16巻4号955頁）ようにも思われるが，本人Bは相続により無権代理人Aの債務を承継するので，本人として無権代理行為の追認を拒絶できる地位にあっても，債務を免れることはできない（最判昭和48年7月3日民集27巻7号751頁）。本人以外にも相続人がいて無権代理人を共同相続する場合も同じである。したがって，Cは，Bに対して土地の引渡を求めることができる。

(c) 無権代理人と本人の両方を相続する場合　さきほどの事例でいえば，無権代理人Aが本人Bよりも先に死亡し，BとAの母親DがAを相続した後にBが死亡して，Dが無権代理人Aと本人Bの両方を相続する場合である。Aのした行為はどうなるか。

この場合，本人B以外の相続人Dが，無権代理人の地位を包括的に承継することに変わりはないので，本人Bの資格で無権代理行為の追認を拒絶する余地はDになく，無権代理行為は有効となる（最判昭和63年3月1日家月41巻10号104頁）。したがって，Cは，Dに対して土地の引渡しを求めることができる。

第2節　遺産の共有

1　分割前の遺産の帰属

(1)　遺産の共有の意義

被相続人が死亡したときに相続人が数人いる（共同相続人）場合，遺産はだれに帰属するのか。この場合，遺産はその相続人たちの共有に属するとされる（898条）。

共有とは，数人で1つの物を共同所有する形態であり，共同で所有する者（共有者）はその物に持分をもつ。この持分とは，本質的に所有権のことであるが，共有では，1つの物の上に数人の所有権が成立するため，1人1人の所有権は分量的に制約をうけて，持分という形で存在することになる。ここで分量的というのは，たとえば，2人で1つの物を所有するとき，2人の所有権がその物の上に1対1あるいは1対2などのさまざまな割合で存在するということである。

こうした遺産の共有の状態は，遺産分割まで続くことになる。

(2)　遺産上の持分の処分

遺産分割がなされる前に，共同相続人のうちの1人が自分の持分を第三者に譲渡した場合，その相続人の行為は許されるか。

この相続人の行為のあとに遺産分割がなされた場合，その効果は相続の開始時にさかのぼるので（909条），相続人の持分の処分はなかったことになるようにも思われる。しかし民法は，取引の安全を保障するため，第三者に遺産分割の効果が及ばないことにしている（909条ただし書）。したがって，第三者は，相続人の持分を取得することができるので，相続人の持分の処分は許されるように考えられる。しかし共同相続人の1人が，遺産分割の前に第三者に相続分を譲渡した場合，他の共同相続人は，その第三者に相続分の価額や費用を償還してその相続分を取り戻すことが認められている（905条）ことを考えると，今度は反対に相続人の持分の処分は許されていないようにも思われる。

(3)　共有説と合有説

相続人の持分の処分が許されるかどうかは，遺産が，数人の相続人によって

共同所有されている状態をどのように考えるかで変わってくる。すなわち、この状態を物権編にいう「共有」(249条以下)と考えるのか（共有説）、それとも合有と考えるのか（合有説）で変わってくる。

(a) 共有説　この説によれば、各共同相続人は、遺産に属する個々の財産の上に持分を持っており、原則としてそれを自由に処分することができるとされる。

こうした共有説の根拠には、つぎのようなものがある。すなわち、

① この状態を共有と解した方が、純粋に個人的に各相続人が財産を取得することになる相続の精神に適合し、財産を個人のもの（個人所有）として把握する民法の個人主義的立場に調和すること、
② 分割の遡及効を制限して第三取得者の権利を保護しようとする909条但書が、持分の処分を間接に肯定していると解せられること、
③ 共同相続財産に関する民法の規定が共有説を表現していると率直に読めること、などがあげられている。

(b) 合有説　この説では、898条にいう「共有」を「合有」の意味に解し、遺産を1個の独立した特別財産もしくは財団のように見る。これにより共同相続人の持分は、遺産全体の上に成立するだけで、遺産に属する個々の財産上には成立しなくなる。すなわち個々の財産上の持分は、共同相続人全員の同意がないかぎり、各共同相続人が単独で自由に処分することはできなくなる。

この合有説の根拠には、つぎのようなものがあげられている。すなわち、

① 組合財産は、2人以上の組合員が組合として1つの共同事業を営む上で生じた必要な財産であり、各組合員がその財産に持分を持っていたとしても、その財産が共同事業に必要な間はその持分の処分を制限しなければならない。これが合有関係である。遺産についても、遺産の清算分配（遺産分割）という共同目的が達成されるまでは共同相続人の持分の処分が禁止されるべきであること、
② 909条本文が遺産分割の遡及効を認めているため、共同相続人の1人が持分を処分したのち、分割によって持分を処分した者以外の相続人がその財産を取得することになると、その持分の処分は無効になるはずであること（持分の処分はできないこと）、

③　民法は，もともと合有である組合財産についても「共有」と規定しているように（668条），概念構成において「合有」の形式をとらなかったこと，
　④　相続財産を実質的に一つの包括的な財団とすることが，民法上も限定承認，財産分離などにおいて認められていること，などである。
　(c)　判例　　判例は，大審院以来，一貫して共有説をとる（大判大正9年12月22日民録26輯2062頁，最判昭和30年5月31日民集9巻6号793頁，最判昭和50年11月7日民集29巻10号1525頁など）。

　たとえば，被相続人の財産を相続した共同相続人AとBのうち，Bが遺産分割前に遺産に対する自分の持分を第三者Cに譲渡した場合，共有説によれば，Bの行為は許され，その後遺産分割がなされてもそれに影響されることなく（909条ただし書），CはAに対して持分にもとづいた分割を請求できることになる。この場合，Cのとるべき分割の手続は，遺産分割ではなく，共有物分割の訴えとなる。

　また合有説によれば，Bの行為は許されなくなるが，持分を譲り受けたCの権利は保護されることになる。この場合Cのとるべき分割の手続は，遺産分割手続によることになる。すなわち，CをAの債権者のように考えることで，CがAに代わって遺産分割の審判を申し立てることができるとされる。

　(4)　債権の共同相続

　また被相続人の可分債権（たとえば，金銭債権のように金額で分けられる債権）を相続した2人のうちの1人が，その債権の半額を相続によって取得したと主張して，それを第三者に譲渡した場合，どうなるか。すなわち可分債権は，相続によって，共同相続人（たとえば同順位の2人の相続人）間に承継されると，相続分に応じ，対等額で2人に分割されるのかという問題であり，これは遺産の共有の性質が共有なのか，それとも合有なのかの問題に属するものである（なお，不可分債権（たとえば，不動産の明渡しなどの分割して給付ができない債権）の相続については，不可分債権が共同相続人に不可分的に帰属することになる（最判昭和36年3月2日民集15巻3号337頁）ので，こうした可分債権の相続のような問題は生じない）。

　(a)　分割債権説　　この問題については，当然に分割されるとする見解（分割債権説——前掲大判大正9年12月22日など）がある。これは，共有説からくる

ものである。しかし可分債権が相続によって相続人に当然分割されるとすると，可分債権の債務者が共同相続人の1人にその相続分を超えて弁済しても（当然分割説によれば，債権が相続分以上に分割されることはないので），他の共同相続人にその弁済を主張することができないことになる。

また遺産分割によって債権をうけた共同相続人が債務者の無資力によって弁済をうけることができないときは，他の共同相続人が相続分に応じてその債務を負担することになるが（912条），分割債権説によれば債権は分割されるので，912条のいうように債権が1人の相続人に帰属する事態は生じない。したがって分割債権説をとれば，912条は無意味になるとされる。

(b) 不可分債権説　可分債権が共同相続人に相続されると不可分債権のように共同相続人全員に帰属し，相続開始と同時に当然分割されるものではないとする見解（不可分債権説）がある。不可分債権は分けることができないので，相続されると共同相続人全員に帰属することになり（428条），たとえ共同相続人の1人とその債務者間で債務について更改や免除があった場合でも，他の共同相続人は債務の履行を請求できることになる（429条）。

しかしこの見解に対しては，分割債権関係をとる民法にあっては不可分債権を主張する根拠が乏しいことや，不可分債権とすると，共同相続人が，債権者としてその全部につき各自単独で履行を請求できることになるため（428条），共同相続人に不利益をもたらすおそれがあるなどの批判がなされている。

(c) 合有的債権説　このほか，遺産の共同所有の形態を合有とみる考え方にもとづき，可分債権が共同相続人に合有的に帰属するという見解（合有的債権説）がある。この見解によれば，可分債権は，共同相続人に合有的に帰属しているので，債務者に対しては共同相続人全員で請求しなければならないことになる。

(d) 判例　判例は，大審院以来一貫して，分割債権説をとる（前掲大判大正9年12月22日，最判昭和29年4月8日民集8巻4号819頁など）。

たとえば，被相続人AがEに1,000万円の債権をもっていた場合，分割債権説によれば，相続人である配偶者Bと子CとDは，それぞれ各自の相続分に応じてBは500万円，CDは各250万円ずつ債権を取得して，Eに請求することになる。また不可分債権説によれば，B，C，Dおのおのは，単独でEに1,000

万円を請求することができ，EはB，C，Dいずれかに1,000万円を支払えばよいことになる。そして，合有的債権説によれば，B，C，Dは共同してEに1,000万円を請求することになる。

　（5）　債務の共同相続

　それでは，金銭債務のような可分債務が共同相続人に相続されたら，どうなるか（なお，不可分債務（たとえば，不動産の引渡債務などの給付が不可分である債務）の相続については，不可分債務が共同相続人に不可分的に帰属することになるので，共同相続人各自はその全部について履行の責任を負うことになる）。

　(a)　分割債務説　　これについては，可分債務も可分債権と同様に当然分割されて，各共同相続人はそれぞれの相続分に応じて分割された金額につき独立して債務を負うとする見解がある（分割債務説——山中康雄・註釈相続法（上）153頁）。これは，共有説にもとづくものである。この見解によると，債権者は自分の債権を回収しようと思えば，分割された債務を単独で負う各相続人に対して別々に請求しなければならなくなり（反対に各相続人は，それぞれの相続分に応じた金額を弁済すればよくなるので），相続人の中に無資力者がいるときには，取り立て不能になるおそれがあるとの批判がある。

　(b)　不可分債務説　　こうした事態は，相続という債務者側の事情から生じるもので，債権者にとっては大変な迷惑である。この点を考慮して，相続債務を不可分債務と解する見解がある（不可分債務説）。相続債務が不可分債務とされると，共同相続人は連帯債務者のように扱われるので，各共同相続人は債務の全額について責任を負うことになる。したがって，この見解によれば，共同相続人の1人が無資力でも，それに影響されることなく，債権者は共同相続人おのおのに債務の全額を請求することができることになり，債権回収に困らない。この見解は，共有説にもとづくものであるが，債権者の不利益を考慮して，債務につき不可分債務とするものである。

　(c)　合有的債務説　　また債務は，相続によって分割されず，遺産分割まで共同相続人の合有に帰することになるとする見解がある。これは，合有説にもとづくものである。この見解によれば，合有と解すると債務は遺産に帰属する意味となるが，財団ではない遺産に債務を負わせることはできないので，この

場合の債務は法的に共同相続人全員の不可分債務になるとされる。

　(d)　判例　　判例は，分割債務説をとる（大決昭和5年12月4日民集9巻1118頁）。

　たとえば，AがBから1,000万円の借金をして死亡した場合，分割債務説によれば，Aの妻Cと子Dはそれぞれの相続分に応じて（2分の1ずつの割合で），500万円ずつの借金を相続することになる。またこの場合，不可分債務説や合有的債務説によれば，CとDが1,000万円の連帯債務を負うような形となるので，BはCとDおのおのに，1,000万円を請求できることになる。

(6)　連帯債務の相続

　それでは，相続される債務が連帯債務である場合，どうなるか。これについて判例は，従来の立場（分割債務説）を踏襲して，「連帯債務者の1人が死亡した場合においても，その相続人らは，被相続人の債務の分割されたものを承継し，各自その承継した範囲において，本来の債務者とともに連帯債務者となると解するのが相当である」とする（最判昭和34年6月19日民集13巻6号757頁）。

　たとえば，AとBが連帯債務者として1,000万円の借金をしていたところ，Bが死亡して，その財産をBの子CとDが2分の1ずつ共同相続した場合，CとDは1,000万円の連帯債務を相続分に応じて（2分の1ずつの割合で）500万円ずつ負担し，それぞれ500万円の範囲でAと連帯して責任を負うことになる。

　しかし判例の考え方をとると，AとC，AとDは連帯関係にあるが，CとDは連帯関係に立たないことになる。これでさらにAが死亡して，Aの共同相続人が連帯債務を相続した場合は，その共同相続人とC，Dの関係が複雑になり，終始のつかない関係となることが指摘されている。

　この場合，不可分債務説や合有的債務説で考えると，AとC，AとDが連帯債務者となることはもちろん，CとDも1,000万円の債務の連帯関係にたつことになる。したがって，債権者は，A，C，Dおのおのに1,000万円を請求できることになる。

2　遺産の管理

　遺産分割前の遺産の管理については，遺産が共同相続人の共有に属するとされているため，物権編の共有に関する規定（251条以下）が適用される。これは，遺産の管理についての一般規定がないためである。

(1) 遺産の管理行為

(a) 管理行為　遺産の管理は，各共同相続人の法定相続分に従って，多数決で決定される（252条本文）。

この場合の管理とは，共同相続人全員のために，遺産を経済的に活用したり，その経済的価値（使用価値）を高めたりすることを指す。具体的には，遺産である建物を共同相続人の1人が，被相続人の生前より使用貸借してきた場合に，他の共同相続人がその貸借を解除する行為がこれにあたるとされる（最判昭和29年3月12日民集8巻3号696頁）。

(b) 保存行為　ただし，保存行為については，各共同相続人が単独で行うことができる（252条ただし書）。

この保存行為とは，遺産の現状を維持する行為を指す。具体的には，遺産である建物を修繕する場合や，遺産である土地建物を第三者が占拠している場合に妨害排除を請求したり（最判昭和31年5月10日民集10巻5号487頁――これは，不動産の登記名義者への登記抹消請求を妨害排除請求とするとともに保存行為とする），遺産である動産を占有する者にその動産の返還請求をすること（広島高米子支判昭和27年11月7日高民集5巻13号645頁）などがあげられる。この保存行為に関する訴訟は，固有必要的共同訴訟（全員が一体となって訴訟当事者になる必要がある）ではない。

(c) 処分行為　処分など遺産に変更を加える行為については，共同相続人全員の同意が必要となる（251条）。もっとも共同相続人の1人が遺産に属する権利や物を処分するには，全員の同意ではなく，共同相続人の全員がその権利や物についての持分を処分しなければならないと考える見解があり，その見解によると持分の処分に反対する相続人がいる場合には遺産分割を請求することになる。

(d) 管理費用　遺産の管理費用は，遺産の中から支出される（885条）が，それは各共同相続人が自分の相続分に応じて費用を払ったのと変わりがない（253条）。

(e) 管理上の注意義務　各共同相続人は，自分の財産に対して払うのと同じ注意をもって遺産を管理しなければならない。分割後の遺産は，各共同相続人にとって自分の財産となるから，このことは当然である。

（2） 第三者との関係

(a) 遺産共有の確認　ある財産が遺産に属するということを第三者に確認させるための訴訟をする場合には，共同相続人全員でする必要がある。したがってこのような共有物の所有権確認訴訟は，固有必要的共同訴訟である（大判大正5年6月13日民録22輯1200頁）。

また反対に，遺産の一部が自分のものであると主張する第三者に，それが各共同相続人の持分権に属するということを確認させるための訴訟をする場合には，各共同相続人が単独でこれをすることができる（最判昭和40年5月20日民集19巻4号859頁）。

(b) 登記　たとえば，共同相続人AとBのうちBが，遺産である不動産について勝手に自分名義の登記をした場合，AはBに対して登記の抹消を請求できるか。これについて判例は，Aの持分についての抹消請求を認めるが，Aが単独で登記全部の抹消請求をすることについては認めない（最判昭和59年4月24日判タ531号141頁）。

また，Bが前記不動産について自分名義の登記をしたあと，その不動産を第三者Cに売った場合，Aは登記がなくてもCに自分の持分を主張できるか（対抗できるか）。これについて判例は，対抗できるとするが，AからCに対する移転登記の抹消請求について，Aは全部ではなく，（自分の持分についての）一部の抹消登記を請求できるにとどまるとする（最判昭和38年2月22日民集17巻1号235頁）。Cは，Aに対して，Bの持分につき自分の権利を主張できるからである（909条ただし書）。反対にCは，Aの持分について無権利者であるので，Aが登記をもたなくても，その持分についてはAに対抗できないことになる。そしてBからCに対して，Bの持分を超える登記部分が無効であることを理由に，抹消請求をするのは，信義則上許されない（最判昭和42年4月7日民集21巻3号551頁など）。

その他，対抗が問題となる場合としては，つぎのようなものがある。すなわち，被相続人Aが自分の土地をBに売ったが，移転登記をしないうちに死亡し，相続人Cがその土地をさらにDに売った場合どうなるか。これについては，Cが相続によってAの売主としての地位を承継しているので，同一人からBとDに二重譲渡がなされたのと同じことになり，BとDのどちらか先に登記した方

が土地の所有権を取得することになる（最判昭和33年10月14日民集12巻14号3111頁）。

第3節　遺産分割

1　遺産分割の意義
（1）　遺産分割とは

遺産分割とは，共同相続人間の共有とされてきた遺産を各相続人に分配することである。なぜそのような遺産分割が行われなければならないかといえば，それは遺産を公平に相続人間に分配する均分相続の原則があるためである。

（2）　遺産分割の基準

(a)　総説　　遺産は，共同相続人間の自由な協議により分割されるが，その際には遺産に属する物または権利の種類および性質，各相続人の年齢，職業，心身の状態および生活の状況，その他一切の事情が考慮されなければならない（906条）。

この「各相続人の年齢」や「心身の状態」とは，分割において，年少者や心身障害者などの生活維持が配慮されるべきことを要求したものであり，また「生活の状況」とは，たとえば家屋が分割の対象とされる場合に，いままで居住してきた者の住居の確保が配慮されるべきことを要求したものとされる。

遺産分割では，遺産に属する個々の物や権利が，共同相続人のだれに属することになるかについて具体的に決定されることになるが，そこでは遺産が，相続人の相続分に応じて共有物の分割のように個別的に分配されるのではなく，遺産の性質や相続人の事情などを総合的に考慮して分配されるものである。さまざまな財産から構成される遺産について，現物を各共同相続人の相続分に応じて正確に分割することは不可能である。そこでこうした分割が，共同相続人間の実質的な公平をはかるために必要となる。

(b)　審判上の基準　　遺産分割が家庭裁判所の審判によってなされる場合にも，906条が分割の基準とされる。その場合，具体的に基準とされるものには，つぎのようなものがあるといわれる。すなわち，

① 遺産が農地である場合，農地や農業経営の細分化の防止という農政上の

指針から，農業後継者に農地を取得させるというもの（高松高決昭和36年1月8日家月14巻7号62頁，東京高決昭和37年4月13日家月14巻11号115頁など）。

② 営業というむすびつきから，被相続人とともに八百屋を営んできた妻にその営業用家屋を取得させるというもの（東京高決昭和37年4月24日家月14巻11号129頁）や，営業用財産を同種の職業の相続人や営業用不動産の取得者に取得させるというもの（東京家審昭和41年9月8日家月19巻3号58頁）。

③ 居住利益の確保から，遺産である家屋に以前から住んでいた相続人に，その居住を継続すべき正当性（たとえば，他に住居を求める経済的能力がないため，その相続人だけがその家屋を利用する必要があること）を認めるもの（大阪高決昭和46年9月2日家月24巻10号90頁），などがある。

2 遺産分割の前提問題

（1） 遺産の範囲の確定

遺産分割をするにあたっては，どの財産が遺産に属するのかを決めなければならない。そうでなければ，分割すべき遺産の範囲が決まらず，だれにどれだけの遺産を分配するのかも決まらなくなってしまう。すなわち遺産の範囲の確定は，遺産分割の前提の問題である。

(a) 訴訟事項と審判事項　たとえば，被相続人と妻が半分ずつ出資して購入した家屋が，被相続人名義になっていた場合や，被相続人が管理していた子の財産が，いつの間にか被相続人の名義になっていた場合などに，そうした財産が遺産に属するかどうか，共同相続人間で争われることがある。これは，その財産について当事者に権利があるのかどうかといった，権利の存否にかかわる問題であり，これが争われる場合，当事者は民事訴訟における通常の裁判をうけることになる（訴訟事項）。

しかし遺産分割に関する処分は，家事審判法9条1項乙類10号にもとづき非訟事項として扱われている。すなわち遺産分割に関する処分は，家庭裁判所の審判でなされ，家庭裁判所は，当事者間の分割の調整を助けるため，遺産分割の目的に合うように一切の事情を考慮して分割の具体的内容を審判で定めることになる。

したがって，本来，当事者が対立する形で公開の法廷において審理されるべ

き，遺産の範囲の確定にかかわる問題が，手続の異なる家庭裁判所の審判の中で行われることになる。これが許されるかどうか。

　(b)　積極説と消極説　　この問題については，つぎのような見解がある。すなわち，

① 民法や家事審判法が遺産分割事件を家庭裁判所の管轄事件としたり，乙類事件としていることから，これらの法が遺産の範囲に関する争いを家庭裁判所の審理にゆだねていると考えて，家庭裁判所は自らの審判手続で遺産の範囲を確定しうるとする見解（積極説）。

② 遺産の範囲の確定というような権利の存否に関する問題を，訴訟事項ではない審判手続により確定的に決するのは不当とする見解（消極説――打田畯一「相続財産の範囲の確定」家族法大系Ⅵ210頁など），などがある。

　(c)　判例　　判例は，積極説をとるが，審判手続での権利の存否の判断に既判力がないことをあげて，これを争う当事者に，別に民事訴訟を提起して権利の存否の確定を求めることを認め，その訴訟の結果，権利の存在が否定されれば，分割の審判もその限度において効力を失うとする（最〔大〕決昭和41年3月2日民集20巻3号360頁）。

　たとえば，被相続人AからBに生前贈与され，移転登記がなされた土地につき，遺産分割の審判において，その土地の登記が真実の登記ではなく，Bに土地の所有権がないと確認された上で，分割の内容が決定された場合でも，積極説や判例の見解によれば，その審判は有効ということになる。しかしBは，審判後，通常の民事裁判において，その土地が自分の所有物であるということの確認を求めることができ，この裁判で土地がBの所有と確認された場合には，審判は無効ということになる。

　また積極説によると，もし上述のBの所有部分がその土地の一部にすぎないという場合でも，審判による分割は無意味にならないので，のちの判決で土地の一部がBの所有と確認されても，その判決と抵触する範囲（Bの所有部分）にかぎって審判が無効となり，その無効については共同相続人間の担保責任（911条）の問題として処理されることになる（たとえば，他の共同相続人が，Bの所有部分について分割をうけた相続人に対して損害の賠償をすることになる）。

反対に，本来遺産に属する物や権利を遺産に含めず分割の審判をした場合や，分割後に遺産に属する物や権利が出てきた場合には，その物についてだけあらためて分割することになるので，分割の審判は有効であるとされる。

(2) 遺産の評価

遺産を分割する場合，その遺産の価額にもとづき，各共同相続人は相続分に応じて遺産全体のいくらという形で分割をうけることになる。したがって，遺産に属する物や権利が確定しても，それがいったいいくらなのかがわからないと，遺産分割は，はじまらないことになる。すなわち遺産の評価も，遺産の範囲の確定とともに，遺産分割の前提問題となる。

(a) 遺産評価の時期　遺産の評価は，その評価する時期が問題となる。遺産分割は，相続の開始と同時に行われるものではなく，相続開始からある程度時間が経ってから行われることが多い。そのため，相続開始時に評価した遺産の価額が，時の経過とともに遺産分割時には変わってしまうことがある。この変わってしまう原因には，たとえば，遺産に属する物や権利の中に価額が変動するもの（不動産や株券などの有価証券）があったり，あるいは物や権利がなくなってしまう（滅失してしまう）場合が考えられる。したがって，相続開始から遺産分割までの間に遺産に属する個々の物や権利の価額が高くなったり，低くなったりすると，評価の時期によっては，不公平な分配がなされる可能性がある（たとえば，相続開始時の評価で相続分相応として相続人に分割された財産が，実は遺産分割時の評価ではその評価の半分の価額しかないような場合など）。そこでいつの時期を評価の時期にするのかが問題となる（なお，この問題に関連して，遺産から生じた果実（たとえば，賃料債権など）が相続開始時に遺産に含まれて遺産分割の対象になるかの問題がある。判例は，相続開始から遺産分割までの間に，遺産から生じた果実につき，遺産とは別個の財産であり，各共同相続人がその相続分に応じて分割単独債権として確定的に取得するものであるから，その帰属についてはのちの遺産分割の影響を受けないとしている（最判平成17年9月8日民集59巻7号1931頁））。

(b) 相続開始時説と分割時説　これについては，つぎのような見解がある。すなわち，

(ア) 相続開始時を評価の時期とする見解（相続開始時説——大阪高決昭和31年

10月9日家月8巻10号43頁など）。

　　この見解の根拠としては，つぎのようなものがある。すなわち，①特別受益者の相続分に関する規定（903条・904条）と遺留分の算定に関する規定（1029条1項）が財産の評価について相続開始時を基準としていること，②遺産分割の効果が相続開始時にさかのぼること，などである。

　(ｲ)　遺産分割時を評価とする見解（分割時説——谷口知平「相続財産の評価」家族法大系Ⅵ316頁など）。

　　この見解の根拠としては，つぎのようなものがあげられている。すなわち，①相続開始時説をとると，価額が変動した遺産を分割した場合に相続人間に不公平が生じること，②遺産に含まれた価額の変動する財産の，その価額を評価しないのは不当であること，③審判中に遺産を換価する場合，分割時の評価を前提とすること，④903条・904条・1029条は，遺産分割の評価の時期を定めたものではないこと，などである。

　(c)　判例　　審判例は，分割時説をとるようになっている（名古屋高決昭和45年12月9日家月23巻7号44頁，大阪高決昭和58年6月2日判タ506号186頁など）。

　(d)　遺産の価額と相続分の価額の比率　　分割時説では，つぎのようなことが主張されている。すなわち，分割までに遺産について大きな価額の変動があった場合，相続開始時の遺産の評価で出された相続人の相続分の価額で分割すると，共同相続人間に不公平が生じてしまう。そこでその場合には，相続開始時における遺産の価額と各相続人の相続分の価額との比率を，分割時における遺産の価額にあてはめることで，各相続人の相続分の価額を出して分割することになる（同趣旨，谷口・前掲論文316頁）。

　すなわちたとえば，相続開始時にＡの遺産総額が1,800万円で，相続人Ｂの相続分の価額が600万円の評価をうけていたが，分割時に遺産総額が5,400万円となっていた場合には，1,800万円分の600万円の比率を5,400万円にあてはめて，Ｂの相続分の価額は1,800万円となり，これで分割されることになる。

　(e)　評価の方法　　なお評価の方法については，家庭裁判所の裁量にゆだねられている。しかし，分割当事者の間で評価の方法につき合意がある場合には，それが尊重される（鹿児島家審昭和43年7月12日家月20巻11号177頁）。

　また家庭裁判所は，不動産の分割について，鑑定などの評価により分割すべ

きとし（たとえば，不動産鑑定士による鑑定など），固定資産税評価額による評価では，不動産の相当価格と一致せず（札幌高決昭和39年11月21日家月17巻2号38頁），畑や建物を別々に一部の相続人に分割した場合に，畑を取得する者と建物を取得する者との間に過不足を生ずることになる（仙台高決昭和34年8月31日家月12巻6号130頁）とする。

しかし遺産が農地である場合には，家庭裁判所は，相続人全員に現物を分割取得させるために，固定資産税評価額を基準として，各相続人の相続分に応じた評価比によって分割しても公平を失するとはいえないとする（大阪高決昭和46年12月7日家月25巻1号42頁）。

(3) 分割当事者の確定

遺産を分割する前に，遺産の分割をうけるのはだれかを確定する必要がある。これをしなければ分割ははじまらないので，これは遺産分割の前提問題である。遺産分割の当事者は，通常，相続人であるが，つぎのような者については，分割当事者として扱うにあたり問題となる。

(a) 胎児　遺産分割において胎児がいる場合，胎児のため遺産分割をどのようにするかで問題となる。これについては，つぎのような見解がある。すなわち，

① 共同相続人間で遺産分割を行い，胎児については出生後に910条を類推して，自分の相続分に応じた価額を請求できるとする見解（島津一郎・注解相続法（上）136頁－137頁）。

② 胎児の出生まで分割はできないとする見解。

③ 胎児の出生以前は，協議分割は許されないが，審判分割は許されるとする見解（有泉亨・註釈相続法（上）194頁），などがある。

胎児については，886条においてすでに生まれたものとみなされるので，相続に関する権利が保障されているが，さらに胎児の権利を保障するためには，②の見解がよいと思われる。

(b) 共同相続人中に行方不明者・生死不明者がいる場合　共同相続人の中に行方不明者・生死不明者がいる場合には，その者の財産管理人が遺産分割の協議に加わることになる。しかし行方不明者・生死不明者が相続開始前に死亡していたことがわかった場合に，すでに行われた分割の協議が無効になるかが

問題となる。これについては，①協議を無効とする見解，②不在者の死亡を仮定して，管理人が選任されていることを理由に，協議を無効としない見解，さらに③配分された遺産の返還を求めて，それをあらためて分割すればよいとする見解（星野英一「遺産分割の協議と調停」家族法大系Ⅵ372頁）がある。

　(c)　相続人の身分が裁判で争われている場合　　㈠　相続欠格，廃除，嫡出否認・親子関係不存在，認知無効，婚姻・養子縁組無効が争われた結果，相続人の身分を有する者がその身分を失うおそれがある場合，この者を分割当事者に加えるべきかどうかが問題となる。これについては，つぎのような見解がある。すなわち，

①　そうした者を除いて，分割を求めることができ，結局身分を失わなかったときは，910条を準用して，自分の相続分に応じた価額を請求できるとする見解。

②　裁判が確定するまで，分割できないとする見解。

③　この場合，家庭裁判所は，審判で分割手続をすることができるとする見解。

判例には，判決の確定まで待つか，分割を禁止すべきとするものがある（名古屋高決昭和35年3月18日高民集13巻2号194頁）。

　　㈡　親子関係存在確認や認知の訴などにより，相続人でない者が相続人とされる可能性がある場合，この者を分割当事者に加えるべきかどうかについては，その者を除いて，分割を進め，のちに相続人の身分を得たときに910条の類推を考える見解がある。

　(d)　共同相続人の中に制限行為能力者がいる場合　　遺産分割の当事者に未成年者とその親である法定代理人や後見人がいる場合，その中で遺産分割がなされると利益相反（親と子のどちらか一方に利得が生じ，もう一方に損失が生じる場合）になる可能性がある。また数人いる子のうち，1人の子のために親が代理して協議に参加する場合も，他の子との関係で利益相反になる可能性があり，利益相反になる場合，協議は追認のないかぎり無効になる（最判昭和48年4月24日家月25巻9号80頁）。このように協議において利益相反の生じるおそれがあるときは，子のために特別代理人の選任を家庭裁判所に求める必要がある。

また，被保佐人や被補助人が遺産分割の当事者として，遺産分割をなす場合には，被保佐人は保佐人の同意を要し（13条1項6号），被補助人は補助人の同意を要することになる（17条1項，ただし被補助人が補助人の同意を要するのは，家庭裁判所の審判で，遺産分割に関し，補助人に同意権が付与された場合である）。そして，これらの者の同意を得ないでなされた遺産分割の協議は，本人またはこれらの者によって取り消され得る（13条4項・17条4項・120条1項）。

3 遺産分割の方法

（1） 分割の方法

(a) 分割手続の方法　遺産分割は，共同相続人間の協議によってなされ（907条1項——協議分割），もし協議がととのわないときや共同相続人が協力しないため協議をすることができないときは，共同相続人の請求にもとづき家庭裁判所が分割することになる（907条2項——審判分割，家審11条・17条・18条——調停分割）。もし被相続人が遺言で分割の方法を定めていた場合や，その定めることを第三者に委託していた場合には，協議や家庭裁判所による分割に優先して，その被相続人の指定で分割されることになる（908条——指定分割）。

なお，遺産分割の協議は，その性質上，財産権を目的とする法律行為（契約の一種）であることから，協議内容が相続人の債権者を著しく害するような場合，詐害行為取消権（424条）によって協議が取り消されることがある（最判平成11年6月11日判時1682号54頁）。

(b) 配分の方法　この指定分割において，被相続人が遺言で指定できるのは，遺産の配分方法の指定である。遺産の配分方法には，①遺産を構成する個々の財産それぞれを，おのおのの相続人に配分する現物分割，②遺産を売却して，その代金を分配する換価分割，③一部の者が遺産の大半を取得して，代わりにその者が他の者に対して金銭を払うなど，債務を負担する代償分割，がある。

（2） 指定分割

しかし遺言で指定されるのは，どの財産をどの相続人に分配するのかという場合が多い。またそれは，その分配された財産の価額が分配をうけた相続人の相続分を上回っているような（それは相続分の変更であるから）相続分の指定である場合もある。これらも，遺産の配分方法の指定とされている。しかし相

続分の指定については，分配された財産がその者の法定相続分を上回るときは，遺留分の制限をうけることになる（902条1項ただし書）。分割の指定を第三者に委託する場合も，どの財産をどの相続人に分配するのかという判断を委託することが多いとされ，その場合の委託も相続分の指定であり，遺言の執行の委託とされる。そしてその第三者は，共同相続人以外の者であり，配分方法の指定にあたっては，906条に従うことになるとされる。もし，この配分方法の指定が906条に反する不当なものである場合，共同相続人は分割の協議をすることができるし，審判を求めることもできると考えられる。

(3) 協議分割

(a) 協議分割の形式　この協議分割は，分割を禁止する遺言がないかぎり，共同相続人間でいつでもすることができる（907条1項）。この協議の形式については，全員で話し合う場合のほか，これが無理な場合には一部の者が作成した原案を各人に順次まわして賛成を得ることも協議として有効とされている。また書面だけでなく，口頭による協議も有効である。協議分割の基準は906条に従うが，協議の結果，この基準に反しても無効とならない。協議分割の参加者には，共同相続人のほか，包括受遺者や相続分の譲受人，相続人の債権者も含まれる。一部の者を除外した協議は，無効であり，この場合当事者全員が再分割の協議などを請求できる。

(b) 分割の解除　また遺産分割の協議が契約と同じように，解除できるかについては争いがある。判例は，共同相続人間の協議で成立した約束が履行されないため，分割協議の解除が争われた事例で，「共同相続人間において遺産分割協議が成立した場合に，相続人の1人が他の相続人に対して右協議において負担した債務を履行しないときであつても，他の相続人は民法541条によつて右遺産分割協議を解除することができないと解するのが相当である」とした（最判平成元年2月9日民集43巻2号1頁）。その理由としては，①遺産分割が協議の成立で終了すること（当事者間には協議で成立した債権債務関係が残るだけであること），②解除を認めると，遺産の再分割をする必要が生じ，法的安定性が害されること，などがあげられている（もっとも，判例は，共同相続人全員が合意で遺産分割協議の全部または一部を解除して，改めて分割協議をすることについて，法律上当然に妨げられるものではないとしている（最判平成

2年9月27日民集44巻6号995頁))。

したがってたとえば，ＡＢの共同相続人間で，Ａが老親Ｃの面倒を引き受ける代わりに，遺産の大半をうける協議が成立した場合，Ａが約束に反してＣの面倒をみないとしても，それを理由にＢは，分割のやり直しを求めることはできない。ただし，Ａがこの約束を履行しないことにより，Ｂに何らかの損害が生じた場合には，ＢはＡに損害賠償を請求できる。

（4） 家庭裁判所による分割

(a) 分割の形式　共同相続人からの分割の請求があった時，家庭裁判所は職権をもって調停に付することがある（家審11条）。もちろん共同相続人から調停の申立てがなされる場合もある。この調停が不成立となった場合や，審判の申立てがあった場合に，審判分割がなされる。家庭裁判所は，申立人が示した相続人や提出された遺産目録から，相続人や遺産の範囲を確定し，906条の基準に従った分割を行うことになる。この基準に反する審判に対しては，即時抗告が許される（家審14条，家審規111条）。

(b) 分割の基準と配分方法の関係　判例には，「遺産の共有及び分割に関しては，共有に関する民法256条以下の規定が第一次的に適用せられ，遺産の分割は現物分割を原則とし，分割によつて著しくその価格を損する虞があるときは，その競売を命じて価格分割を行うことになるのであつて，民法906条は，その場合にとるべき方針を明らかにしたものに外ならない」とするものがある（最判昭和30年5月31日民集9巻6号793頁）。

この判例によれば，たとえば，農業後継者Ａとそうでないの間で農業用財産の分割協議がととのわず審判となった場合，その農業用財産は農業後継者であるＡに与えられるのではなく，現物分割されるか，競売によって換価分割されることになる。しかしこれに対しては，906条が一切の事情を考慮した分割を義務づけていることに反するとの批判的な見解がある。審判分割にあたっては，判例の述べるように現物分割を原則とし，必要によって換価分割，代償分割，さらに遺産を構成する個々の財産を共同相続人の共有とする分割もなされる（浦和家審昭和41年1月20日家月18巻9号87頁など）。

4　遺産分割の禁止

被相続人が遺言によって分割を禁止した場合（908条）や，相続人の資格や

遺産の範囲について争いがあるなどの「特別の事由」によって遺産の分割が適正に行われない可能性があるため，家庭裁判所が期間を定めて分割を禁止した場合には，分割の請求はできない（907条3項）。また共同相続人全員の合意によって分割を禁止した場合も，同様である（256条1項ただし書）。ただし，こうした分割禁止の期間は，いずれも5年をこえることができない（256条1項ただし書・908条）。

5 遺産分割の効力

（1） 分割の宣言主義

遺産分割は，相続開始時にさかのぼってその効力を生ずる（909条本文）ので，分割された個々の遺産は，相続開始によって被相続人から各相続人に直接承継されたものとして扱われる（分割の効力の宣言主義）。すなわち，共有関係にある遺産から分割によって各相続人に移転されたもの（分割の効力の移転主義）とは扱われない。しかしこの宣言主義によれば，分割前に共同相続人の1人から持分を譲り受けた第三者は，分割がなされたことにより，権利のない者から財産をうけたことになり，不測の損害を被る可能性がある。そこで909条ただし書がある。この場合の第三者には，共同相続人の1人から持分を譲り受けた者のほか，共同相続人の1人の持分を差し押さえた債権者も含まれる。そしてこの第三者が909条ただし書によって自らの権利を主張するためには，対抗要件（不動産には登記，動産には引渡，債権には債務者への通知と承諾）が必要とされる。

（2） 遺産分割と登記

(a) 登記手続　しかし不動産について遺産分割がなされた場合，宣言主義や移転主義に関係なく，登記手続がなされる。その登記手続についてはつぎのようにいわれる。すなわち，その不動産について被相続人名義の登記があるとき，分割によりその不動産の権利を取得した者は直接自分への移転登記を求めることができるし，共同相続人による共有登記を経た後に移転登記を求めても差し支えない。また共同相続人の共有名義がなされているときは，共有登記を抹消することなく，共同相続人からの移転登記をすることになる。

(b) 判例　遺産分割によって相続分と異なる権利を取得した相続人は，登記といった対抗要件を備えないとその権利取得を第三者に主張することができ

ない（最判昭和46年1月26日民集25巻1号90頁）。

したがってたとえば，共同相続人AB間で土地につき，Aが全部を取得する協議が成立したが，その登記をしないうちに，Bの債権者CがBに代位して2分の1の持分登記をして差し押さえた場合，AはCに登記なくしてその土地についての自分の権利を主張できない（参考例，遠藤浩「遺産分割と登記」家族法判例百選（第3版）219頁）。またAが登記をしないうちに，Bが2分の1の持分を第三者Dに譲渡してDが登記をした場合も，AはDに対してその土地についての自分の権利を主張できない。

(3) 被認知者の分割請求

相続開始後に認知された者は，遺産分割後であっても分割の請求をすることができるが，その場合，現物分割ではなく，自分の相続分に相当する価額を他の共同相続人に請求することになる（910条）。また被相続人が遺言で分割を禁止した場合や，共同相続人が遺産について不分割の合意をした場合，共同相続人全員あるいはそのうちの1人が持分を処分した場合には，910条の「その他の処分」に該当し，認知された者は自分の相続分に相当する価額を他の共同相続人に請求できる。

(4) 担保責任

たとえば，ABCの協議で，Aに分割された土地の一部が他人のものである場合や，Aに分割された土地が協議どおりの面積にない場合，Aに分割された土地の一部が滅失している場合など，分割された遺産に瑕疵があるときは，その遺産をうけた相続人に対して他の相続人は担保責任を負う（911条）。この場合の担保責任には，561条などに規定されているように，解除や代金減額，損害賠償が考えられる。しかし遺産分割の解除は取引の安全を害するので認められにくいし，代金減額はなにを減額するのか遺産分割ではわからない（債務負担である代償分割の場合，その債務の減額が考えられる）。したがって，この担保責任とは，主として損害賠償ということになる。前の例では，AはBCに損害賠償を請求できる。

また担保責任を負う共同相続人の中に資力がないため責任を負えない者がいるときは，その者の責任を責任を求めた者と他の相続人が分担することになる（913条）。前の例では，Aのうけた損害が300万円とすると，BとCの相続分が

等しければ、BとCはそれぞれ100万円ずつ負担するが（Aも100万円を負担）、Bが無資力であれば、Bの負担額100万円はAとCがそれぞれ50万円ずつ負担することになり、最終的にAはCに150万円を請求することになる（参考例、宮井忠夫＝佐藤義彦・新版注釈民法⑰425頁）。またAに200万円分の不動産、Bに200万円の動産、Cに100万円の債権が分割されたが、Cの100万円が債務者の無資力で弁済をうけることができないとき、ABCは相続分に応じて（2：2：1の割合で）100万円を負担することになる（912条）。すなわちCは、AとBに40万円ずつ請求することができる（参考例、宮井＝佐藤・前掲注釈422頁）。

第4節　財産分離の制度

1　財産分離の意義

(1)　財産分離とは

　被相続人に属したすべての財産は、被相続人の死亡により、一括して相続人に当然に承継される。この場合の財産には、積極財産ばかりでなく、消極財産も含まれるため、つぎのような問題が起こる。

　たとえば、Aに金を貸したC（債権者）は、Aの財産から貸した金の回収をしようと考えていたところ、Aの死亡により、その財産がすでにたくさんの借金をかかえた相続人Bに承継されて、Bの借金の引き当て（かた）とされた場合、Cは貸した金の回収が困難となってしまう。

　またこのようなことは、相続人の債権者にも起こる。

　すなわちAの債権者Cは、Aの財産から貸した金の回収を考えていたところ、莫大な借金をかかえたAの親Bが死亡したため、Bの借金がAの財産にかかってきてしまい、貸した金の回収が困難になってしまう場合である。このような事態は、相続によって、被相続人の財産と相続人の財産が混ざってしまうために起こる。そこで被相続人の財産と相続人の財産を分けて、それぞれの財産から債権を回収しようとする債権者のその利益を保護する制度が、財産分離である。

　すなわち財産分離では、被相続人の財産と相続人の財産が分けられるので、相続人自身の財産（固有財産）が債務超過（プラスの財産よりも借金のほうが

多い）である場合も，それに影響されることなく，被相続人の債権者は遺産から弁済をうけることができるし，また反対に遺産が債務超過である場合も，それに影響されることなく，相続人の債権者は相続人の固有財産から弁済をうけることができる。

相続人が借金ばかりの遺産を相続することによって損害をうけるかもしれない場合に，相続人に相続の放棄や限定承認が許されているのと同じことである。

（2）　財産分離の種類

財産分離には，第1種と第2種がある。

(a)　第1種の財産分離とは，被相続人の債権者や受遺者が，遺産から優先的に弁済をうけるため，家庭裁判所に対して，遺産と相続人の固有財産との分離を請求するものである。これは，相続人の固有財産が債務超過のときになされる。

(b)　第2種の財産分離とは，相続人の債権者が，相続人の固有財産から優先的に弁済をうけるため，家庭裁判所に対して，遺産と相続人の固有財産との分離を請求するものである。これは，遺産が債務超過のときになされる。

（3）　財産分離の実益

たとえば，相続人が相続の放棄や限定承認をすれば，遺産が債務超過であっても，その債務が相続人の財産にかかってくることはないので，その場合，第2種の財産分離は必要がないように思われる。しかし財産分離の必要性は，つぎのような場合にいわれる。すなわち，相続人が相続の放棄や限定承認を必ず行うとはかぎらないことや，限定承認をしても，相続人が遺産の全部あるいは一部を隠したりすれば，限定承認が単純承認に変わってしまう場合もある（921条3項）し，債務超過の遺産に関して破産宣告がなされても，その破産が取り消されることがあるからである。

（4）　財産分離の本質

財産分離をする場合でも，相続人は，限定承認をしていなければ，単純承認している（遺産を全部引き受けている）ことになる。したがって，財産分離といっても，それは理論上の話しであって，遺産と相続人の固有財産が完全に分離されるわけではない。そのため財産分離をしても，被相続人の債権者が自分の債権を遺産から回収しきれなかった場合には，被相続人の債権者は，単純承

認している相続人の固有財産から残っている債権の回収をはかることになる (948条前段)。その場合相続人の債権者は，相続人の固有財産について，被相続人の債権者に優先して弁済がうけられるにすぎない (948条後段)。このように財産分離の場合には，常に遺産が清算の対象になるのであって，相続人の固有財産が清算されるのではない。

すなわち，財産分離は，分離とされながら，その実体は被相続人の債権者への弁済と相続人の債権者への弁済に優先的効力の差をつけるにすぎないものであって，理論上の矛盾がある。そのせいか，財産分離の制度は，ほとんど使われていないのが実情である。

2　第1種の財産分離の手続

（1）請求権者

請求ができるのは，被相続人の債権者と受遺者である (941条1項)。包括受遺者は，請求の相手方となる。なお請求権者が，請求せずに死亡した場合には，その者の相続人が財産分離を請求できる。

（2）請求期間

請求期間は，相続開始の時（被相続人の死亡時）から3カ月以内であるが，3カ月以後でも遺産が相続人の固有財産に混ざり合わない間は請求できる (941条1項)。

（3）請求の相手方

請求の相手方は，相続人である。相続人が数名いる場合，全員が相手方となる。相続人がいない時は相続財産管理人，破産宣告のあった時は破産管財人あるいは遺言執行者となる。

（4）分離手続

請求は，請求権者から前記の者を相手方として，被相続人の住所地ないし相続開始地の家庭裁判所に対してなされ，審判をうける (941条1項)。請求を認めた審判に対しては，請求の相手方となる相続人に，即時抗告が許される。また請求を却下した審判に対しては，請求権者である被相続人の債権者や受遺者に即時抗告が許される (家審規117条)。

（5）債権申出公告

請求者以外に債権者や受遺者がいるのに，相続開始があったことを偶然に

知って請求した者だけが利益を得ることは，不公平となる。そこで家庭裁判所において第1種の財産分離を命ずる審判があった場合，分離を請求した者は，他の債権者や受遺者に対して，財産分離の命令があったことと，2カ月以上の期間を定めてその期間内に配当加入の申出をすべき旨を審判から5日以内に公告しなければならない（941条2項）。

この場合，すでに存在がわかっている債権者や受遺者が，公告をしたのに申出をしないとき，分離の請求者はその申出を促す必要はない。さらに947条2項によれば，相続人は申出のあった債権者や受遺者に対してのみ弁済すればよいことになっているので，申出がなければ，いくら存在がわかっている債権者や受遺者であっても，相続人から弁済をうけることはできない。

（6） 分離請求後の遺産の管理

家庭裁判所は，財産分離の請求があった場合，遺産の管理について必要な処分を命ずることができる（943条1項）。その必要な処分とは，主として遺産の管理人を選任することであり（943条2項），管理人は不在者の財産管理人の規定（27条—29条）に従うことになる（943条2項）。またこの管理人が選任されるまで，相続人は単純承認をしていても，自分の財産に対して払うのと同じ注意をもって，遺産の管理をしなければならない（944条1項）。この場合，相続人は委任の規定（645条—647条・650条）に従うことになる（944条2項）。

（7） 第1種の財産分離の問題

家庭裁判所は，財産分離の請求があれば，必ず分離の命令をしなければならないか（絶対説），それとも必要と認められるときのみ分離の命令をすればよいのか（裁量説），について争いがある。

判例は裁量説をとる（新潟家新発田支審昭和41年4月18日家月18巻11号70頁）。

たとえば，相続人Bにとりたてて債務がない場合，被相続人Aの債権者Cは家庭裁判所に財産分離を請求しても否定される。しかし相続人Bには1,000万円の債務超過があるのに対して，遺産が500万円程度である場合，被相続人Aの債権者Cは財産分離をしないと債権の回収がむずかしくなる。その場合には家庭裁判所によって，Cの財産分離の請求は認められることになる。

3　第1種の財産分離の効果

（1） 被相続人の債権者・受遺者への弁済

(a) 優先弁済　財産分離の請求者と，この請求者の債権申出公告に対して配当加入の申出をした者は，遺産について相続人の債権者に優先して弁済をうける（942条）。しかし，これら財産分離の請求者と配当加入の申出者が遺産から全部の弁済をうけることができなかった場合，相続人の固有財産から弁済をうけることになる。ただしこの場合，これらの者は，相続人の債権者が弁済をうけて残った相続人の固有財産から弁済をうけることになる（948条）。

(b) 弁済の時期　弁済の時期は，請求者がなした債権申出期間の満了後となる。この期間の満了前に，被相続人の債権者や受遺者から弁済の請求があった場合，相続人はこれを拒絶することができる（947条1項）。もし相続人がこうした拒絶をせずに弁済したため，いまだ申出をしていない債権者や受遺者を害した場合，相続人は損害賠償の責任を負う。またこの場合，事情（他の債権者の存在）を知りながら弁済をうけた債権者や受遺者も，他の債権者から求償をうけることになる。

(c) 弁済の順位　請求者と配当加入の申出者は，自分の債権額に応じて弁済をうけることになる（947条2項）が，その間に弁済について優先順位がある場合（たとえば，先取特権者や質権者，抵当権者などは他の債権者に優先する），その順位に従うことになる（947条2項ただし書）。したがって，後順位者は，弁済をうけられない場合もある。

(2) 財産分離の登記

相続人が遺産中の不動産を売却するなどして第三者に処分した場合，被相続人の債権者や受遺者は，財産分離の登記をしていないと，不動産からの優先的な弁済をその第三者に主張することはできない（945条）。

(3) 物上代位

遺産が，相続人の売却や賃貸によって代金や賃料に変わった場合，被相続人の債権者や受遺者は，財産分離により，その代金や賃料から優先的に弁済をうけることができる。また他人が遺産を滅失・損傷（なくしたり，こわすこと）して，相続人に対して損害賠償をすることになる場合，被相続人の債権者や受遺者は，財産分離により，その賠償金から優先的に弁済をうけることができる（946条）。

(4) 財産分離請求の阻止

相続人は，自分自身の財産から，被相続人の債権者や受遺者に弁済したり，弁済に相当する担保を提供することで，財産分離の請求を防いだり，その効力を消滅させることができる（949条）。これにより，被相続人の債権者や受遺者の債権は確保されるので，これらの者にとって財産分離がされたのと同じことになる。財産分離は，相続人の意思に反してなされることがあるため，このような阻止が認められているわけであるが，相続人の固有財産から弁済するため，この阻止によって相続人の債権者が損害をうけることがある。そのため，相続人の債権者が損害を証明して異議を述べたときは，分離の阻止ができなくなる（949条ただし書）。

4 第2種の財産分離の手続

(1) 請求権者

請求ができるのは，相続人の債権者である。

(2) 請求期間

請求期間は，相続人が限定承認をすることができる間（相続開始を知ったときから3カ月内），または遺産が相続人の固有財産と混ざり合わない間である（950条1項）。

(3) 分離手続

分離の請求は，相続人を相手方として，被相続人の住所地ないし相続開始地の家庭裁判所に対してなされ，審判をうける。請求を認める審判に対しては，相続人より即時抗告をすることができ，請求を否定する審判に対しては，相続人の債権者より即時抗告をすることができる（家審規117条）。

(4) 債権申出公告

他の債権者や受遺者に対する債権申出公告も，分離を命じる審判から5日以内にすべきことと，配当加入の申出も2カ月以上の期間を定めなければならないことは，第1種の財産分離と同じである。ただ第2種の財産分離の請求者は，すでに存在がわかっている債権者に対して申出をするよう個別的に促さなければならないし，その債権者が申出をしなくても遺産の清算からはずすことはできない（927条の準用）。その点が，第1種の財産分離と異なる。

5 第2種の財産分離の効果

第2種の財産分離は，相続人によって限定承認がなされれば必要のないもの

であるから，その効果は限定承認と似ている。そのため第2種の財産分離は，限定承認に関する925条・927条〜934条，そして物上代位に関する304条，それから財産分離に関する943条〜945条・948条に従うことになる（950条2項）。

　第2種の財産分離によって清算されるのも，やはり遺産である。したがって，第2種の財産分離がなされても，遺産については被相続人の債権者や受遺者が優先して弁済をうけることになる（この場合，第1種の財産分離と同じような効果が生じるので，第2種の財産分離の後に第1種の財産分離は請求できない）。これに対して相続人の債権者は，相続人の固有財産についてのみ，被相続人の債権者や受遺者に優先して弁済をうけることになる。

　限定承認後，第2種の財産分離は請求できない。すなわち，限定承認では，被相続人の債権者は遺産から弁済をうけるのみで，相続人固有の財産から弁済をうけることはない。しかしその後，第2種の財産分離の請求を認めてしまうと，被相続人の債権者は相続人の固有財産から弁済をうけることができることになり，限定承認と矛盾を生じてしまうからである。

第8章 遺　　言

第1節　遺言の意義と方式

1　遺言の意義と法的性質
（1）　遺言の意義

　人が「ゆいごん」または「いごん」として自己の死後における身分上・財産上の事項について遺族に言い残したり，書き残したりすることは，珍しいことではないし，また遺族がこのような意思を尊重して，なるべくそれに沿うような行動をしようとする道義的要請がはたらくことも，社会生活上よくみられる。このような人情と道義に支えられた習俗ないし慣習としての遺言に一定の法的保護が与えられるためには，一定の要件が必要であり，それは各法域の歴史的背景・経緯によりさまざまである。ただいずれの法域においても，おおむね，つぎのような展開がみられる。

　遺言は，はじめは家産保持ないし家産の単独承継人選定の方法として用いられ，いわば「家」のための制度であったが，時代を経るに従って，個人の財産の終意処分に重点がおかれるようになり，「人」のための制度へと移行するようになってきた。したがって，このような遺贈遺言への移行の延長線上には，完全な遺贈の自由があるといえる。しかし他方では，財産はできるだけ家族の中にとどめておかなければならないとする思想も根強く，現在は，英法系など代替的制度を備える法域を除き，遺留分の制度があって遺贈の自由を制限する法律制度がとられている。

　わが国では，相続は法定相続でなされていることが多く，法律上の意義を有する遺言は，近時増加しつつあるが，相続全体に占める割合としてはまだわずかである。しかも，遺言の法律上の要件は厳しいし，遺言の慣習が普及していないだけに，遺言の社会的意義が少ないわりには，遺言訴訟が多く，とくに方

式の不備な遺言について争われる例が多い。

(2) 遺言の法的性質

① 遺言は要式行為である (960条)。もとより遺言は, 死亡して二度と意思を表明することのできなくなった者の最終的な真意を確認するための制度であるから, 法の用意する一定の方式に合致することを要する。

② 遺言は相手方のない単独行為である。遺言者の一方的な意思表示を法律要件とする法律行為であり, 一定の方式を備えていれば一方的に効力が発生し, 結果的に特定の者が利益を受けることになる。

③ 意思能力のある者はだれでも遺言を行うことができる。

④ 遺言につき代理は認められない。

⑤ 遺言は死後行為である。遺言によって利益を受ける者は, 遺言が効力を生ずるまではなんらの法律上の権利をも取得するものではない。

⑥ 遺言は遺言者がいつでもこれを撤回することができる (1022条—1027条)。

⑦ 遺言は, 法定事項に限り行うことができる。遺言可能な事項は, 法的保護の対象になりえない, またはそうすることが妥当でないもの, たとえばたんなる家訓・処世訓などを含まず, 以下に限定される。

①認知 (781条2項), ②未成年の子の後見人・後見監督人の指定 (839条・848条), ③一般財団法人設立のための意思表示 (一般社団法人及び一般財団法人に関する法律152条2項), ④遺贈 (964条), ⑤相続人の廃除またはその取消しの請求 (893条・894条), ⑥相続分の指定または指定の委託 (902条), ⑦特別受益者の持戻免除 (903条3項), ⑧遺産分割方法の指定または指定の委託, 遺産分割の一時的禁止 (908条), ⑨相続人相互間の担保責任の指定 (914条), ⑩遺言執行者の指定または指定の委託 (1006条), ⑪遺留分減殺方法の指定 (1034条ただし書)。その他, 信託の設定 (信託2条), さらに祖先祭祀主宰者の指定 (897条1項ただし書), 生命保険金受取人の指定 (商675条) をも認める見解がある。

2 遺言の方式

(1) 総　　説

(a) 前述の通り, 遺言は, 効力を生ずるときは遺言者は死亡していて, 遺言者の期待に反した効力が与えられても異議を唱えることはできないし, 関係者が真意を確認することもできない。そこでいずれの法域においても, 遺言は原

則として一定の方式を要求されることとしている。わが国の民法は大別して普通方式と特別方式とを定め（967条），これらの方式に従わない遺言を無効とする（960条）。普通方式と特別方式にはそれぞれ，つぎのような種類がある。

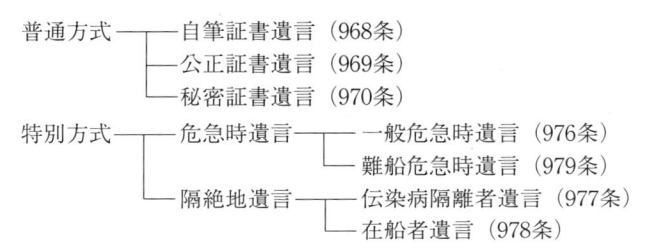

```
普通方式 ─┬─ 自筆証書遺言（968条）
          ├─ 公正証書遺言（969条）
          └─ 秘密証書遺言（970条）

特別方式 ─┬─ 危急時遺言 ─┬─ 一般危急時遺言（976条）
          │              └─ 難船危急時遺言（979条）
          └─ 隔絶地遺言 ─┬─ 伝染病隔離者遺言（977条）
                         └─ 在船者遺言（978条）
```

なお，遺言者が普通方式によって遺言をすることができるようになったときから6カ月生存するときは，特別方式によった遺言は効力を失う。

　(b)　遺言作成上の通則　㋐　成年被後見人が遺言するには，2人以上の医師の立会を得て，遺言者が本心に復していることを確認して（973条1項），その旨を遺言書に付記して署名捺印しなければならない。秘密証書の場合には，その封紙にそのことの記載をしなければならない（同条2項）。なお前述（1(2)(c)参照）のとおり，一般に，遺言をするには行為能力は必要でなく，意思能力があればよいとされ，被保佐人の遺言は，保佐人の同意を得なくても，常に取り消しえない，すなわち完全に有効であるとされる（962条）。また意思能力は遺言をするときに有すれば足り（963条），以後これを喪失しても効力に影響を及ぼさない。

　㋑　証人または立会人の欠格事由　つぎの者は遺言の証人または立会人になることができない，①未成年者，②推定相続人，受遺者およびその配偶者ならびに直系卑属などの利害関係人，③公証人の配偶者，四親等内の親族，書記および雇人など，公証事務上証人たるに適しない者（974条）。

　㋒　遺言書の訂正　遺言書に加除その他の変更を加える場合には，その場所を指定し，これを変更した旨を附記して特にこれに署名し，その変更の場所に印を押さなければならない（968条2項・970条2項・982条）。これに違反するとその訂正は無効とされる。

　㋓　共同遺言の禁止　遺言は必ず1人が1つの証書でしなければならない（975条）。遺言は単独の意思表示が確保されるものでなければならず，2人

以上の者が共同して行う遺言ではこの主旨が破れるおそれがあり，また各自が自由に撤回できない不都合もでてくるためである。共同遺言とは共同になされた遺言の意思表示を意味するから，同一用紙に夫婦が全く独立の自筆証書遺言を書いた場合や，両人の別々の自筆証書遺言が同一の封筒にいれてある場合などは共同遺言とはいえない。最近の判例では，名義の異なる2つの遺言書が，各葉ごとに契印がなされた数枚を合綴したものであっても，A名義の遺言書の形式のものとB名義の遺言書の形式のものとが用意に切り離すことができる場合には，共同遺言にあたらないとする（最判平成5年10月19日家月46巻4号27頁）。ただし，同一用紙に2人の記載されている場合に，その一方に氏名を自書しないなどの方式の違背があるときには，これを共同遺言とするものがある（最判昭和56年9月11日民集35巻6号1013頁）。

(2) 普通方式

特別の事情があって特別方式によりうる場合のほかは，遺言は，自筆証書，公正証書，秘密証書のうちのいずれかの方法によって行われなければならない（967条）。以下に各方式ごとに定められている個別的な要件を示すが，前述のように，それらのうちの1つだけに違反があっても遺言全体が無効とされる場合があるので，十分な注意が必要である。

(a) 自筆証書遺言（968条）　(ｱ) 全文，日付，氏名を自書すること。自筆でなければならず，ワープロ等の使用は認められない。日付については，「○年元旦」「×年◇月末」などは日付が特定できるのでよいが，「□年△月吉日」ではだめだとされる（最判昭和54年5月3日民集33巻4号445頁）。氏名については，遺言者が特定できれば，氏または名だけでもよいし，通称やペンネームなどの使用も認められる。大審院の有名な判例に「をや治郎兵衛」と署名した吉川治郎兵衛の自筆証書遺言を有効としたものがある。

(ｲ) 押印すること。実印である必要はなく，三文判や拇印（最判平成元年2月16日民集43巻2号45頁）でもよいとされ，証書自体でなく，これを封入した封筒の封じ目に押印がされたものも有効とされる（最判平成6年6月24日家月47巻3号60頁）。

(ｳ) その他，様式は自由である。数枚にわたる場合には，封入するなどして一通の遺言書であることを明確にしておく必要がある（最判昭和36年6月22

日民集15巻6号1622頁)。

　(b)　公正証書遺言（969条）　　㋐　2人以上の証人の立会。

　㋑　遺言者が遺言の内容を公証人に口授（くじゅ）すること。口がきけない者の場合には，口授に代えて，通訳人の通訳により申述し，または自書すること（969条の2第1項）

　㋒　公証人が，遺言者の口授を筆記し，これを遺言者および証人に読み聞かせること。

　㋓　遺言者および証人が，筆記の正確なことを承認した後，各自これに署名し，押印すること。ただし遺言者が署名することができない場合は，公証人がその事由を付記して，署名に代えることができる。また遺言者または証人が耳の聞こえない者である場合には，公証人が，読み聞かせに代えて，筆記した内容を通訳人の通訳により遺言者または証人に伝えることによって行うこともできる（969条の2第2項）。

　㋔　公証人が，証書が上記方式に従って作成されたものである旨を附記してこれに署名し，押印すること。

　(c)　秘密証書遺言（970条・972条）　　㋐　遺言者が証書に署名し，押印すること。

　㋑　遺言者が証書を封じ，証書に用いた印章でこれに封印すること。

　㋒　遺言者が公証人1人および証人2人以上の面前に封書を提出して，それが自分の遺言書である旨およびそれを書いた者の住所と氏名を述べること。口がきけない者の場合には，申述に代えて遺言者が封書に自書すること。

　㋓　公証人が，証書を提出した日付および遺言者の申述を封書に記載した後，遺言者および証人とともにこれに署名し，押印すること。

　(d)　各方式の特色　　以上のように，その個々の要件の相違から，3種類の普通方式遺言にはおのおの特色がみられる。自筆証書遺言は手続上最も簡単であり，遺言書を作成した事実およびその内容を秘密にすることができるが，保管を確実にしておかないと，証書が発見されずまたは毀滅される恐れもあるし，変造される危険もある。公正証書遺言は，公正証書の原簿に記入されるので，毀滅変造の恐れはないが，遺言書の存在やその内容を秘密にしておきたい場合には適さない。秘密証書遺言は，両者の中間をゆくもので，遺言書の存在は明

確にしながら，その内容を秘密にし，毀滅や変造を防ぐことができる。

(3) 特別方式

特別の事情があって，普通方式によって遺言をするのが困難であるか，あるいは不可能な場合には，特別方式に従って遺言をすることが認められる。

(a) 危急時遺言　死亡の危急に迫った者のための遺言の方式であり，一般危急時遺言と難船危急時遺言とがある。

(ア)　一般危急時遺言は，疾病その他の事由によって死亡の危急に迫った者が遺言をしようとするときの特別の方式である。証人3人以上の立会のもとで，その1人に遺言の内容を口授し（口がきけない者の場合には口授に代えて通訳人の通訳により申述して（976条2項）），口授（または申述）を受けた者がこれを筆記して，遺言者および他の証人に読み聞かせ，各証人が筆記の正確なことを承認した上，これに署名押印することによって行われる（同条1項）。遺言者または証人が耳が聞こえない者である場合には，口授または申述を受けた者が，読み聞かせに代えて，遺言の内容を通訳人による通訳により，遺言者または他の証人に伝えることによって行うこともできる（同条3項）。

本人の署名押印は要件ではない。このように公証人の立会が要求されない反面，遺言の日から20日以内に証人の1人または利害関係人から家庭裁判所に請求してその確認を得なければ，その効力がないとされる（同条4項）。ここに確認というのは，遺言が遺言者の真意にでたものであるかどうかを判断する一種の審判であり（同条5項），方式の瑕疵等は確認の対象とならず，後に効力について争うことができる。

(イ)　難船危急時遺言も，上記と同様の手続で行われる（979条）が，証人は2人以上で足り，筆記したものも読み聞かせる必要はない。また家庭裁判所の確認を求める必要はあるが，20日以内という期限はなく，遅滞なく請求すればよい（同条3項）。

(b) 隔絶地遺言　所在が一般の交通から隔絶されているため，普通方式によって遺言をすることができない者のための遺言の方式であり，伝染病隔離者遺言と在船者遺言とがある。

(ア)　伝染病のため行政処分によって交通を断たれた場所にある者は，警察官1人および証人1人以上の立会のもとで遺言をすることができる（977条）。

遺言者，筆者，立会人および証人は各自遺言書に署名し，押印しなければならない（980条）。なお条文上は「伝染病」が掲げられるにすぎないが，その他の理由によって行政処分が行われた場合にも同様と解すべきであろう。

　(イ)　船中にある者も隔絶地にある者にあたる。この場合も上記とほぼ同様であるが，船長または事務員1人および証人2人以上の立会をもって遺言をすることができる（978条）。

第2節　遺言の効力

1　遺言の一般的効力

（1）　遺言の解釈

(a)　遺言も1つの意思表示であるから，法律行為一般におけると同様，遺言者の意思の解釈という問題が生ずる。特に自筆証書遺言と秘密証書遺言は，遺言者が単独で書面を作成しうるため，これらにおいて勘違いや適当でない言葉を使うなどにより遺言者の真意が的確に表明されていない可能性が出てくる。その際に，遺言書が遺言者の真意と一致しているかどうかを確認するための作業として，遺言の解釈が必要になるのである。

(b)　遺言の解釈においては，第一に遺言者の真意を尊重し，その一方で要式性との調和をどの程度図ってゆくかが重要である。判例には，遺言書の記載中多少不明確ないし矛盾する部分や誤記が含まれているとしても，記載内容全体から合理的に遺言者の真意を推断できるならば，遺言は有効である（最判昭和30年5月10日民集9巻6号657頁），複数条項からなる遺言書の特定条項を解釈するに当たっては，当該条項のみ切り離して形式的に解釈するだけでは十分ではなく，遺言書の全記載との関連，作成当時の事情および遺言者の置かれていた状況などを考慮して，その真意を探求し当該条項の趣旨を確定すべきである（最判昭和58年3月18日判時1075号115頁）とするものなどがある。

（2）　遺言の効力発生時期

　遺言は，遺言書作成の時に成立するが，その効力は，原則として遺言者の死亡の時に生ずる（985条1項）。したがって，遺言者の生存中に遺言無効確認の訴えを提起することはできない（最判昭和31年10月4日民集10巻10号1229頁）。た

だ停止条件付の遺言の場合は，その効果は条件が成就した時から発生し（985条2項），遺言者が条件成就の効果に遡及効を与えているときは，その効果を認めてよい（127条3項）。

(3) 遺言の無効・取消し

(a) 民法総則規定との関連　遺言も法律行為であるから，民法総則の，主として法律行為に関する通則が適用されうる。すなわち，意思能力のない者のする遺言，公序良俗違反（90条）の遺言，および錯誤（95条）による遺言は無効であり，詐欺・強迫による遺言はこれを取り消すことが可能であり，ただ遺言が相手方のない単独行為であるから，通謀虚偽表示の規定（94条）は問題となる余地がなく，心裡留保（93条）による遺言は常に有効である，とされる。しかしながら，遺言者の真意の尊重という観点から，民法総則の意思能力に関する規定は適用されず（962条），満15歳に達した者は遺言能力を取得し（961条），成年被後見人も本心に復していることを証明する医師2人以上の立会があれば遺言をすることができ（973条・982条），被保佐人・被補助人も保佐人・補助人の同意なしに遺言することができる（13条・17条・962条）。

(b) 遺言特有の無効原因　そのほか，遺言特有の取消原因として，方式違反（960条・967条以下，前述），共同遺言（975条，前述），遺言者の後見人等が利益を受ける遺言（966条）を無効とする規定がある。さらに，個々の遺言事項において問題となる無効原因に，遺言における受遺者の死亡（994条），目的物の不存在（996条），認知における父子関係の不存在（786条）などがあり，また特別方式遺言は，遺言者が普通方式遺言をすることができるようになって後なお6カ月間生存するときは失効する（983条）。

(c) 遺言の撤回　遺言者は，いつでも，理由のいかんを問わず，いったん有効に作成されたが効力の発生していない遺言の効力の発生を阻止することができる。

撤回の方法として，民法はつぎの3つを規定する。①前にした遺言を取り消す旨の第二の遺言をする（1022条），第二の遺言が取り消されても，第一の遺言は原則として復活しない（1024条），②前にした遺言と抵触する第二の遺言，または生前処分その他の法律行為をする（1023条），③遺言書または遺贈目的物を破棄する（1024条）。

①の抵触行為についての判断は、訴訟でも争点とされることが多い。典型的には、特定の遺贈の目的物をその後第三者に譲渡した場合などがこれにあたる。

たとえば、「Aに甲土地を遺贈する」旨の遺言をした後同人に相当額の金銭を生前贈与した場合、この贈与が抵触行為にあたるかどうかは、微妙である。判例では、意思解釈の問題であり、遺言者が遺贈を撤回するつもりで贈与を行ったのかどうかによって決するほかないとする（最判昭和43年12月24日民集22巻13号3270頁——肯定例、など）。

なお、上記以外の方法における撤回、たとえば単に口頭で意思を表明するなど、無方式の意思表示による撤回が認められるかについては、民法のたてまえからはこれを否定に解するべきであるが、いったん取り消す旨の意思表示がなされた以上、その遺言は遺言者の真意に即さないものとなっているのであるから、無方式での撤回も可能であると解する見解も有力である。

2　遺　　贈

(1)　総　　説

(a)　遺贈の意義と法的性質　　遺言者は、包括または特定の名義で、その財産の全部または一部を処分することができる（964条）。これを遺贈という。単独行為であり死後処分である点で、生前贈与や死因贈与とは異なる。民法上遺言の効力はほとんど遺贈に関するものであり、相続人に対する相続分の指定（902条）、遺産分割方法の指定（908条）とともに、遺言による遺産処分の制度をなす。

(b)　受遺者と遺贈義務者　　遺言中に遺贈を受ける者として指定されている者を受遺者という。自然人だけでなく法人も受遺者になることができるし、また遺言者の相続人も受遺者になることができる（903条）。ただしこの場合には、法定相続、遺産分割方法の指定、相続分の指定との関係が問題となる。遺言書中に「相続人Aに甲土地を与える」旨の記載があったとすると、①Aには甲しか与えない（相続分の指定）、②甲をAに与え、残りをAを含めた相続人で分割させる（遺贈および法定相続）、③Aが甲を取得するように遺産を分割させる（法定相続および遺産分割方法の指定）、などの解釈が可能である。遺言の解釈を通して遺言者の真意が明らかになればそれに従う（通説）が、それが不明のままである場合については、解釈が分かれる。③が法文の趣旨に近いよう

に思われる（東京高判昭和45年3月30日高民集23巻2号135頁）が，いわゆる「相続させる旨の遺言」につき判例は，これを相続分の指定を伴う遺産分割方法の指定と解している（最判平成3年4月19日民集45巻4号477頁—本書第6章第3節2参照）。

　受遺者は遺言の効力が発生した時点で生存していなければならないが，胎児は遺贈に関してもすでに生まれたものとみなされる（965条・886条）から，胎児への遺贈は可能である。遺言者の死亡前に受遺者が死亡した場合には，受遺者たる地位の承継は認められず，遺贈はその効力を生じない（994条・888条）。ただし遺言中に，とくに受遺者の相続人に承継を認める旨を表示してあればこれに従う。受遺者には相続人の場合と同様の欠格事由が認められている（965条・891条）。

　遺贈を実行する義務を負う者を遺贈義務者という。通常は相続人であるが，遺言執行者（1012条1項），相続人のない場合の包括受遺者（990条），または相続財産法人の管財人（952条・957条）がこれにあたる場合もある。

　（2）　遺贈の放棄・承認

　遺贈は単独行為であり，遺言者の死亡の時に効力を生ずるものとされる（985条）が，これにより受遺者が遺贈を受けることを強制されるわけではない。受遺者は遺贈を承認または放棄する自由を有する。受遺者の承認・放棄権は原則として相続される（989条）。一度行われた承認または放棄は，意思の瑕疵または無能力を理由とする取消しのほかは撤回されないことは，相続の場合と同様である（989条）。その方法および効力等については，次項で述べる（（3）(a)(イ)および同(ウ)参照）。

　（3）　遺贈の種類と効力

　(a)　包括遺贈と特定遺贈　　(ア)　遺贈には包括遺贈と特定遺贈とがある（964条）。前者は積極・消極の財産を包括する相続財産の全部またはその分数的部分ないしは割合による遺贈であり，後者は，特定の具体的な財産的利益の遺贈である。特定遺贈は特定物遺贈と不特定物遺贈に分けられ，さらに不特定物遺贈には種類物遺贈と金銭遺贈がある。

　　(イ)　包括遺贈　　包括受遺者は相続人と同一の権利義務を有する（990条）。したがって，包括受遺者は，遺言者の一身に専属した権利義務をのぞき，遺言

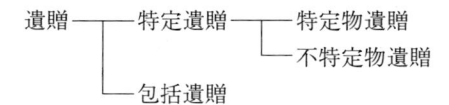

```
遺贈 ─┬─ 特定遺贈 ─┬─ 特定物遺贈
      │            └─ 不特定物遺贈
      └─ 包括遺贈
```

者の財産に属したいっさいの権利義務を承継する（896条）。包括遺贈の放棄・承認については相続の放棄・承認の規定がそのまま適用され（915条～940条），これは財産分離（941条），相続分取戻権（905条），および遺産分割（906条～914条）についても同様である。包括遺贈は遺留分を侵害できない（964条ただし書）ため，遺留分権利者は減殺請求ができる（1031条以下）。

　㈢　特定遺贈　　特定受遺者は特定の財産的利益について，贈与契約と同様の地位に立つ。そこで，目的物の財産権の移転時期，履行までの遺贈義務者－受遺者間の関係，遺贈義務者の担保責任，などが問題となる。

　(i)　財産権移転に関する問題　　遺贈の効力の発生時期は原則として遺言の効力の発生時期であるから，死亡時（985条1項──停止条件付遺言では，遺言者の死亡後の条件成就の時点（同条2項））であるが，その目的たる財産権が遺言の効力発生と同時に受遺者に移転するか（物権的効力），遺贈義務者に遺贈実行義務が発生し履行をまってはじめて移転するか（債権的効力）は解釈の分かれるところである。判例は，物権変動における意思主義（176条）を遺贈においても貫き，物権的効力を生ずるとする立場をとる（最判昭和39年3月6日民集18巻3号437頁など）。学説でも，物権的効力説が通説であるが，有力な異説がある。要するに，この問題は物権変動一般をどのように把握するかにかかっているといえ，債権関係が特段の事情のないかぎり物権関係に反映するとするならば，これは特定遺贈の場合も例外ではなく，特定遺贈の目的物は，遺言の効力発生と同時に物権的に受遺者に移転するものと解することになる。もっとも，財産権移転の効力を第三者に対抗するためには，対抗要件が必要であることはいうまでもない（前掲最判昭和39年3月6日，最判昭和46年11月16日民集25巻8号1182頁など）。

　(ii)　遺贈が履行されるまでの受遺者と遺贈義務者の関係　　遺贈が停止条件付または期限付であるときは，条件成否未定または期限未到来の間の権利を保全するため，受遺者は遺贈義務者に対し相当の担保を請求することができる（991条）。また受遺者は遺贈が効力を生じたときから目的物の果実を取得する

(992条)。その反面受遺者は，遺贈義務者が遺贈の目的物について支出した費用を遺贈義務者に償還しなければならず，また果実を収取するために支出した通常の必要費を果実の価格を超えない程度で償還しなければならない（993条・299条）。

(iii) **遺贈義務者の担保責任** 特定遺贈の目的たる財産権が，遺言者の死亡の時に相続財産に属さなかったときは，遺贈は効力を生じない（996条本文）。ただし遺言者の意思が帰属に関係なく遺贈の目的としたと認められる場合は有効であり（同条ただし書），遺贈義務者はその権利を取得して受遺者に移転する義務を負う。この義務の履行が不可能であるかまたは過分の費用を要するときは価額弁償をしなければならない（997条）。不特定物を遺贈の目的とした場合において，遺贈義務者が履行として物を引き渡した場合には，遺贈義務者は目的物の追奪については売主と同様の担保責任を，物の瑕疵については，瑕疵のない物を引き渡す義務を，それぞれ負うこととなる（998条）。また遺贈の目的物または権利が第三者の権利の目的である場合は，遺言者が反対の意思を表示していないかぎり，受遺者はこれらの権利を消滅させるよう請求することはできない（1000条・566条・567条）。

(iv) **遺贈における物上代位** 遺贈の目的物が滅失もしくは変造または占有の喪失のために現に相続財産中にない場合でも，それが第三者に対する償金請求権として存在するかぎり，その請求権を遺贈の目的としたものと推定される（999条1項）。これとは反対に，遺言者が附合，混和によって合成物または混和物の単独所有者または共有者になった場合には，その全部の所有権または共有権を遺贈の目的としたものと推定される（同条2項）。その際，償金支払義務が相続の時点で履行されていないとしても，受遺者はその義務を負わないと解される。また債権を遺贈の目的とした場合において，遺言者が弁済を受け，かつ，その受け取った物がなお相続財産中にあるときは，その物を遺贈の目的としたものと推定される（1001条1項）。この場合に債権が金銭を目的とするものであれば，たとえ相続財産中にその債権額に相当する金銭がないときでも，その金額を遺贈の目的としたものと推定される（同条2項）。

なお特定受遺者は，遺言が効力を生じた後は，いつでも遺贈の放棄をすることができ，その効力は遺言者の死亡の時にさかのぼり（986条），包括遺贈と異

なり，期間の制限もないし，家庭裁判所へ申述する必要もない。ただし，遺贈義務者その他の利害関係人には，受遺者に対する催告権が与えられている（987条）。

(b) 負担付遺贈　(ア) 遺言者が受遺者に一定の給付をなすべき義務を課した遺贈を負担付遺贈という。停止条件付遺贈（985条2項）と異なり，受遺者が負担を履行するか否かにかかわらず遺言の効力が発生する。包括遺贈に負担をつけることもできる。

(イ) 受遺者は，負担の内容とされた義務を履行しなければならないが，遺贈の目的物の価額を超えた負担を課されてもその価額を超えない限度で履行すればよい（1002条1項）。また，遺贈の目的物の価額が相続の限定承認または遺留分回復の訴えによって減少したときは，遺言者が別段の意思表示をしていないかぎり，その減少の割合に応じて負担の義務を免れる（1003条）。相続人または遺言執行者は履行請求の訴えを提起して強制執行することができるが，相当の期間を定めて履行を催告し，その期間内に履行がないときは遺言の当該部分の取消しを家庭裁判所に請求することもできる（1027条，家審則128条）。取消しが確定すると負担付遺贈そのものが失効し，遺贈の目的物は相続人に帰属する（995条）。ただしその際にも負担は失効せず，負担のついた形で遺贈の目的物が相続人に引き継がれると解する説がある。

(ウ) 受遺者は，負担付遺贈を放棄することができるが，負担のみの放棄は認められず，受遺者が負担付遺贈を放棄した場合には，負担の利益を受けるべき者（受益者）が受遺者になる（1002条2項）。

(4) 遺贈の無効・取消し

(a) 遺贈は遺言による遺産処分の1つであり，遺言は法律行為であるので，遺贈についても法律行為の無効・取消しの規定の適用が問題となり，また遺言特有の無効原因の影響を受けることはいうまでもない。これらについては前述のとおりである（1（3）(a)および同(b)参照）。

(b) 遺贈特有の無効原因　このほか，民法は，遺贈特有の無効原因として，つぎのような規定をおく。既述のものが多いが，整理しておく。

(ア) 遺言者の死亡以前に受遺者が死亡した場合には，遺言に別段の定めのないかぎり，遺贈は無効となる（994条1項——前述（1）(b)）。

(イ) 停止条件付遺贈においては，条件成就前に受遺者が死亡した場合には，遺言に別段の定めのないかぎり，遺贈は無効となる（994条2項）。

(ウ) 遺贈の目的たる財産権が，遺言者の死亡の時に相続財産に属さなかったときは，遺贈は無効である（996条本文——ただし遺言者の意思が帰属に関係なく遺贈の目的としたと認められる場合は有効である（同条ただし書），前述（3）(b)(ア)(ウ)）。

(c) 遺贈特有の取消原因　　負担付遺贈において，受遺者が負担を履行しないときに相続人が遺言を取り消しうることについては，前述した（(3)(b)(イ)）。

第3節　遺言の執行

1　意　　義

遺言の効力が発生した後に，その内容を実現する行為を遺言の執行という。遺言はその内容によって，①たとえば，相続分の指定のように，とくに遺言の執行が問題にならないものと，執行を必要とするものがあり，後者はさらに②相続人たるべき者の認知などのように必ず相続人以外の誰かが届け出または審判の請求をしなければならないものと，③特定遺贈などのように相続人がこれを行いうるものとに分かれる（下表参照）。

	遺言事項
①	未成年の子の後見人・後見監督人の指定，相続分の指定または指定の委託，特別受益者の持戻免除，遺産分割方法の指定または指定の委託・遺産分割の一時的禁止，相続人相互間の担保責任の指定，遺言執行者の指定または指定の委託，遺留分減殺方法の指定
②	子の認知，相続人の廃除またはその取消
③	財団法人設立のための寄付行為，遺贈

2　遺言書の検認

公正証書以外のすべての方式の遺言において，遺言を執行する前に特別の手続が必要である。遺言書の保管を依頼された者またはそれを発見した者は，相続の開始を知った後遅滞なく，これを家庭裁判所に提出して，検認を受けなければならない（1004条1項）。裁判所は遺言書を相続人またはその代理人の立

会をもって開封し（同条3項），その方式に関する事実を調査確認し，一定の事項を調書に記載する（家審則122条～123条）。なお裁判所は検認に立会わなかった申立人，相続人，受遺者その他の利害関係人にその旨を通知しなければならない。

　検認は，遺言書の形式，態様などを調査・確認して改変を防止し，保存を確実にする趣旨で行われるものであるから，遺言書の存在と現状をそのまま確認するだけで，遺言内容の真否，有効・無効を判定するものではなく（大判大正4年1月16日民録21輯8頁），一度検認を経た遺言書の効力を後に争うこともできる（大判大正7年4月18日民録24輯722頁）。

3　遺言執行者

（1）　意義と性格

　前述表②のような場合には，相続人が遺言を執行することはできず，また③の場合でも遺言の執行が相続人の利益に反するような場合には，他の者に執行させることが望ましい。このような場合に遺言を執行するために，とくに選任された者を遺言執行者という。

　遺言執行者は遺言者の意思を実現する者であるが，死亡した遺言者の代理人とみることは困難である。民法は，これを相続人の代理人とみなしている（1015条）が，相続人の廃除のような遺言の内容を遺言の執行として説明することができない。遺言者の人格代表者と解するべきであろう。

（2）　遺言執行者の選任

　遺言者は遺言で1人または数人の遺言執行者を指定し，またその指定を第三者に委託することができる（1006条）。指定された者は就職を拒絶することができるが，承諾した場合には直ちにその任務を行わなければならない（1007条）。指定された者が承諾するかどうか態度を明確にしない場合には，相続人その他の利害関係人は，相当の期間を定め，その期間内に確答すべき旨を催告することができ，期間内に確答がなければ就職を承諾したものとみなされる（1008条）。遺言執行者がはじめから指定されていないとき，または一度存在した遺言執行者がいなくなったときは，家庭裁判所は利害関係人の請求によって遺言執行者たるべき者の意見を聞いた上でこれを選任する（1010条，家審規125条・83条）。

その際相続人が遺言執行者に選任されることは差し支えないが，未成年者および破産者は遺言執行者になれず（1009条），選任された後にこのような事由が生ずると当然に失格する。なお遺言執行者がその任務を怠ったときその他正当の事由があるときは，利害関係人はその解任を家庭裁判所に請求することができ（1019条1項，家審規126条・127条），また遺言執行者も，正当の事由があるときは，家庭裁判所の許可を得て，その任務を辞することができる（1019条2項）。

(3) 遺言執行者の職務と権限

(a) 職務　遺言執行者は，相続財産の管理その他遺言の執行に必要な一切の行為をする権利義務を有する（1012条1項）。遺言執行者はまず，管理の対象となる財産の状態を明らかにするために，遅滞なく財産目録を調製し，これを相続人に交付しなければならない（1011条1項――相続人の請求があれば，目録調製に相続人を立会わせるか，公証人に調製させるかしなければならない（同条2項））。遺言の内容が特定の財産に関するものであれば，その目的物についてのみ調製すれば足り，また身分事項に関するものであれば，調製の必要はない（1014条）。その際にはそれが子の認知である場合には戸籍への届出（戸64条），相続人の廃除またはその取消である場合には家庭裁判所にその請求をすること（戸97条）が遺言執行者の職務となる。

なお，相続財産管理行為の実施上の権利義務，任務終了時の義務などについては，委任の規定が準用される（1012条2項・1020条）。管理行為は自分で行うことを要するが，やむをえない事由があるか，遺言に反対の意思が表示されている場合には，第三者にその任務を行わせることができる（1016条1項）。遺言執行者が数人ある場合には，保存行為は各自単独でできるが，その他の行為は過半数で行う（1017条）。

(b) 権限　前述のように，遺言執行者は遺言の執行に必要な一切の行為をする権利を有する（1012条1項）から，相続人はその範囲で相続財産上の管理権を失う（1013条）。判例は，相続人の処分行為を無効とする（大判昭和5年6月16日民集9巻550頁，最判昭和62年4月23日民集41巻3号474頁――いずれも相続人のなした不動産の自己名義への移転登記及び抵当権設定が無効とされた事例）。ただこれについては，遺言執行者の存在を公示する手段が備わっていない現状に

おいて，とくに遺言執行者を指定する遺言書が相続開始後に長い期間を経て発見されたような場合などには，取引の安全を害することになるとして，現行法の不備が指摘されている。

(c) その他，遺言執行者の報酬について，遺言中に定めがあればそれに従い，定めがなくても家庭裁判所が相続財産の状況その他の事情によって報酬を定めることができるとする規定がある（1018条1項——支払は原則として後払いである（同条2項・648条2項））。また，遺言の執行にあたっては，検認，財産目録調整，相続財産管理，執行者の報酬，執行に関する訴訟など，種々の費用を要するが，これらの執行費用は，相続財産の負担とされる（1021条本文）。ただしこれによって遺留分を減ずることはできない（同条ただし書）。したがって相続財産の2分の1が第三者に遺贈された場合，訴訟費用は相続人の遺留分からではなく，第三者の受遺分から全額が負担される。

第4節　遺　留　分

1　遺留分とその算定

(1) 意義とその性格

遺留分とは，被相続人の財産処分の自由を一定程度制限し，相続人のため財産の一部を留保させる制度であり，これは被相続人の生前処分によっても死因処分によっても奪われることがない。これまで述べてきたとおり，相続においては，被相続人の生前における財産処分の自由の延長としての遺言・遺贈の自由と，相続人の生活の安定という，2つの要請がある。遺留分制度はこれら両者の中間にあって両者を調整する機能をはたすものであるといえ，多くの法域においてこれがおかれている。

わが国の民法は，遺留分を被相続人が処分できない具体的な財産とせず，被相続人の処分にもかかわらず一定の相続人のために留保される相続財産の一定割合として構成する。したがって，①相続人の行った贈与・遺贈が当然に無効となるわけではなく，②相続人がその遺留分を保全しうる程度まで贈与・遺贈の効力を消滅させることができるにすぎず，③相続が開始したとすれば遺留分を侵害することが明らかな贈与に対して，その開始以前に相続人が法的手段を

講ずることはできない，などの点がわが国の遺留分制度の特色であるといえる。

(2) 遺留分権利者とその割合

(a) 遺留分を有する者は，兄弟姉妹を除く相続人，すなわち配偶者，子，直系尊属である（1028条）。代襲相続になる場合の代襲者も遺留分権利者に含まれる（1044条・887条2項・3項）。相続欠格，廃除，相続放棄によって相続権を失った者については，遺留分も問題にならない。

(b) 遺留分は，まず遺留分権利者全体に留保されるべき相続財産に対する割合（総体的遺留分）として定められており，この割合は相続人の構成によって異なる。直系尊属のみが相続人であるときは3分の1（1028条1号），その他の場合は2分の1（同条2号）である。後者の場合としては①子のみ，②配偶者のみ，③配偶者と子，④配偶者と直系尊属，⑤配偶者と兄弟姉妹が考えられるが，兄弟姉妹には遺留分がないから，⑤の場合は，②と同様に配偶者だけが2分の1の遺留分をもつ。遺留分権利者が複数の場合は，総体的遺留分に法定相続分を乗じたものが個々の遺留分権利者の遺留分（個別的遺留分）となる（1044条・900条・901条）。

(3) 遺留分額の算定

遺留分算定の基礎となる財産は，被相続人が相続開始の時において有した財産の価額にその贈与した価額を加え，その中から債務の全額を控除して，これを算定する（1029条1項）。具体的算定において基準となる規定としては，つぎのようなものがある。

(a) 相続開始の時において有した財産とは積極財産であるが，祭祀用財産を含まない。条件附権利または存続期間の不確定な権利は，家庭裁判所が選定した鑑定人の評価に従って，その価格を定める（1029条2項）。

(b) 相続開始前の1年以内に行われた贈与は，その価額に算入される（1030条全段）。ただし1年以上前に行われたものであっても，当事者双方が遺留分権利者に損害を加えることを知って行った贈与は，価額に算入される（1030条後段）。「損害を加えることを知って」の解釈が問題であるが，判例は，損害を加える結果になるという客観的認識で足り，損害を加えてやろうという主観的意図（害意）までは必要でないとする（大判昭和4年6月22日民集8巻618頁）一方で，この認識は贈与当時の財産状態で遺留分を侵害しているとの認識だけ

でなく，相続開始までに被相続人の財産が遺留分を充足するまでに増加しないであろうという認識が必要である，とする（大判昭和11年6月17日民集15巻1246頁）。

(c) 当事者双方が遺留分権利者に損害を加えることを知って不相当の対価をもって行った有償行為は，贈与とみなされ，相当の対価との差額が算入される（1039条）。

(d) 共同相続人の特別受益分も価額に算入される（1044条・903条）。

(e) 控除されるべき債務の全額の中には，公租公課のような公法上の債務も含まれる。遺贈によって相続人が負担した債務は減殺されるべき債務であり，控除されない。

(4) 遺留分の放棄

(a) 遺留分権利者は，遺留分を放棄することができる。相続開始後の放棄は，通常の財産放棄と異ならないため，相続放棄と異なり，家庭裁判所に申述する必要がないが，相続開始前の放棄については，他からの押しつけによる放棄を防止するという配慮から，家庭裁判所の許可を受けることを必要とする（1043条1項）。

(b) 共同相続人の1人のした遺留分の放棄は，他の共同相続人の遺留分に影響を及ぼさない（1043条2項）。また遺留分を放棄しても減殺請求権を行使できなくなるにすぎず，相続できなくなるわけではない。逆に相続を拒否するためには遺留分の放棄だけでは足りず，相続放棄の手続をとらなければならない。

2 遺留分減殺請求権とその実行

(1) 減殺請求権の成立

(a) 遺留分を有する相続人が受けた相続財産が，遺留分を侵害する遺贈または贈与が行われた結果として遺留分額に達しないときに，はじめて減殺請求権が成立する。この権利は，規定上「請求権」とされている（1031条など）が，一般に形成権であり（通説・判例——最判昭和41年7月14日民集20巻6号1183頁），権利行使の結果，未履行の義務については履行の必要がなくなり，履行済みのものについては目的物の返還請求などが可能になり，その際目的物の所有権は減殺請求権の行使によって当然に遺留分権利者に帰属する（物権的効果説・最判昭和51年8月30日民集30巻7号768頁），と解されている。

(b) 遺留分請求権者は, 遺留分権利者とその承継人 (すなわち相続人, 包括受遺者, 相続分の譲受人) である (1031条)。これらの者の債権者による代位行使 (423条) については, 従来は可能であると考えられてきたが, 最近の判例では, 遺留分減殺請求権に「行使上の」一身専属性の有することを認めた上でこれを否定するものがある (最判平成13年11月22日民集55巻6号1033頁)。減殺請求の相手方は, 受遺者, 受贈者またはその包括承継人であるが, 不相当の対価で被相続人から財産を譲り受けた者も, 当事者双方が遺留分権利者に損害を加えることを知って契約した場合には受贈者とみなされ (1039条), 贈与の目的を譲り受けた者も, 譲受人が譲渡の当時遺留分権利者に損害を加えることを知っていたときは, これに対しても減殺を請求することができる (1039条)。

(2) 減殺の実行

(a) 前述のように, 減殺は遺留分を保全するに必要な限度に止まらねばならない (1031条)。相続人が子1人で相続財産が1,000万円である場合に, 600万円が第三者に遺贈されたとすれば, 子の遺留分は相続財産の2分の1であるから, 500万円から400万円 (相続財産額から遺贈額を差し引いた額) を差し引いた100万円を遺贈から減殺する。この遺贈が条件附の権利または存続期間の不確定な権利など, 一部を減殺することが不可能なものである場合には, 全部を減殺した上, 家庭裁判所が選定した鑑定人の評価に従って, その残額 (上の例でこれが600万円と評価されたとすると500万円) を受贈者または受遺者に給付しなければならない。もっとも, 全部を減殺すべき場合にはこのような手続は必要でない (1032条)。また, 負担付贈与については, その目的の価額から負担の価額を控除したものについて, 減殺が行われる (1038条)。

(b) 減殺を受けるべき贈与または遺贈が2個以上あるときは, つぎのような順序と割合に従って行われなければならない。

(ア) まず遺贈を減殺し, なお遺留分が満たされない場合に, はじめて贈与を減殺する (1033条)。死因贈与は,「生前贈与よりも遺贈に近い贈与として, 遺贈に次いで, 生前贈与より先に減殺の対象とすべき」(東京高判平成12年3月8日高民集53巻1号93頁) である。

(イ) 遺贈が2個以上あるときは, 遺言者が遺言に別段の意思を表示しない限り, その目的の価額の割合に応じて減殺する (1034条)。

(ウ)　贈与が 2 個以上あるときは，後の贈与からはじめて，順次に前の贈与に及んでいき，遺留分が満たされるまで減殺する（1035条）。

　(エ)　同日の贈与は，遺贈の場合と同様，目的の価額の割合に応じて減殺する（大判昭和 9 年 6 月15日民集13巻1792頁）。

　(c)　減殺請求権を行使すべき期間は，①遺留分権利者が相続の開始および減殺すべき遺贈または贈与のあったことを知った時から 1 年，または②相続開始の時から10年である（1042条）。②を除斥期間とすることについては学説上異論がないが，①については，消滅時効の期間であるとする説と除斥期間とする説が対立している。判例はこれを消滅時効期間とする（最判昭和57年 3 月 4 日民集36巻 3 号241頁）が，前述のように減殺請求権を形成権とする見解をつらぬくとすれば，除斥期間説が妥当であるようにも思われる。

　（3）　減殺の効力

　(a)　減殺の効力は，遺留分の保全に必要な限度において遺贈および贈与の効力を消滅させることである。減殺請求権行使によって，贈与された動産，不動産などは当然に遺留分権利者に復帰する。したがって遺留分権利者は，所有物返還請求などによって財産を回復することができる（前述）。

　(b)　このような一般的効力のほか，民法は，つぎのような特則をおく。

　(ア)　受贈者は減殺の請求があった日以後の果実を返還しなければならない（1036条――遺贈についても本条を類推適用しうるとするのが多数説である）。

　(イ)　贈与とみなされた不相当な対価による有償行為を減殺したときは，遺留分権利者はその対価を償還しなければならない（1039条後段）。

　(ウ)　減殺を受けるべき受贈者が贈与の目的を第三者に譲渡していたときは，遺留分権利者に価額を弁償しなければならない（1040条 1 項本文）。ただし，譲受人が譲渡の当時遺留分権利者に損害を加えることを知ったときは，遺留分権利者はこれに対しても減殺を請求しうる（1040条 1 項ただし書）。その際に減殺を受けるべき受贈者が無資力になっている場合には，それによって生じた損失は，遺留分権利者の負担に帰する（1037条）。したがって，遺留分権利者はその無資力の受贈分だけその前の贈与の減殺を行うことはできない。

　(エ)　受贈者および受遺者は，減殺を受けるべき限度において，贈与または遺贈の目的の価額を遺留分権利者に弁償して返還の義務を免れることができる

(1041条)。この価額弁償権は，減殺を受けるべき譲受人（1040条1項ただし書）にも認められている（1041条2項）。

事項索引

あ

IVF→体外受精 …………………100
青い鳥判決…………………………76
姉家督相続 ………………………180

い

家……………………………………17
　――のための養子法 ……………120
「家」制度（思想）………………54
家団体主義 …………………………5
遺　言 ……………………………281
　――の解釈 ………………………287
　――の効力 ………………………287
　――の執行 ………………………294
　――の自由 ………………………181
　――の撤回 ………………………288
　――の特別方式 …………………286
　――の普通方式 …………………284
　――の方式 ………………………282
　――の法的性質 …………………282
　――の無効・取消し ……………288
遺言執行者 …………………290, 295
　――の職務と権限 ………………296
　――の選任 ………………………295
　――の報酬 ………………………297
遺言書の検認 ……………………294
遺言相続主義 ……………………179
遺　産
　――の換価分割 …………………269
　――の管理行為 …………………259
　――の協議分割 …………………270
　――の共有 ………………………254
　――の現物分割 …………………269
　――の指定分割 …………………269
　――の処分行為 …………………260
　――の代償分割 …………………269
　――の範囲の確定 ………………263
　――の評価 ………………………265
　――の保存行為 …………………260
遺産管理と登記 …………………261
遺産分割 …………………………262
　――と登記 ………………………272
　――の移転主義 …………………272
　――の解除 ………………………270
　――の基準 ………………………262
　――の禁止 ………………………271
　――の宣言主義 …………………272
　――の前提問題 …………………263
遺産分割方法の指定 ……………210
慰謝料………………………………45
慰謝料請求権の相続 ……………248
遺　贈 ……………………………289
　――における物上代位 …………292
　――の放棄・承認 ………………290
　――の無効・取消し ……………293
遺贈義務者 ………………………289
　――の担保責任 …………………292
遺族給付……………………………50
著しい不行跡 ……………………151
一子相続 …………………………180
一夫一婦制 …………………………24
一般危急時遺言 …………………286
遺留分 ……………………………297
　――の放棄 ………………………299
遺留分額の算定 …………………298
遺留分減殺請求権 ………………299
遺留分権利者 ……………………298

事項索引

姻族関係終了の意思表示……………14

え

ＡＩＨ→人工受精 ……………100
ＡＩＤ→人工受精 ……………100
縁氏続称 ………………………133
縁　組
　──意思の合致 ………………123
　──の解消 ……………………130
　──の形式的要件 ……………122
　──の効果 ……………………130
　──成立の実質的要件 ……123, 135
　──の届出 ……………………122
　──の取消し …………………129
　──の不成立 …………………128
　──の無効 ……………………128
　──を継続し難い重大な事由 ……194

お

乙類事件………………………………22
親子関係不存在確認の訴え ……4, 109, 128
親子法…………………………………95
親のための親子法……………………96
親のための養子法 …………………120

か

外観説 ………………………………107
懐胎主義 ……………………………103
隔絶地遺言 …………………………286
苛酷条項………………………………70
過去の扶養料 ………………………170
家事審判 ……………………………21
家事審判法 …………………………19
家事調停 ……………………………21
家事紛争 ……………………………19
家事労働 ……………………………84
仮装の婚姻……………………17, 25, 26

仮装の離婚 ………………………17, 26
家族法（身分法）………………………1
家族法関係 ……………………………2
形見分け ……………………………227
家庭裁判所の許可 ………………124, 125
家庭破綻説 …………………………107
家督相続 …………………………5, 184
家父長制 ………………………………5
仮親養子 ……………………………129
借養子縁組 …………………………129

き

危急時遺言 …………………………286
擬似破綻主義 …………………………70
帰属上の一身専属権 ………………242
協議分割 ……………………………270
協議離縁 ……………………………131
協議離婚 …………………………23, 59
　──の無効と取消し…………………64
協議離婚制度 ………………………29
強制認知 ……………………………116
共同遺言の禁止 ……………………283
共同社会的（ゲマインシャフト的）結
　合関係 ………………………………9
共同親権 ……………………………86
共同相続（諸子均分相続）…………180
共同相続人の担保責任 ……………273
共同相続人の中に制限能力者がいる場
　合 …………………………………268
共同相続人の中に行方不明者・生死不
　明者がいる場合 …………………267
共有説 ………………………………255
共有持分権 …………………………41
寄与分 ………………………………218
近親婚の制限 ……………………23, 33
金銭給付扶養 ………………………170

け

形式的意思説	25
芸娼妓養子	125, 129
形成権的身分権	15
形成的身分行為	16
血縁主義	97
——の限界	98
血縁説	107
欠格効果	194
欠格事由	192
欠格宥恕	195
結局の相続分	210, 215, 218
減殺効力	301
限定承認	221, 228
——による清算手続	230
——の効力	229
限定承認者の責任	231
権利関係の安定	178

こ

合意に代わる審判	22
合意による解除	23
合意の相当する審判	22
後見	152
後見制度	152
後見人	124, 152
——と被後見人間の縁組	124
公序良俗	40
公正証書遺言	285
合有説	255
甲類事件	21
国際結婚の解消	56
戸主の同意	23
個人の尊厳	5, 6
戸籍	17
戸籍事務管掌者	64
戸籍制度	17
戸籍法	17
戸籍簿	24
国家宣言型の養子	135
国庫帰属	208
子どもの虐待	151
子どもの権利条約	141
子の監護	81
子の財産管理	147
子のための親子法	95
子のための養子法	120
子の引渡請求	145
子の福祉	81
個別的遺留分	298
婚姻	14, 23
——の意思	26～28
——の解消	49
——の効果	42
——の自由	23
——の成立	23
——の届出	28
——の取消	35
——の無効	34
——の要件	29
——の予約	46
——を継続しがたい重大な事由	74, 196
婚姻準正	119
婚姻届	26, 28, 30
婚姻適齢	32, 35
婚姻費用	36
婚姻費用の分担	41
婚姻無効確認の訴え	34
婚姻予約有効判決	28
婚姻率	24
婚氏続称	79
婚外子（非嫡出子）問題	98
婚約	44

306　事項索引

　　　――の解消……………………44
　　　――の効果……………………44
　　　――の無効・取消……………44

さ

債権者代位権………………………92
債権者取消権………………………92
債権の共同相続……………………256
再婚禁止期間……………………32, 35
財産管理と代理権…………………152
財産的身分権………………………15
財産分与……………………47, 48, 87
　　　――の清算対象財産……………89
財産分与請求権の相続性…………89
財産分与額…………………………87
財産分与契約………………………92
財産法関係…………………………1
祭祀財産の承継……………………242
在船者遺言…………………………286
再代襲相続…………………………201
裁判離縁……………………………131
裁判離婚……………………………69
裁判認知……………………………116
債務の共同相続……………………258

し

試験的養育期間……………………138
死後縁故者…………………………207
死後準正……………………………119
自己責任の原則……………………173
死後離縁……………………………132
事実告知（テリング）……………139
事実婚主義…………………………29
事実上の相続放棄…………………233
事実上の養子………………………122
事実上の離婚………………………49
自然血族……………………………12

実親子関係の終了…………………138
実質的意思説………………………25
実子特例法制定運動………………134
指定相続分…………………………210
指定分割……………………………269
私的扶養と公的扶養制度の関係…173
支配的身分権………………………15
支配的身分行為……………………16
自筆証書遺言………………………284
死亡解消……………………………51
私法関係……………………………1
死亡退職金……………………214, 250
　　　――の相続……………………251
受遺者………………………………289
重婚的内縁……………………24, 46, 47
重婚の禁止……………………23, 32
私有財産制度…………………73, 177
熟慮期間……………………………223
　　　――中の遺産管理……………226
　　　――の起算点…………………223
　　　――の徒過……………………227
出生主義……………………………103
準婚説………………………………46
準婚理論……………………………48
準　正……………………………36, 119
承諾を要する任意認知……………113
諸子均分相続制………176, 180, 182, 185
準拠法………………………………56
処分行為……………………………260
信義条項……………………………70
親　権……………………………95, 141
　　　――の終了事由………………151
　　　――の喪失……………………151
　　　――の父母共同行使…………144
　　　――の濫用……………………151
親権者………………………………143
　　　――の決定……………………81

事項索引　307

——の変更 …………………81, 143
人工授精 …………………………100
人工授精型代理母 ………………101
人工生殖子 ………………………100
人事訴訟 …………………………22
身上監護 …………………………145
親　族 ……………………………12
親族扶養優先の原則 ……………174
親　等 ……………………………12
審判離縁 …………………………131
審判離婚 …………………………68
審判分割 …………………………271

す

推定されない嫡出子 ……………105
推定される嫡出子 ………………104
推定の及ばない嫡出子 …………106

せ

生活扶助義務 ………………42, 164
生活保持義務 ………………38, 164
請求権的身分権 …………………15
精神病離婚 ………………………73
成年後見人 ………………………159
成年後見監督人 …………………159
成年後見制度 ………………159, 182
成年被後見人の婚姻 ……………34
生命保険金 ………………………216
生命保険請求権の相続 …………249
絶対的定期債務 …………………170
全血兄弟姉妹 ………………189, 214
潜在的持分 ………………………41
選択的夫婦別姓 …………………8
占有権の相続 ……………………243
　——と取得時効との関係 ……244

そ

相　続 ……………………………175
　——の承認 ……………………221
　——の放棄 ………………221, 231
相続開始の原因 …………………187
相続開始の時期 …………………187
相続開始の場所 …………………187
相続回復請求 ……………………235
相続回復請求権 …………………235
　——の行使 ……………………237
　——の消滅 ……………………239
　——の性質 ……………………236
　——の放棄 ………………232, 240
相続欠格 ……………………192, 194
相続財産管理人 ……………205, 230
相続財産に関する費用 …………187
相続財産法人 ……………………204
相続資格の重複 …………………201
相続制度の機能 …………………177
相続人 ……………………………187
　——の捜索 ……………………205
　——の喪失 ……………………192
　——の廃除 ………………192, 195
　——の不存在 …………………203
相続人不存在の共有持分 ………206
相続能力 …………………………190
相続分 ……………………………208
相続分皆無証明書 …………217, 233
相続分の譲渡 ……………………220
相続分取戻権 ……………………220
相続放棄 …………………………202
　——の効力 ……………………232
　——の利益相反行為 …………225
総対的遺留分 ……………………298
尊属養子 …………………………124

た

第1種の財産分離 …………………275
　——の効果 ………………………277
　——の手続 ………………………276
体外受精 ……………………………100
体外受精型代理母 …………………101
胎　児 ………………………………190
　——のための遺産分割 …………267
代襲原因 ………………………189, 199
代襲相続 ………………………188, 199
代襲相続人 ……………188, 189, 199, 214
代諾縁組 ………………………123, 125
代諾離縁 ……………………………131
第2種の財産分離 …………………275
　——の手続 ………………………279
多数関係者の抗弁 …………………117
立替扶養料の求償 …………………172
単純承認 ……………………………226
　——の効果 ………………………228
　——の事由 ………………………226
断絶養子 ……………………………136

ち

父を定める訴え ……………………110
嫡出子 …………………………36, 102
嫡出否認の訴え …………106, 108, 109
超過特別受益者の相続分 …………217
長男子単独相続（長子相続）
　……………………………175, 179, 184
調停委員会 ……………………………67
調停前置主義 ……………………20, 35, 67
調停に代わる審判 ……………………68
調停離縁 ……………………………131
調停離婚 ………………………………66
直系血族 ………………………………12
賃借家屋と同居者の居住権 ………246
賃借権の相続 ………………………245

つ

追　認 …………………………………27
連れ子との特別養子縁組 …………137

て

停止条件付遺贈 ……………………293
伝染病隔離者遺言 …………………286

と

登　記 ………………………………261
同時死亡の推定 ………………185, 188
同時存在の原則 ……………………191
同氏同籍 ………………………………18
同性婚 ……………………………24, 46
当然承認の原則 ……………………241
特定遺贈 ……………………………291
特定相続不動産上の持分権放棄契約 …231
特定物遺贈 …………………………290
特別縁故者への遺産分与 …………206
特別寄与者 ……………………209, 217
特別受益者 ……………………209, 215
特別受益の持戻し制度 ……………215
特別養子制度 ………………………134
特別離縁 ……………………………139
届　出 ……………………………17, 46
届出の意思 ……………………………27
届出効力要件説 ………………………61
届出婚主義 ……………………………46
届出成立要件説 ………………………61

な

内　縁 ……………………………44, 46
　——の解消 …………………………47
　——の効果 …………………………47
内縁配偶者 …………………………189

事項索引　309

七出三不去 …………………………53
難船危急時遺言 ……………………286

に

日常家事債務の連帯責任……………42
任意認知 ……………………………112
認　知 ………………………………111
　――の効果 ………………………119
　――の法的性質 …………………112
　――の方法 ………………………113
　――の無効・取消し ……………115
認知準正 ……………………………119
認知請求権の消滅 …………………116
認知請求権の放棄 …………………118
認知制度 ……………………………111

ね

年長養子 ……………………………124

は

配偶者ある者の縁組 ………………124
配偶相続権 ……………176, 183, 185
廃　除
　――の効果 ………………………198
　――の取消 ………………………198
　――の方法 ………………………197
廃除事由 ……………………………196
破綻主義 ………………………………69
破綻の認定……………………………70
末子相続 ……………………………179
母の認知 ……………………………112
半血兄弟姉妹 …………………189, 214

ひ

引取扶養 ……………………………170
非嫡出子 ……………………………111
　――の相続分 …………………186, 213

必要的夫婦共同縁組 ………………135
不認権行使 …………………………108
否認権者 ……………………………108
否認権の消滅 ………………………109
否認権の喪失 ………………………109
秘密証書遺言 ………………………285
表見代諾権者 ………………………126
表見代理………………………………43

ふ

夫婦共同縁組 ………………………127
夫婦財産契約 …………………………45
夫婦財産制 ……………………………23
夫婦財産契約 …………………………39
夫婦同氏 …………………………23, 46
　――の原則 …………………………37
夫婦同権 …………………………38, 40
夫婦別氏………………………………37
夫婦の氏………………………………42
父子関係………………………………14
　――の証明 ………………………117
不受理申出制度………………………60
付随的身分行為………………………16
負担付遺贈 …………………………293
普通養子 …………………………121, 122
普通養子から特別養子への転換 …137
普通離婚率……………………………55
物的有限責任 ………………………222
不貞行為 ………………………38, 71
不貞の抗弁 …………………………117
不適法婚の取消し……………………40
不動産譲渡所得税……………………93
不特定物遺贈 ………………………290
父母の同意 …………………………136
扶　養 ………………………………163
扶養可能状態 ………………………166
扶養義務者 …………………………165

310　事項索引

扶養義務の消滅 …………………………168
扶養義務の発生 …………………………166
扶養義務の変更 …………………………167
扶養権利者 …………………………165
扶養の順位・程度・方法 …………………168
扶養の方法 …………………………169
扶養必要状態 …………………………166
分割当事者の確定 …………………………267

へ

兵隊養子 …………………………129
別居期間 …………………………77

ほ

包括遺贈 …………………………290
包括受遺者 …………………………291
包括承継の原則 …………………………241
傍系血族 …………………………12
法定血族 …………………………12
法定財産制 …………………………40
法定相続権の根拠 …………………………182
法定相続主義 …………………………179
法定相続分 …………………………209, 212
法的意思説 …………………………59
法典論争 …………………………4
法律婚主義 …………………………46
法律婚制度 …………………………24
保　佐 …………………………152, 161
母子関係 …………………………14
保証債務の相続 …………………………251
補　助 …………………………152, 162
補助人 …………………………162
補足性の原理 …………………………174
保存行為 …………………………260
本人が無権代理人を相続する場合 ……253
本来の相続分 …………………………210, 215, 218

み

未成年後見制度 …………………………155
未成年後見人 …………………………155
未成年者の婚姻 …………………………34
みなし相続財産 …………………………215, 218
身　分 …………………………15
身分契約型の養子 …………………………135
身分権 …………………………15
身分行為意思 …………………………17
身分行為の要式性 …………………………17
身分行為論 …………………………28
『民法改正要綱』 …………………………22

む

無限責任 …………………………221
無権代理 …………………………43, 252
無権代理人が本人の両方を相続する
　場合 …………………………253
無権代理人が本人を相続する場合 …43, 252
無効行為の転換 …………………………114, 127
無効離婚の追認 …………………………65

め

明治民法 …………………………73, 184
目上養子 …………………………124
面接交渉権 …………………………85, 87

も

持戻しの対象となる贈与 …………………216
持戻しの免除 …………………………217

ゆ

結　納 …………………………45
有責主義離婚法 …………………………53
有責配偶者の婚姻費用分担請求 …………42
有責当事者からの離縁請求 ……………132

事項索引　311

有責配偶者の離婚請求……………76

よ

養育費………………………83
養子制度 …………………120
　──の変遷 ……………120
要保護性……………………137

り

利益相反行為（親権者と子）……148
　──の判断基準 ………148
利益社会的（ゲゼルシャフト的）結合
　関係 ……………………9
離縁給付……………………133
離縁原因……………………132
離縁の効果…………………133
履行確保制度………………80
離　婚………………53, 56
　──の解消……………45
　──の効果……………79
　──の効力……………58
　──の制度……………55

　──の歴史的推移……………53
　──を継続し難い重大な事由………74
離婚意思……………………59
離婚慰藉料…………………91
離婚原因……………………71
　──の改正案……………70
離婚効果の改正案…………79
離婚後扶養…………………91
離婚請求棄却事由…………75
離婚届出……………………61
離婚母子家庭………………83
両性（男女）の本質的平等 ………5, 7

れ

連帯債務の相続 ……………259

ろ

労働養子……………………125

わ

藁の上からの養子 ………127

判 例 索 引

大判明治38年9月19日民録11輯1210号
　……………………………………239
大判明治39年11月27日刑録12輯1288頁
　……………………………………129
大判明治41年3月9日民録14輯241頁…224
大判明治43年10月3日民録16輯621頁…248
大判明治44年7月10日民録17輯468頁
　………………………………226, 237, 240
大判明治45年4月5日民録18輯343頁…117
大判大正3年12月1日民録20輯1019頁
　………………………………………194, 195
大判大正4年1月16日民録21輯8頁 …295
大判大正4年1月26日民録21輯49頁……46
大判大正5年2月8日民録22輯267頁…237
大判大正5年6月13日民録22輯1200頁
　……………………………………261
大判大正5年12月27日民録22輯2524頁
　……………………………………231
大判大正6年2月2日民録23輯186頁…150
大判大正6年5月18日民録23輯831頁…191
大判大正7年4月18日民録24輯722頁…295
金沢区判大正7年10月18日新聞1479号
　26頁……………………………228
大判大正9年12月22日民録26輯2062頁
　………………………………………256, 257
大判大正10年10月29日民録27輯1847頁
　……………………………………145
大判大正10年12月9日民録27輯2100頁
　……………………………………113
大判大正11年2月7日民集1巻19頁 …250
大判大正11年3月27日民集1巻137頁…115
大判大正11年7月25日民集1巻478頁…197
大判大正11年9月2日民集1巻448頁…129
大判大正11年9月25日民集1巻534頁…193

大判大正12年3月9日民集2巻143頁…113
大決大正13年2月15日民集3巻10頁……65
大判大正13年5月19日民集3巻215頁…228
大判大正14年9月18日民集4巻635頁…115
大判大正15年2月16日民集5巻150頁…247
大判大正15年6月2日法律評論16巻44頁
　……………………………………197
大判大正15年8月3日民集5巻679頁…223
大判大正15年11月2日法律評論16巻298頁
　……………………………………150
大判昭和2年4月22日民集6巻260頁…198
大判昭和2年5月30日新聞2702号5頁
　……………………………………248
大判昭和3年1月30日民集7巻12頁 …113
大判昭和3年3月10日民集7巻152頁…247
大判昭和3年12月6日新聞2957号6頁
　……………………………………105
大判昭和4年4月2日民集8巻237頁
　………………………………………237, 239
大判昭和4年5月2日民集8巻329頁…124
大判昭和4年6月22日民集8巻618頁…298
大判昭和4年7月4日民集8巻686頁
　………………………………………115, 126
大判大正5年6月13日民録22輯1200頁
　……………………………………261
大判昭和5年6月16日民集9巻550頁…296
大決昭和5年12月4日民集9巻1118頁
　……………………………………258
大判昭和6年3月9日民集10巻108頁…149
大判昭和6年8月7日民集10巻763頁…244
大判昭和6年11月13日民集10巻1022頁
　……………………………………118
大判昭和7年5月11日民集11巻1062頁
　……………………………………130

判例索引　313

大判昭和7年6月2日民集11巻1107頁
　……………………………………228
大判昭和7年9月22日新聞3463号13頁
　……………………………………238
大判昭和7年10月6日民集11巻2023頁
　……………………………………191
東京控判昭和8年5月26日新聞3568号
　5頁 ………………………………248
大判昭和8年12月1日民集12巻2790頁
　……………………………………239
大判昭和9年1月23日民集13巻47頁 …109
大判昭和9年1月30日民集13巻103頁…252
大判昭和9年6月15日民集13巻1792頁
　……………………………………301
大判昭和10年7月13日新聞3876号6頁
　……………………………………223
大判昭和11年5月13日民集15巻877頁…249
大判昭和11年6月17日民集15巻1246頁
　……………………………………299
大判昭和11年6月30日民集15巻1290頁…61
大判昭和11年8月7日民集15巻1630頁
　……………………………………149
東京控判昭和11年9月11日新聞4059号
　13頁 ………………………………227
大判大正11年9月25日民集1巻534頁…193
大判昭和11年11月4日民集15巻1946頁
　……………………………………127
大判昭和11年12月26日新聞4100号12頁
　………………………………………50
大判昭和12年1月30日民集16巻1頁 …227
大判昭和12年5月26日民集16巻891頁…123
大判昭和12年8月6日判決全集4輯15号
　10頁 ………………………………248
大判昭和13年4月12日民集17巻675頁…240
大〔連〕判昭和15年1月23日民集19巻
　54頁 ………………………………105
大判昭和15年9月18日民集19巻1624頁

　……………………………………203
大判昭和15年9月20日民集19巻1596頁
　……………………………………106
大判昭和15年12月6日民集19巻2182頁
　……………………………………129
大判昭和16年12月17日民集20巻1479頁
　……………………………………247
大判昭和17年2月25日民集21巻164頁…253
大判昭和17年11月4日法学2巻829頁…193
大判昭和18年9月10日民集22巻948頁…251
最判昭和23年11月6日民集2巻12号
　397頁………………………………239
最判昭和23年12月23日民集2巻14号
　492頁………………………………129
最判昭和24年1月18日民集3巻1号10頁
　……………………………………146
東京地判昭和24年2月7日判例総覧
　親族法341頁 ………………………73
大津地判昭和25年7月27日下民集1巻
　7号1150頁 …………………………73
最判昭和25年12月28日民集4巻13号
　701頁………………………………110
新潟地長岡支判昭和26年11月9日下民集
　2巻11号1330頁……………………92
最判昭和27年2月19日民集6巻2号
　110頁 ………………………………77
最判昭和27年5月6日民集6巻5号
　506頁 ………………………………92
最判昭和27年6月27日民集6巻6号
　602頁 ………………………………74
東京高決昭和27年7月22日家月4巻8号
　95頁 ………………………………234
最判昭和27年10月30日民集6巻9号
　753頁………………………………126,128
広島高米子支判昭和27年11月7日
　高民集5巻13号645頁……………260
東京高決昭和28年9月4日高民集6巻

10号603頁……………………220
最判昭和29年1月21日民集8巻1号87頁
　………………………………117
仙台高決昭和29年2月5日家月6巻3号
　92頁……………………………197
最判昭和29年3月12日民集8巻3号696頁
　………………………………260
最判昭和29年4月8日民集8巻4号
　819頁…………………………257
最判昭和29年4月30日民集8巻4号
　861頁…………………………112
東京高決昭和29年5月7日高民集7巻
　3号356頁……………………234
最判昭和29年12月21日民集8巻12号
　2222頁…………………………231
最判昭和29年12月24日民集8巻12号
　2310頁…………………………231
最判昭和30年5月10日民集9巻6号
　657頁…………………………287
最判昭和30年5月31日民集9巻6号
　793頁……………………256, 271
最〔大〕判昭和30年7月20日民集9巻
　9号1122頁……………………116
最判昭和30年9月30日民集9巻10号
　1491頁…………………………235
最判昭和31年2月21日民集10巻2号
　124頁……………………………91
福岡高判昭和31年4月13日高民集9巻
　3号206頁………………………123
最判昭和31年5月10日民集10巻5号
　487頁…………………………260
最判昭和31年7月9日民集10巻7号
　908頁……………………………61
東京家審昭和31年7月25日家月9巻10号
　38頁……………………………48
最判昭和31年10月4日民集10巻10号
　1229頁…………………………287

大阪高決昭和31年10月9日家月8巻10号
　43頁……………………………265
最判昭和32年4月11日民集11巻4号
　629頁……………………………74
最判昭和32年6月21日民集11巻6号
　1125頁…………………………118
最判昭和32年9月19日民集11巻9号
　1574頁…………………………237
最判昭和33年2月25日家月10巻2号39頁
　………………………………74
最判昭和33年3月6日民集12巻3号
　414頁………………………39, 92
最判昭和33年4月11日民集12巻5号
　789頁………………………46, 48
最判昭和33年7月25日民集12巻12号
　1823頁…………………………73
最判昭和33年10月14日民集12巻14号
　3111頁…………………………261
最判昭和34年2月19日民集13巻2号
　174頁……………………………87
最判昭和34年6月19日民集13巻6号757頁
　………………………………259
最判昭和34年7月3日民集13巻7号905頁
　…………………………………34
最判昭和34年7月14日民集13巻7号
　1023頁……………………………41
最判昭和34年8月7日民集13巻10号
　1251頁……………………………61
仙台高決昭和34年8月31日家月12巻6号
　130頁…………………………267
東京高判昭和34年9月29日判タ97号54頁
　…………………………………61
最判昭和35年2月25日民集14巻2号
　279頁……………………149, 150
岡山地判昭和35年3月7日判時223号
　24頁……………………………129
長野地判昭和35年3月9日下民集11巻

3号496頁 ……………………74
最判昭和35年3月15日民集14巻3号
　　430頁 ………………………82, 145
名古屋高決昭和35年3月18日高民集13巻
　　2号194頁 …………………268
東京高決昭和35年7月7日東高民時報11巻
　　7号209頁…………………197
高松高決昭和36年1月8日家月14巻7号
　　62頁 …………………………262
最判昭和36年3月2日民集15巻3号
　　337頁…………………………256
最判昭和36年4月25日民集15巻46号
　　891頁 ……………………………74
最判昭和36年6月22日民集15巻6号
　　1622頁 ………………………284
最判昭和36年9月6日民集15巻8号
　　2047頁…………………………41
最判昭和37年2月6日民集16巻2号
　　206頁 …………………………75
最判昭和37年4月10日民集16巻4号
　　693頁…………………………118
東京高決昭和37年4月13日家月14巻11号
　　115頁 …………………………263
最判昭和37年4月20日民集16巻4号
　　955頁…………………………253
東京高決昭和37年4月24日家月14巻11号
　　129頁 …………………………263
最判昭和37年4月27日民集16巻7号
　　1247頁 ………………………113
大阪高決昭和37年5月11日家月14巻11号
　　119頁 …………………………197
最判昭和37年5月18日民集16巻5号
　　1073頁 ………………………244
最判昭和37年6月21日家月14巻10号
　　100頁 …………………………228
東京高決昭和37年7月19日東高民時報13巻
　　7号117頁………………………227

最判昭和37年8月10日民集16巻8号
　　1700頁 …………………………28
大阪家審昭和37年8月31日家月14巻12号
　　111頁 …………………………197
最判昭和37年10月2日民集16巻10号
　　2059頁 ……………………149, 150
最判昭和37年11月9日民集16巻11号
　　2270頁 ………………………251
最判昭和37年12月25日民集16巻12号
　　2455頁 ………………………246
最判昭和38年2月1日民集17巻1号
　　160頁 …………………………48
最判昭和38年2月22日民集17巻1号
　　235頁 …………………………261
東京地判昭和38年5月27日判時349号
　　54頁 ……………………………74
最判昭和38年6月4日家月15巻9号
　　179頁 …………………………71
広島高決昭和38年6月19日高民集16巻
　　4号265頁 ……………………48
最判昭和38年9月5日民集17巻8号
　　942頁 …………………………44
最判昭和38年11月28日民集17巻11号
　　1469頁…………………………25
最判昭和38年12月20日民集17巻12号
　　1708頁…………………………44
最判昭和39年2月27日民集18巻2号
　　383頁…………………………237, 239
最判昭和39年3月6日民集18巻3号
　　437頁 …………………………291
最〔大〕判昭和39年3月25日民集18巻
　　3号486頁 ……………………58
東京家審昭和39年6月25日ケース研究
　　89号65頁………………………69
大阪家審昭和39年7月22日家月16巻12号
　　41頁 …………………………207
最判昭和39年8月4日民集18巻7号

判例索引　315

最判昭和39年9月4日民集18巻7号
　1394頁……………………………………45
最判昭和39年9月17日民集18巻7号
　1461頁……………………………………72
最判昭和39年10月13日民集18巻8号
　1578頁…………………………………190, 246
札幌高決昭和39年11月21日家月17巻2号
　38頁……………………………………266
東京家審昭和39年12月14日家月17巻4号
　55頁……………………………………85
最判昭和40年2月2日民集19巻1号1頁
　……………………………………………249
大阪家審昭和40年3月22日家月17巻4号
　64頁……………………………………000
名古屋地判昭和40年2月26日下民集16巻
　2号362頁………………………………115
最判昭和40年5月20日民集19巻4号
　859頁……………………………………261
最判昭和40年5月27日家月17巻6号
　251頁……………………………………235
最判昭和40年6月18日民集19巻4号
　986頁……………………………………253
最決昭和40年6月30日民集19巻4号
　1114頁……………………………………42
東京家審昭和40年9月27日家月18巻2号
　92頁……………………………………48
大阪高決昭和40年11月9日家月18巻5号
　44頁……………………………………197
大阪地判昭和41年1月18日判時462号40頁
　……………………………………………45
浦和家審昭和41年1月20日家月18巻9号
　87頁……………………………………271
最判昭和41年2月15日民集20巻2号
　202頁…………………………………106, 111
最〔大〕判昭和41年3月2日民集20巻
　3号360頁………………………………264

1309頁……………………………………132

新潟家新発田支審昭和41年4月18日家月
　18巻11号70頁…………………………277
最判昭和41年7月14日民集20巻6号
　1183頁……………………………………299
最判昭和41年7月15日民集20巻6号
　1197頁……………………………………88
東京家審昭和41年9月8日家月19巻3号
　58頁……………………………………263
最判昭和42年1月20日民集21巻1号16頁
　……………………………………………233
最判昭和42年2月2日民集21巻1号88頁
　………………………………………39, 50
最判昭和42年2月17日民集21巻1号
　133頁……………………………………172
最判昭和42年2月21日民集21巻1号
　155頁…………………………………190, 246
最判昭和42年4月7日民集21巻3号
　551頁……………………………………261
最判昭和42年4月27日民集21巻3号
　741頁…………………………………222, 224
最判昭和42年4月28日民集21巻3号
　780頁……………………………………246
最〔大〕判昭和42年5月24民集21巻5号
　1043頁……………………………………242
最判昭和42年5月25日民集21巻4号
　937頁……………………………………132
最判昭和42年5月30日民集21巻4号
　988頁……………………………………232
最判昭和42年6月22日民集21巻6号
　1479頁…………………………………226, 234
大分地判昭和42年7月14日判時1266号
　103頁……………………………………89
新潟地判昭和42年8月30日判時519号
　84頁……………………………………74
最〔大〕判昭和42年11月1日民集21巻
　9号2249頁……………………………89, 248
最判昭和42年12月8日家月20巻3号55頁

判例索引　317

最判昭和43年2月27日訟月14巻2号188頁……………………………232
最判昭和43年5月24日判時523号42頁 …26
鹿児島家審昭和43年7月12日家月20巻11号177頁……………………266
最判昭和43年8月27日民集22巻8号1733頁……………………………116
最判昭和43年10月8日民集22巻10号2172頁……………………………150
神戸家審昭和43年10月9日家月21巻2号175頁……………………………000
最判昭和43年12月24日民集22巻13号3270頁……………………………289
最判昭和44年1月31日判時553号47頁 …61
最判昭和44年4月3日民集23巻4号709頁………………………………28
東京家審昭和44年5月10日家月22巻3号89頁……………………………000
最判昭和44年5月29日民集23巻6号1064頁………………………50, 106
最判昭和44年10月30日民集23巻10号1881頁……………………………244
最判昭和44年10月31日民集23巻10号1894頁……………………25, 27, 59
最判昭和44年11月27日民集23巻11号2290頁……………………………117
最判昭和44年12月18日民集23巻12号2476頁………………………………43
東京高判昭和45年1月28日家月23巻4号31頁……………………………239
東京高判昭和45年3月17日高民集23巻2号92頁…………………………193
東京高判昭和45年3月30日高民集23巻2号135頁…………………210, 290
最判昭和45年4月21日判時596号43頁 …28
最〔大〕判昭和45年7月15日民集24巻7号861頁…………………………………110
東京地判昭和45年9月2日判時619号66頁………………………………92
最判昭和45年11月24日家月23巻5号71頁……………………………………149
最判昭和45年11月24日民集24巻12号1931頁……………………………124
最判昭和45年11月24日民集24巻12号1943頁………………………………74
名古屋高決昭和45年12月9日家月23巻7号44頁………………………266
最判昭和46年1月26日民集25巻1号90頁……………………………………272
横浜地川崎支判昭和46年6月7日判時678号79頁………………………91
最高判昭和46年7月23日民集25巻5号805頁………………………………92
大阪高決昭和46年9月2日家月24巻10号90頁…………………………263
大阪高決昭和46年9月2日家月24巻11号41頁…………………………234
最判昭和46年10月22日民集25巻7号985頁………………………………129
最判昭和46年11月16日民集25巻8号1182頁……………………………291
最判昭和46年11月30日民集25巻8号1437頁……………………………245
大阪高決昭和46年12月7日家月25巻1号42頁…………………………267
大阪家審昭和47年1月7日家月24巻8号47頁……………………………84
最判昭和47年7月25日民集26巻6号1263頁………………………………27
熊本家審昭和47年10月27日家月25巻7号70頁…………………………207
東京高判昭和47年11月30日判時688号60頁………………………………91

釧路家審昭和47年12月26日家月25巻8号
　　60頁 ………………………………167
最判昭和48年4月12日民集27巻3号
　　500頁 ………………………………125
最判昭和48年4月24日家月25巻9号80頁
　　………………………………………268
東京高判昭和48年4月26日判時706号29頁
　　…………………………………………45
最判昭和48年6月29日民集27巻6号
　　737頁 ………………………………250
最判昭和48年7月3日民集27巻7号
　　751頁 ………………………………253
広島高岡山支判昭和48年10月3日家月
　　26巻3号43頁 ………………………216
最判昭和48年11月15日民集27巻10号
　　1323頁 …………………………………72
大阪家審昭和49年2月20日家月27巻1号
　　100頁 …………………………………86
福島地判昭和49年2月22日判時741号
　　103頁 …………………………………92
大阪高決昭和49年6月28日家月27巻4号
　　56頁 ……………………………………38
最判昭和49年7月22日家月27巻2号69頁
　　………………………………………149
最判昭和49年9月20日民集28巻6号
　　1202頁 ………………………………223
大阪家審昭和50年3月26日家月28巻3号
　　68頁 …………………………………216
札幌地判昭和50年3月27日判時798号
　　77頁 ……………………………………75
最判昭和50年4月8日民集29巻4号
　　401頁 ………………………………127
最判昭和50年5月27日民集29巻5号
　　641頁 …………………………………94
最判昭和50年10月24日民集29巻9号
　　1483頁 ………………………………208
最判昭和50年11月7日民集29巻10号
　　1525頁 ………………………………256
名古屋地判昭和50年11月11日判時813号
　　70頁 …………………………………234
大阪家審昭和50年12月12日家月28巻9号
　　67頁 …………………………………166
最判昭和51年3月18日民集30巻2号
　　111頁 ………………………………217
最判昭和51年7月1日家月29巻2号91頁
　　………………………………………224
最判昭和51年8月30日民集30巻7号
　　768頁 ………………………………299
大阪家審昭和51年11月25日家月29巻6号
　　27頁 …………………………………000
盛岡地遠野支判昭和52年1月26日家月
　　29巻7号67頁 …………………………74
名古屋高金沢支判昭和52年3月23日家月
　　29巻8号33頁 …………………………82
東京高判昭和52年5月26日判時857号
　　77頁 ……………………………………75
東京高決昭和52年12月9日家月30巻8号
　　42頁 ……………………………………86
福岡高決昭和52年12月10日家月30巻9号
　　75頁 ……………………………………83
最判昭和53年2月24日民集32巻1号98頁
　　…………………………………149,226
最判昭和53年2月24日民集32巻1号110頁
　　………………………………………114
最判昭和53年3月9日家月31巻3号79頁
　　…………………………………………65
最判昭和53年4月11日民集32巻3号583頁
　　…………………………………………93
奈良家審昭和53年5月19日家月30巻11号
　　62頁 …………………………………109
広島高岡山支決昭和53年8月2日家月
　　31巻7号56頁 ………………………196
東京高判昭和53年8月22日判時909号
　　54頁 …………………………………207

最判昭和53年11月14日民集32巻8号
　1529頁‥‥‥‥‥‥‥‥‥‥‥‥‥87
最〔大〕判昭和53年12月20民集32巻9号
　1674頁‥‥‥‥‥‥‥‥‥‥237, 238
東京高決昭和54年2月9日判時926号
　66頁‥‥‥‥‥‥‥‥‥‥‥‥‥42
最判昭和54年3月30日家月31巻7号54頁
　‥‥‥‥‥‥‥‥‥‥‥‥‥‥113
最判昭和54年3月30日民集33巻2号
　303頁‥‥‥‥‥‥‥‥‥‥‥‥38
東京高決昭和54年4月24日家月32巻2号
　81頁‥‥‥‥‥‥‥‥‥‥‥‥‥47
広島高決昭和55年7月7日家月34巻5号
　41頁‥‥‥‥‥‥‥‥‥‥‥‥‥90
最判昭和55年7月11日民集34巻4号
　628頁‥‥‥‥‥‥‥‥‥‥‥‥92
東京高決昭和55年9月10日判タ427号
　159頁‥‥‥‥‥‥‥‥‥‥‥216
最判昭和55年1月27日家月33巻3号31頁
　‥‥‥‥‥‥‥‥‥‥‥‥‥‥251
横浜家小田原支審昭和55年12月26日家月
　23巻6号43頁‥‥‥‥‥‥‥‥207
最判昭和56年4月3日民集35巻3号
　431頁‥‥‥‥‥‥‥‥‥‥‥193
大津家審昭和56年4月13日家月34巻6号
　55頁‥‥‥‥‥‥‥‥‥‥‥‥193
最判昭和56年9月11日民集35巻6号
　1013頁‥‥‥‥‥‥‥‥‥‥‥284
最判昭和56年10月1日家月34巻4号62頁
　‥‥‥‥‥‥‥‥‥‥‥‥‥‥110
最判昭和57年3月19日民集36巻3号
　432頁‥‥‥‥‥‥‥‥‥‥‥117
最判昭和57年3月26日判時1041号66頁‥‥59
東京高判昭和57年4月27日判時1047号
　84頁‥‥‥‥‥‥‥‥‥‥‥‥‥45
徳島地判昭和57年6月21日判タ478号
　112頁‥‥‥‥‥‥‥‥‥‥‥‥45

岐阜家審昭和57年9月14日家月36巻4号
　78頁‥‥‥‥‥‥‥‥‥‥‥‥‥48
東京高判昭和58年1月18日判タ497号
　170頁‥‥‥‥‥‥‥‥‥‥‥‥74
大阪地判昭和58年3月8日判タ494号
　167頁‥‥‥‥‥‥‥‥‥‥‥‥45
最判昭和58年3月18日判時1075号115頁
　‥‥‥‥‥‥‥‥‥‥‥‥‥‥287
大阪地判昭和58年3月28日判時1048号
　99頁‥‥‥‥‥‥‥‥‥‥‥‥‥45
最判昭和58年4月14日民集37巻3号
　270頁‥‥‥‥‥‥‥‥‥‥47, 51
東京高決昭和58年4月28日家月36巻6号
　42頁‥‥‥‥‥‥‥‥‥‥‥‥171
大阪高決昭和58年6月2日判タ506号
　186頁‥‥‥‥‥‥‥‥‥‥‥266
宮崎地判昭和58年11月29日判時1132号
　159頁‥‥‥‥‥‥‥‥‥‥‥‥87
東京高決昭和58年12月16日家月37巻3号
　69頁‥‥‥‥‥‥‥‥‥‥‥‥‥42
最判昭和58年12月19日民集37巻10号
　1532頁‥‥‥‥‥‥‥‥‥‥‥‥93
最判昭和59年4月24日判タ531号141頁
　‥‥‥‥‥‥‥‥‥‥‥‥‥‥261
最判昭和59年4月27日民集38巻6号
　698頁‥‥‥‥‥‥‥‥‥‥‥223
最判昭和59年7月6日家月37巻5号35頁
　‥‥‥‥‥‥‥‥‥‥‥‥‥‥‥85
東京高判昭和59年9月25日家月37巻10号
　83頁‥‥‥‥‥‥‥‥‥‥‥‥234
福井家審昭和59年10月23日家月38巻4号
　81頁‥‥‥‥‥‥‥‥‥‥‥‥‥90
浦和地判昭和59年11月27日判タ548号
　260頁‥‥‥‥‥‥‥‥‥‥‥‥91
東京高判昭和60年3月7日判時1152号
　138頁‥‥‥‥‥‥‥‥‥‥‥198
名古屋高金沢支決昭和60年7月22日家月

37巻12号31頁 ……………………196
名古屋高金沢支決昭和60年 9 月 5 日家月
　38巻 4 号76頁 ………………………91
東京地判昭和61年 1 月29日判時1185号
　112頁 …………………………………90
札幌高決昭和61年 3 月17日家月38巻 8 号
　67頁 …………………………………210
東京高決昭和61年 9 月10日判時1210号
　56頁 …………………………………171
最判昭和62年 3 月 3 日判時1232号103頁
　………………………………………251
最判昭和62年 4 月23日民集41巻 3 号
　474頁 ………………………………296
大分地判昭和62年 7 月14日判時1266号
　103頁 …………………………………89
最〔大〕判昭和62年 9 月 2 日民集41巻
　6 号1423頁……………………………77
東京高判昭和62年 9 月24日判時1269号
　79頁 …………………………………78
東京高判昭和62年10月20日判タ669号
　209頁 …………………………………78
大阪高判昭和62年11月26日判時1281号
　99頁 …………………………………78
最判昭和63年 3 月 1 日家月41巻10号
　104頁 ………………………………253
最判昭和63年 4 月 7 日判時1293号94頁…77
東京高判昭和63年 6 月 7 日判時1281号
　96頁 …………………………………90
最判昭和63年 6 月21日家月41巻 9 号
　101頁 ………………………………224
最判昭和63年12月 8 日家月41巻 3 号
　145頁 …………………………………77
仙台高決昭和63年12月 9 日家月41巻 8 号
　184頁 ………………………………144
東京高判昭和63年12月28日判時1301号
　97頁 …………………………………91
最判平成元年 2 月 9 日民集43巻 2 号 1 頁
　………………………………………270
最判平成元年 2 月16日民集43巻 2 号45頁
　………………………………………284
高松高決平成元年 2 月20日判タ699号
　235頁 ………………………………137
東京高判平成元年 5 月11日家月42巻 6 号
　25頁 …………………………………78
仙台高秋田支決平成元年 5 月24日家月
　41巻11号86頁 ………………………137
神戸地判平成元年 6 月23日判時1343号
　107頁 …………………………………88
最判平成元年 9 月14日家月41巻11号75頁
　………………………………………94
名古屋高決平成元年10月17日家月42巻
　2 号181頁 …………………………137
徳島家審平成元年11月17日家月42巻 5 号
　92頁 …………………………………137
最判平成元年11月24日民集43巻10号
　1220頁 ………………………………203
最判平成元年12月11日民集43巻12号
　1763頁 ………………………………83
東京高決平成 2 年 1 月30日家月42巻 6 号
　47頁 …………………………………136
名古屋高金沢支決平成 2 年 5 月10日家月
　42巻11号37頁 ………………………197
名古屋家審平成 2 年 5 月31日家月42巻
　12号51頁 ……………………………86
最判平成 2 年 7 月19日判時1360号115頁
　………………………………………116
最判平成 2 年 7 月20日民集44巻 5 号
　975頁 …………………………………88
長野地判平成 2 年 9 月17日判時1366号
　111頁 …………………………………73
最判平成 2 年 9 月27日判時1363号89頁…93
最判平成 2 年 9 月27日民集44巻 6 号
　995頁 ………………………………270
最判平成 2 年11月 8 日判時1370号55頁…77

大阪高判平成2年12月14日判時1384号
　　55頁………………………………75
札幌高決平成3年2月25日家月43巻12号
　　65頁………………………………42
最判平成3年4月19日民集45巻4号
　　477頁……………………210, 290
横浜家審平成3年5月14日家月43巻10号
　　48頁………………………………56
名古屋地岡崎支判平成3年9月20日判時
　　1409号97頁…………………………76
福岡高決平成3年12月27日家月45巻6号
　　62頁………………………………136
大阪高決平成4年3月19日家月45巻2号
　　162頁………………………………207
新潟地高田支判平成4年5月21日家月
　　2号175頁…………………………132
大阪高判平成4年5月26日判タ797号
　　253頁………………………………88
高松高決平成4年8月7日判タ807号
　　235頁…………………………………50
最判平成5年1月21日民集47巻1号
　　265頁………………………………253
東京高判平成5年3月29日家月45巻10号
　　65頁…………………………………58
東京地判平成5年3月31日判タ857号
　　248頁…………………………………45
東京高決平成5年6月23日判時1465号
　　55頁…………………………………212
最判平成5年10月19日家月46巻4号27頁
　　………………………………………284
最判平成5年10月19日民集47巻8号
　　5099頁………………………82, 146
東京地判平成6年1月28日判タ873号
　　180頁…………………………………45
最判平成6年2月8日判タ858号123頁…78
神戸地判平成6年2月22日家月47巻4号
　　60頁…………………………………58

最判平成6年4月26日民集48巻3号
　　992頁……………………………82, 147
最判平成6年10月13日家月47巻9号52頁
　　………………………………………207
最判平成6年12月16日判時1518号15頁
　　………………………………………193
東京高決平成7年4月27日家月48巻4号
　　24頁…………………………………41
最〔大〕決平成7年7月5日民集49巻
　　7号1789号………………………99, 213
最判平成7年12月5日判時1563号81頁…33
最判平成8年3月8日家月48巻10号
　　145頁…………………………………26
最判平成8年3月26日民集50巻4号
　　993頁………………………………38, 50
横浜家審平成8年4月30日家月49巻3号
　　75頁…………………………………86
最判平成8年6月24日民集50巻7号145頁
　　…………………………………………58
最判平成9年1月28日民集51巻1号
　　184頁………………………………193
名古屋高裁平成9年1月29日家月49巻
　　10号64頁……………………………86
東京高判平成9年2月20日判時1602号
　　95頁…………………………………78
最判平成9年3月11日家月49巻10号
　　55頁…………………………………127
最判平成9年4月10日民集51巻4号
　　1972頁………………………………83
東京高判平成9年11月19日判タ999号
　　280頁…………………………………78
名古屋高判平成10年3月11日判タ1065号
　　160頁…………………………………75
東京高決平成10年3月13日家月50巻11号
　　81頁…………………………………90
東京高判平成10年3月18日判時1690号
　　66頁…………………………………90

東京高決平成10年4月6日家月50巻10号
　130頁 ……………………………………83
東京高決平成10年9月16日家月51巻3号
　165頁 ……………………………………98
最判平成11年1月21日判時1675号48頁…99
最判平成11年4月26日判時1679号33頁
　………………………………………………82
最判平成11年6月11日判時1682号54頁
　……………………………………………269
最判平成11年7月19日判時1688号134頁
　……………………………………………239
横浜地相模原支判平成11年7月30日判タ
　1065号152頁 ……………………………90
東京地判平成11年9月3日判時1700号
　79頁 ………………………………………90
神戸地判平成11年9月8日判時1744号
　91頁 ………………………………………92
最判平成12年3月9日判タ1028号168頁
　………………………………………………93
最判平成12年3月14日判時1708号106頁
　……………………………………………108
最判平成12年5月1日家月52巻12号31頁
　………………………………………………85
東京高決平成12年12月5日家月53巻5号
　187頁 ……………………………………83
広島高判平成13年1月15日判タ1068号
　204頁 ……………………………………238
大阪高判平成13年2月27日金商判1127号
　30頁 ……………………………………194
仙台地判平成13年3月22日判時1829号
　119頁 ……………………………………90
最判平成13年11月22日民集55巻6号
　1033頁 …………………………………300
横浜家審平成13年12月26日家月54巻7号
　64頁 ………………………………………90

横浜家審平成14年1月16日判タ1125号
　102頁 ……………………………………85
最判平成14年1月31日民集56巻1号
　246頁 ……………………………………99
東京高判平成14年6月26日判タ1154号
　108頁 ……………………………………78
大阪高決平成14年7月3日家月55巻1号
　82頁 ……………………………………227
最判平成14年11月5日民集56巻8号
　2069頁 …………………………………249
大阪高決平成15年3月27日家月55巻11号
　116頁……………………………………197
最判平成15年3月28日判時1820号62頁
　………………………………………………99
広島高決平成15年3月28日家月55巻9号
　60頁 ……………………………………207
最判平成15年3月31日判時1820号62頁
　………………………………………………99
名古屋高決平成15年11月14日家審56巻
　5号143頁 ………………………………137
最判平成16年10月14日判時1884号40頁…99
最決平成16年10月26日民集58巻7号
　1979頁 …………………………………000
最決平成16年10月29日58巻7号1978頁
　……………………………………………250
最判平成17年7月7日裁時1415号4頁
　……………………………………………127
最判平成17年9月8日民集59巻7号
　1931頁 …………………………………265
最判平成18年7月7日民集60巻6号
　2307頁 …………………………………127
最判平成18年9月4日民集60巻2号
　2563頁 …………………………………101
最判平成19年3月8日判タ1238号177頁
　……………………………………………000

講説 親族法・相続法〔第2版〕

2005年6月15日　第1版第1刷発行
2007年8月30日　第2版第1刷発行

Ⓒ著　者　木幡　文德　　椎名　規子
　　　　久々湊晴夫　　小野　憲昭
　　　　落合　福司　　櫻井　弘晃
　　　　髙橋　　敏　　宗村　和広

発　行　不　磨　書　房
〒113-0033　東京都文京区本郷6-2-9-302
TEL 03-3813-7199／FAX 03-3813-7104

発　売　株式会社　信　山　社
〒113-0033　東京都文京区本郷6-2-9-102
TEL 03-3818-1019／FAX 03-3818-0344

制作：編集工房 INABA　　印刷・製本／松澤印刷
Printed in Japan

ISBN 978-4-7972-8547-5 C3332

判例総合解説シリーズ

分野別判例解説書の新定番　　　　　　　　実務家必携のシリーズ

実務に役立つ理論の創造
緻密な判例の分析と理論根拠を探る

石外克喜 著（広島大学名誉教授）　2,900円
権利金・更新料の判例総合解説
●大審院判例から平成の最新判例まで。権利金・更新料の算定実務にも役立つ。

生熊長幸 著（大阪市立大学教授）　2,200円
即時取得の判例総合解説
●民法192条から194条の即時取得の判例を網羅。動産の取引、紛争解決の実務に。

土田哲也 著（香川大学名誉教授・高松大学教授）　2,400円
不当利得の判例総合解説
●不当利得論を、通説となってきた類型論の立場で整理。事実関係の要旨をすべて付し、実務的判断に便利。

平野裕之 著（慶應義塾大学教授）　3,200円
保証人保護の判例総合解説〔第2版〕
●信義則違反の保証「契約」の否定、「債務」の制限、保証人の「責任」制限を正当化。総合的な再構成を試みる。

佐藤隆夫 著（國學院大学名誉教授）　2,200円
親権の判例総合解説
●離婚後の親権の帰属等、子をめぐる争いは多い。親権法の改正を急務とする著者が、判例を分析・整理。

河内 宏 著（九州大学教授）　2,400円
権利能力なき社団・財団の判例総合解説
●民法667条〜688条の組合の規定が適用されている、権利能力のない団体に関する判例の解説。

清水 元 著（中央大学教授）　2,300円
同時履行の抗弁権の判例総合解説
●民法533条に規定する同時履行の抗弁権の適用範囲の根拠を判例分析。双務契約の処遇等、検証。

右近健男 著（岡山大学教授）　2,200円
婚姻無効の判例総合解説
●婚姻意思と届出意思との関係、民法と民訴学説の立場の違いなど、婚姻無効に関わる判例を総合的に分析。

小林一俊 著（大宮法科大学院教授・亜細亜大学名誉教授）　2,400円
錯誤の判例総合解説
●錯誤無効の要因となる要保護信頼の有無、錯誤危険の引受等の観点から実質的な判断基準を判例分析。

小野秀誠 著（一橋大学教授）　2,900円
危険負担の判例総合解説
●実質的意味の危険負担や、清算関係における裁判例、解除の裁判例など危険負担論の新たな進路を示す。

平野裕之 著（慶應義塾大学教授）　2,800円
間接被害者の判例総合解説
●間接被害による損害賠償請求の判例に加え、企業損害以外の事例の総論・各論的な学理的分析をも試みる。

三木義一 著（立命館大学教授）　2,900円
相続・贈与と税の判例総合解説
●譲渡課税を含めた相続贈与税について、課税方式の基本原理から相続税法のあり方まで総合的に判例分析。

二宮周平 著（立命館大学教授）　2,800円
事実婚の判例総合解説
●100年に及ぶ内縁判例を個別具体的な領域毎に分析し考察・検討。今日的な事実婚の法的問題解決に必須。

手塚宣夫 著（石巻専修大学教授）　2,200円
リース契約の判例総合解説
●リース会社の負うべき義務・責任を明らかにすることで、リース契約を体系的に見直し、判例を再検討。

中尾英俊 著（西南学院大学名誉教授・弁護士）　2,900円
入会権の判例総合解説
●複雑かつ多様な入会権紛争の実態を、審級を追って整理。事実関係と判示を詳細に検証し正確な判断を導く。

信山社

信山社　判例総合解説シリーズ

公共の福祉の判例総合解説	長谷川貞之	弁済の提供と受領遅滞の判例総合解説	北居功
権利能力なき社団・財団の判例総合解説	**河内宏**	債権譲渡の判例総合解説	野澤正充
法人の不法行為責任と表見代理責任の判例総合解説	阿久沢利朗	債務引受・契約上の地位の移転の判例総合解説	野澤正充
公序良俗の判例総合解説	中舎寛樹	弁済代位の判例総合解説	寺田正春
錯誤の判例総合解説	**小林一俊**	契約締結上の過失の判例総合解説	本田純一
心裡留保の判例総合解説	七戸克彦	事情変更の原則の判例総合解説	小野秀誠
虚偽表示の判例総合解説	七戸克彦	**危険負担の判例総合解説**	**小野秀誠**
詐欺・強迫の判例総合解説	松尾弘	同時履行の抗弁権の判例総合解説	清水元
無権代理の判例総合解説	半田正夫	専門家責任の判例総合解説	笠井修
委任状と表見代理の判例総合解説	武川幸嗣	契約解除の判例総合解説	笠井修
越権代理の判例総合解説	高森八四郎	約款の効力の判例総合解説	中井美雄
時効の援用・放棄の判例総合解説	松久三四彦	**リース契約の判例総合解説**	**手塚宣夫**
除斥期間の判例総合解説	山崎敏彦	クレジット取引の判例総合解説	後藤巻則
登記請求権の判例総合解説	鎌野邦樹	金銭消費貸借と利息の判例総合解説	鎌野邦樹
民法77条における第三者の範囲の判例総合解説	半田正夫	銀行取引契約の判例総合解説	関英昭
物上請求権の判例総合解説	徳本鎮・五十川直行	先物取引の判例総合解説	宮下修一
自主占有の判例総合解説	下村正明	フランチャイズ契約の判例総合解説	宮下修一
占有訴権の判例総合解説	五十川直行	賃借権の対抗力の判例総合解説	野澤正充
地役権の判例総合解説	五十川直行	無断譲渡・転貸借の効力の判例総合解説	藤原正則
使用者責任の判例総合解説	五十川直行	**権利金・更新料の判例総合解説**	**石外克喜**
工作物責任の判例総合解説	五十川直行	敷金・保証金の判例総合解説	石外克喜
名誉権侵害の判例総合解説	五十川直行	借家法と正当事由の判例総合解説	本田純一
即時取得の判例総合解説	**生熊長幸**	借地借家における用方違反の判例総合解説	藤井俊二
附合の判例総合解説	潮見佳男	マンション管理の判例総合解説	花房博文
共有の判例総合解説	小杉茂雄	建設・請負の判例総合解説	山口康夫
入会権の判例総合解説	**中尾英俊**	相殺の担保的機能の判例総合解説	千葉恵美子
水利権の判例総合解説	宮崎淳	事務管理の判例総合解説	副田隆重
留置権の判例総合解説	清水元	**不当利得の判例総合解説**	**土田哲也**
質権・先取特権の判例総合解説	椿久美子	不法原因給付の判例総合解説	田山輝明
共同抵当の判例総合解説	下村正明	不法行為に基づく損害賠償請求権の判例総合解説	松久三四彦
抵当権の侵害の判例総合解説	宇佐見大司	事業の執行性の判例総合解説	國井和郎
物上保証の判例総合解説	椿久美子	土地工作物設置保存瑕疵の判例総合解説	國井和郎
物上代位の判例総合解説	小林資郎	過失相殺の判例総合解説	浦川道太郎
譲渡担保の判例総合解説	小杉茂雄	生命侵害の損害賠償の判例総合解説	田井義信
賃借権侵害の判例総合解説	赤松秀岳	請求権の競合の判例総合解説	奥田昌道
安全配慮義務の判例総合解説	円谷峻	婚姻の成立と一般的効果の判例総合解説	床谷文雄
履行補助者の故意・過失の判例総合解説	鳥谷部茂	婚約の判例総合解説	國府剛
損害賠償の範囲の判例総合解説	岡本詔治	**事実婚の判例総合解説**	**二宮周平**
不完全履行と瑕疵担保責任の判例総合解説	久保宏之	**婚姻無効の判例総合解説**	**右近健男**
詐害行為取消権の判例総合解説	佐藤岩昭	離婚原因の判例総合解説	阿部徹
債権者代位権の判例総合解説	佐藤岩昭	子の引渡の判例総合解説	許末恵
連帯債務の判例総合解説	手嶋豊・渡邊譲治	養子の判例総合解説	中川高男
保証人保護の判例総合解説〔第2版〕	**平野裕之**	**親権の判例総合解説**	**佐藤隆夫**
間接被害者の判例総合解説	**平野裕之**	扶養の判例総合解説	西原道雄
製造物責任法の判例総合解説	平野裕之	相続回復請求権の判例総合解説	門広乃里子
消費者契約法の判例総合解説	平野裕之	**相続・贈与と税の判例総合解説**	**三木義一**
在学契約の判例総合解説	平野裕之	遺言意思の判例総合解説	潮見佳男
		遺留分の判例総合解説	岡部喜代子

［太字は既刊，各巻2,200円～3,200円（税別）］

■導入対話シリーズ■

導入対話による民法講義（総則）【第4版】　■ 2,900円 (税別)
橋本恭宏 (中京大学)／松井宏興 (関西学院大学)／清水千尋 (立正大学)
鈴木清貴 (帝塚山大学)／渡邊力 (関西学院大学)

導入対話による民法講義（物権法）【第2版】　■ 2,900円 (税別)
松井宏興 (関西学院大学)／鳥谷部茂 (広島大学)／橋本恭宏 (中京大学)
遠藤研一郎 (獨協大学)／太矢一彦 (東洋大学)

導入対話による民法講義（債権総論）　■ 2,600円 (税別)
今西康人 (関西大学)／清水千尋 (立正大学)／橋本恭宏 (中京大学)
油納健一 (山口大学)／木村義和 (大阪学院大学)

導入対話による刑法講義（総論）【第3版】　■ 2,800円 (税別)
新倉 修 (青山学院大学)／酒井安行 (青山学院大学)／高橋則夫 (早稲田大学)／中空壽雅 (獨協大学)
武藤眞朗 (東洋大学)／林美月子 (立教大学)／只木 誠 (中央大学)

導入対話による刑法講義（各論）　★近刊 予価 2,800円 (税別)
新倉 修 (青山学院大学)／酒井安行 (青山学院大学)／大塚裕史 (岡山大学)／中空壽雅 (獨協大学)
信太秀一 (流通経済大学)／武藤眞朗 (東洋大学)／宮崎英生 (拓殖大学)
勝亦藤彦 (佐賀大学)／安藤泰子 (青山学院大学)／石井徹哉 (千葉大学)

導入対話による商法講義（総則・商行為法）【第3版】　■ 2,800円 (税別)
中島史雄 (高岡法科大学)／神吉正三 (流通経済大学)／村上 裕 (金沢大学)
伊勢田道仁 (関西学院大学)／鈴木隆元 (岡山大学)／武知政芳 (専修大学)

導入対話による国際法講義【第2版】　■ 3,200円 (税別)
廣部和也 (成蹊大学)／荒木教夫 (白鷗大学) 共著

導入対話による医事法講義　■ 2,700円 (税別)
佐藤 司 (元亜細亜大学)／田中圭二 (香川大学)／池田良彦 (東海大学)／佐瀬一男 (創価大学)
転法輪慎治 (順天堂医療短大)／佐々木みさ (前大蔵省印刷局東京病院)

導入対話によるジェンダー法学【第2版】　■ 2,400円 (税別)
浅倉むつ子 (早稲田大学)／相澤美智子 (一橋大学)／山崎久民 (税理士)／林瑞枝 (元駿河台大学)
戒能民江 (お茶の水女子大学)／阿部浩己 (神奈川大学)／武田万里子 (金城学院大学)
宮園久栄 (東洋学園大学)／堀口悦子 (明治大学)

導入対話によるスポーツ法学【第2版】　■ 2,900円 (税別)
井上洋一 (奈良女子大学)／小笠原正 (環太平洋大学)／川井圭司 (同志社大学)／齋藤健司 (筑波大学)
諏訪伸夫 (環太平洋大学)／濱野吉生 (早稲田大学)／森浩寿 (大東文化大学)

刑事訴訟法講義【第4版】　渡辺咲子 著
◇法科大学院未修者 基礎と実務を具体的に学ぶ　定価：本体 3,400 円 (税別)

不磨書房

◆既刊・新刊のご案内◆

gender law books

ジェンダーと法

辻村みよ子 著（東北大学教授） ■本体 3,400円（税別）

導入対話による
ジェンダー法学【第2版】

監修：**浅倉むつ子**（早稲田大学教授）／阿部浩己／林瑞枝／相澤美智子
山崎久民／戒能民江／武田万里子／宮薗久栄／堀口悦子 ■本体 2,400円（税別）

比較判例ジェンダー法　　浅倉むつ子・角田由紀子 編著

相澤美智子／小竹聡／今井雅子／松本克巳／齋藤笑美子／谷田川知恵／
岡田久美子／中里見博／申ヘボン／糠塚康江／大西祥世　　　　［近刊］

パリテの論理
男女共同参画へのフランスの挑戦
糠塚康江 著（関東学院大学教授）
待望の1作　■本体 3,200円（税別）

ドメスティック・バイオレンス

戒能民江 著（お茶の水女子大学教授） A5変判・上製 ■本体 3,200円（税別）

キャサリン・マッキノンと語る
ポルノグラフィと買売春
角田由紀子（弁護士）
ポルノ・買売春問題研究会
9064-1 四六判 ■本体 1,500円（税別）

法と心理の協働　　二宮周平・村本邦子 編著

松本克美／段林和江／立石直子／桑田道子／杉山暁子／松村歌子 ■本体 2,600円（税別）

オリヴィエ・ブラン 著・辻村みよ子 監訳

オランプ・ドゥ・グージュ
── フランス革命と女性の権利宣言 ──

フランス革命期を
毅然と生き
ギロチンの露と消えた
女流作家の生涯

【共訳／解説】辻村みよ子／太原孝英／高瀬智子 （協力：木村玉絵）
「女性の権利宣言」を書き、黒人奴隷制を批判したヒューマニスト　■本体 3,500円（税別）

発行：**不磨書房** TEL 03(3813)7199／FAX 03(3813)7104 Email：hensyu@apricot.ocn.ne.jp
発売：**信 山 社** TEL 03(3818)1019 FAX 03(3818)0344 Email:order@shinzansha.co.jp

――――― 講説 シリーズ ―――――

◆講説民法シリーズ（全5巻）◆

講説 民 法 総 則　　　　9081-1　■ 2,800 円（税別）
久々湊晴夫（北海学園大学）／木幡文徳（専修大学）／高橋敏（国士舘大学）／田口文夫（専修大学）
野口昌宏（大東文化大学）／山口康夫（国士舘大学）／江口幸治（埼玉大学）

講説 物 権 法　　　　9085-4　■ 2,800 円（税別）
野口昌宏（大東文化大学）／庄菊博（専修大学）／小野憲昭（北九州市立大学）
山口康夫（国士舘大学）／後藤泰一（信州大学）／加藤輝夫（日本文化大学）

講説 親族法・相続法　　　　9132-X　■ 3,000 円（税別）
落合福司（新潟経営大学）／小野憲昭（北九州市立大学）／久々湊晴夫（北海学園大学）
木幡文徳（専修大学）／桜井弘晃（九州国際大学）／椎名規子（茨城女子短期大学）
高橋敏（国士舘大学）／宗村和広（信州大学）

講説 民 法（債権各論）　　　　9208-3　■ 3,600 円（税別）
山口康夫（国士舘大学）／野口昌宏（大東文化大学）／加藤輝夫（日本文化大学）
菅原静夫（帝京大学）／後藤泰一（信州大学）／吉川日出男（札幌学院大学）／田口文夫（専修大学）

講説 民 法（債権総論）　　　　9210-5　■ 2,600 円（税別）
吉川日出男（札幌学院大学）／野口昌宏（大東文化大学）／木幡文徳（専修大学）／山口康夫（国士舘大学）
後藤泰一（信州大学）／庄菊博（専修大学）／田口文夫（専修大学）／久々湊晴夫（北海学園大学）

講説 民事訴訟法【第3版】　　　　9098-3　■ 3,400 円（税別）
遠藤功（日本大学）＝**文字浩**（神戸海星女子学院大学）編著
安達栄司（成城大学）／荒木隆男（亜細亜大学）／大内義三（亜細亜大学）／角森正雄（神戸学院大学）
片山克行（拓殖大学）／金子宏直（東京工業大学）／小松良正（国士舘大学）／佐野裕志（鹿児島大学）
高地茂世（明治大学）／田中ひとみ（成城大学）／野村秀敏（横浜国立大学）
松本幸一（日本大学）／元永和彦（筑波大学）

講説 商 法（総則・商行為法）　　　　9250-4　■ 2,400 円（税別）
加藤徹（関西学院大学）／吉本健一（大阪大学）／金田充広（奈良産業大学）／清弘正子（和歌山大学）

不磨書房